시작에서
합격까지
한번에
오케이!

오케이

HSK

저자 고강민

학습서

- Final 실전 모의고사
- 무료 동영상 강의
- MP3 음원 무료 다운로드
- 6급 필수어휘 무료 다운로드
- 패턴 문장 쓰기 무료 다운로드

시사중국어사

OK 오케이 HSK

6급

시사중국어사

초판인쇄	2021년 8월 1일
초판발행	2021년 8월 10일
저자	고강민
책임 편집	최미진, 가석빈, 엄수연, 高霞
펴낸이	엄태상
디자인	권진희
조판	이서영
콘텐츠 제작	김선웅, 김현이, 유일환
마케팅	이승욱, 전한나, 왕성석, 노원준, 조인선, 조성민
경영기획	마정인, 조성근, 최성훈, 정다운, 김다미, 오희연
물류	정종진, 윤덕현, 양희은, 신승진
펴낸곳	시사중국어사(시사북스)
주소	서울시 종로구 자하문로 300 시사빌딩
주문 및 교재 문의	1588-1582
팩스	0502-989-9592
홈페이지	http://www.sisabooks.com
이메일	book_chinese@sisadream.com
등록일자	1988년 2월 13일
등록번호	제1 - 657호

ISBN 979-11-5720-191-4 (14720)
979-11-5720-187-7 (set)

머리말

방학이면 전국 각지에서 서울로 와 방을 얻으면서까지 수업을 듣는 학생들의 열정을 보며 '나 역시 여기에 멈춰 있으면 안 되지 않나' 하는 고민은 늘 있어 왔습니다. 그러던 중 내 생각을 꿰뚫어 보기라도 한 듯 출판사의 HSK 종합서 제안이 있었고, 저는 이것이야 말로 그동안의 교육을 정리할 수 있는 좋은 기회이자 학생들의 열정에 보답할 수 있는 기회라고 여겨 이 교재의 집필을 결정하게 되었습니다.

오프라인 수업을 그대로 담았다고 하기에는 부족함이 있겠지만 그동안 오프라인에서 검증받은 시스템을 기반으로 적어도 기존의 학습 스타일을 탈피하여 좀 더! 체계적인 교재를 만들기 위해 고민하고 최선을 다한 것은 틀림이 없습니다.

이 책은 유형별 학습에서 부분별 학습으로의 전개 그리고 실전연습으로 이어지는 ***단계별 학습법***으로 구성하였습니다. 또한 쉬어가는 페이지의 관련 상식도 기출에서 나왔던 것만으로 구성하여 기존에 어떤 문제, 어떤 어휘, 어떤 내용들이 나왔는지 알려드리기 위해 애썼습니다. 저는 본 저서가 단지 'HSK 6급을 따기만 위한'이 아닌 ***'HSK 6급의 실력도 갖추기 위한'*** 수단이 되길 진심으로 기원합니다.

아울러 저에게는 도전이었던 본 교재의 집필을 무사히 끝낼 수 있게 응원과 격려를 아끼지 않은 저희 팀의 대들보 5급 우선경 선생님, 4급의 끝판여왕 이주희 선생님, 든든했던 시사중국어사 편집팀 최미진 부장님, 그리고 좋은 기회를 주신 시사중국어학원 엄태상 대표님, 심우익 원장님께 감사의 말씀 전합니다.

저자 **고강민**

이 책의 차례

듣기

독해

쓰기

이 책의 특징

▶ 유튜브 시사북스 채널(www.youtube.com/sisabooks)에서 영상 강의를 시청하세요.
▶ 시사중국어사 홈페이지(www.sisabooks.com)에서 MP3음원, 필수어휘, 문장쓰기 자료를 다운로드하세요.

전략 소개

- 부분별 문제 유형과 전략 소개

'知彼知己, 百戰百勝!'

부분별 문제 유형을 소개합니다. 실제 문제를 분석하면서 풀이 전략까지 꼼꼼히 제시합니다.

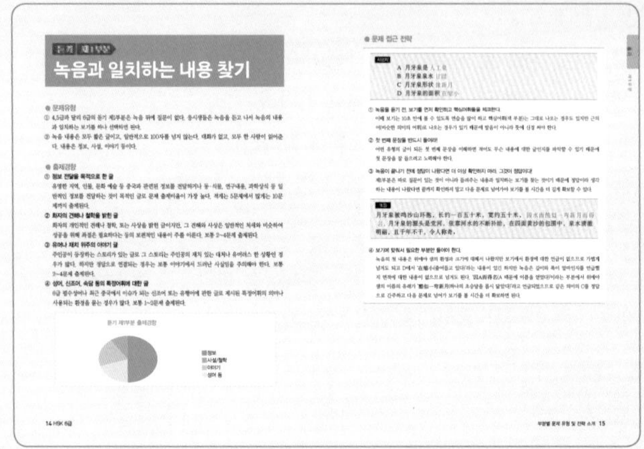

유형별 전략

- 전략 & 예제 & 실전 문제

문제 유형을 파악하는 핵심 전략만을 뽑아 예문과 함께 설명합니다.
전략을 적용하여 예제를 풀어보고, 풀이 해설을 보며 전략을 완전히 이해합니다.
실전 문제에서 학습했던 내용을 기억하고 적용하여 문제를 풀어봅니다.

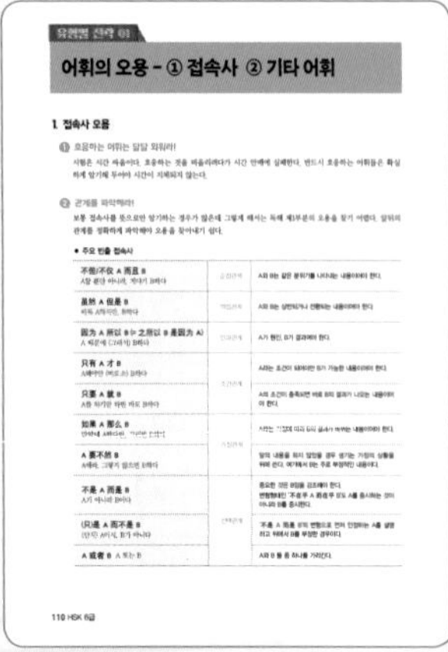

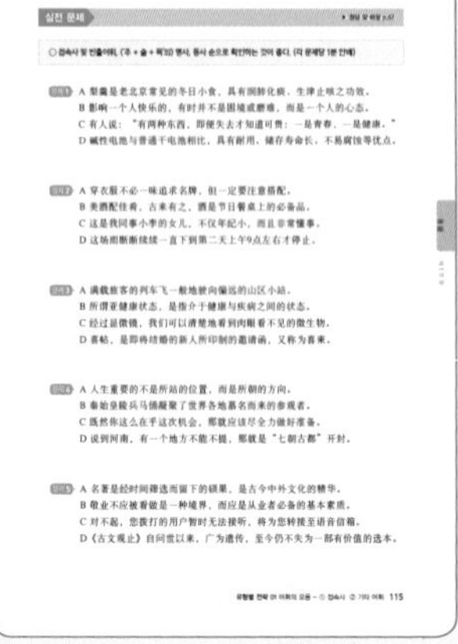

부분별 전략

• **학습 목표와 전략 & 실전 문제**

문제 유형별 전략을 학습한 후에
부분별 전략을 정리하여 학습합니다.
전략을 기억하며
실전 문제를 풀어봅니다.

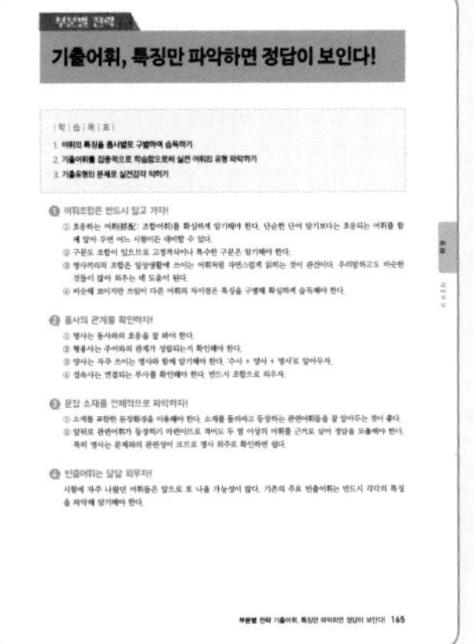
기출어휘, 특징만 파악하면 정답이 보인다!

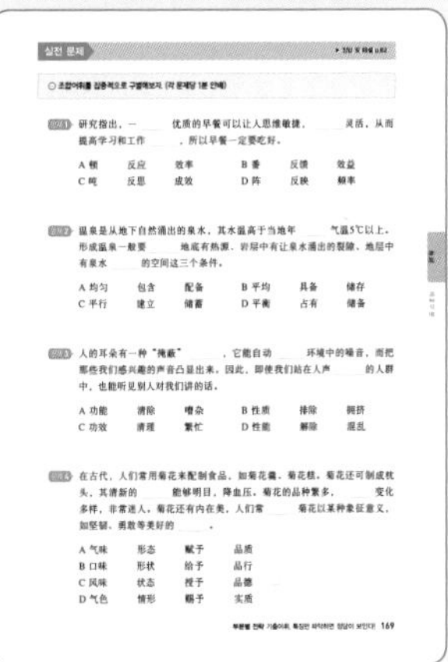

Final 전략 & Test

• **빈출 표현 & 실전 Test**

다년간의 기출문제를 분석하여
빈출 어휘와 구문들을 정리합니다.
유형별 전략과 부분별 전략을 기억하며
마무리 실력 점검을 합니다.

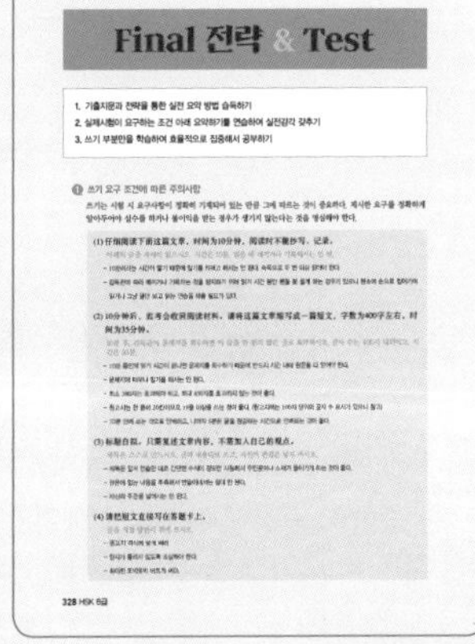
Final 전략 & Test

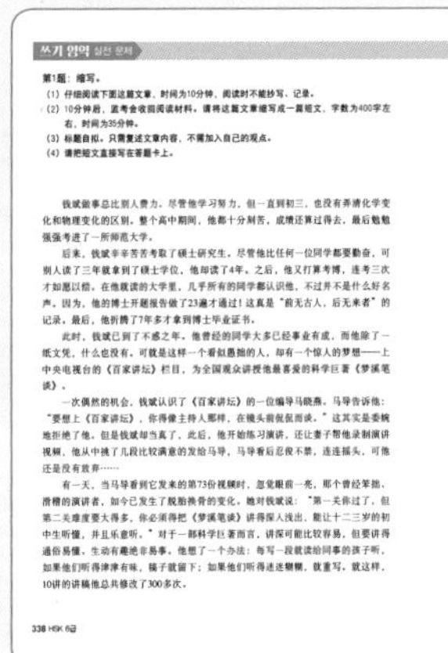

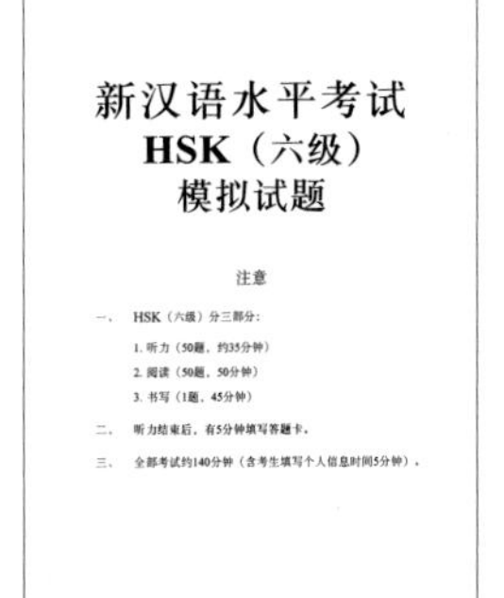
新汉语水平考试
HSK（六级）
模拟试题

注意

一、HSK（六级）分三部分:
1. 听力（50题，约35分钟）
2. 阅读（50题，50分钟）
3. 书写（1题，45分钟）

二、听力结束后，有5分钟填写答题卡。

三、全部考试约140分钟（含考生填写个人信息时间5分钟）。

실전 모의고사 (별책)

최신 기출문제를 모아 만든 실전 모의고사!
시험 보기 전에 꼼꼼히 풀어보고 맞은 부분과
틀린 부분을 체크하여 학습하세요.

HSK 소개

HSK는 제1언어가 중국어가 아닌 사람의 중국어 능력을 평가하기 위해 만들어진 중국 정부 유일의 국제 중국어능력 표준화 시험으로, 생활, 학습, 업무 등 실생활에서의 중국어 운용능력을 중점적으로 평가하는 시험입니다.

1. 시험 구성

HSK는 국제 중국어능력 표준화 시험으로, 중국어가 모국어가 아닌 학생들이 생활, 학습, 업무 면에서 중국어로 교류하는 능력을 중점적으로 테스트합니다. HSK는 필기시험과 구술시험의 두 가지 부분으로 나누어지고, 필기시험과 구술시험은 서로 독립적입니다. 필기시험은 1급, 2급, 3급, 4급, 5급과 6급 시험으로 나누어지고, 구술시험은 초급, 중급, 고급으로 나누어지며 구술시험은 녹음의 형식으로 이루어집니다.

<table>
<tr><th>필기 시험</th><th>구술 시험</th></tr>
<tr><td>HSK(1급)</td><td rowspan="2">HSK(초급)</td></tr>
<tr><td>HSK(2급)</td></tr>
<tr><td>HSK(3급)</td><td rowspan="2">HSK(중급)</td></tr>
<tr><td>HSK(4급)</td></tr>
<tr><td>HSK(5급)</td><td rowspan="2">HSK(고급)</td></tr>
<tr><td>HSK(6급)</td></tr>
</table>

2. 시험 등급

HSK의 각 등급에 따른 단어 수와 중국어 학습 능력 수준은 아래의 표와 같습니다.

HSK	단어 수	중국어 학습 능력 수준
1급	150	매우 간단한 중국어 단어와 구문을 이해하고 사용할 수 있으며, 구체적인 의사소통 요구를 만족시키며, 한 걸음 더 나아간 중국어 능력을 구비합니다.
2급	300	익숙한 일상생활을 주제로 하여 중국어로 간단하게 바로 의사소통 할 수 있으며, 초급 중국어의 우수한 수준에 준합니다.
3급	600	중국어로 생활, 학습, 비즈니스 등 방면에서 기본적인 의사소통 임무를 수행할 수 있으며, 중국에서 여행할 때도 대부분의 의사소통을 할 수 있습니다.
4급	1,200	중국어로 비교적 넓은 영역의 주제로 토론을 할 수 있고, 비교적 유창하게 원어민과 대화할 수 있습니다.
5급	2,500	중국어로 신문과 잡지를 읽고, 영화와 텔레비전을 감상할 수 있으며, 중국어로 비교적 높은 수준의 강연을 할 수 있습니다.
6급	5,000이상	중국어로 된 소식을 가볍게 듣고 이해할 수 있고, 구어체나 문어체의 형식으로 자신의 견해를 자유롭게 표현할 수 있습니다.

3. 접수 방법

① 인터넷 접수 : HSK 한국사무국 홈페이지(http://www.hsk.or.kr)에서 접수

② 우편접수 : 구비서류를 동봉하여 등기우편으로 접수

*구비서류 : 응시원서(사진 1장 부착) + 사진 1장 + 응시비 입금 영수증

③ 방문접수 : 서울공자아카데미에서 접수

4. 접수 확인 및 수험표 수령 안내

① 접수 확인 : 모든 응시자는 접수를 마친 후 HSK 홈페이지에서 접수 확인 후 수험표를 발급합니다.

② 수험표 수정 :

수험표는 홈페이지 나의 시험정보 〈접수내역〉 창에서 접수 확인 후 출력 가능합니다.

우편접수자의 수험표는 홈페이지를 통해 출력 가능하며, 방문접수자의 수험표는 접수 시 방문접수 장소에서 발급해 드립니다.

5. 성적 결과 안내

인터넷 성적 조회는 시험일로부터 1개월 후이며, HSK 성적표는 '성적 조회 가능일로부터 2주 후' 발송됩니다.

6. 주의사항

접수 후에는 응시등급, 시험일자, 시험장소의 변경이 불가능합니다.

고시장은 학교 사정과 정원에 따라 변동 및 조기 마감될 수 있습니다. (변경 시 홈페이지 공지)

천재지변·특수상황 등 이에 준하는 상황 발생시 시험일자의 변경이 가능합니다. (변경 시 홈페이지 공지)

HSK 정기시험은 관련규정에 근거하여 응시 취소신청이 가능합니다.

Q HSK 6급 구성과 시험시간 배점은 어떻게 되나요?

A HSK 6급은 총 101문제로 듣기/독해/쓰기 세 영역으로 나뉩니다. 101문항을 약 135분 동안 풀어야 합니다. 각 영역별로 배점은 100점으로 총 300점 만점입니다. 듣기 영역이 끝난 후에는 5분의 답안 작성 시간이 따로 주어집니다.

시험 내용		문항수 / 배점		시험시간
1 듣기	제1부분	15	50문항 / 100점	약 35분
	제2부분	15		
	제3부분	20		
듣기 영역에 대한 답안 작성시간				5분
2 독해	제1부분	10	50문항 / 100점	50분
	제2부분	10		
	제3부분	10		
	제4부분	20		
3 쓰기	제1부분	1	1문항 / 100점	읽기 10분 쓰기 35분
총계		101문항 / 300점		약 135분

Q 몇 점이면 합격인가요?

A HSK 6급은 듣기/독해/쓰기 세 영역으로 총 101문항, 300점 만점입니다. 2017년부터 4급을 제외한 5급과 6급은 증서에 합격의 여부는 표시되지 않고 점수만 표시됩니다. 하지만 통상적으로 총점 180점 이상을 합격으로 보고 있으며 성적표에 각 영역별로 성적이 모두 표시되기 때문에 영역별 점수차가 크지 않도록 하는 것이 좋습니다. 또한 요즘에는 180점을 통상적인 합격의 점수로 보아도 200점 이상의 성적을 요구하는 곳이 많으므로 200점 이상은 넘길 수 있도록 공부하는 것이 좋습니다.

Q 얼마나 공부하면 HSK 6급을 취득할 수 있나요?

A 최근에는 중국어 시험도 호흡이 빨라짐에 따라 단기간 합격보장을 내세운 강의와 교재들이 많아졌습니다. 덕분에 4, 5급은 학원의 도움을 받거나 마음만 먹으면 보통 '딱 한 달'만으로 합격하는 경우가 적지 않습니다. 하지만 6급의 경우 어휘량이 4, 5급을 합친 것의 두 배이고, 영역별 난이도가 높으며 쓰기의 경우 기본적인 글을 읽고 쓰는 실력이 되지 않으면 점수를 얻기 힘들기 때문에 4, 5급을 쉽게 취득한 사람도 6급의 문턱에서 좌절하는 경우가 많습니다. 6급은 5급을 취득한 실력이라는 전제 하

에, 일반적인 오프라인 학원의 주 5일, 하루 2시간 이상의 수업, 3시간 이상의 개인학습(복습, 어휘 암기, 숙제)을 진행한다면 두 달(총 학습시간: 200시간 내외) 정도가 걸리는 것이 일반적입니다. 하지만 필자는 6급 한 달 커리큘럼을 오프라인 학원에서 진행했으며 전국에서 유일하게 '한 달 합격 보장'을 내걸고 수많은 합격자를 배출한 만큼 그 노하우를 이 한 권에 최대한 담아냈기 때문에 이 교재 한 권으로 6급도 한 달 안에 충분히 취득할 수 있을 것이라고 자신합니다. 다만 이론적으로만 계산하여 공부하지 말고 6급이 HSK의 난이도가 높은 최고 급수인 만큼 6급을 공부하는 동안은 HSK에만 전념하며 꾸준히 복습하고 연구하는 태도가 꼭 필요합니다. 할 수 있습니다. 자신감을 가지세요!

Q 이 교재 한 권으로 정말 HSK 6급을 취득할 수 있을까요?

A 이 책에 실린 모든 문제는 실제 기출문제를 가공한 문제들로 이루어져 있어 현재 시험 출제경향을 100% 담았다고 할 수 있습니다. 또한 20일 만에 6급 합격자를 배출한 경험과 노하우가 모두 담겨 있으므로 이 교재에서 벗어나는 유형은 나오지 않는다고 자부합니다. 학습자 여러분도 반드시 HSK 6급의 합격자가 될 수 있습니다.

Q HSK 6급 시험의 난이도는 어떻게 되나요?

A HSK의 출제경향과 시험의 난이도는 해마다 또, 달마다 달라지고 있습니다. 다양한 표현과 새로운 유형들이 출제되고 있지만 중요한 것은 HSK는 급수마다 출제되는 필수어휘가 정해져 있기 때문에 이 필수어휘를 기본으로 문제접근 방식을 이해하고 충실히 문제를 파악했다면 난이도가 높고 낮고를 떠나 합격은 크게 문제되지 않습니다. 본 교재는 시험에서 반복적으로 빠지지 않고 출제되고 있는 유형과 표현들을 집중적으로 학습시키고자 노력하였으며 기본에 충실하다면 새로운 문제가 나와도 유연하게 대처할 수 있습니다.

Q IBT HSK는 무엇인가요?

A 기존에는 대부분 HSK 시험방식이 지류시험 방식(PBT)이었습니다. 하지만 최근에는 컴퓨터를 사용하여 문제를 푸는 방식인 IBT 역시 많은 수험생들이 선택하여 시험을 치르고 있습니다. PBT 방식이든, IBT 방식이든 모두 같은 공인급수입니다. IBT의 장점은 듣기는 개개인이 헤드셋을 착용하고 듣기 때문에 좀 더 집중할 수 있고, 쓰기의 경우 워드(Word)를 작성하는 것과 같은 방식으로 진행되기 때문에 워드 정도만 다룰 줄 안다면 글자를 몰라 헤매거나 지우개로 지웠다 썼다 하는 수고를 덜 수 있습니다. 단점은 오로지 모니터로만 지문을 봐야 하기 때문에 독해의 경우 평소에 지류시험에 익숙한 수험생들은 집중력이 떨어지는 경우가 많기 때문에 충분한 연습을 하고 응시해야 합니다. 수험생 여러분에게 맞는 좀 더 편한 방식을 선택하여 시험에 응시하면 됩니다.

HSK

6급

듣기 听力

제 1 부분 녹음과 일치하는 내용 찾기

- **유형별 전략** – 예제 풀이 + 실전 문제
- **부분별 전략** – 실전 문제

제 2 부분 인터뷰 듣고 질문에 답하기

- **유형별 전략** – 예제 풀이 + 실전 문제
- **부분별 전략** – 실전 문제

제 3 부분 비교적 긴 글을 듣고 질문에 답하기

- **유형별 전략** – 예제 풀이 + 실전 문제
- **부분별 전략** – 실전 문제

Final 전략 & Test

듣기 제1부분

녹음과 일치하는 내용 찾기

문제유형

① 4, 5급과 달리 6급의 듣기 제1부분은 녹음 뒤에 질문이 없다. 응시생들은 녹음을 듣고 나서 녹음의 내용과 일치하는 보기를 하나 선택하면 된다.

② 녹음 내용은 모두 짧은 글이고, 일반적으로 100자를 넘지 않는다. 대화가 없고, 모두 한 사람이 읽어준다. 내용은 정보, 사설, 이야기 등이다.

출제경향

① 정보 전달을 목적으로 한 글

유명한 지역, 인물, 문화 예술 등 중국과 관련된 정보를 전달하거나 동·식물, 연구내용, 과학상식 등 일반적인 정보를 전달하는 것이 목적인 글로 문제 출제비율이 가장 높다. 적게는 5문제에서 많게는 10문제까지 출제된다.

② 화자의 견해나 철학을 밝힌 글

화자의 개인적인 견해나 철학, 또는 사상을 밝힌 글이지만, 그 견해와 사상은 일반적인 처세와 비슷하여 성공을 위해 좌절은 필요하다는 등의 보편적인 내용이 주를 이룬다. 보통 2~4문제 출제된다.

③ 유머나 재치 위주의 이야기 글

주인공이 등장하는 스토리가 있는 글로 그 스토리는 주인공의 재치 있는 대처나 유머러스 한 상황인 경우가 많다. 하지만 정답으로 연결되는 경우는 보통 이야기에서 드러난 사실임을 주의해야 한다. 보통 2~4문제 출제된다.

④ 성어, 신조어, 속담 등의 특정어휘에 대한 글

6급 필수성어나 최근 중국에서 이슈가 되는 신조어 또는 유행어에 관한 글로 제시된 특정어휘의 의미나 사용되는 환경을 묻는 경우가 많다. 보통 1~2문제 출제된다.

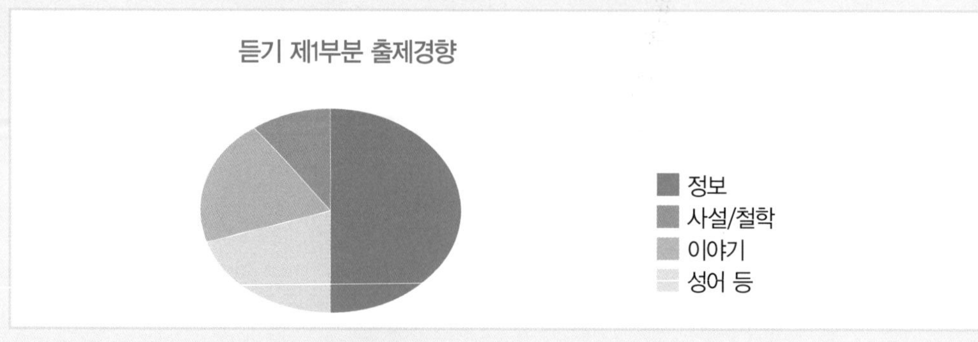

문제 접근 전략

시험지

A 月牙泉是人工泉
B 月牙泉泉水甘甜
C 月牙泉形状像新月
D 月牙泉的面积在缩小

① 녹음을 듣기 전, 보기를 먼저 확인하고 핵심어휘들을 체크한다.
이때 보기는 10초 안에 볼 수 있도록 연습을 많이 하고 핵심어휘(색 부분)는 그대로 나오는 경우도 있지만 근의어(비슷한 의미의 어휘)로 나오는 경우가 있기 때문에 발음이 아니라 뜻에 신경 써야 한다.

② 첫 번째 문장을 반드시 들어라!
어떤 유형의 글이 되든 첫 번째 문장을 이해하면 적어도 무슨 내용에 대한 글인지를 파악할 수 있기 때문에 첫 문장을 잘 들으려고 노력해야 한다.

③ 녹음이 끝나기 전에 정답이 나왔다면 더 이상 확인하지 마라. 그것이 정답이다!
제1부분은 따로 질문이 있는 것이 아니라 들려주는 내용과 일치하는 보기를 찾는 것이기 때문에 정답이라 생각하는 내용이 나왔다면 끝까지 확인하지 말고 다음 문제로 넘어가야 보기를 볼 시간을 더 길게 확보할 수 있다.

녹음

月牙泉被鸣沙山环抱，长约一百五十米，宽约五十米，因水面酷似一弯新月而得名。月牙泉的源头是党河，依靠河水的不断补给，在四面黄沙的包围中，泉水清澈明丽，且千年不干，令人称奇。

④ 보기에 맞춰서 필요한 부분만 들어야 한다.
녹음의 첫 내용은 위에야 샘의 환경과 크기에 대해서 나왔지만 보기에서 환경에 대한 언급이 없으므로 가볍게 넘겨도 되고 D에서 '在缩小(줄어들고 있다)'라는 내용이 있긴 하지만 녹음은 길이와 폭이 얼마인지를 언급했지 면적에 대한 내용이 없으므로 넘겨도 된다. '因A而得名(A 때문에 이름을 얻었다)'이라는 부분에서 위에야 샘의 이름의 유래가 '酷似一弯新月(하나의 초승달을 몹시 닮았다)'라고 언급되었으므로 같은 의미의 C를 정답으로 간주하고 다음 문제로 넘어가 보기를 볼 시간을 더 확보하면 된다.

유형별 전략 01

정보 글 I - 유명한 지역/인물/문화/예술작품을 알려주마!

1 특징을 파악해라!

정보 글은 정보 전달이 목적이므로 그 특징이 답이 되는 경우가 대부분이다. 그러므로 세부적인 특징을 주의해서 들어야 한다.

2 같은 어휘만 답이 되는 것이 아니다!

핵심어휘를 듣고도 보기의 어휘와 의미가 같은지 몰라서 답을 못 찾는 경우가 있는데, 이를 대비해 비슷한 어휘를 함께 묶어서 암기하는 습관을 들여야 한다.

●장소 관련 빈출 어휘 제1부분_유형전략01_Tip1

像 xiàng ~와 같다, 닮다	=	酷似 kùsì 몹시 닮다
需求 xūqiú 필요로 하는 것	=	想要的 xiǎngyào de 원하는 것
欠缺 qiànquē 결핍되다	=	缺少 quēshǎo 부족하다
著名 zhùmíng 유명하다	=	蜚声 fēishēng 유명하다
讲究 jiǎngjiu 중시하다	=	重视 zhòngshì 중시하다
遗憾 yíhàn 유감이다	=	不满 bùmǎn 불만이다
寿终正寝 shòuzhōng zhèngqǐn 생명이 다하다	=	失去生命力 shīqù shēngmìnglì 생명력을 잃다
看透 kàntòu 간파하다	=	知道 zhīdào 알다
享受生活 xiǎngshòu shēnghuó 생활을 누리다	=	修饰自己 xiūshì zìjǐ 자신을 꾸미다
受到热捧 shòudào rèpěng 열렬한 추종을 받다	=	受到欢迎 shòudào huānyíng 환영 받다
弯腰 wānyāo 허리를 굽히다 [→ (상황에) 유연함을 가지다]	=	变通 biàntōng 임기응변하다

3 빈출 정답을 파악하자!

지역/인물/문화/예술작품의 정보 소재는 주로 유명(著名)하고 아름답고(秀丽) 역사(历史)가 있는 것들이다. 보기에 이 어휘들이 있으면 정답일 확률일 높다.

● 소재별 빈출 정답과 주요 내용 제1부분_유형전략01_Tip2

소재		정답 및 주요 내용
지역	桂林 구이린 Guìlín	国际旅游城市 국제관광도시 | 风光美丽 풍경이 아름답다
	舟山群岛 저우산군도 Zhōushān Qúndǎo	风光秀丽 풍경이 아름답다 | 国家海上一级风景区 국가해상 1급 관광특구
	天字码头 톈즈부두 Tiānzì Mǎtou	广州第一码头 광저우의 제1 항구 | 现在多用于观光 현재는 관광에 주로 쓰임
	青海湖 칭하이호 Qīnghǎi Hú	适宜避暑 피서하기에 적합하다
인물	张衡 장형 Zhāng Héng	天文学家 천문학자 | 对地震学很有研究 지진학에 조예가 깊다
	白居易 백거이 Bái Jūyì	白居易的诗通俗易懂 백거이의 시는 통속적이어서 이해하기 쉽다
문화	京剧 경극 Jīngjù	京剧表演对演员要求高 경극 공연은 배우들에 대한 요구가 높다
	中秋节 중추절 Zhōngqiū Jié	团圆的日子 온 가족이 한자리에 모이는 날
	高堂 까오탕 gāotáng	对父母的尊称 부모님에 대한 존칭
	四月八 4월 초파일 sì yuè bā	苗族传统节日 묘족의 전통명절
	百花奖 백화상 Bǎihuā Jiǎng	中国举办历史最长的一项电影大奖 중국이 개최하는 역사가 가장 긴 영화상
	白玉兰奖 백옥란상 Báiyùlán Jiǎng	中国第一个国际性电视节目奖项 중국 제일의 국제적인 TV프로그램 상
예술작품	《西游记》 《서유기》 《Xīyóujì》	长篇神话小说 장편 신화소설 | 想象力丰富 상상력이 풍부하다
	《围城》 《위성》 《Wéichéng》	长篇小说 장편소설 | 讽刺小说 풍자소설
	《红楼梦》 《홍루몽》 《Hónglóumèng》	中国古典四大名著之一 중국 고전 4대 명작 중 하나

예제 제1부분_유형전략01_예제

A 月牙泉是人工泉 B 月牙泉泉水甘甜 C 月牙泉形状像新月 D 月牙泉的面积在缩小	A 위에야 샘은 인공샘이다 B 위에야 샘의 샘물은 달다 C 위에야 샘의 형상은 초승달을 닮았다 D 위에야 샘의 면적은 줄어들고 있다

보기
1. 보기에 모두 있는 '月牙泉'이 정보 대상이다.
2. A가 정답이 되려면 사람이 인위적으로 만든 샘이라는 설명이 있어야 한다.
3. B가 정답이 되려면 샘물의 맛과 관련된 내용이 있어야 한다.
4. D가 정답이 되려면 '면적이 줄어들고 있다' 등의 면적, 크기에 대한 내용이 나와야 한다.

月牙泉被鸣沙山环抱，长约一百五十米，宽约五十米，因水面酷似一弯新月而得名。月牙泉的源头是党河，依靠河水的不断补给，在四面黄沙的包围中，泉水清澈明丽，且千年不干，令人称奇。	위에야 샘은 밍샤 산에 의해 둘러싸여 있고, 길이는 약 150m, 폭은 약 50m이고, 수면이 하나의 초승달을 몹시 닮아 이름을 얻었다. 위에야 샘의 근원은 탕강으로 강물의 끊임없는 보급으로 사면이 사막으로 포위되어 있음에도, 샘물이 맑고 깨끗하며, 아울러 천 년 동안 마르지 않아 그 신비함에 탄복을 자아내게 만든다.

해설
1. '酷似(몹시 닮다) = 像(닮다)'의 뜻을 아는지 확인하는 문제이다.
2. 지문의 '因水面酷似一弯新月而得名(수면이 하나의 초승달을 몹시 닮아 이름을 얻었다)'과 보기 C의 '月牙泉形状像新月(위에야 샘의 형상은 초승달을 닮았다)'는 같은 내용이다.
3. A와 B의 내용은 언급되지 않았다.
4. D는 면적이 언급되었으나 길이와 폭의 구체적인 수치만 나왔을 뿐, 면적이 줄고 있다는 내용은 언급되지 않았다.

정답 C

실전 문제 제1부분_유형전략01_실전

▶ 정답 및 해설 p.2

☺ 보기에서 반복되는 어휘는 제외하고 나머지 특징에 집중하는 것이 좋다!

문제 1
A 舟山群岛风景秀丽
B 舟山群岛没有鸟类
C 舟山群岛面积很小
D 舟山群岛是国家自然保护区

문제 2
A 白居易很浪漫
B 白居易不擅长改诗
C 白居易的诗通俗易懂
D 白居易教老妇人作诗

문제 3
A 苗族人热情好客
B “四月八”每两年举办一次
C 苗族服装经过了改良
D “四月八”是苗族传统节日

문제 4
A 珠江夜游是免费的
B 天字码头新建不久
C 天字码头在北京南部
D 天字码头现多用于观光

문제 5
A 吴歌不受文人青睐
B 吴歌的演唱难度极大
C 吴歌歌词多为叙事性的
D 吴歌流行于明清时期

유형별 전략 02

정보 글 Ⅱ - 동·식물/연구내용/과학상식을 알려주마!

1 빈출 소재를 파악해 두자!

HSK 시험에 출제된 동식물의 소재 범위는 제한적이다. 자주 출제된 소재와 관련 어휘를 파악해 기본상식을 습득해 두면 정답에 접근하기가 쉽다.

● **주요 빈출 소재** 제1부분_유형전략02_Tip1

花青素 huāqīngsù 안토시안(anthocyan)	花青素是一种特殊色素，遇到酸就变红。 안토시안은 일종의 특수한 색소로 산을 만나면 빨개진다.
牡丹 모란(꽃) mǔdān	牡丹是中国特有的名贵花卉，有"国色天香""花中之王"的美称。 모란은 중국 특유의 유명하고 진귀한 꽃으로, '국색천향', '화중지왕'이라는 미칭을 가지고 있다.
杏仁 아몬드 xìngrén	杏仁可以延缓大脑衰老。 아몬드는 대뇌가 노쇠하는 것을 늦출 수 있다.
菊花 국화 júhuā	在古代，人们常用菊花来搭配食品。 고대에는 사람들이 국화를 음식에도 배합하여 썼다.
鲸 고래 jīng	鲸的眼睛都很小，视力较差。 고래의 눈은 작고, 시력이 비교적 나쁘다.
鲨鱼 상어 shāyú	鲨鱼由于没长鳔，一旦停下来，身子就会下沉。 상어는 공기주머니가 없어서 일단 멈추면 몸이 바로 가라앉는다.
北极熊 북극곰 běijíxióng	北极熊是名副其实的北极霸主。 북극곰은 명실상부한 북극의 패왕이다.
花生 땅콩 huāshēng	花生具有很高的营养价值。 땅콩은 매우 높은 영양가치를 가지고 있다.
蝴蝶鱼 가시나비고기 húdiéyú	蝴蝶鱼是一种热带观赏鱼。 가시나비고기는 일종의 열대관상어이다.
芦荟 알로에(aloe) lúhuì	芦荟不仅观赏性强，还可以净化居室环境。 알로에는 관상성이 강할 뿐 아니라, 실내환경을 정화시킬 수도 있다.

2 자신의 상식을 동원해라!

연구내용이나 과학상식은 새로운 사실뿐만 아니라 우리가 이미 알고 있는 상식내용이 출제되는 경우가 많다. 이미 알고 있는 상식내용이라면 보기에서 우선순위로 집중하는 것이 좋다.

● 주요 빈출 연구내용 및 과학상식 제1부분_유형전략02_Tip2

연구 내용과 관련된 기출 내용	黄色 노란색 huángsè	黄色让人轻松愉快。 노란색은 사람을 홀가분하고 즐겁게 만든다.
	维生素 비타민 wéishēngsù	维生素可以延缓大脑早衰。 비타민은 대뇌가 일찍 노쇠하는 것을 늦출 수 있다.
	步行 걷기 bùxíng	步行对治疗忧郁症和减轻心理压力有很好的效果。 걷기는 우울증을 치료하고 심리적 스트레스를 경감시키는 데에 좋은 효과가 있다.
	衣服颜色 yīfu yánsè 옷의 색깔	衣服颜色能反映女性的性格。 옷의 색깔은 여성의 성격을 반영할 수 있다.
	左脸表情 zuǒliǎn biǎoqíng 왼쪽 얼굴의 표정	左脸表情比右脸丰富。 왼쪽 얼굴의 표정이 오른쪽 얼굴보다 풍부하다.
	露水 이슬 lùshuǐ	露水有助于农作物生长。 이슬은 농작물의 생장에 도움이 된다.
상식과 관련된 기출 내용	发脾气时 fā píqì shí 화가 났을 때	发脾气时，及时宣泄出来，会有利于身心健康。 화가 났을 때, 제때에 푸는 것이 심신건강에 이롭다.
	台风 태풍 táifēng	台风有利有弊。 태풍은 좋은 점도 있고 나쁜 점도 있다.
	喝西红柿汁 hē xīhóngshì zhī 토마토주스를 마시면	喝西红柿汁能起到解酒的作用。 토마토 주스를 마시는 것은 해장의 작용을 할 수 있다.
	食疗 식이요법 shíliáo	食疗多用来调理身体。 식이요법은 몸을 관리하는 데 많이 쓰인다.
	白细胞 백혈구 báixìbāo	白细胞能保障人体健康。 백혈구는 인체 건강을 보장할 수 있다.

3 숫자와 관련된 표현을 익혀라!

듣기 제1부분에서는 수치를 계산하거나 정리해서 풀어야 하는 문제는 출제되고 있지 않지만 백분율이나 분수 또는 숫자와 관련된 관용어는 종종 출현하므로 미리 파악해 두자.

● 주요 숫자 관련 표현 제1부분_유형전략02_Tip3

翻了一番 두 배가 되다	他接手那本杂志的两年间，杂志销量翻了一番。 그가 그 잡지를 인수한 2년간, 잡지 판매량은 두 배가 되었다.
一 양사 又 一 양사 地 한 (양사) 한 (양사)씩	妈妈一件又一件地试穿衣服。 엄마는 옷을 한 벌 한 벌씩 입어 보았다.

几千名 몇 천 명	研究人员把几千名就业者的资料加以分析。 연구원들은 몇 천 명의 취업자의 자료를 분석했다.
大有人在 그와 같은 사람이 많다	中途放弃导致失败的大有人在。 중도에 포기해서 실패를 초래하는 그와 같은 사람이 많다.
几分 몇 할 **(= 几成)**	一个人的智慧三分靠天赐，七分靠自己获得。 한 사람의 지혜는 3할(30%)은 하늘이 주신 것에 기대고, 7할(70%)은 자신에 의지해 얻는다.
几分之几 몇 분의 몇, 몇/몇	他现在起码有三分之一的时间在登山。 그는 지금 적어도 1/3의 시간을 등산에 쓴다.
百分之百 100%	人百分之百是情绪化的。 사람은 100% 정서화되어 있다.
百分之多少 몇 %, 백분의 몇	在各种睡眠姿势中，仰卧的占百分之六十。 각종 수면자세 중에 똑바로 눕는 사람은 60%를 차지한다.

예제 제1부분_유형전략02_예제

A 杜鹃花冬季开放 B 杜鹃花能治咳嗽 C 杜鹃花的品种繁多 D 杜鹃花分布于高山地区	A 두견화는 겨울에 핀다 B 두견화는 기침을 치료할 수 있다 C 두견화의 품종은 많다 D 두견화는 고산지역에 분포한다

보기
1. 모든 보기에 등장하는 '**杜鹃花**(두견화)'가 정보 소재이다.
2. A가 정답이 되려면 겨울에 핀다는 정보가 있어야 한다.
3. B의 '**治**'는 '**治疗**(치료하다)'의 줄임말이다.
4. C의 '**繁多**'는 '**很多**'이다.

杜鹃花是中国十大名花之一，被誉为"花中西施"。它的花期是每年3月到6月。那时满花皆红。故杜鹃花又名映山红。杜鹃花有很高的药用价值，可治疗咳嗽、风湿等疾病。	두견화(진달래)는 중국의 10대 명화 중의 하나로 '꽃 중의 서시'라고 불린다. 그것의 개화 시기는 매년 3월에서 6월이고, 그때 모두 빨갛게 꽃이 만개하여 두견화는 영산홍(산을 붉게 물들이다)이라고도 부른다. 두견화는 매우 높은 약용가치를 가지고 있고 기침과 류머티즘 등의 질병을 치료할 수 있다.

해설
1. '**它的花期是每年3月到6月**(그것의 개화 시기는 매년 3월에서 6월이다)'라고 했으므로 A **杜鹃花冬季开放**(두견화는 겨울에 핀다)은 정답이 아니다.
2. B의 '**能治**'는 녹음의 '**可治疗**(치료할 수 있다)'이므로 정답은 B **杜鹃花能治咳嗽**(두견화는 기침을 치료할 수 있다)이다.

정답 B

실전 문제

제1부분_유형전략02_실전

▶ 정답 및 해설 p.4

☺ 이미 습득한 기출상식을 최대한 활용해서 문제를 풀어보자.

문제 1
A 芦荟可净化空气
B 芦荟生命力顽强
C 芦荟能改善土壤
D 芦荟是喜阴植物

문제 2
A 鱼纹是后天形成的
B 鱼纹往往很窄
C 鱼纹与鱼的种类有关
D 鱼纹能表明鱼的生长环境

문제 3
A 蝴蝶鱼生长在湖泊中
B 蝴蝶鱼能改变体色
C 蝴蝶鱼的习性与蝴蝶类似
D 蝴蝶鱼有攻击性

문제 4
A 在开放式办公室工作压力大
B 开放式办公室便于管理
C 企业应为员工安排体检
D 办公室楼层越高噪音越小

문제 5
A 大脑缺氧会导致记忆力下降
B 体育锻炼要循序渐进
C 青少年的新陈代谢更快
D 熬夜会损伤大脑

유형별 전략 03

사설/철학 글 - 나의 견해와 사상을 들어줘!

❶ 보기에 '要', '应该'가 들어 있으면 사설이다!

사설은 결국 화자의 개인적인 견해를 밝히는 글로서 주장하고자 하는 말로 마무리 하는 경우가 많다. 그렇기 때문에 '(마땅히) ~해야 한다'는 뜻의 '要', '应该'가 보기에 있으면 사설 유형임을 알고 풀이를 진행하는 것이 좋다. 또한 이 유형은 지극히 상식적이고 도덕적인 것이 주로 정답이 된다.

예

A 要三思而后行 세 번 생각하고 행동해야 한다

B 可以表达不同观点 같지 않은 관점을 표현해도 된다

C 不要轻易表露自己的观点 자신의 관점을 쉽게 표출하지 마라

D 观点相同能让人关系亲密 관점이 같은 것은 인간관계를 친밀하게 만들 수 있다

Point
1. A에 '要(~해야 한다)'와 C에 '不要(~하지 마라)'가 있는 것으로 보아 사설 유형의 문제임을 알 수 있다.
2. C와 D는 결국 자신의 관점은 감추고 많은 사람들과 같은 관점을 가지라는 뜻으로 같은 의미라고 볼 수 있어 답이 2개가 될 수 없으므로 C와 D는 정답이 되지 못한다.
3. 실제 정답은 B로 남들과는 다른 관점을 대담하게 말해도 인간관계를 개선할 수 있다는 문제였다.

❷ 사설 유형이라면 반드시 마지막을 들어라!

듣기 제1부분의 대부분의 문제가 첫 문장을 듣고서 문제의 화제를 파악해야 하는 유형인 반면에 사설/철학 글의 유형은 화자가 하고자 하는 말이 주로 마지막에 나오기 때문에 마지막을 반드시 들어야 한다.

❸ 추상적인 보기에 주목해라!

보기에 구체적인 보기와 추상적인 보기가 함께 있는 문제라면 구체적인 보기는 화자의 철학을 설명하기 위한 도구나 수단일 뿐 정답이 되지 않는다. 즉, 정답은 추상적인 보기에서 고르는 것이 맞다.

예

A 风雨过后一定能见彩虹 비바람 후에는 반드시 무지개를 볼 수 있다

B 挫折让人生很异常 좌절은 인생을 이상하게 만든다

C 挫折是一种灾难 좌절은 일종의 재난이다

D 经历挫折能积累经验 좌절을 겪는 것은 경험을 쌓을 수 있다

Point
1. A는 '비바람'과 '무지개'라는 구체적인 어휘를 사용했지만 B, C, D는 '좌절'이라는 추상적인 어휘를 사용했다. 이런 경우 철학적인 문제로 구체적인 어휘는 추상적인 내용을 설명하기 위한 수단으로 쓰였기 때문에 정답은 B, C, D 중 하나가 된다.
2. 만약 보기 모두에 '비바람'이나 '무지개'라는 어휘가 있다면 이는 정보 글 유형의 문제이므로 특징을 들어야 한다.
3. 실제 정답은 D로, 비바람을 거치면 무지개를 볼 수 있듯 좌절을 겪어야 밝은 미래를 볼 수 있다는 내용이었다.

● 자주 출제되는 사설/철학 글의 소재 제1부분_유형전략03_Tip

1	漂亮和成功的关系很大。 예쁜 것과 성공의 관계는 크다.	예쁘다 → 자신감 → 다른 사람의 호감을 얻음 → 일에 큰 도움 → 성공
2	安全性是设计婴儿房时需考虑的重点之一。 안전성은 영아의 방을 설계할 때 고려해야 하는 중점 중의 하나이다.	영아의 방을 설계할 때 가장 중요한 것은 안전성 → 안전성 강조
3	倾听表明你很尊重对方。 경청은 당신이 상대방을 매우 존중함을 나타낸다.	→ 경청의 중요성 강조
4	人生最重要的是要有一个健康的身体。 인생에서 가장 중요한 것은 건강한 몸을 가지는 것이다.	→ 건강이 제일 중요함을 강조
5	父亲是儿子的第一个男子汉榜样。 아버지는 아들의 첫 번째 사내대장부의 모범이다.	아버지는 아들의 모범 → 아들에 대한 아버지의 영향을 강조
6	只有赞扬，对孩子终身有效。 칭찬만이 아이에게 한평생 효과가 있다.	아이 교육의 관리에서 칭찬만이 한평생 효과가 있음 → 칭찬의 중요성 강조
7	世上有些东西，最好别看透。 세상의 어떤 것들은 간파하지 않는 것이 가장 좋다.	모든 것을 다 간파(알려고) 하지 마라 → 간파에 대한 부정적인 견해를 강조
8	朋友之间的感情，是一切人情的基础。 친구간의 감정은 모든 인정의 기초이다.	감정의 기초는 우정 → 친구간의 감정을 강조
9	年轻人都拥有更多的机会。 젊은이들은 모두 더 많은 기회를 가지고 있다.	젊은이들은 기회가 많다 → 다양한 사회생활 강조
10	我们难以承受的痛苦磨难，也有价值。 우리가 감당하기 어려웠던 고통, 고난도 가치가 있다.	고통, 고난도 가치가 있다 → 고통, 고난의 중요성 강조

예제 제1부분_유형전략03_예제

A 好茶要配好杯子 B 春季喝茶有讲究 C 要珍惜现在拥有的 D 不要过分追逐名利	A 좋은 차는 좋은 잔과 맞추어야 한다 B 봄철에 차를 마실 때는 주의해야 한다 C 지금 가진 것을 소중히 해야 한다 D 과도하게 명예와 이익을 쫓지 마라

보기 1. A와 B는 모두 실제 차와 찻잔 즉, 구체적인 대상에 대해 언급했고, C와 D는 추상적인 내용이므로 이 글의 종류가 철학적인 글이고, 정답은 C와 D 둘 중 하나임을 짐작할 수 있다. 차와 찻잔은 화자의 철학을 설명하기 위한 도구에 불과하다.

2. C가 정답이 되려면 이미 가지고 있는 것에 대한 소중함에 초점이 맞춰져야 한다.

如果生活是茶水，那么金钱、地位都是杯子。没有杯子，我们喝不到茶水。但杯子只是工具，所以杯子不一定要最好。茶好才是最重要的。有时候，我们的烦恼就是因为过分看重手中的杯子，而忘了杯中的茶香。	만약에 생활이 차라면, 그러면 돈과 지위는 모두 찻잔이다. 찻잔이 없으면 우리는 차를 마실 수 없지만, 찻잔은 단지 도구일 뿐이라서 찻잔이 꼭 좋아야 하는 것은 아니다. 차가 좋은 것이 비로소 가장 중요하다. 때로는, 우리의 고민은 바로 손에 있는 찻잔을 과도하게 중시하다가 차의 향을 잊는다는 것이다.

해설 1. '如果生活是茶水，那么金钱、地位都是杯子(만약에 생활이 차라면, 그러면 돈과 지위는 모두 찻잔이다)'에서 생활은 차, 돈과 지위는 찻잔으로 비유했다.

2. '我们的烦恼就是因为过分看重手中的杯子，而忘了杯中的茶香(우리의 고민은 바로 손에 있는 찻잔을 과도하게 중시하다가 차의 향을 잊는다는 것이다)'에서 화자가 문제로 생각하는 것은 사람들이 겉으로 보이는 잔, 즉 돈과 지위를 과도하게 중시한다는 것이므로 화자가 말하고자 하는 바는 D 不要过分追逐名利(과도하게 명예와 이익을 쫓지 마라)이다.

3. '찻잔(겉모습)'보다 거기에 담기는 '내용물(차와 차의 향)'이 중요함을 강조하는 내용이지, 가지고 있는 것에 대한 소중함을 말하는 것이 아니므로 C는 답이 될 수 없다.

정답 D

실전 문제 제1부분_유형전략03_실전

▶ 정답 및 해설 p.6

첫 번째 문장과 마지막 문장에 주의해서 화자가 말하고자 하는 바를 파악해보자.

문제 1
A 人生需要不停地尝试
B 要适时放弃
C 目标要远大
D 拼图可促进智力发育

문제 2
A 光明无处不在
B 痛苦是有价值的
C 阅读让人变得更成熟
D 黑夜遮住了我们的眼睛

문제 3
A 年轻人更爱跳槽
B 年轻人机会更多
C 年轻人要虚心学习
D 年轻人要敢于承认错误

문제 4
A 要乐于助人
B 要以他人为榜样
C 要珍惜每一天
D 要学会改变自我

문제 5
A 要孝敬长辈
B 要与人和睦相处
C 夫妻应该互相理解
D 友谊是人情的基础

유형별 전략 04

이야기 글 - 웃기거나, 재치 있거나, 교훈을 주거나!

❶ Fact를 파악해라!

이야기 글은 대부분이 웃음을 유발하는 재미있는 내용이 주로 출제되며, 정답은 글에 나타난 사실인 경우가 대부분이다. 따라서 주인공의 흐름을 따라 이야기에 드러난 사실을 반드시 파악해야 한다.

예

电梯门刚要关上，一个男的冲了进来，却听到电梯"滴滴滴滴"地响了起来。"怎么才几个人就超载了啊"说完，他无奈地走了出去。电梯门关上后，一个人掏出手机说："我手机响，他干嘛出去了？"

해석 엘리베이터 문이 막 닫히려고 할 때, 한 남자가 뛰어들어 왔는데, 오히려 엘리베이터에서 '띠띠띠띠' 하는 소리가 울렸다. "왜 겨우 몇 사람 밖에 없는데 인원 초과야"라고 말하고 그는 어쩔 수 없이 내렸다. 엘리베이터 문이 닫힌 후에, 한 사람이 휴대전화를 꺼내며 말했다. "내 휴대전화가 울린 건데, 그 분은 왜 나간 거죠?"

Point 1. 줄거리는 엘리베이터에 탄 사람이 휴대전화 소리를 인원 초과 경보음으로 착각해 내린 가볍게 웃을 만한 내용이다.
2. 글에 나타난 사실은 남자의 말 속에서 '才几个人(겨우 몇 사람)'이라는 부분을 근거로 엘리베이터 안의 사람이 적었음을 알 수 있다.
3. 실제 문제의 정답은 '**电梯里的人并不多**(엘리베이터 안의 사람은 결코 많지 않았다)'이다.

❷ 주인공의 말에 집중해라!

이야기 글의 정답이 대부분 사실에서 찾아야 한다면 그 사실은 설명일 수도 있지만 주로 주인공이 말하는 대화체에서 힌트를 주는 경우가 많고 말 자체가 정답이 되는 경우가 많음을 명심하자.

예

一个学生匆匆忙忙跑进教室，说："老师，对不起，我迟到了。都怪我梦见了足球赛。""足球赛和迟到有什么关系？"老师问。"踢完全场后，发现比分是二比二，所以他们又踢了半小时加时赛。"

해석 한 학생이 급하게 교실로 뛰어들어 오며 말했다. "선생님 죄송해요, 지각했습니다. 모두 제가 꿈에서 축구시합을 본 탓이에요." "축구시합과 지각이 무슨 관계가 있니?" 선생님이 물었다. "경기가 끝나고, 2대2 동점이어서 그들이 30분간 연장전을 더 치렀거든요."

Point 1. 주인공은 학생이다.
2. 학생이 말한 내용은 '지각했다'와 '꿈속의 경기를 연장전까지 봤다'라는 것이다.
3. 사실을 언급한 내용은 '지각했다'이다.
4. 실제 문제의 정답은 학생의 말에서 드러난 '**学生迟到了**(학생은 지각했다)'이다.

❸ 보기의 '有意思', '幽默', '机智', '灵机一动'에 주목해라!

이야기 글의 주인공들은 거의 모두 재치 있고(有意思 재미있다 = 幽默 유머러스 하다), 기지를 발휘해 임기응변(机智 기지를 발휘하다 = 灵机一动 임기응변하다)을 보여주는 경우가 많으므로 이 어휘들 자체가 정답이 되는 경우가 많다.

예제 제1부분_유형전략04_예제

A 演讲者不知如何回答 B 观众在大声喧哗 C 观众的疑问很多 D 那位演讲者很机智	A 강연자는 어떻게 대답해야 할지 몰랐다 B 관중들은 큰 소리로 떠들어대고 있다 C 관중들의 질문이 많았다 D 그 강연자는 기지를 발휘했다

보기 1. A가 정답이 되려면 강연자가 대답을 하지 못해야 한다.
2. B가 정답이 되려면 관중들이 떠들고 있는 내용이 나와야 한다.
3. 관중의 질문이 많았으면 C가 정답이다.
4. D의 '机智'는 '기지를 발휘하다'는 뜻이므로 강연자가 재치 있게 임기응변하는 내용이 나오면 정답이다.

某知名人士受邀给观众们做演讲，快结束时他收到一张纸条，打开一看，上面只写了"傻瓜"二字，他先是一愣，然后说："光写内容不署名的纸条我见得多了，像这种只署名不写内容的还是第一次见。"	어떤 유명인사가 관중들의 초대를 받아 강연을 하는데 막 끝내려고 할 때 한 장의 쪽지를 받았다. 펴보니 위에 '바보'라는 두 글자만이 적혀 있었다. 그는 순간 멍했다가 말했다. "내용은 있고 서명은 없는 쪽지는 많이 봤지만 이렇게 서명만 있고 내용이 없는 것은 처음 보는군요."

해설 1. 한 장의 쪽지를 받았을 뿐이므로 C 观众的疑问很多(관중들의 질문이 많았다)는 답이 될 수 없다.
2. 마지막에 강연자가 말을 했으므로 A 演讲者不知如何回答(강연자는 어떻게 대답해야 할지 몰랐다)는 정답이 아니다.
3. '바보'라는 두 글자가 적힌 메모를 보고 당황할 수 있음에도 그 '바보'라는 글자가 쪽지의 내용이 아니라 쪽지를 보낸 사람의 서명(이름)이라고 대처한 것으로 보아 강연자가 기지를 발휘하여 임기응변을 잘한 것으로 볼 수 있기에 정답은 D 那位演讲者很机智(강연자는 기지를 발휘했다)이다.

정답 D

실전 문제

제1부분_유형전략04_실전

▶ 정답 및 해설 p.8

이야기의 사실 내용과 주인공이 이야기하는 부분에 집중해서 문제를 풀어보자.

문제 1
A 科学家很沮丧
B 实验没得到赞助
C 新型电池存在安全隐患
D 科学家认为自己没失败

문제 2
A 观众很少
B 临时换了个演员
C 那场话剧很精彩
D 导演很生气

문제 3
A 主人舍不得卖柜子
B 收藏家很诚实
C 柜子被劈成了柴火
D 收藏家嫌柜子太重

문제 4
A 农夫考虑周到
B 农夫怕承担风险
C 农夫完全不懂耕种
D 农夫今年庄稼收成不错

문제 5
A 狐狸在讨好狼
B 狐狸有勇无谋
C 狼懂得居安思危
D 狼的爪子十分锋利

유형별 전략 05

성어/신조어/속담/인용구 - 이 말의 의미를 알려주마!

① 당황하지 마라!

이런 종류의 글은 제시어부터 언급하면서 시작하기 때문에 익숙하지 않은 어휘가 먼저 시작되면서 당황해서 문제를 놓치는 경우가 많다. 하지만 듣기 제1부분의 경우에는 제시어의 의미가 무엇인지 혹은 어떤 경우에 쓰는 건지 지문 중 정확히 밝히기 때문에, 그 설명을 차분히 기다려야 한다. 그 설명은 6급 시험 학습자라면 충분히 들을 수 있는 어휘를 사용한다.

예

"伤不起"是一个网络新的流行语，意为屡屡受伤，伤痕累累，已经经不起折腾，经不起伤害了。

해석 '伤不起'는 새로운 인터넷 유행어로, 상처가 누적되고, 쌓여서 이미 고통을 감당하지 못하고, 상처를 견디지 못한다는 뜻이다.

Point
1. HSK 상용어휘가 아닌 '伤不起'로 문장이 시작했기 때문에 당황할 수 있지만, 분명 쓰임새나 의미가 바로 연이어 나올 것이라 예측하고 기다려야 한다.
2. 바로 뒤에 '一个网络新的流行语'를 통해 '伤不起'는 새로운 인터넷 유행어임을 알 수 있다.
3. 동사 '意为(~라는 뜻이다)' 뒤의 내용 중에 '伤痕(상처)', '伤害(상처 입히다)' 등의 알고 있는 어휘를 통해 '伤不起'는 '무엇인가를 아프게 하다'라는 뜻을 유추할 수 있다.
4. '伤不起'는 '마음이 아프다, 힘들다'를 의미한다.

② 두 번 이상 출제된 제시어들은 미리 파악해 두자!

6급 필수어휘가 아니어도 출제되는 경우가 많기 때문에 꼭 듣기 부분이 아니더라도 6급에서 두 번 이상 본 제시어라면 미리 그 뜻을 파악해 두는 것이 좋다.

③ 글자를 하나하나 해석해라!

제시어가 보기에 있는 경우에는 글자를 하나하나 해석해보면 대략적인 의미를 알 수 있다. 이때 주의할 점은 직역보다는 왜 이 말을 썼는지 파악하여 상황에 맞게 의역을 하는 것이 좋다.

● **빈출 제시어** 제1부분_유형전략05_Tip

尽信书不如无书。 jìn xìn shū bùrú wú shū. 책을 다 믿는 것은 책이 없는 것만 못하다.	读书时应该具备独立思考的能力，具有怀疑精神，并学会辩证地分析问题。 책을 읽을 때에는 마땅히 독립사고의 능력을 갖추고, 의혹을 가지고 변증적으로 문제를 분석할 줄 알아야 한다.
亡羊补牢 wángyáng bǔláo 양을 잃은 후에라도 서둘러 울타리를 수리하면 늦은 것은 아니다	出了问题以后及时采取补救措施，就可以避免遭受更大的损失。 문제가 생긴 이후 제때에 보완조치를 취하면 더 큰 손실을 얻는 것을 피할 수 있다.

举一反三 하나를 알면 열을 알다 jǔyī fǎnsān	从一件事情类推，从而知道其他许多事情。 한 가지 일에서 유추하여, 따라서 기타 많은 일을 안다.
一个篱笆三个桩，一个好汉三个帮。 yí ge líbā sān ge zhuāng, yí ge hǎohàn sān ge bāng. 하나의 울타리는 세 개의 말뚝이 필요하고 하나의 사나이는 세 사람의 도움이 필요하다.	在社会生活中，任何一个人都不可能孤立地存在。 사회생활 속에서 어떠한 사람도 모두 고립적으로 존재할 수 없다. → 需要别人的帮助(다른 사람의 도움을 필요로 하다)
前三分钟定终身。 qián sān fēnzhōng dìng zhōngshēn. 처음 3분이 평생을 결정한다.	找工作时你给面试考官的第一印象直接影响你被录取的机会有多大。 직장을 구할 때, 당신이 면접관에게 보여주는 첫 번째 인상이 당신이 뽑힐 기회가 얼마나 큰지에 직접적으로 영향을 준다.
晒工资 shài gōngzī (인터넷 상에서) 익명으로 월급을 공개하다	很多人正热衷于把自己的详细收入甚至日常开支都展示出来。 많은 사람들이 자신의 상세한 수입, 심지어 일상의 지출을 모두 보여주는 데 열중하고 있다.
笨鸟先飞 멍청한 새가 먼저 난다 bènniǎo xiānfēi	笨拙的人应该早做准备，及早把想法付诸实践。 멍청한 사람은 마땅히 먼저 준비하고 생각을 먼저 실천에 옮겨야 한다.

예제 제1부분_유형전략05_예제

A 要扬长避短 B 不要在意他人的看法 C 要及时释放情绪 D 要宽容他人	A 장점을 널리 알리고 단점을 피해야 한다 B 타인의 견해를 신경 쓰지 마라 C 제때에 기분을 풀어야 한다 D 타인에게 관용을 베풀어야 한다

보기
1. A의 '**扬长避短**(장점을 널리 알리고 단점을 피하다)'의 의미를 알아야 한다.
2. B의 '**在意**(신경 쓰다)'는 '**在乎**(신경 쓰다)', '**重视**(중시하다)'와 같은 의미이다.
3. D의 '**宽容**(관용을 베풀다)'은 '**放任错误**(잘못을 봐주다)', '**理解别人**(남을 이해하다)'의 뜻이다.

"忍一时风平浪静，退一步海阔天空。" 这句话告诉我们，与人相处，难免会出现各种摩擦，但我们不能意气用事，而是要理解和宽容他人，为自己和他人都留一些余地。	"한 번 참으면 바람과 파도가 잔잔해지고, 한 발 양보하면 바다와 하늘이 한없이 넓어진다." 이 구절이 우리에게 말하고자 하는 바는, 우리가 다른 사람과 함께 지내면 각종 마찰이 생길 수밖에 없지만, 그러나 감정적으로 일을 처리해서는 안 되고, 타인을 이해하고 관용을 베풀어, 자신과 타인을 위해 약간의 여지를 남겨야 한다는 것이다.

Point
1. '**与人相处**(다른 사람과 함께 지내다)'를 듣고 인간관계가 화제임을 알 수 있다.
2. 항상 '**但**(그러나)' 뒤에는 화자가 강조하거나 말하고자 하는 내용이 오는 경우가 대부분이므로 집중해야 한다.
3. '**不是**A，**而是**B(A가 아니라 B이다)', '**并非**A，**而是**B(결코 A가 아니라 B이다)', '**不能**A，**而是要**B(A를 해서는 안 되고 B해야 한다)'의 공통점은 모두 강조하고자 하는 부분이 '**而是**' 이후임을 알고 주의해서 들어야 한다.
4. '**而是要理解和宽容他人**(타인을 이해하고 관용을 베풀어야 하는 것이다)'에서 직접적으로 D **宽容他人**이 출현했으므로 정답이다.

정답 D

실전 문제

제1부분_유형전략05_실전

▶ 정답 및 해설 p.10

모르는 제시어로 시작해도 당황하지 않고 침착하게 설명을 기다려보자!

문제 1
A 草莓族思维敏捷
B 草莓族很注重仪表
C 草莓族容易受挫
D 草莓族不在乎收入

문제 2
A 好钢用在刀刃上
B 行动之前要先做准备
C 做决定不要优柔寡断
D 要合理安排自己的时间

문제 3
A 待人要宽容
B 要常赞扬他人
C 要维护集体利益
D 要懂得知足

문제 4
A “伤不起”是个成语
B “伤不起”现在很流行
C “伤不起”的意思是很流行
D “伤不起”表示的意思是还可以忍受

문제 5
A 要懂得知足
B 付出未必有收获
C 要把握时机
D 坚持不懈才能进步

기출어휘, 나오는 것만 알려주마!

| 학 | 습 | 목 | 표 |

1. 출제될 가능성이 높은 기출 어휘를 더해 제1부분 실력을 탄탄하게 다지기
2. 정답과 연결되는 중요한 어휘들인 만큼 완벽하게 암기해 두기
3. 풍부한 문제 수와 종합적인 문제유형 파악으로 실전감각 익히기

❶ 근의어를 습득해라!

듣기에서는 지문에 나오는 어휘가 보기에 동일하게 나오는 경우도 있지만 의미가 가깝거나 동의어로 대체되는 경우가 많다. 뜻을 아는 것도 중요하지만 어떤 어휘로 나오든 답을 찾을 수 있게 근의어도 묶어서 정확하게 암기해야 한다.

❷ 고정격식(패턴)을 연습해라!

어휘만 비슷한 것으로 대체되는 것이 아니라 고정격식의 패턴을 바꾸어서 정답을 찾게 하는 경우도 많다. 고정격식은 어휘처럼 암기했다고 해서 바로 들리는 것이 아니기 때문에 평소에 연습을 많이 해두어야 한다. 다양한 어휘를 넣어서 응용해보는 것도 좋다.

❸ 성어, 속담, 인용구를 미리 공부해 두어라!

6급 듣기 제1부분에 출제되는 성어, 속담, 인용구는 비교적 제한적이어서 자주 출제되었던 어휘들 위주로 공부를 해두면 내용 파악하기가 수월해진다. 듣기 제1부분뿐만 아니라 전 영역에 걸쳐 나오는 것이 비슷하므로 확실히 공부해 두어야 한다.

● 빈출됐던 근의어 제1부분_부분전략_Tip1

빈출 어휘	근의어
反馈 fǎnkuì 피드백 하다	回应 huíyìng 반응을 보여주다
增加 zēngjiā 증가시키다	提高 tígāo 향상시키다
三分 sān fēn 3할	百分之三十 bǎi fēn zhī sānshí 30%
天赐 tiāncì 하늘이 주다	天生 tiānshēng 타고나다
弱点 ruòdiǎn 약점	缺点 quēdiǎn 단점
流动 liúdòng 유동적이다	不固定 bú gùdìng 고정적이지 않다
举一反三 jǔyī fǎnsān 하나를 알면 열을 알다	触类旁通 chùlèi pángtōng 하나를 알면 열을 알다
弯 wān 굽이	弯道 wāndào 굽이진 길

缓解压力 huǎnjiě yālì 스트레스를 완화시키다	减压 jiǎnyā 스트레스를 줄이다
饮用 yǐnyòng 음용하다	喝 hē 마시다
危害 wēihài 해롭다	危险 wēixiǎn 위험하다
观察 guānchá 관찰하다, 자세히 살펴보다	检验 jiǎnyàn 검증하다, 검열하다
动手 dòngshǒu 착수하다	开始做 kāishǐ zuò 시작하다
需求 xūqiú 필요로 하는 것	想要的 xiǎngyào de 하고 싶은 것, 원하는 것
灵机一动 língjī yídòng 임기응변하다	机智 jīzhì 기지를 발휘하다
风趣 fēngqù 재미있다	幽默 yōumò 유머러스 하다
无援 wúyuán 도움이 없다	没有帮助 méiyǒu bāngzhù 도움이 없다
振奋 zhènfèn 기운 내다	振作精神 zhènzuò jīngshen 사기를 진작시키다
著名 zhùmíng 유명하다	蜚声 fēishēng 명성을 떨치다

● 기출에 자주 출제된 구문 패턴 제1부분_부분전략_Tip2

빈출 구문 패턴	같은 표현
B由A举办 B yóu A jǔbàn B는 A가 주최하다	A主办B A zhǔbàn B A가 B를 주최하다
尽量别…… jìnliàng bié…… 가능한 ~하지 마라	不适宜…… bú shìyí…… ~하는 것은 적절하지 않다
比A高 bǐ A gāo A보다 높다	高于A gāoyú A A보다 높다
展示A zhǎnshì A A를 전시하다	展品中有A zhǎnpǐn zhōng yǒu A 전시품 중에 A가 있다
应该具备A的能力 A한 능력을 갖추어야 한다 yīnggāi jùbèi A de nénglì	要学会A yào xuéhuì…… ~할 줄 알아야 한다
对A有利 duì A yǒulì A에 이롭다	有助于A yǒuzhùyú A A에 도움이 된다
合理地…… hélǐ de…… 합리적으로 ~하다	科学地…… kēxué de…… 과학적으로 ~하다
疯狂地…… fēngkuáng de…… 미친 듯이 ~하다	……速度非常快 ~하는 속도가 매우 빠르다 ……sùdù fēicháng kuài

● 기출에 자주 출제된 속담/성어/인용구 제1부분_부분전략_Tip3

빈출 속담/성어/인용구	정답으로 나온 핵심 내용
留得青山在，不怕没柴烧。 Liúdé qīngshān zài, búpà méi cháishāo. 푸른 산을 남겨두면 땔감 땔 나무가 없을까 두렵지 않다. → 근본적인 것이 충실하면 걱정할 것 없다.	只要还有生命，就有将来和希望。 Zhǐyào háiyǒu shēngmìng, jiù yǒu jiānglái hé xīwàng. 살아만 있어도 장래와 희망은 있다.
磨刀不误砍柴工。 Mó dāo bú wù kǎn cháigōng. 칼을 갈아두면 나무를 베는 시간이 지체되지 않는다. → 미리 준비를 해두면 일이 순조로워진다.	提前准备。 미리 준비하다. Tíqián zhǔnbèi.

车到山前必有路。 차가 산 앞까지 이르면 반드시 길이 있다. Chē dào shān qián bì yǒu lù. → 일정한 시간이 지나면 결국 해결할 방법이 생긴다.	总会有解决的办法。 결국에는 해결할 방법이 생긴다. Zǒng huì yǒu jiějué de bànfǎ.
一个篱笆三个桩，一个好汉三个帮。 Yí ge líba sān ge zhuāng, yí ge hǎohàn sān ge bāng. 하나의 울타리에는 세 개의 말뚝, 한 명의 대장부는 세 명의 도움이 필요하다. → 혼자서는 할 수 없다.	需要别人的帮助。 다른 사람의 도움이 필요하다. Xūyào biérén de bāngzhù.
好钢要用在刀刃上。 좋은 철은 칼날에 써야 한다. Hǎo gāng yào yòng zài dāorèn shang. → 적재적소에 써야 한다.	东西要用在关键的地方。 Dōngxi yào yòng zài guānjiàn de dìfang. 물건은 (그에 맞는) 중요한 곳에 써야 한다.
长江后浪推前浪。 창강의 뒷 물결이 앞 물결을 밀다. Cháng Jiāng hòulàng tuī qiánlàng. → 끊임없이 세대교체를 하다.	新人新事代替旧人旧事。 Xīnrén xīnshì dàitì jiùrén jiùshì. 새로운 사람이나 일이 옛사람과 옛일을 대체하다.
冰冻三尺非一日之寒。 Bīngdòng sān chǐ fēi yí rì zhī hán. 얼음 3척은 하루의 추위로 되는 것이 아니다. → 어떤 일이든 긴 시간을 거쳐 형성된다.	经过长时间积累。 긴 시간을 거쳐서 쌓이다. Jīngguò cháng shíjiān jīlěi.
前三分钟定终身。 앞의 3분이 평생을 결정짓는다. Qián sān fēnzhōng dìng zhōngshēn. → 처음이나 시작 부분이 중요하다.	第一印象很重要。 첫인상이 중요하다. Dì yī yìnxiàng hěn zhòngyào.
笨鸟先飞。 멍청한 새는 먼저 난다. Bènniǎo xiānfēi. → 부족한 사람은 먼저 준비를 해야 한다.	应该早做准备。 일찍 준비해야 한다. Yīnggāi zǎozuò zhǔnbèi.
亡羊补牢。 양을 잃고 우리를 보수하다. Wángyáng bǔláo. → 문제 발생 후, 보완하여 더 큰 문제가 생기지 않게 하다.	问题及时采取补救措施。 Wèntí jíshí cǎiqǔ bǔjiù cuòshī. 문제는 제때에 보완조치를 취해야 한다.
宰相肚里能撑船。 재상의 뱃속은 배도 저을 수 있다. Zǎixiàng dù lǐ néng chēngchuán. → 도량이 넓다.	一个人很有度量。 사람이 도량이 넓다. Yí ge rén hěn yǒu dùliàng.
人无远虑必有近忧。 Rén wú yuǎnlǜ bìyǒu jìnyōu. 사람은 앞일을 고려하지 않으면 가까운 시일에 우환이 생긴다. → 멀리 내다봐야 한다.	眼光要长远。 장기적인 안목이 있어야 한다. Yǎnguāng yào chángyuǎn.
百尺竿头更进一步。 백척간두에서 다시 한 발 내딛다. Bǎichǐ gāntóu gèng jìnyíbù. → 이미 대단한 경지에 이르렀지만 더욱 분발하고 노력하다.	达到很高程度，继续争取。 Dádào hěn gāo chéngdù, jìxù zhēngqǔ. 높은 정도에 이르렀지만 계속 애쓰다.
尽信书不如无书。 책만 믿는 것은 책이 없는 것만 못하다. Jìn xìn shū bùrú wú shū. → 책의 지식이 전부가 아니다.	要学会独立思考。 독립적으로 사고할 줄 알아야 한다. Yào xuéhuì dúlì sīkǎo.
忍一时风平浪静，退一步海阔天空。 Rěn yìshí fēngpíng làngjìng, tuì yíbù hǎikuò tiānkōng. 한순간을 참으면 풍랑이 잔잔해지고, 한 걸음 물러나면 바다와 하늘이 끝없이 넓어진다. → 한순간 참으면 일이 더욱 쉽게 해결된다.	要宽容他人。 타인에게 관용을 베풀어야 한다. Yào kuānróng tārén.

실전 문제

제1부분_부분전략_실전

▶ 정답 및 해설 p.12

보기를 보고 어떤 내용의 지문이 나올지를 미리 예상해보는 연습을 하는 것이 좋다. 한 문제의 보기는 10초 내로 파악할 것!

문제 1
A 献血有年龄限制
B 这次活动由中国主办
C 献血有报酬
D 这次活动推迟了

문제 2
A 要积极回应面试官
B 要避免正视面试官
C 要提前到达面试场所
D 面试时着装要正式

문제 3
A 秦皇岛适宜候鸟聚集
B 渔业是秦皇岛的支柱产业
C 秦皇岛地势险峻
D 秦皇岛植被覆盖率低

문제 4
A 文学能给人以启迪
B 道德教育是第一位
C 教育要激发人的学习兴趣
D 学校要安排音乐课

문제 5
A 不能欺骗孩子
B 威胁不是管教方法
C 赞扬对男孩子更有效
D 赞扬让孩子充满自信

문제 6
A 儿子不怕吃苦
B 爸爸很爱面子
C 儿子想吃冰激凌
D 爸爸说话不算话

문제 7
A 龙骨缩小了船的侧面面积
B 龙骨的铺设不利于逆风航行
C 龙骨提高了船的承重力
D 龙骨设于船的顶部

문제 8
A 做事要脚踏实地
B 要学会放慢脚步
C 要勇于斩断自己的退路
D 做事要给别人留有余地

듣기 제2부분

인터뷰를 듣고 질문에 답하기

● 문제유형

듣기 제2부분은 총 15문항이다. 수험생은 세 개의 인터뷰 녹음을 듣게 된다. 각각의 인터뷰 후에는 5개의 질문이 있고, 수험생들은 들은 인터뷰 내용을 근거로 정확한 답을 선택해야 한다.

● 출제경향

① **스포츠 분야 인사의 인터뷰**

운동선수나 관련 코치 등을 인터뷰한 것으로 주로 훈련과정, 해당종목에 대한 견해, 앞으로의 목표, 그리고 그동안의 심리변화 과정에 관한 질문이 많다.

② **예술 분야 인사의 인터뷰**

작가, 디자이너, 무용수 등을 인터뷰한 것으로 주로 작품에 관한 내용, 현재 해당 분야가 가지고 있는 문제점, 인물에 관한 정보 등을 묻는 경우가 많다.

③ **기업가/창업자의 인터뷰**

중국 내의 유명 기업가나 창업자, 또는 유명 회사의 임원을 인터뷰한 것으로 회사의 초기 계획, 발전과정, 앞으로의 계획에 관한 질문이 많다.

④ **기타 전문 분야 및 일반인 인터뷰**

환경, 유물, 동·식물에 관한 인사를 인터뷰한 것으로 범위가 넓고 다양하다. 해당 분야의 전문지식보다는 해당분야를 선택하게 된 동기나 그 분야에 관한 게스트의 견해 등을 많이 묻는다.

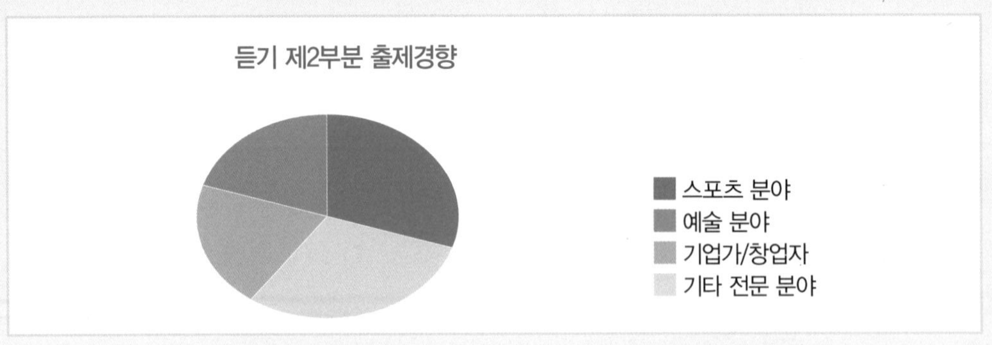

● 문제 접근 전략

시험지

16. A 可为自己争得荣誉
B 能强身健体
C 受家人熏陶
D 能使人不断挑战自我

17. A 训练很艰苦
B 规则太复杂
C 需忍受孤独
D 体力消耗大

18. A 父母要求其退役
B 找不到好教练
C 技术落后
D 自身状态下降

19. A 富有智慧
B 情节生动
C 辞藻华丽
D 趣味十足

20. A 是出于对胜利的渴望
B 想迷惑对手
C 是为了发泄不满
D 对比赛不利

① 최대한 보기를 먼저 파악해라!

5개의 보기를 다 파악하기는 쉽지 않지만 최대한 틈을 이용해 2~3개의 보기는 미리 파악해 두어야 한다. PBT의 경우 듣기가 시작될 때 음악이 나올 때, 보통 듣기 제1부분의 보기를 보는 경우가 많은데 이때 제2부분의 보기를 최대한 봐둔다면 다시 제2부분에 왔을 때 좀 더 쉽게 보기가 보인다. 제1부분 보기는 10초면 충분하다.

녹음

男：李娜，感谢你接受我们的采访。请问，[16.] **你为什么会对网球有着如此大的热情？**

女：[16.D] 网球是一个可以让你不断挑战自己的项目。它会给人很大的挫败感，也会给人很大的成就感。因为你会觉得，连这么难的事我都能做好，其他的，我会做不好吗？

男：那么，[17.] **网球这项运动的艰难之处在哪儿呢？**

女：[17.C] 网球是一项非常孤独的运动，运动员在赛场上，没有教练，没有队友。只有对手和自己。有人形容网球是"孤岛运动"。就是说，运动员站在场上，就像一座孤岛。周围观众环绕，自己却非常孤独。不过，虽然只有我自己一个人在比赛，但其实我的团队还在。他们虽然不上场，但是对我很重要。

男：[18.] **你眼下面临的挑战是什么？**

女：我已经不年轻了，[18.D] 自身状态在下滑。到不同的国家打比赛，我还要倒时差，饮食也不习惯。有时早上醒来甚至不知道自己在哪里。我需要克服这些不舒服的感觉。另外，我还得应对伤病问题。

男：听说你不打比赛的时候，放松的方式是读书。[19.] **那你最喜欢的书是什么？**

女：我原来不太喜欢读书，回到学校上学这两年，渐渐喜欢上了读书。年龄大了，人就会对社会、历史和心灵方面的东西感兴趣，会想扎进更深的地方。[19.A] 有一本书叫《遇见未知的自己》我特别喜欢。这本书，虽然没有华丽的文字，但是充满智慧。当时，我处于一个很低迷的状态。读完之后，我觉得人生没有什么过不去的坎儿。

男：很多人说你比赛的时候情绪波动得太厉害。但是 [20.A] 你的丈夫姜山却说，"你情绪波动是因为对胜利的渴望，这是一件好事。"别人看到的是你的外在，而他看到的是你情绪背后的动机。

女：对。他完全知道我在做什么，知道我要什么。我很庆幸能遇见一个这么了解我、包容我的人。我很感谢他！

16. 女的为什么会对网球充满热情?
17. 女的觉得网球运动的艰难之处是什么?
18. 女的现在面临的最大挑战是什么?
19. 女的认为《遇见未知的自己》这本书怎么样?
20. 女的的丈夫怎么看待她在赛场上的情绪波动?

② 진행자의 질문과 문제의 질문은 보통 일치한다!

녹음 지문에서 굵은 글씨체로 되어 있는 진행자의 질문과 마지막 실제문제의 질문이 비슷한 것을 알 수 있다. 반드시 한 질문이 하나의 문제로 연결되지는 않지만 60% 이상의 문제가 진행자의 질문을 토대로 출제되기 때문에 모든 인터뷰를 듣고 문제의 질문을 들어야 풀 수 있는 것이 아니라 들으면서 진행자의 질문에 대한 답으로 여겨지는 보기를 선택하면서 내려가는 것이 좋다.

③ 인물에 관한 정보는 항상 캐치해 두자!

인물 정보에 관한 문제는 보통 반반의 확률로 나오며, 나온다면 진행자의 순서와 상관없이 나오는 경우가 많다. 그렇기 때문에 게스트의 정보, 즉, 신분, 별명, 좋아하는 것, 바람, 현재의 상황, 이전의 이력 등은 기억해 두는 것이 좋고, 먼저 파악한 보기에 인물 정보처럼 보이는 내용이 있으면 그러한 사실이 언급되는지 확인만 하면 된다. 녹음 지문에서 '我已经不年轻了，自身状态在下滑(나는 이미 젊지가 않고, 몸의 상태가 하락세입니다)'에서 본인의 현 상태 즉, 자신에 관한 정보를 언급했는데, 18번 문제의 정답으로 연결된 것을 볼 수 있다.

④ 게스트의 개인적 견해나 정의를 놓치지 마라!

게스트는 항상 자신이 종사하고 있는 분야에 대한 견해를 밝히는데 이것이 문제로 이어지는 경우가 많기 때문에 게스트의 해당분야에 대한 견해나 정의를 놓치지 않아야 한다. 녹음 지문에서 테니스 선수에 관한 인터뷰인데 두 번째 질문에 대답에서 '网球是一项非常孤独的运动(테니스는 매우 고독한 운동입니다)'이라고 주관적 견해를 밝힌 것이 17번의 문제의 정답으로 연결된 것을 볼 수 있다.

⑤ 문제를 확인하려 하지 마라!

듣기 제2부분은 진행자의 질문에 맞춰만 들어도 정답을 선택할 수 있는 문제가 대다수이기 때문에 초보자의 경우에는 실제문제가 나오는 경우 확인보다는 이미 고른 보기를 정답으로 간주하고 다음 인터뷰의 보기를 빨리 파악하는 것이 좋다. 6급 초보 응시자들이 듣기의 최대 난제로 보기 확보 시간의 부족을 꼽는 만큼, 문제가 나오는 부분에 다음 인터뷰의 보기를 미리 파악한다면 전략적으로 문제를 풀 수 있다. 듣기 실력이 어느 정도 갖춰진 응시생의 경우는 정확도를 높이기 위해 다음 인터뷰의 보기를 보면서 문제의 질문이 나오는 때에 확인만 하면 된다.

유형별 전략 01

스포츠 분야 인사의 인터뷰

1 감정을 나타내는 어휘에 주목해라!

스포츠 분야의 인터뷰는 게스트의 다양한 심경을 묻는 문제가 많이 출제되므로 게스트가 감정을 표출한 부분은 꼭 기억하도록 하자.

- **감정을 나타내는 어휘와 표현** 제2부분_유형전략01_Tip1

骄傲 jiāo'ào 거만하다/자랑스럽다
喜悦 xǐyuè 기쁘다/희열
踏实 tāshi 마음이 편하다
心安 xīn'ān 마음이 편하다
幸福 xìngfú 행복하다
成就感 chéngjiùgǎn 성취감
信心 xìnxīn 자신감
负担 fùdān 부담
渴望 kěwàng 갈망
对胜利的渴望 duì shènglì de kěwàng 승리에 대한 갈망
庆幸 qìngxìng (결과가 좋아) 다행스러워하다
波动 bōdòng 기복 (* 情绪波动 qíngxù bōdòng 감정 기복)
不服输 bù fúshū 실패를 인정하지 않다/ 지기 싫어하다 (= 不服气 bù fúqì)

2 스포츠 분야에서 자주 쓰이는 표현을 습득해라!

스포츠 분야에서 쓰는 어휘는 제한적이기 때문에 자주 쓰이는 표현을 알아두면 듣기가 용이해진다.

- **스포츠 분야에서 자주 쓰이는 어휘와 표현** 제2부분_유형전략01_Tip2

退役 tuìyì 은퇴하다
获得奖牌 huòdé jiǎngpái 메달을 따다
奖牌得主 jiǎngpái dézhǔ 메달리스트
训练旅行 xùnliàn lǚxíng 전지훈련
巡回表演 xúnhuí biǎoyǎn 순회공연
战胜困难 zhànshèng kùnnán 어려움을 싸워 이기다
优秀的素质 yōuxiù de sùzhì 우수한 자질
卓越的记录 zhuóyuè de jìlù 탁월한 기록
打破记录 dǎpò jìlù 기록을 깨다
刷新记录 shuāxīn jìlù 기록을 갱신하다
专业运动员/职业运动员 zhuānyè yùndòngyuán/ zhíyè yùndòngyuán 프로선수

3 신체상태/종목 등에 대한 게스트의 생각을 나타내는 표현을 파악해라!

스포츠와 관련된 인터뷰인 만큼 신체상태를 나타내는 표현이나 해당 종목에 관한 게스트의 생각을 나타내는 표현이 많이 나오기 때문에 관련 표현을 알아두면 더 많은 정보를 이해할 수 있다.

- **신체상태와 종목에 관한 게스트의 생각을 나타내는 표현** 제2부분_유형전략01_Tip3

出于喜欢 chūyú xǐhuan 좋아하는 것에서 나오다, 이유가 좋아해서이다
勉强自己 miǎnqiǎng zìjǐ 자신에게 강요하다, 억지로 하다
被人遗忘 bèirén yíwàng 사람들에게 잊혀지다
坚持到最后 jiānchídào zuìhòu 마지막까지 꾸준히 하다

至高愿望 zhìgāo yuànwàng 최고의 바람
终极幸福 zhōngjí xìngfú 종극적인 행복, 마지막 행복
激流勇退 jīliú yǒngtuì 절정일 때 용감하게 물러나다, 박수칠 때 떠나다
默默耕耘 mòmò gēngyún 묵묵히 밭을 갈다, 묵묵하게 열심히 일하다
强壮的身体 qiángzhuàng de shēntǐ 건장한 몸
身体条件符合 shēntǐ tiáojiàn fúhé 신체조건이 부합되다, 신체조건이 해당분야에 맞다
我会听从我身体的指令。나는 내 몸의 명령을 따를 것이다, 몸이 허락하는 데까지 할 것이다.
高强度的连续作战让我不能承受了。고강도의 연속적인 시합이 나를 버티지 못하게 했다.

4 스포츠 분야 인터뷰의 질문유형을 파악해라!

스포츠 분야에 맞는 질문유형을 알아두면 질문에 맞는 보기를 파악하기가 쉽다.

● **스포츠 분야 질문유형** 제2부분_유형전략01_Tip4

为什么会对 A 充满热情? 왜 A에 대한 열정이 가득한가?	→	게스트가 A라는 종목을 선택한 이유를 묻는 것이다.
A 时感觉怎么样? A할 때 느낌이 어땠는가?	→	주로 수상이나 좌절, 성공했을 때의 기분을 묻는다.
对 A 有什么看法? A에 대해 어떤 견해를 가지고 있는가?	→	A는 주로 게스트가 종사하는 스포츠 분야이고 그에 대한 견해를 묻는 것이다.
怎么评价现在的自己? 지금의 자신을 어떻게 평가하고 있는가?	→	현재의 자신의 위치를 어떻게 생각하는지를 묻는 것이다.
打算什么时候退役? 언제 은퇴할 계획인가?	→	시기로 이야기하거나 구체적인 상황을 이야기하기도 한다.
最大的幸福/愿望是什么? 가장 큰 행복/바람은 무엇인가?	→	'最大/最重要' 같은 어휘가 나오는 부분에 집중해야 한다.
现在面临的最大挑战是什么? 현재 마주한 가장 큰 도전은 무엇인가?	→	주로 고민하고 있는 부분이나 힘든 부분을 묻는 것이다.
为什么觉得 A 是值得的? 왜 A하는 것이 가치가 있다고 여기는가?	→	종사하는 분야의 가치를 묻는 것이다.
失去/得到的是什么? 잃은 것/얻은 것은 무엇인가?	→	돈, 명예보다는 주로 건강, 자유, 희열 등이 답이 된다.

예제 1-5 제2부분_유형전략01_예제1-5

1. A 可为自己争得荣誉 B 能强身健体 C 受家人熏陶 D 能使人不断挑战自我	1. A 자신을 위해 영예를 쟁취할 수 있어서 B 몸을 건강하게 할 수 있어서 C 가족의 좋은 영향을 받을 수 있어서 D 사람이 끊임없이 스스로에게 도전하게 만들 수 있어서

보기 1. 보기에 '可'와 '能(~할 수 있다)'이 있으면 '为什么(왜)'에 대한 답일 가능성이 크다.
2. 진행자의 첫 번째 질문이 테니스에 왜 큰 열정을 가지고 있느냐는 것이기 때문에 이 이유에 대한 대답이 정답이 될 것이다.

2. A 训练很艰苦 B 规则太复杂 C 需忍受孤独 D 体力消耗大	2. A 훈련하는 것이 고생스럽다 B 규칙이 너무 복잡하다 C 외로움을 견뎌야 한다 D 체력 소모가 크다

보기 1. 보기의 '训练(훈련)', '规则(규칙)', '体力(체력)'이라는 어휘를 통해 운동에 관한 질문이라는 것을 알 수 있다.
2. 밑줄친 부분이 대부분 부정적인 느낌이므로 어렵고 힘든 점에 귀기울여 들어야 한다.

3. A 父母要求她退役 B 找不到好教练 C 技术落后 D 自身状态下降	3. A 부모님은 그녀가 은퇴하길 요구한다 B 좋은 코치를 찾지 못했다 C 기술이 뒤처진다 D 자신의 몸 상태가 안 좋아졌다

보기 1. 보기의 '父母要求(부모님의 요구)', '教练(코치)', '技术(기술)', '自身状态(자신의 몸 상태)'가 나열된 것으로 보아 게스트의 현 상황에 관한 질문이라는 것을 알 수 있다.
2. 게스트의 근황이 나오면 보기의 어휘가 그대로 출현할 가능성이 높으니 집중하여 이 어휘들에 귀 기울여야 한다.

4. A 富有智慧 B 情节生动 C 辞藻华丽 D 趣味十足	4. A 지혜로 가득 차 있다 B 줄거리가 생동감 넘친다 C 문체가 화려하다 D 재미가 넘친다

보기 1. 보기의 '情节(줄거리)'와 '辞藻(문체)'라는 어휘를 근거로 운동이 아닌 글이나 책에 관한 질문임을 알 수 있다.
2. 스포츠 분야의 인터뷰에서 책이나 글에 관한 것이 언급되면 주로 영향을 받은 책이나 좋아하는 책에 관한 언급이다.

5. A 是出于对胜利的渴望 B 想迷惑对手 C 是为了发泄不满 D 对比赛不利	5. A 승리에 대한 갈망에서 나온 것이다 B 상대를 정신차리지 못하게 하고 싶어한다 C 불만을 토로하기 위해서이다 D 시합에 불리하다

보기 1. A의 '出于+감정' 형태의 보기는 어떤 행위의 출처를 묻는 경우이다.
2. C의 '是为了'는 어떤 행위의 목적을 나타낸다.
3. 위의 두 힌트로 어떤 행위에 대한 문제임을 알 수 있다.

男：李娜，感谢你接受我们的采访。请问，1. 你为什么会对网球有着如此大的热情？

女：1.D 网球是一个可以让你不断挑战自己的项目。它会给人很大的挫败感，也会给人很大的成就感。因为你会觉得，连这么难的事我都能做好，其他的，我会做不好吗？

男：那么，2. 网球这项运动的艰难之处在哪儿呢？

女：2.C 网球是一项非常孤独的运动，运动员在赛场上，没有教练，没有队友。只有对手和自己。有人形容网球是"孤岛运动"。就是说，运动员站在场上，就像一座孤岛。周围观众环绕，自己却非常孤独。不过，虽然只有我自己一个人在比赛，但其实我的团队还在。他们虽然不上场，但是对我很重要。

男：3. 你眼下面临的挑战是什么？

女：我已经不年轻了，3.D 自身状态在下滑。到不同的国家打比赛，我还要倒时差，饮食也不习惯。有时早上醒来甚至不知道自己在哪里。我需要克服这些不舒服的感觉。另外，我还得应对伤病问题。

男：听说你不打比赛的时候，放松的方式是读书。4. 那你最喜欢的书是什么？

女：我原来不太喜欢读书，回到学校上学这两年，渐渐喜欢上了读书。年龄大了，人就会对社会、历史和心灵方面的东西感兴趣，会想扎进更深的地方。4.A 有一本书叫《遇见未知的自己》我特别喜欢。这本书，虽然没有华丽的文字，但是充满智慧。当时，我处于一个很低迷的状态。读完之后，我觉得人生没有什么过不去的坎儿。

男：很多人说你比赛的时候情绪波动得太厉害。但是 5.A 你的丈夫姜山却说，"你情绪波动是因为对胜利的渴望，这是一件好事。"别人看到的是你的外在，而他看到的是你情绪背后的动机。

女：对。他完全知道我在做什么，知道我要什么。我很庆幸能遇见一个这么了解我、包容我的人。我很感谢他！

남: 리나, 저희의 인터뷰에 응해주셔서 감사합니다. 1. 당신은 왜 테니스에 이렇게 큰 열정을 가지고 있는 건가요?

여: 1.D 테니스는 당신이 끊임없이 자신에게 도전하게 할 수 있는 종목입니다. 그것은 사람에게 큰 좌절과 실패감을 주기도 하고, 큰 성취감을 주기도 합니다. '이런 어려운 일도 다 해내는데, 다른 것은 못할 게 뭐가 있겠어?'라고 여기게 되기 때문이죠.

남: 그러면, 2. 테니스라는 운동의 힘든 점은 어디에 있을까요?

여: 2.C 테니스는 매우 외로운 운동입니다. 선수는 경기장에서 코치도 없고, 팀원도 없죠. 오직 상대와 자신 뿐이에요. 어떤 사람은 테니스가 "고도(외딴 섬) 운동"이라고 묘사했는데, 이것은 선수가 경기장에 서있으면 외딴 섬에 있는 것 같다는 것이죠. 주위에 관중들이 에워싸고 있어도 자신은 오히려 매우 외롭죠. 오직 나 혼자서 시합을 하지만 사실 제 운동팀은 존재합니다. 그들은 경기장에는 나오지 않지만 저에게는 매우 중요하죠.

남: 3. 당신이 지금 마주한 도전은 무엇입니까?

여: 저는 이미 젊지 않고, 3.D 제 몸 상태는 안 좋아지고 있습니다. 다른 국가에 가서 시합을 하면 시차에도 적응해야 하고, 음식도 익숙지가 않습니다. 어떤 때에는 아침에 일어나면 심지어 제가 어디에 있는지조차도 모릅니다. 저는 이런 불편한 느낌들을 극복해야 하고, 이 외에 부상 문제도 대처해야 합니다.

남: 당신은 시합을 하지 않을 때, 긴장을 완화시키는 방식이 독서라고 하던데, 4. 어떤 책을 가장 좋아하시나요?

여: 저는 원래 책 읽는 것을 그다지 좋아하지는 않았습니다. 학교로 돌아와 수업을 받는 2년간, 점차 독서를 좋아하게 되었습니다. 나이가 많아지니 사회, 역사 그리고 마음 방면의 것들에 흥미가 생기기 시작했고, 더 깊이 파고들고 싶어졌습니다. 4.A 《미지의 자신을 만나다》라는 책이 있는데 제가 매우 좋아하는 책입니다. 이 책은 비록 화려한 글은 없지만, 지혜로 가득 차 있습니다. 당시에, 저는 슬럼프 상태에 빠져있었는데, 다 읽고 나서 저는 인생에는 넘어가지 못할 고비는 없다고 느꼈습니다.

남: 많은 사람들이 당신이 시합할 때 감정기복이 너무 심하다고 말하는데, 5.A 당신의 남편 쟝샨은 오히려 "당신의 감정기복은 승리에 대한 갈망 때문이고, 이것은 좋은 일입니다."라고 말했죠. 다른 사람이 본 것은 당신의 외적인 것인데, 그가 본 것은 당신 감정 배후의 동기인 거군요.

여: 맞습니다. 그는 제가 무엇을 하는지, 무엇을 원하는지 완전히 알고 있어요. 저는 이렇게 저를 이해하고, 포용해주는 사람을 만나 행운입니다. 그에게 정말 고마워하고 있어요!

1. 女的为什么会对网球充满热情? 2. 女的觉得网球运动的艰难之处是什么? 3. 女的现在面临的最大挑战是什么? 4. 女的认为《遇见未知的自己》这本书怎么样? 5. 女的的丈夫怎么看待她在赛场上的情绪波动?	1. 여자는 왜 테니스에 열정이 가득한가? 2. 여자는 테니스의 힘든 점을 무엇이라고 여겼는가? 3. 여자가 현재 마주하고 있는 가장 큰 도전은 무엇인가? 4. 여자는 ≪미지의 자신을 만나다≫라는 이 책을 어떻게 생각하는가? 5. 여자의 남편은 그녀의 경기장에서의 감정기복을 어떻게 보는가?

Point
1. 1, 2, 3번의 문제가 진행자의 첫 번째, 두 번째, 세 번째 질문 내용과 각각 일치한다는 것을 주목해야 한다.
2. 4번은 직접적으로 진행자의 질문이 문제와 같지는 않지만 진행자가 네 번째 질문으로 책에 대한 화제를 이끌어내고 게스트가 그에 대한 대답을 하는 과정에서 4번 문제의 정답이 출현했다.
3. 5번 문제처럼 게스트의 대답에서만 정답이 나오는 것이 아니라 진행자가 게스트의 감정이나 정보를 전달하는 경우가 있다.

해설
1. '**网球是一个可以让你不断挑战自己的项目**(테니스는 당신이 끊임없이 자신에게 도전하게 할 수 있는 종목입니다)'라고 말했으므로 보기의 D **能使人不断挑战自我**(사람이 끊임없이 스스로에게 도전하게 만들 수 있어서)가 정답임을 알 수 있다.
2. '**网球是一项非常孤独的运动**(테니스는 매우 외로운 운동입니다)'이라고 말했으므로 보기의 C **需忍受孤独**(외로움을 견뎌야 한다)가 정답임을 알 수 있다.
3. '**自身状态在下滑**(제 몸 상태는 안 좋아지고 있습니다)'라고 말했으므로 보기의 D **自身状态下降**(자신의 몸 상태가 안 좋아졌다)이 정답임을 알 수 있다. '**下滑**(하락하다, 떨어지다, 미끄러지다)'는 '**下降**(떨어지다)'과 같은 의미이다.
4. '**有一本书叫《遇见未知的自己》我特别喜欢。这本书，虽然没有华丽的文字，但是充满智慧**(≪미지의 자신을 만나다≫라는 책이 있는데 제가 매우 좋아하는 책입니다. 이 책은 비록 화려한 글은 없지만, 지혜로 가득 차 있습니다)'라고 말했으므로 정답은 A **富有智慧**(지혜로 가득 차 있다)가 정답임을 알 수 있다. '**富有**(많이 가지고 있다)'와 '**充满**(가득 차다)'은 목적어를 충분히 가지고 있다는 점에서 같은 의미이다.
5. '**你的丈夫姜山却说，"你情绪波动是因为对胜利的渴望，这是一件好事。"**(당신의 남편 쟝샨은 오히려 "당신의 감정기복은 승리에 대한 갈망 때문이고, 이것은 좋은 일입니다."라고 말했죠)'라고 말했으므로 A **是出于对胜利的渴望**(승리에 대한 갈망에서 나온 것이다)이 정답이다.

정답 1. D 2. C 3. D 4. A 5. A

실전 문제

제2부분_유형전략01_실전

▶ 정답 및 해설 p.16

😊 보기를 먼저 파악해 어떤 질문과 연관이 있는지를 찾아내는 것이 관건이다.

[1 - 5]

문제 1
A 很难过
B 非常自豪
C 有些尴尬
D 难以置信

문제 2
A 可以速成
B 必须用心投入
C 不属于竞技运动
D 适合性格活泼的人

문제 3
A 缺少专业教练
B 经营状况不好
C 现有三四千名会员
D 培养了许多优秀运动员

문제 4
A 很崇拜父亲
B 准备明年退役
C 和父母住在一起
D 被称为“冰上蝴蝶”

문제 5
A 送他出国留学
B 鼓励他去经商
C 让他学习滑冰
D 尊重他的兴趣

유형별 전략 02

예술 분야 인사의 인터뷰

❶ 자주 나오는 예술가의 종류를 파악해 두자!

예술가는 큰 범위이기 때문에 좀 더 구체적인 종류를 알아둘 필요가 있다. 종류와 관련 표현을 알아둔다면 인터뷰를 이해하기 수월하다.

❷ 해당 분야에 대한 견해는 놓치지 마라!

실제 시험에 나온 예술가들을 해당분야와 연관 지어 그 분야에 대한 견해를 미리 파악해 둔다면 같은 분야의 예술가가 나왔을 때 인터뷰를 이해하기가 훨씬 쉽다. 아래 정리된 내용은 소리 내어 읽어봐야 비슷한 내용이 들리므로 반드시 읽어보는 것이 좋다.

● **빈출 예술가 종류 및 문제와 관련 있었던 견해** 제2부분_유형전략02_Tip1

作家 zuòjiā 작가	创造是非常自然的。 창작은 매우 자연스러운 것이다.
小说家 xiǎoshuōjiā 소설가	小说家应该有对整个社会的深刻认识和判断。 소설가는 마땅히 전체 사회에 대한 인식과 판단이 있어야 한다.
文学家 wénxuéjiā 문학가	网络文学绝对有它的价值，也有它的空间。 인터넷 문학은 절대적으로 그것의 가치가 있고, 그것의 공간도 있다.
指挥家 zhǐhuījiā 지휘자	学指挥不需要很多时间，但至少要对一到两件乐器非常熟悉，而且是一个专业的水准。 지휘를 배우려면 많은 시간이 필요하지는 않으나, 적어도 한두 개의 악기에 대해 매우 잘 알아야 하고, 게다가 전문적인 수준이어야 한다.
服装设计师 패션 디자이너 fúzhuāng shèjìshī	设计师不是明星，应该踏踏实实埋头苦干。 디자이너는 스타가 아니다. 마땅히 기본적인 것에 전심전력을 다해야 한다.
建筑设计师 건축 설계사 jiànzhù shèjìshī	建筑的内核是人对自身意义的思考。 건축의 핵심은 사람의 자기자신 의미에 대한 사고이다.
手机主题设计师 shǒujī zhǔtí shèjìshī 휴대전화 (바탕화면) 테마 디자이너	手机主题设计师应该具备卓越的审美能力。 휴대전화 테마 디자이너는 탁월한 심미적 능력을 갖추어야 한다.
舞蹈家 wǔdǎojiā 무용가	舞蹈都跟生命和情感有关，都不是简单的形式。 무용은 모두 생명과 감정과 관련이 있고, 모두 간단한 형식이 아니다.
钢琴家 gāngqínjiā 피아니스트	天才是通过刻苦勤奋得来的，有天分没有刻苦追求，不会有任何成绩。 천재는 고생과 부지런함을 통해 얻는 것으로, 재능은 있으되 고생을 추구하지 않으면 어떠한 성적도 있지 않을 것이다.
漫画家 mànhuàjiā 만화가	漫画是一种有意思的表达方式。 만화는 일종의 재미있는 표현 방식이다.

魔术师 móshùshī 마술사	现代的魔术应该更生活化，就是魔术师穿的衣服应该跟普通人一样。 현대의 마술은 마술사가 입는 옷이 보통사람과 같아야 하는 것처럼 더욱 생활화되어야 한다.
演员 yǎnyuán 배우	觉得生活中的交往好像是一个编排的戏剧，很多是可有可无的，可多可少的。 생활 속의 교류는 마치 각본대로 연습한 희극과 같아서, 대부분이 있을 수도 없을 수도, 많을 수도 적을 수도 있는 것이다.
沙画表演艺术家 shāhuà biǎoyǎn yìshùjiā 모래아트 공연예술가	沙画是一种瞬间艺术，沙画的价值在于创新。 모래아트는 일종의 순간적인 예술로, 모래아트의 가치는 창의성에 있다.
修复家 xiūfùjiā 복원가	修复文物的关键是学会复制。 문물 복원의 관건은 복제할 줄 아는 것이다.
玺印篆刻家 xǐyìn zhuànkèjiā 옥쇄 전각가(도장 파는 전문가)	玺印研究的重点是史料。 옥쇄 연구의 중점은 역사 자료이다.

❸ 예술 분야에 자주 나오는 질문유형을 습득해라!

진행자의 질문을 근거로 정답이 짐작되는 보기를 미리 파악할 수 있는 만큼 질문 유형을 미리 습득해 놓으면 정답 접근이 쉽다.

● **예술 분야 질문유형** 제2부분_유형전략02_Tip2

第一次/最初 A 怎么样? 처음으로 A했을 때 어땠는가?	➜	처음의 의도나 처음의 행동에 대해 묻는 경우가 많다.
什么时候开始以 A 为职业? 언제부터 A를 직업으로 삼기 시작했는가?	➜	구체적인 시기나 사건의 발생으로 설명하는 경우가 많다.
从事 A 多长时间了? A에 종사한 지 얼마나 되었는가?	➜	숫자로 대답하므로 정답을 찾기 쉬운 편이다.
把 A 看做什么? A를 무엇으로 보는가?	➜	A에 대한 견해로 비유한 사물이나 대상에 집중해야 한다.
看重什么? 무엇을 중시하는가?	➜	'중시하다'라는 표현은 '重视/讲究/注重/在乎' 등이 있다.
A 的价值在于什么? A의 가치는 어디에 있는가?	➜	중요하게 생각하는 부분을 묻는 것이다.
为什么选择做 A ? 왜 A가 되길 선택했는가?	➜	A를 직업으로 선택한 이유를 묻는 것이다.
A 对 B 有什么影响? A는 B에 어떤 영향이 있는가?	➜	A와 B의 관계를 묻는 것으로 자주 나오는 표현이다.
怎么看待 A ? A를 어떻게 보는가?	➜	A에 대한 견해를 묻는 것이다.

예제 1-5 제2부분_유형전략02_예제1-5

1. A 比较公平 B 稿费更多了 C 不利于作家创作 D 给自己造成一定压力	1. A 비교적 공평하다 B 원고료가 더 많아진다 C 작가의 창작물에 이롭지 않다 D 자신에게 일정한 부담을 조성한다

보기
1. 보기에 나온 '稿费(원고료)'와 '作家创作(작가의 창작물)'라는 어휘를 근거로 글, 문학작품 등에 관한 것이라는 것을 알 수 있다.
2. '不利于(도움이 되지 않는다)'라는 내용과 '造成一定压力(부담을 조성한다)'라는 내용으로 어떤 것의 영향에 대한 문제임을 추측할 수 있다.

2. A 创作自然就好 B 创作需要灵感 C 创作心态很重要 D 创作环境最关键	2. A 창작은 자연스러운 게 좋다 B 창작은 영감을 필요로 한다 C 창작은 마음가짐이 중요하다 D 창작은 환경이 가장 관건이다

보기
1. 보기의 공통적인 어휘가 '创作(창작)'이므로 창작에 관한 내용이 나오면 집중해야 한다.
2. 핵심은 '自然(자연스럽다)', '灵感(영감)', '心态(마음가짐)', '环境(환경)'이다.

3. A 两年 B 十几年 C 30多年 D 40多年	3. A 2년 B 십 몇 년 C 30여 년 D 40여 년

보기
1. 보기만으로 시간에 관한 문제임을 알 수 있다.
2. 한자로 되어 있는 수 표현은 아라비아 숫자로 고쳐두면 한눈에 파악하기 쉽다.

4. A 是短篇小说 B 被改编成话剧 C 以农村为背景 D 被搬上了银幕	4. A 단편소설이다 B 연극으로 각색되었다 C 농촌을 배경으로 한다 D 스크린에 옮겨졌다

보기
1. A의 보기 '短篇小说(단편소설이다)'를 근거로 작품, 즉 소설 정보에 관한 문제임을 알 수 있다.
2. C의 '以A为B'는 'A를 B로 삼다'는 의미이다.
3. D 被搬上了银幕(스크린에 옮겨졌다)는 '被改编成电影(영화로 각색되었다)'과 같은 의미이다.

5. A 现在是导演 B 生活在上海 C 关心失学儿童 D 是畅销书作家	5. A 지금은 감독이다 B 상하이에서 생활한다 C 실학(배움의 기회가 없는) 아동에게 관심을 갖고 있다 D 베스트셀러 작가이다

보기
1. A의 '지금은 감독이다'와 D의 '베스트셀러 작가이다'를 근거로 인물 정보에 관한 문제임을 알 수 있다.
2. '导演(감독)', '上海(상하이)', '失学儿童(실학아동)', '畅销书(베스트셀러)' 등의 핵심어휘에 집중해야 한다.

男：王安忆老师，感谢您接受我们的采访。有人说，市场化和商业化在扼杀作家的创作环境，1. 您如何看待市场和作家之间的关系？

女：我觉得市场化相对来说是好的，1.A 起码市场化是比较公平、比较民主的，虽然我并不是一个畅销书作者，可是我觉得我的书销量是比较合适的。我的书卖两三万册，这就对了，销量太高就不像我的书了。我认为市场可以比较准确地给作家进行定位。所以，我对市场化没有太大的反感。

男：您是否感受到 2. 创作环境的改变？它是否影响了您的创作？

女：我对环境没有太大的感觉。对我自己来说创作环境是越来越好了。环境和作家本身的情况是相关的。我刚刚起步的时候，其实写得非常稚嫩。现在，我个人的思想已经比较成熟了，我觉得我能够掌控自己的创作，创作的状态也越来越好。

男：您在不同的时期，2. 是否会因为心态的不同而影响到创作的本身？

女：3.C 我从一开始写作到现在已经三十多年了，写作成了我非常自然的生活状态。应该说，我没有抱着什么特殊的心态来创作，2.A 对我来讲，创作是非常自然的。所以，我根本不去想我要用什么心态去创作。

男：4.D 您的长篇小说《长恨歌》曾经先后被改编为电影和电视剧，并都获得了很大的成功，为大众所熟悉。有些文学批评家认为，《长恨歌》是您创作上的重要转折点，自那之后，您就开始陷入了自我重复，总是描写上海小女人的生活，您如何看待这些评价？

女：我认为，《长恨歌》是我创作转折点的说法并不准确。5.B 我生活在上海，自然就会写上海。但是，别人似乎只注意到了我写上海的作品，其实我也写过其他很多农村题材的作品。

남: 왕안이 선생님, 저희의 인터뷰에 응해주셔서 감사합니다. 어떤 이는 시장화와 상업화가 작가의 창작환경을 목 조른다고 하는데, 1. 선생님은 시장과 작가의 관계를 어떻게 보십니까?

여: 저는 시장화는 상대적으로 좋다고 여깁니다. 1.A 적어도 시장화는 비교적 공평하고, 민주적이니까요. 비록 제가 베스트셀러 작가는 아니지만, 저는 제 책 판매량이 비교적 적당하다고 생각합니다. 제 책은 2, 3만 권 팔리는데 이것은 옳은 것이고, 판매량이 너무 높아도 제 책 같지가 않습니다. 저는 시장이 비교적 정확하게 작가를 객관적으로 평가해줄 수 있다고 생각합니다. 그래서, 시장화에 그렇게 큰 반감은 없습니다.

남: 선생님은 2. 창작환경의 변화를 느끼시나요? 그것이 선생님의 창작에 영향을 주지 않습니까?

여: 저는 환경에 대해서는 그다지 큰 느낌은 없습니다. 제 입장에서 창작환경은 갈수록 좋아지고 있습니다. 환경과 작가 자체의 상황은 관련이 있지요. 제가 막 시작했을 때, 사실 글 쓰는 것이 매우 미숙했습니다. 지금은 제 개인의 사상이 이미 비교적 성숙되었고, 저는 제가 제 창작을 컨트롤할 수 있고, 창작환경도 갈수록 좋다고 생각합니다.

남: 선생님은 다른 시기에 2. 마음가짐의 다름으로 창작자체에 영향을 주지는 않았습니까?

여: 3.C 저는 글쓰기를 시작해서 지금까지 이미 30여 년이 넘었고, 글쓰기는 저의 매우 자연스러운 생활상태가 되었습니다. 저는 어떤 특별한 마음을 가지고 창작을 하지 않았고, 2.A 제 입장에서는 창작이 매우 자연스러운 것이라고 말씀드릴 수 있습니다. 그래서, 저는 전혀 어떤 마음상태를 가지고 창작을 하지 않습니다.

남: 4.D 선생님의 장편소설 《장한가》는 이미 일찍이 영화와 드라마로 각색되었고, 큰 성공을 얻으며 대중들에게 많이 알려졌습니다. 어떤 문학비평가들은 《장한가》가 선생님 인생의 중요한 전환점이고, 그때 이후부터 자기복제에 빠져 늘 상하이의 어린 아가씨의 생활을 쓴다고 합니다. 선생님은 이 평가를 어떻게 보시나요?

여: 저는 《장한가》가 제 창작의 전환점이라는 설명은 그다지 정확하지 않다고 생각합니다. 5.B 저는 상하이에서 생활했고, 자연스럽게 상하이를 쓰게 되었습니다. 하지만, 다른 사람들은 마치 제가 상하이를 쓴 작품에만 주의를 기울이는 것 같은데, 사실 저도 기타 많은 농촌을 소재로 한 작품도 썼었습니다.

1. 女的如何看待市场化？
2. 女的如何看待创作？
3. 女的从事写作多长时间了？
4. 关于《长恨歌》，下列哪项正确？
5. 关于女的，可以知道什么？

1. 여자는 시장화를 어떻게 보는가?
2. 여자는 창작을 어떻게 보는가?
3. 여자는 글쓰기에 종사한 지 얼마나 되었는가?
4. 《장한가》에 관해서, 아래에 어느 항이 맞는가?
5. 여자에 관해, 무엇을 알 수 있는가?

Point 1. 1번 문제가 진행자의 첫 번째 질문 내용과 일치한다는 것을 주목해야 한다.
2. 진행자가 두 번째 질문에서 환경과 창작에 관계를 물었고, 세 번째 질문에서 마음가짐과 창작에 관해서 물은 것에 집중한다면 2번 문제의 보기 C와 D의 정답 여부를 알 수 있다. 게스트는 둘 다 크게 느끼는 바가 없고 개의치 않는다고 했으므로 오히려 C와 D가 정답이 아님을 알 수 있다.
3. 4번 문제는 여자의 대답에서 농촌이라는 어휘가 나와서 C 以农村为背景(농촌을 배경으로 하다)을 잘못 선택하는 경우가 있다. 진행자의 질문이 《장한가》라는 작품에 관한 것이었다는 것에 유의해야 한다.
4. 4번 D의 '被搬上了银幕(스크린에 옮겨졌다)'는 인터뷰 내용 중 '被改编成电影(영화로 각색되었다)'과 같은 뜻이다.

해설 1. 여자의 첫 번째 대답에서 '起码市场化是比较公平、比较民主的(적어도 시장화는 비교적 공평하고 민주적이다)'라고 말했으므로 보기의 A 比较公平(비교적 공평하다)이 정답임을 알 수 있다.
2. 여자의 세 번째 대답에서 '对我来讲，创作是非常自然的(제 입장에서는 창작이 매우 자연스러운 것입니다)'라고 말했으므로 보기의 A 创作自然就好(창작은 자연스러운 게 좋다)가 정답임을 알 수 있다.
3. 여자의 세 번째 대답 앞 부분에서 '我从一开始写作到现在已经三十多年了(저는 글쓰기를 시작해서 지금까지 이미 30여 년이 넘었다)'라고 말했으므로 보기의 C 30多年(30여 년)이 정답임을 알 수 있다.
4. 마지막 질문에서 '您的长篇小说《长恨歌》曾经先后被改编为电影和电视剧(장편소설 《장한가》는 이미 일찍이 영화와 드라마로 각색되었다)'라고 말했으므로 정답은 D 被搬上了银幕(스크린에 옮겨졌다)가 정답임을 알 수 있다.
5. 여자의 마지막 대답에서 '我生活在上海(나는 상하이에서 생활했다)'라고 말했으므로 B 生活在上海(상하이에서 생활한다)가 정답이다

정답 1. A 2. A 3. C 4. D 5. B

▶ 정답 및 해설 p.18

보기를 먼저 파악해 어떤 질문과 연관이 있는지를 찾아내는 것이 관건이다.

[1-5]

문제 1
A 装修
B 节目策划
C 广告宣传
D 魔术

문제 2
A 很顺利
B 用时长
C 没有报酬
D 是临场发挥

문제 3
A 瞬间美
B 抽象美
C 创新
D 收藏

문제 4
A 愉悦大众
B 有明确定位
C 得到大力推广
D 启人深思

문제 5
A 打算放弃沙画
B 认为沙画艺术前景堪忧
C 动手能力强
D 在音乐领域很有成就

유형별 전략 03

기업가/창업자의 인터뷰

❶ 기출 관련 어휘와 견해를 습득해라!

기업가는 전문가 인터뷰에 비해 어휘들이 제한적이기 때문에 관련 어휘를 알아둔다면 훨씬 듣기가 쉽고, 견해는 고객이나 기업마인드인 경우가 많으므로 기출 어휘를 통해 미리 파악해 두는 것이 좋다.

● **기업가 및 창업자 관련 기출 어휘와 견해** 제2부분_유형전략03_Tip1

游乐园副总经理 yóulèyuán fùzǒngjīnglǐ 놀이공원 부사장	建立初衷 jiànlì chūzhōng 설립할 때의 최초의 바람, 소망 | 经营情况 jīngyíng qíngkuàng 경영상태 | 主题公园 zhǔtí gōngyuán 테마파크 相信每位游客都可以在我们游乐园充分享受欢乐。 모든 고객들이 우리 놀이공원에서 즐거움을 만끽할 수 있을 것이라고 믿는다.
博雅收藏有限公司创立者 Bóyǎ shōucáng yǒuxiàn gōngsī chuànglìzhě 보야 수집유한회사 창업자	古玩 gǔwán 골동품 | 收藏市场 shōucáng shìchǎng 수집 시장 | 艺术品鉴定 yìshùpǐn jiàndìng 예술품 감정 从收藏爱好者的个人角度来讲，必须要提高自己的鉴赏水平，掌握扎实的鉴定技巧。 수집애호가들 개인의 입장에서 보자면, 반드시 자신의 감정수준을 향상시키고, 견고한 감정 기술을 습득해야 한다.
企业总裁 qǐyè zǒngcái 기업총수	净利润 jìnglìrùn 순이익 | 增速放缓 zēngsù fànghuǎn 성장속도 둔화 | 回升 huíshēng 반등하다(떨어졌다 다시 오름) ↔ 回落 huíluò 반락하다 | 并购重组 bìnggòu chóngzǔ 인수합병 구조조정 不管从事什么事业，要想获得成功，前提就是要热爱这项事业。 어떤 일에 종사하든 상관없이 성공을 하고 싶으면 전제는 이 일을 사랑하는 것이어야 한다.
成功的女性企业家 chénggōng de nǚxìng qǐyèjiā 성공한 여성 기업가	受益 shòuyì 이익을 얻다 | 进取精神 jìnqǔ jīngshén 진취적인 정신 | 比较稳妥 bǐjiào wěntuǒ 비교적 안정적이다 | 对于风险的承受能力 duìyú fēngxiǎn de chéngshòu nénglì 위험에 대한 감당 능력 觉得只要按照自己想过的方式去生活就是成功。 자신이 생각한 방식을 따라 생활하면 성공할 수 있다고 여긴다. 做最精彩的自己，千万不要试图做别人。 절대 다른 사람이 되려고 시도하지 말고, 가장 훌륭한 자신이 되어라.

❷ 주인공의 성공 스토리를 놓치지 마라!

회사의 힘들었던 시기와 게스트가 그것을 극복하고 발전해나간 성공의 비결 등에 관해 인터뷰가 진행되는 경우가 많다. 힘들었던 점이나 게스트가 생각하는 성공의 전제조건 등을 놓치지 않아야 한다.

③ 관련 질문유형을 미리 파악해 두자!

신행사의 질문유형을 파악해 두면 보기만으로도 정답에 접근이 쉬워지므로 어떤 유형의 질문이 주로 이루어지는지 파악해 두는 것이 좋다.

● 기업 및 주요기관 책임자 관련 글의 질문유형 🎧 제2부분_유형전략03_Tip2

질문유형		팁
怎样看待 A? A를 어떻게 보는가? / **怎么评价 A?** A를 어떻게 평가하는가?	→	'对我来说(내 입장에서는)'와 '在我看来(내가 보기에)'라는 말 뒤에는 게스트의 견해가 나온다는 것에 유의하자.
与 A 相比，B 有什么特点? A와 비교해서, B는 어떤 특징이 있는가?	→	결국 비교대상과 다른 점을 묻는 문제로 연결되는 경우가 많으니 특히 차이점을 정확하게 파악해야 한다.
B 对 A 有什么好处/优势? B하는 것은 A에 어떤 좋은 점/우세한 점이 있는가?	→	장단점, 특히 장점은 항상 집중해서 들어야 한다.
作为 A 最重要的责任是什么? A로서, 가장 중요한 책임은 무엇인가?	→	게스트의 역할과 그 역할의 중요성에 집중해야 한다.
A 的目的是什么? A하는 목적은 무엇인가?	→	목적에 관한 대답은 '为了……(~를 위해)' 혹은 'A是为了…… (A하는 것은 ~하기 위함이다)'로 표현하는 경우가 많다.
成功的前提是什么? 성공의 전제는 무엇인가?	→	기업가나 창업자로 나온 게스트는 자수성가한 경우가 많기 때문에 성공스토리를 묻는 경우가 많다. 성공과 관련된 부분은 항상 집중해야 한다.
你说"A"主要是什么意思? 당신은 'A'라고 말했는데 무슨 의미인가?	→	게스트가 했던 말은 문제와 이어지는 경우가 많기 때문에 그 말과 의미에 집중해야 한다.

예제 1-5 제2부분_유형전략03_예제1-5

1. A 波动较大 B 增速放缓 C 供不应求 D 竞争激烈	1. A 기복이 비교적 크다 B 증가속도가 둔화되었다 C 공급이 달린다 D 경쟁이 치열하다

보기
1. A의 '波动(기복)'이나 B의 '增速(증가속도)', D의 '竞争激烈(경쟁이 치열하다)'를 보면 어떤 분야에 관해 알 수 있는 정보를 묻는 문제임을 짐작할 수 있다.
2. C의 '供不应求'는 공급이 수요를 따르지 못해 '공급이 달린다'라는 뜻으로 생산과 관련이 있다.

2. A 加重了企业负担 B 实现了行业垄断 C 属于强强联合 D 导致人员管理混乱	2. A 기업의 부담을 가중시켰다 B 업종의 독점을 실현시켰다 C 강강(强强)연합에 속한다 D 직원관리에 혼란을 야기했다

보기
1. A의 '加重了(가중시켰다)', B의 '实现了(실현시켰다), C의 '属于(속한다)', D의 '导致(야기했다)'라는 동사들만 보아도 어떤 행위가 미치는 영향이나 결과를 묻는 문제임을 짐작할 수 있다.
2. C의 '强强联合(강강연합)'는 약한 회사를 흡수시키는 구조가 아닌 강한 기업끼리 동등한 위치에서 서로 부족한 점을 보완하며 합치는 합병방식을 말한다.

3. A 有独特的营销体系 B 感冒类药品销量最佳 C 生产方式落后 D 规模持续缩小	3. A 독특한 영업시스템을 가지고 있다 B 감기와 관련된 약품 판매량이 가장 좋다 C 생산방식이 낙후되었다 D 규모가 지속적으로 줄고 있다

보기
1. A의 '营销体系(영업방식)', B의 '药品销量(약품 판매량)', C의 '生产方式(생산방식)', D의 '规模(규모)' 등이 있는 것으로 보아 약을 제조하는 회사에 관한 문제임을 알 수 있다.
2. 위의 2번에서 '합병'을 언급했으므로 합병하는 회사 중의 한 회사가 가지는 특징일 가능성이 높다.

4. A 热爱所从事的事业 B 懂得奉献社会 C 有良好的人际关系 D 有雄厚的经济基础	4. A 종사하는 일을 몹시 좋아한다 B 사회에 기여할 줄 알다 C 좋은 인간관계를 가지고 있다 D 두터운 경제기초가 있다

보기
1. A의 '热爱……事业(~일을 몹시 좋아하다)'와 C의 '有……人际关系(~한 인간관계를 가지고 있다)'와 D의 '有……经济基础(~한 경제기초를 가지고 있다)' 등을 보면 인물에 관한 문제이거나 특정대상이 가져야 하는 조건일 가능성이 높다.
2. A의 '热爱(몹시 좋아하다)'는 같은 의미의 '酷爱(kù'ài)'로 바뀌어 본문에 나오는 경우가 많으니 유의하자!

5. A 药品质量问题堪忧 B 男的出身医药世家 C 医药公司纷纷倒闭 D 男的即将升职	5. A 약품의 질 문제가 심각하게 걱정된다 B 남자는 의약집안 출신이다 C 의약회사가 연이어 도산했다 D 남자는 곧 진급될 것이다

보기 1. B의 '男的出身(남자의 출신)' 언급이나 C의 '医药公司……倒闭(의약회사 도산)', D의 '男的……升职(남자의 ~ 진급)'에 관한 언급으로 보아 인터뷰에서 알 수 있는 사실을 묻는다는 것을 알 수 있다.
2. 인터뷰로 인해 알 수 있는 내용을 묻는 질문은 한 질문에서 나오는 것이 아니라 전체적인 인터뷰 내용 중에서 맞는 보기가 답이므로 보기를 먼저 파악해 두어야 놓치지 않는다는 것을 유념해야 한다.

女：胡总，您好，我们看到了一个新闻，说贵公司上半年的净利润达到了2.88亿，同比增长近四成，1.B 在整个医药行业增速放缓时，1. 贵公司的利润为什么能增长这么多？

男：1.B 医药行业今年整体的发展速度有所回落，大概在13%左右，我们公司今年的经营规模之所以能够保持在22%左右的增速，一方面是我们厚积薄发的结果，另一方面也有我们并购外延扩张的因素。

女：那么 2/3. 这次并购重组，给贵公司带来了什么好处？

男：过去的并购大部分是强弱式并购，2.C 今年的这一次收购使我们进入了一个强强式并购的时代，收购的这家企业本身有两大优势，第一，他们生产的药品中，有一个是在心血管儿领域排位前十的，市场规模已经达到了二十多亿，3.A 第二，他们在医药行业里面有一套独特的营销体系，而这些正好是我们公司所缺乏、所需要的，所以这次并购给我们带来了快速发展，同时，也使我们公司的一些资源和它实现了互补，使得我们的内生发展可以更快一些。

女：您是不是把做药品这件事当成了一辈子要做的事业？

男：对，因为 5.B 我本身出生于医药世家，我外公是学医的，到国外留学过，我父母也都是学医药的，所以受家庭影响，我当年考大学就考了药学专业。

女：也许正是 4. 这种热爱，使得您把公司经营得如此卓越的吧？

男：是的，不管从事什么事业，4.A 要想获得成功，前提就是要热爱这项事业，如果没有对它的强烈热爱，是不可能成功的，另外，还要有一种强烈的社会责任感，你现在所做的一切都是为了社会。

여: 후 사장님, 안녕하세요? 우리가 본 신문에서는 귀사의 상반기 순이익이 2.88억에 달하고, 전년도 동기와 대비해 40% 가까이 성장했다고 하던데, 1.B 전체적인 의약업종의 성장속도가 둔화되었을 때, 1. 귀사의 이윤은 어떻게 이렇게 많이 성장할 수 있었습니까?

남: 1.B 의약업종은 올해 전체적인 발전속도가 다소 반락했는데, 대략 13% 정도 됩니다. 우리 회사의 올해 경영규모가 22% 정도의 증가속도를 유지할 수 있었던 것은, 한편으로는 우리가 그동안 준비한 것들이 누적되어 천천히 드러나고 있는 결과이고, 다른 한편으로는 우리의 인수합병 외연이 확장된 이유도 있습니다.

여: 그러면 2/3. 이번 인수합병의 구조조정은 귀사에 어떤 좋은 점을 가져다 주었습니까?

남: 과거의 인수합병은 대부분이 강약(强弱)식의 합병이었는데, 2.C 올해의 이번 인수는 우리가 하나의 강강(强强)식의 입수합병시대로 들어가게 했습니다. 인수한 이 기업자체도 두 가지 큰 우세한 점을 가지고 있었는데, 첫 번째는 그들이 생산한 약품 중에 심혈관 영역의 등수가 10위권 내인 것이 있었고, 시장규모도 이미 20여 억에 달했습니다. 3.A 두 번째는 그들은 의약업종에서 독특한 영업시스템을 가지고 있었는데, 이것들은 마침 우리 회사에는 없어서 필요한 것이었습니다. 그래서 이번 인수합병은 우리에게 빠른 발전을 가져왔고, 동시에 우리회사의 일부 자원이 그것과 서로 보완하게 만들어 우리의 내생적 발전을 더 빠르게 만들 수 있었습니다.

여: 당신은 약품 만드는 일을 평생의 일로 여기십니까?

남: 맞습니다. 5.B 저 자체가 의약집안에서 태어났고, 외조부는 의학을 배워, 일찍이 외국에서 유학을 한 적이 있습니다. 저희 부모님 역시 의약을 공부하셨기 때문에, 가족의 영향을 받아 저는 대학에 진학할 때 약학을 응시했습니다.

여: 어쩌면 4. 이런 애정이 당신이 회사를 이렇게나 훌륭하게 경영하게 만들었던 것이겠죠?

남: 그렇습니다. 어떤 일에 종사하든 4.A 성공하려면, 전제는 이 일을 몹시 좋아해야 합니다. 만약에 그것에 대한 강렬한 애정이 없다면, 성공할 수 없을 겁니다. 이 외에도, 당신이 하는 모든 것이 사회를 위하는 강한 사회적 책임감도 있어야 합니다.

1. 医药行业今年整体发展怎么样? 2. 男的怎么看这次并购? 3. 关于那家被并购的公司可以知道什么? 4. 男的认为获得事业成功的前提是什么? 5. 根据对话，下列哪项正确?	1. 의약업종은 올해 전체적인 발전이 어떠한가? 2. 남자는 이번 인수합병을 어떻게 보는가? 3. 그 인수합병 된 회사에 관해 무엇을 알 수 있는가? 4. 남자는 일에서의 성공 전제를 무엇이라고 여기는가? 5. 대화에 따르면, 아래 어느 항이 정확한가?

Point
1. 첫 번째 질문의 '……时(~할 때)'처럼 전제조건을 언급하고 질문할 경우에는 문제와 직결되는 경우가 많음을 주의해야 한다.
2. 두 번째 질문에서 합병을 언급했으므로 합병되는 두 회사의 공통점이나 차이점을 반드시 파악해야 하고, 합병의 방식이나 이유에 집중해야 한다.
3. 세 번째 대답에서 나온 게스트와 그 집안에 관한 정보는 인물에 관해 기억해 두어야 할 힌트들이다.
4. 네 번째 질문에서 진행자가 게스트에게 '이런 애정이 회사를 훌륭하게 경영하게 만들었던 것이죠?'라고 추측해서 물었기 때문에 남자가 긍정적인 대답을 하면 일에 대한 애정이 문제의 힌트가 되고, 부정적인 대답을 한 뒤 다른 것을 언급한다면 새로 언급하는 요소를 확인해야 한다.

해설
1. 진행자가 첫 질문에서 '在整个医药行业增速放缓时，贵公司的利润为什么能增长这么多? (전체 의약업종의 증가 속도가 둔화되었을 때, 귀사의 이윤은 어떻게 이렇게 많이 성장할 수 있었습니까?)'라고 질문을 하면서 현재의 의약업종의 상태를 설명했으므로 정답은 B 增速放缓이 정답이다.
2. 게스트가 두 번째 대답에서 '今年的这一次收购使我们进入了一个强强式并购的时代(올해의 이번 인수는 우리가 하나의 강강식(强强式)의 입수합병시대로 들어가게 했습니다)'라고 했으므로 이 합병에 관해 맞는 사실은 C 属于强强联合가 정답임을 알 수 있다.
3. 게스트가 두 번째 질문의 대답에서 합병한 회사의 우세한 점을 언급하며 두 번째 우세한 점으로 '他们在医药行业里面有一套独特的营销体系(그들은 의약업종에서 독특한 영업시스템을 가지고 있습니다)'라고 했으므로 A 有独特的营销体系가 정답임을 알 수 있다.
4. '要想获得成功，前提就是要热爱这项事业(성공하려면, 전제는 이 일을 몹시 좋아해야 합니다)'라고 말한 부분에서 성공의 전제가 A 热爱所从事的事业임을 알 수 있다.
5. 세 번째 질문에 대한 대답에서 게스트가 '我本身出生于医药世家(저 자체가 의약집안에서 태어났습니다)'라고 말했으므로 B 男的出身医药世家가 정답이다.

정답 1. B 2. C 3. A 4. A 5. B

실전 문제

제2부분_유형전략03_실전

▶ 정답 및 해설 p.21

☺ 보기를 먼저 파악해 어떤 질문과 연관이 있는지를 찾아내는 것이 관건이다.

[1 - 5]

문제 1
A 创新
B 拼搏
C 勇敢
D 自信

문제 2
A 做事要稳妥
B 努力规避风险
C 学会自我鼓励
D 不要被失败吓退

문제 3
A 勇于尝试
B 谦虚学习
C 处事谨慎
D 坚持不懈

문제 4
A 充满激情
B 轻松闲适
C 拥有自己的事业
D 按自己喜欢的方式生活

문제 5
A 并不存在
B 无法形容
C 不依靠别人
D 兼顾事业与家庭

유형별 전략 04

기타 전문분야 및 일반인 인터뷰

① 기출 게스트를 파악해라!

범위가 없는 부분이기 때문에 기존에 어떤 게스트가 나왔는지 파악해 두면 정해진 분야의 게스트가 나오지 않아도 당황하지 않고 문제에 접근할 수 있다.

② 게스트의 견해를 습득해라!

단순하게 신분만 알아서는 내용을 파악하기 어려우므로 기존에 나왔던 게스트가 사용했던 표현이나 견해 등을 습득해 두면 어떤 내용 위주로 인터뷰가 진행되는지 파악하기 쉽다.

● **기타 전문분야 및 일반인 게스트의 종류와 견해** 제2부분_유형전략04_Tip1

电视节目编导 diànshì jiémù biāndǎo TV프로그램 PD(연출가)	做节目 프로그램을 만들다 只是起串场的作用 단지 카메오로 출연하다, 잠깐 등장하는 정도이다 重新演绎五百个人物、六百个经典场景。 5백 명의 인물, 6백 개의 최고 장면을 새로이 이끌어내야 한다.
妇联主席 fùlián zhǔxí 여성연합회 의장	女性要有独立意识。 여성은 독립의식을 가져야 한다. 女性承担着不一样的社会角色。 여성은 같지 않은 사회적 역할을 맡고 있다. 女性受到社会一定政策的支持是应该的。 여성이 사회의 일정한 정책적 지지를 받는 것은 마땅한 것이다.
大学教授 dàxué jiàoshòu 대학교수	比较重视师生之间的关系 사제관계를 비교적 중시하다 从内心讲不把他们当学生看，而是当同事看。 그들을 학생으로 보지 않고 동료로 보고 진심에서 우러나 말한다. 博士论文意味着我们科学研究有了一个进步，也是在培养人才上的收获。 박사논문은 우리 과학연구에 진보가 있었고, 인재 양성에서도 수확이 있었음을 의미하고 있다.
残疾人 cánjírén 장애인	接受自己是残疾人的现实。 스스로가 장애인인 현실을 받아들여야 한다. 尽量不要给别人带来麻烦。 가능한 다른 사람에게 번거로움을 주지 마라. 网络缩短了残疾人和健全人的差距。 인터넷은 장애인과 비장애인의 거리를 좁혔다.
一个女儿 yí ge nǚ'ér 한 명의 딸 (부녀 관계 인터뷰)	现在出去旅行好像是我带着爸爸去玩儿。 지금 여행을 나가는 것은 마치 내가 아버지를 모시고 가는 것 같다. 又是保姆又是翻译，而且还是秘书，要掌管一切。 보모이자, 통역사이고, 게다가 비서이다. 모든 것을 통제하고 관리한다. 爸爸一直支持我，以我为最大的骄傲。 아버지는 줄곧 나를 지지하였고 나를 가장 큰 자랑거리로 여겼다.

节目主持人 jiémù zhǔchírén 프로그램 진행자	要核实很多东西。 많은 것들을 맞추어 보고 확인해야 한다. 把已掌握的知识又重新温习一遍。 이미 습득한 지식을 다시 새로이 한 번 복습한다. 觉得学术性的东西，通过电视大众化是好事。 학술적인 것들이 TV를 통해 대중화되는 것은 좋은 일이라고 여긴다.
自称三栖动物的人 zìchēng sānqī dòngwù de rén 자신을 3서 동물이라고 부르는 사람(세 군데 서식, 즉 여러 방면에서 두루 활동하는 사람)	建议中年人多加入新媒体。 중년들이 새로운 매체를 많이 접해보기를 건의한다. 资讯是以快速、迅捷为特征的，所以它势必是碎片化的。 정보는 신속하고 민첩한 것을 특징으로 하기 때문에 그것은 반드시 파편화(세분화)가 되어야 한다. 手机阅读不会太耗费脑细胞，不怎么需要思考，看过、乐过也就忘了。 휴대전화를 보는 데는 뇌세포가 그렇게 많이 소모되지 않고, 사고할 필요가 별로 없어서, 본 것, 즐긴 것들은 금방 잊는다.

❸ 관련 질문유형을 파악해라!

진행자의 질문이 문제로 연결되는 경우가 많은 만큼 질문유형을 파악해 두면 문제의 정답에 접근하기가 쉽다.

● **기타 전문분야와 일반인 게스트 인터뷰의 질문유형** 제2부분_유형전략04_Tip2

A的主要原因是什么? A의 주요 원인은 무엇인가?	➜	원인은 주로 '因为/由于' 뒤에 나오는 내용이다.
称 A 为什么? / 怎么称呼 A ? A를 무엇이라 부르는가?/ A를 어떻게 부르는가?	➜	호칭에 관한 질문이다. 호칭이 될 만한 어휘에 집중해야 한다.
与 A 相比，B 有什么特点? A와 비교해서, B는 어떤 특징이 있는가?	➜	비교 대상과 그 특징에 집중해야 한다.
男的/女的建议 A 怎么做? 남자/여자는 A가 어떻게 하길 건의하는가?	➜	전문가 분야의 인터뷰인 만큼 건의와 견해에 집중해야 한다.
对 A 有什么期望? A에 대해 어떤 기대가 있는가?	➜	게스트의 다른 사람들에 대한 바람을 집중해서 들어야 한다. 주로 자녀나 학생인 경우가 많다.
面对 A 我们应该怎么做? A에 직면해, 우리는 어떻게 해야 하는가?	➜	문제나 어려움에 관한 내용이 나오면 견해에 집중해야 한다.
怎样看待 A ? A를 어떻게 보는가?	➜	'对我来说(내 입장에서는)'와 '在我看来(내가 보기에)' 뒤에는 게스트의 견해가 나온다는 것에 유의하자.
A 有什么好处/优势? A하는 것은 어떤 좋은 점/우세한 점이 있는가?	➜	장단점, 특히 장점은 항상 집중해서 들어야 한다.
A 时，应该怎么样? A때, 마땅히 어떻게 해야 하는가?	➜	특정 시기를 언급하는 부분에 집중해야 한다.
要具备什么素质? 어떤 자질을 갖추어야 하는가?	➜	조건, 자격 등은 문제로 자주 출제된다.

예제 1-5 제2부분_유형전략04_예제1-5

1. A 多听取他人意见 B 应尽早制定 C 随性而为 D 越具体越好	1. A 타인의 의견을 많이 받아들여야 한다 B 가능한 일찍 세워야 한다 C 마음대로 해야 한다 D 구체적일수록 좋다

보기 1. B에서 가능한 일찍 세워야 한다는 것으로 보아 계획이나 목표에 관한 질문임을 알 수 있다.
2. '越A越B'는 'A할수록 B하다'라는 고정격식이다.

2. A 鼓励大学生创业 B 是计算机专业的研究生 C 曾当过作家 D 成立了一家出版社	2. A 대학생 창업을 격려한다 B 컴퓨터 전공의 연구생이다 C 작가였던 적이 있다 D 출판사를 설립했다

보기 1. 보기에 어떤 것에 대한 입장(A 대학생 창업을 격려한다), 현재의 신분(B 컴퓨터 전공 연구생), 과거의 직업(C 작가였던 적이 있다), 현재의 상황(D 출판사를 설립했다) 등이 나열된 것으로 보아 인물 정보에 관한 문제임을 알 수 있다.
2. 진행자가 게스트의 정보를 언급하는 경우도 많다는 것을 유의하자.

3. A 激励学习者 B 快速提高成绩 C 活跃思维 D 减轻学习负担	3. A 학습자를 격려한다 B 성적을 빠르게 향상시킨다 C 사고를 활발하게 한다 D 학습부담을 경감시킨다

보기 1. 모두 각기 다른 동사구가 언급된 것으로 보아 목적이나 원인, 효과나 작용에 관한 질문일 가능성이 높다.
2. 핵심은 '激励(격려하다)', '提高(향상하다)', '活跃(활발하게 하다)', '减轻(경감시키다)' 등의 동사이다.

4. A 认真记笔记 B 转向传统的课本学习 C 只阅读对自己有用的 D 泛读和精读相结合	4. A 열심히 필기해라 B 전통적인 교재로 공부하는 것으로 바꾸어라 C 자신에게 유용한 것만 읽어라 D 범독과 정독을 결합해라

보기 1. C에서 '자신에게 필요한 것만을 읽는다'는 것으로 보아 어떻게 해야 하는지 게스트의 견해를 구하는 질문일 가능성이 높다.
2. '只(오직, 단지)'가 들어간 보기 C는 제한적인 견해가 되는데, 인터뷰의 내용은 개인의 견해로 구성되긴 하지만 제한적인 보기들이 정답이 되는 경우는 거의 없다는 것을 알아두자.

5. A 合理引导 B 抽空儿陪他们 C 给他们足够的空间 D 与老师沟通	5. A 적절하게 인도해야 한다 B 시간을 내서 그들과 함께 해야 한다 C 그들에게 충분한 공간을 주어야 한다 D 선생님과 소통해야 한다

보기 1. B의 '**抽空儿陪他们**(시간을 내서 그들과 함께 해야 한다)'과 D의 '**与老师沟通**(선생님과 소통해야 한다)'으로 보아 자녀나 학생에 관한 질문임을 알 수 있다.
2. 보기 A에 언급되는 '**合理**'는 '합리적이다'보다 '적절하다'라는 의미로 파악하는 것이 이해하기 쉽다.

女：从生物学博士到 2.C 科普专栏作家，再到后来做科技网站，您的职业转换似乎跨度很大。那么 1. 您是怎样规划职业道路的呢？

男：其实计划不如变化快，1.C 我更喜欢随性而为。最早我觉得科学很重要，所以去搞科研。后来觉得未必要亲自去研发，做一个传递者也很好，我就开始写作。再后来，我希望以科技网站的方式，凝聚作品的力量，促使更多人来分享、传播科技，就做了网站。当你对一件事情的理解越来越深，变化就自然而然地发生了。

女：很多人都知道您创办的"果壳儿网"、"科学松鼠会"等。在您的努力下，科普学习呈现出越来越多样化的模式。你都采用了哪些途径来传播科学呢？

男：不多，无非是网络和出版。根据不同受众、不同目的，我会设计不同的项目。但是主要还是集中在网络上。

女：我们都知道，互联网本身充满诱惑。而 3. 学习又是一个对持续性和专注度要求非常高的活动。您觉得，应如何协调这两者的关系？

男：学习者一定要沉下心来端正学习态度。在互联网时代，需要线上和线下相结合。3.A 设计一套好的学习模式，既要有激励作用，又要适合互联网的特征。

女：4. 互联网的崛起导致了信息的碎片化，我们应该如何正确面对这种现象？又该怎样避免迷失在信息的海洋里？

男：首先，碎片化是大势所趋，不可逆转。因此，我们要迅速调整学习模式来迎合信息碎片化现象。其次，我们要试着将记忆外包给网络和各种工具，利用网络迅速找到知识、合理过滤，从而建立起自己的知识体系。打个不恰当的比方，人脑要从一个知识容器转变成一个知识搜索节点。最后在获取信息时，4.D 要注意泛读和精读结合，浏览和思考结合，对感兴趣的问题不要浅尝辄止，试着深入一些。

女：飞速发展的网络学习势必会影响传统的教育模式。对于中小学生，5. 您认为，他们应该怎样平衡网络学习与网络成瘾的问题？

여: 생물학 박사에서 2.C 과학칼럼 작가로, 그리고 나서는 과학기술 웹사이트를 만들기까지, 당신의 직업 전환은 폭이 매우 커 보입니다. 그러면 1. 당신은 어떻게 직업의 길을 계획했었나요?

남: 사실 계획은 변화만큼 빠르지 못해서, 1.C 저는 하고 싶은 대로 하는 것을 더 좋아합니다. 처음에는 과학이 중요하다고 여겨서 과학연구를 했습니다. 후에는 꼭 직접 연구할 필요는 없고, 전달자가 되는 것도 좋다고 생각되어 글을 쓰기 시작했습니다. 그리고 다시 과학기술 사이트의 방식으로 작품의 역량을 응집시켜, 더 많은 사람들이 함께 누리고 과학기술을 전파하기를 바라서 웹 사이트를 만들었습니다. 당신의 일에 대한 이해가 점점 깊어지면, 변화는 자연스럽게 발생하게 됩니다.

여: 많은 사람들이 당신이 만든 'guokr.com'과 'kexuesongshuhui.com' 등을 알고 있습니다. 당신의 노력으로, 과학 보급의 학습은 갈수록 다양한 패턴을 나타내고 있습니다. 당신은 어떤 경로들을 통해 과학을 전파했나요?

남: 많지는 않고, 인터넷과 출판뿐입니다. 같지 않은 관객과 같지 않은 목적을 근거로 하여 같지 않은 프로그램을 만들지만, 그래도 여전히 주로 인터넷에 집중하고 있습니다.

여: 우리는 인터넷 그 자체는 유혹으로 가득 차 있다는 것을 알고 있습니다. 그런데 3. 학습은 또한 하나의 지속성과 집중도에 대한 요구가 매우 높은 활동입니다. 당신이 생각하기에 어떻게 이 양자의 관계를 조화롭게 해야 할까요?

남: 학습자는 반드시 마음을 가라 앉히고 학습태도를 단정하게 해야 합니다. 인터넷 시대에서는 온라인과 오프라인의 결합을 필요로 합니다. 3.A 하나의 좋은 학습패턴을 설계하는 데는 격려 작용이 있어야 하고, 또 인터넷의 특징에 부합해야 하기도 합니다.

여: 4. 인터넷의 급부상은 정보의 파편화를 야기했는데, 우리는 어떻게 정확하게 이 현상을 마주해야 할까요? 또 어떻게 해야 정보의 바닷속에서 길을 잃지 않게 될까요?

남: 먼저 파편화는 큰 추세이고, 바꿀 수가 없습니다. 이 때문에, 우리는 신속하게 학습패턴을 조정해 정보 파편화 현상에 영합해야 합니다. 그 다음에, 우리는 기억을 인터넷과 각종 도구에 내주고, 인터넷을 이용해서 신속하게 지식을 찾아내고 합리적으로 여과해서 자신의 지식체계를 세워야 합니다. 뇌가 하나의 지식 용기에서 하나의 지식검색의 교환점이 되어야 한다는 것은 부적절한 비유입니다. 마지막으로 정보를 더 얻었을 때, 4.D 범독과 정독의 결합, 열람과 사고의 결합에 주의해야 하고, 흥미 있는 문제에 대해서는 조금 해보다 그만두지 말고, 좀 더 깊이 들어가봐야 합니다.

여: 급격히 발전한 인터넷 학습이 필연코 전통적인 교육패턴에 영향을 끼치게 되었습니다. 초중고 학생들에 대해, 5. 당신은 그들이 인터넷 학습과 인터넷 중독의 문제를 어떻게 균형잡아야 한다고 여기나요?

男：我对中小学生的基础教育不太了解。但我认为，任何东西都得有个度。网络对扩大中小学生的视野有一定的帮助，但也不可玩物丧志。有的学生自制力差，因此，5.A 家长的合理引导，还是很有必要的。	남: 저는 초중고 학생들의 기초교육에 대해서는 잘 알지 못합니다. 그러나, 저는 무엇이든 정도가 있다고 생각합니다. 인터넷은 초중고 학생들의 시야를 넓히는 데에 어느 정도 도움이 되지만 정신이 팔려 진취적인 마음을 상실해서는 안 됩니다. 어떤 학생들의 자제력은 떨어지는데 이 때문에 5.A 가장의 적절한 인도가 아직 매우 필요합니다.
1. 男的怎样看待职业规划？ 2. 关于男的，可以知道什么？ 3. 男的认为，好的学习模式，应具有什么作用？ 4. 面对信息碎片化现象，我们应该怎么做？ 5. 对于自制力差的学生，男的建议家长怎么做？	1. 남자는 직업 계획을 어떻게 보는가? 2. 남자에 대해 알 수 있는 것은? 3. 남자는 좋은 교육패턴은 어떤 작용을 가지고 있어야 한다고 보는가? 4. 정보 파편화 현상에 대해 우리는 어떻게 해야 하는가? 5. 자제력이 떨어지는 학생에 대해 남자는 가장에게 어떻게 하기를 건의하는가?

Point

1. 1, 4, 5번의 문제는 진행자가 한 첫 번째, 네 번째, 다섯 번째 질문의 내용과 일치한다는 것을 주목해야 한다.
2. 다섯 번째 질문의 '成瘾(버릇 되다, 중독되다)'과 5번 문제의 '自制力差(자제력이 떨어진다)'는 같은 의미이다.
3. 진행자가 첫 번째 질문을 하기 전에 게스트의 직업변화를 설명하면서 2번 문제의 힌트를 준다. 인물 정보 문제는 순서에 상관없이 나온다는 것을 항상 유의해야 한다.
4. 세 번째 질문과 3번 문제가 일치하지는 않지만 결국 세 번째 질문이었던 학습의 지속성과 집중도의 관계에 관한 대답에서 3번 문제인 교육패턴의 작용에 관한 답을 들을 수 있다는 것에 주목해야 한다.

해설

1. '**我更喜欢随性而为**(저는 마음대로 하는 것을 더 좋아합니다)'라고 말했으므로 보기의 C **随性而为**가 정답임을 알 수 있다.
2. '**科普专栏作家**(과학칼럼작가)'라고 말했으므로 보기의 C **曾当过作家**가 정답이다.
3. '**设计一套好的学习模式，既要有激励作用，又要适合互联网的特征**(하나의 좋은 학습패턴을 설계하는 데는 격려 작용이 있어야 하고, 또 인터넷의 특징에 부합해야 하기도 합니다)'이라고 말했으므로 보기의 A **激励学习者**가 정답이다.
4. '**要注意泛读和精读结合**(범독과 정독에 주의해야 한다)'라고 말했으므로 정답은 D **泛读和精读相结合**가 정답임을 알 수 있다.
5. '**家长的合理引导，还是很有必要的**(가장의 적절한 인도가 아직은 매우 필요합니다)'라고 말했으므로 A **合理引导**가 정답이다.

정답 1. C 2. C 3. A 4. D 5. A

실전 문제

제2부분_유형전략04_실전

▶ 정답 및 해설 p.23

☺ 보기를 먼저 파악해 어떤 질문과 연관이 있는지를 찾아내는 것이 관건이다.

[1 - 5]

문제 1
A 三栖动物
B 微信达人
C 书虫
D 电脑专家

문제 2
A 视力不如从前
B 小说写得越来越差
C 个人信息被泄露了
D 缺乏阅读书本的时间

문제 3
A 娱乐类居多
B 无需过多思考
C 受众群体小
D 让人印象深刻

문제 4
A 能提升智力
B 制约人的思维
C 传播慢
D 以碎片化形式存在

문제 5
A 常听讲座
B 注意网络安全
C 写回忆录
D 多接触新媒体

부분별 전략

빈출 게스트의 특징을 파악하면 정답이 들린다!

| 학 | 습 | 목 | 표 |

1. 기출 게스트 신분에 따른 관련 어휘 습득하기
2. 진행자의 질문과 실제 문제의 유사점을 파악해 진행자의 질문만으로 문제에 접근하는 훈련하기
3. 기출유형의 문제로 실전감각 익히기

1 스포츠 분야

① 게스트의 심경을 묻는 문제가 많으므로 감정을 나타내는 어휘에 주목해야 한다.
② 해당 종목이나 은퇴, 미래에 대한 계획 등 게스트의 생각을 집중해서 들어야 한다.
③ 스포츠 분야인 만큼 건강이나 몸 상태에 대한 언급에 주의하고, 영향을 준 인물이나 스포츠 이외의 취미와 관련된 내용은 놓치지 않아야 한다.

2 예술 분야

① 자주 나오는 예술가의 종류와 관련 표현을 미리 습득해야 한다.
② '对我来说(내 입장에서 볼 때)', '最重要的(가장 중요한 것은)'와 같이 자신의 생각을 강조하는 구문이 들리면 더욱 집중해서 들어야 한다.
③ 게스트의 작품이나 공연에 관한 정보는 놓치지 않아야 한다.

3 기업가/창업자 관련

① 타회사와의 차이점과 비슷한 점이 문제로 나오는 경우가 많으므로 놓치지 않아야 한다.
② 힘든 시기를 겪고 그것을 극복하고 발전해나간 과정에 집중해야 한다.
③ 앞으로의 포부와 다짐을 밝히는 경우가 많은데 문제로 자주 연결되므로 주의해야 한다.

4 기타 전문분야

① 관련분야의 발전 가능성과 사회에서의 작용 등이 자주 문제와 연결된다.
② 전문분야에 대한 견해를 밝히는 '在我看来(내가 보기에)', '对我来说(내 입장에서는)' 등의 어휘가 들리면 집중해야 한다.
③ 전문가로서 일반시민이나 특정 대상에게 건의하는 내용이 있는 경우가 많다. 특히 마지막 대답에서 언급되는 경우가 많으니 주의해야 한다.

인터뷰 대상– 건축설계사 (建筑设计师 jiànzhù shèjìshī) 제2부분_부분전략_Tip1

① 관련어휘 및 표현

设计图 shèjìtú 설계도 | 完美性 wánměixìng 완벽함 | 设计风格 shèjì fēnggé 설계 스타일 | 隔阂而建 géhé érjiàn 간격을 두고 짓다 | 威严的建筑 wēiyán de jiànzhù 위엄 있는 건축물 | 选址是绿地 xuǎnzhǐ shì lǜdì 선택한 부지가 녹지이다 | 如意的施工 rúyì de shīgōng 뜻대로 된 공사 | 和业主沟通 hé yèzhǔ gōutōng 업주(소유주)와 소통하다

② 진행자의 질문

做设计时，有没有明确的风格?	설계할 때, 명확한 스타일이 있습니까?
当时是怎么考虑的?	당시에는 어떻게 고려한 것입니까?
如何看待这个问题?	이 문제를 어떻게 보십니까?
A时，有什么技巧?	A할 때, 어떤 기교가 있습니까?

③ 관련 문제유형

A应该怎么样? A는 어떻게 해야 하는가?	→ A에 대한 게스트의 견해를 묻는 것이다.
A的好处是什么? A의 좋은 점은 무엇인가?	→ 전제조건에 들어가는 내용에 집중해야 한다. TIP 장점과 단점은 문제로 자주 연결된다.
A，指的是什么? A가 가리키는 것은 무엇인가?	→ A에 대한 게스트의 정의를 묻는 것이다.
应该如何A? 마땅히 어떻게 A해야 하는가?	→ 게스트가 직업상 가져야 하는 방법이나 기술을 묻는 것이다.
关于男的，可以知道什么? 남자에 관해, 무엇을 알 수 있는가?	→ 게스트 정보를 묻는 것이므로 직업 외의 정보를 주의해서 들어야 한다.

인터뷰 대상– 전문등산가 (专业登山员 zhuānyè dēngshānyuán) 제2부분_부분전략_Tip2

① 관련어휘 및 표현

分队队长 fēnduì duìzhǎng 팀의 대장 | 攀登……的心路历程 pāndēng……de xīnlù lìchéng ~을 오르는 동안의 심리변화 과정 | 公认为…… gōngrènwéi…… ~로 공인되다 | 横跨山峰 héngkuà shānfēng 산봉우리를 넘다(오르다) | 身体条件允许 shēntǐ tiáojiàn yǔnxǔ 신체조건이 허락되다 | 战胜困难 zhànshèng kùnnán 어려움을 싸워 이기다 | 死里逃生 sǐlǐ táoshēng 죽음에서 살아 돌아오다 | 吃苦耐劳、不怕死的精神 chīkǔ nàiláo、búpà sǐ de jīngshén 고생을 마다 않고, 죽음을 두려워하지 않는 정신 | 承担的责任 chéngdān de zérèn 맡은 책임

② 진행자의 질문

怎样看待这些成绩?	이러한 성적을 어떻게 보십니까?
登山的魅力在什么地方?	등산의 매력은 어디에 있습니까?
需要具备哪些优秀素质?	어떤 우수한 자질들을 갖추어야 합니까?
比队员多做什么样的工作?	팀원보다 어떤 일들을 더 많이 합니까?

③ 관련 문제유형

被人们称为什么? 사람들에게 무엇이라 불리는가?	→ 게스트의 별칭을 묻는 것이다. 보기에서 별칭으로 불릴 만한 어휘들이 있는 보기에 집중해야 한다.
A的魅力是什么? A의 매력은 무엇인가?	→ '魅力(매력)', '吸引力(흡인력)' 등의 어휘에 집중해야 한다.
A，需要具备什么素质? A는 어떤 자질을 필요로 하는가?	→ 이 직업에 필요한 소질, 능력 등을 묻는 것이다.
关于男的，下列哪项正确? 남자에 관해, 아래 어느 항이 정확한가?	→ 게스트에 관한 정보를 묻는 것이다.
需要提前多长时间准备? 미리 얼마나 준비할 필요가 있는가?	→ 미리 준비해야 하는 시간의 양을 묻는 것이다. TIP 시간이나 날짜 등의 숫자 관련 내용은 보기를 먼저 파악해 문제로 연결되는지의 여부를 판단할 수 있다.

인터뷰 대상- 영화감독 (电影导演 diànyǐng dǎoyǎn) 제2부분_부분전략_Tip3

① 관련어휘 및 표현

题材 tícái 소재 | 拍摄 pāishè 촬영하다, 찍다 | 把握得游刃有余 bǎwò de yóurèn yǒuyú 여유 있게 파악하다 | 对白 duìbái (연극·영화에서의) 대화 | 打个比方 dǎ ge bǐfang 비유를 들다 | 做电影入行二十年 zuò diànyǐng rùháng èrshí nián 영화 만드는 데 발들인 지 20년이 되다 | 拍烂片 pāilànpiàn 작품성 없는 영화를 찍다 | 角色 juésè 역할 | 找一张纯真的脸 zhǎo yì zhāng chúnzhēn de liǎn 순진한 얼굴(마스크)을 찾다

② 진행자의 질문

为什么要去做一个连对白都没有的电影?	왜 대화조차 없는 영화를 만들었나요?
您不怕失败吗?	당신은 실패할까 두렵지는 않나요?
貌似这两个词更能够帮人渡过难关?	보기에는 이 두 단어가 난관을 넘는 데 더욱 도움을 주는 듯 한데요?
好像您的大部分电影都在将纯真丧失?	마치 당신의 대부분의 영화가 모두 순수함을 잃고 있다는 것 같은데요?

③ **관련 문제유형**

A有什么特点? A는 무슨 특징이 있는가?	→ 게스트와 관련된 분야나 사물의 특징을 묻는 문제이다. 보기와 관련된 부분에 집중해야 한다.
为什么尝试拍摄新题材? 왜 새로운 소재를 찍어보려고 하는가?	→ '新题材(새로운 소재)'를 언급하면 집중해야 한다.
怎么看待"A"这种心理? 'A' 같은 이러한 심리를 어떻게 보는가?	→ 'A'가 언급될 때 집중해야 한다. 게스트의 'A'에 대한 견해를 묻는 것이다.
为什么品质更能帮人度过难关? 왜 퀄리티가 난관을 넘는 데 더욱 도움을 줄 수 있는가?	→ '品质(퀄리티)'나 '渡过难关(난관을 넘다)'이 언급되면 집중해야 한다.
关于男的可以知道什么? 남자에 관해 알 수 있는 것은?	→ 게스트에 관한 정보를 묻는 것이다.

● 인터뷰 대상– 인터넷 영역의 기업가 (互联网领域企业家 hùliánwǎng lǐngyù qǐyèjiā)

제2부분_부분전략_Tip4

① **관련어휘 및 표현**

创业 chuàngyè 창업 | 处事方式 chǔshì fāngshì 일 처리 방식 | 激进一点儿 jījìn yìdiǎnr 조금 급진적이다 | 平台服务 píngtái fúwù 플랫폼(platform) 서비스 | 用户 yònghù 사용고객, 이용자 | 最难的情形 zuì nán de qíngxíng 가장 어려운 정황 | 起到了决定性作用 qǐdào le juédìngxìng zuòyòng 결정적인 역할을 하다 | 盈利模式 yínglì móshì 수익모델 | 增值的互动 zēngzhí de hùdòng 부가가치의 연동

② **진행자의 질문**

A和B有区别吗?	A와 B는 어떤 차이가 있나요?
A和B，你感觉有什么不一样?	A와 B에서, 당신은 어떤 다른 점을 느끼나요?
你认为自己的性格里有哪些特质起到了决定性作用?	당신은 자신의 성격 안에서 어떤 측면이 결정적인 역할을 했다고 여기나요?
A当中，最难的情形是怎么样的?	A 중에서 가장 어려운 상황은 어떤 것인가요?/어떻게 되나요?
你们的盈利模式是什么?	당신들의 수익모델은 무엇인가요?

③ 관련 문제유형

A有什么优势? A는 무슨 장점이 있는가?	→ A의 좋은 점에 집중해야 한다. A는 게스트와 관련되거나 인터뷰의 주 소재로 볼 수 있다.
A有什么特点? A는 어떤 특징이 있는가?	→ A의 특징을 묻는 것이다. A에 관한 언급이 있으면 집중해야 한다.
遇到了什么困难? 어떤 어려움이 생겼는가?	→ 힘들었던 점이나 시련 등을 묻는 것이다.
关于A，下列哪项正确? A에 관해, 아래의 어느 항이 정확한가?	→ 게스트와 관련된 A에 관한 정보를 묻는 것이다. A에 관한 언급이 있으면 잘 들어야 한다.
关于女的，下列哪项正确? 여자에 관해, 아래의 어느 항이 정확한가?	→ 게스트에 관한 정보를 묻는 것이다.

실전 문제

제2부분_부분전략_실전

▶ 정답 및 해설 p.26

보기를 보고 어떤 내용의 지문이 나올지를 미리 예상해보는 연습을 하는 것이 좋다.

[1 - 5]

문제 1
A 要创新
B 不刻意追求风格
C 建在繁华的地段
D 结构合理

문제 2
A 内部显得更宽敞
B 使建筑与环境融合
C 保温隔热
D 看起来更美观

문제 3
A 施工现场存在安全隐患
B 施工时与设计图不一致
C 楼间距太小
D 建筑破坏了植被

문제 4
A 按合同条款来
B 不时夸奖业主
C 坚持自己的立场
D 用通俗的语言

문제 5
A 精通多门外语
B 崇尚完美主义
C 关注传统建筑
D 是建筑学教授

[6 - 10]

문제 6
A 雪山雄鹰
B 草原雄鹰
C 雪山勇士
D 高原舞者

문제 7
A 增强体质
B 欣赏自然美景
C 丰富人生阅历
D 理解生命的意义

문제 8
A 懂得反省
B 情感丰富
C 不怕死的精神
D 良好的沟通能力

문제 9
A 是摄影爱好者
B 小时候身体不好
C 是专业登山运动员
D 正在组建新的登山队

문제 10
A 20多天
B 三四周
C 三四个月
D 一年

기출상식

月牙泉 Yuèyáquán 위에야 샘(월아천)

중국 간쑤성 둔황시의 남서쪽 '鸣沙山(밍샤산)'에 있는 초승달 모양의 오아시스 호수이다. 초승달(新月 xīnyuè)을 닮아서 이름을 얻었고, 신비한 모습이 사람들이 감탄을 자아내게 만든다.

白居易 Bái Jūyì 백거이

중국 중당(中唐) 시기의 시인으로, 작품 구성은 논리의 필연에 따르며, 주제는 보편적이어서 일반 백성들도 알 수 있게 어려운 시를 쉽게 이끌어내어, 그의 시는 '深入浅出(shēnrù qiǎnchū 깊은 내용을 얕은 데까지 끌어내다)', '通俗易懂(tōngsú yìdǒng 통속적이어서 이해하기 쉽다)'하다. 주요 저서로는 《장한가(长恨歌 Chánghèngē)》, 《비파행(琵琶行 Pípaxíng)》 등이 있다.

舟山群岛 Zhōushān Qúndǎo 저우산군도

중국 저장성 동북부 앞바다의 1,390여 개의 섬들로 이뤄진 군도이다. 면적은 1,440㎢로 중국의 군도 중에서 가장 크다. 철새(候鸟 hòuniǎo)들이 겨울에 남쪽으로 이동할 때 쉬어가는 곳(驿站 yìzhàn) 중 하나이다.

《古文观止》 Gǔwénguānzhǐ 고문관지

청(清)대 학자 오초재(吴楚材 Wú Chǔcái)와 오조후(吴调侯 Wú Diàohóu)가 편찬한 산문집(散文集 sǎnwénjí)이다. 춘추전국(春秋战国)시대부터 명(明)대까지의 산문 222편이 수록되어 있다.

相声 xiàngsheng 만담

민간의 우스갯소리를 기초로 발전한 민간예술형식으로, 혼자서 하는 1인 만담(单口相声 dānkǒu xiàngsheng), 둘이서 하는 2인 만담(对口相声 duìkǒu xiàngsheng), 셋이나 셋 이상이 하는 무리 만담(群口相声 qúnkǒu xiàngsheng) 등이 있고, 중국 사회에서 광범위하게 전해지고 있다.

折旧 zhéjiù 감가상각

컴퓨터나 자동차, 침대 등의 고정자산(固定资产 gùdìng zīchǎn)이 사용하는 과정 중에 파손되거나 노화되어 그 가치가 점차 감소되는데, 그 가 치감소를 산정하여 그 액수를 고정자산의 금액에서 공제함과 동시에 비용으로 계산하는 절차를 말한다.

듣기 제3부분

비교적 긴 글을 듣고 질문에 답하기

● 문제유형

① 듣기 제3부분은 총 20문항이다. 비교적 긴 글을 듣게 되는데 매 글은 200~400자 정도의 글로 제1부분보다는 길지만 제2부분의 인터뷰보다는 짧은 편이다.

② 모든 글 뒤에는 3개 혹은 4개의 질문이 있고, 들은 내용을 근거로 질문에 알맞은 보기를 선택해야 한다.

● 출제경향

① 정보 글

다양한 정보 상식을 전달하는 것이 목적인 글로, 주로 전달하고자 하는 정보 대상의 특징에 관한 문제가 많다.

② 사설 글

화자의 개인적인 견해나 주장을 밝히는 글로 자신의 사상을 뒷받침하기 위해 연구결과나 이야기를 인용하는 경우가 있고, 주로 많은 사람들의 생각을 반박하며 마지막에 주장을 재언급하며 이것이 문제로 연결되는 경우가 많다.

③ 이야기 글

주인공이 있는 글로 '주인공'에 집중하여 주인공의 정보를 묻거나 '사건의 흐름'에 집중하여 소위 6하원칙을 근거로 문제를 내는 경우가 많다. 마지막 문제는 이 글이 시사하고자 하는 교훈을 묻는 경우도 종종 출제된다.

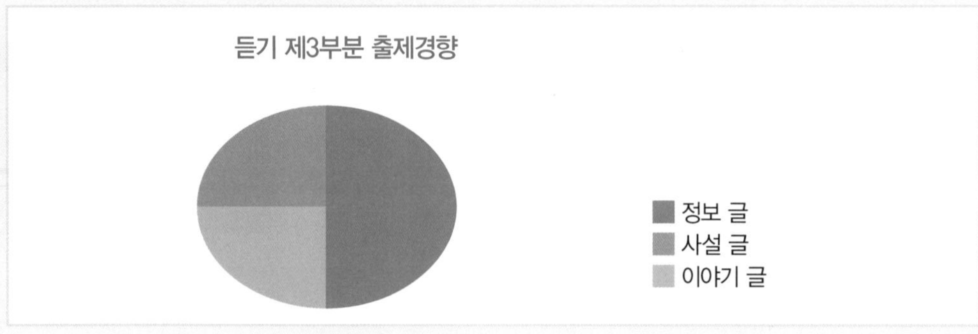

문제 접근 전략

시험지

31. A 营养成分含量高
B 味道接近蛋糕
C 酿造过程中需用奶油
D 制作程序相似

32. A 稍显浑浊
B 热性高
C 以小麦为原料
D 口味较淡

33. A 多在夏天酿制
B 酒精度数高
C 老人不可饮用
D 能促进新陈代谢

① 녹음을 듣기 전 보기를 먼저 파악해라!

듣기를 위한 가장 기본적인 준비 단계이면서 가장 중요한 부분이다. 제3부분의 경우, 듣기를 먼저 파악하면 글의 종류를 대략적으로 짐작할 수 있고, 들어야 하는 부분을 선택해서 들을 수 있다. 녹음 지문의 경우 31번 보기에서는 A 营养成分(영양성분)을 통해 정보 글임을 짐작할 수 있고, C 酿造(양조하다)를 통해 액체로 된 대상임을 알 수 있다. 보기로 글의 종류를 파악하게 되면 그 글 종류의 특성에 맞게 문제에 대해 대비하기가 쉽다.

녹음

米酒又叫甜酒，是一种以糯米为原料的家酿土酒，色白而稍浑浊，口味较淡。在中国南方，人们一般会在春节前，做一两缸米酒用来招待客人。据分析，米酒含有十多种氨基酸，其中有八种是人体自身不能合成而又必须的。米酒中，赖氨酸的含量更是比葡萄酒和啤酒高出数倍，这在世界营养酒类中是极为罕见的。31.A 由于营养成分含量高，米酒又被称为液体蛋糕。米酒和黄酒的成分很相似，但是米酒一年四季均可饮用，而 32.B 黄酒因为热性高，更适合冬季饮用。33.D 米酒能够帮助血液循环，促进新陈代谢，具有养颜和舒筋活络等功效，及适宜人群非常广泛，不论儿童还是老人，都可饮用。

31. 米酒为什么被称为液体蛋糕?
32. 黄酒有什么特点?
33. 关于米酒，可以知道什么?

② 정보 글인 것이 확인되면 보기의 핵심어휘가 그대로 언급되는 경우가 많으므로 핵심어휘에 집중해라!

녹음 지문에서 '由于营养成分含量高，米酒又被称为液体蛋糕(영양성분 함량이 높기 때문에 미주는 액체계란으로도 불린다)'나 '黄酒因为热性高(황주는 열성이 높기 때문에)' 등 정보 대상인 미주의 특징이 거의 문제로 연결되었음을 알 수 있다.

③ 사설 글인 것이 확인되면 '但是(그러나)', '实际上(실제로는)', '事实上(사실상)', '关键的是(관건은)'가 언급되는 부분에 주목해라!

④ 이야기 글인 것이 확인되면 주로 인물의 정보, 핵심 사건에 관해 묻는 경우가 많으므로 보기를 토대로 사실만을 체크해라!

유형별 전략 01

정보 글 - 알려주는 정보 소재에 집중하라!

1 기출 소재를 파악해라!

같은 문제는 나오지 않더라도 한 번 나왔던 소재는 다시 나올 확률이 높기 때문에 시험에 나왔던 정보 글의 소재를 파악해 발음을 익혀두면 내용 파악이 훨씬 쉬워진다.

● **기출 소재** 제3부분_유형전략01_Tip1

海豹 hǎibào 바다표범 | 鲨鱼 shāyú 상어 | 鲸鱼 jīngyú 고래 | 水獭 shuǐtǎ 수달 | 鲤鱼 lǐyú 잉어 | 弹涂鱼 tántúyú 망둥어 | 米酒 mǐjiǔ 미주(가정에서 양조한 토속주) | 地窨子 dìyìnzi 지하실, (저장용) 토굴 | 攀缘植物 pānyuán zhíwù 덩굴식물 | 牵牛花 qiānniúhuā 나팔꽃 | 花露水 huālùshuǐ 플로럴 워터(floral water) | 养蜂人 yǎngfēngrén 양봉업자(벌을 기르는 사람) | 蚂蚁 mǎyǐ 개미 | 蚁丘 yǐqiū 개미굴 | 火星 huǒxīng 화성 | 激光 jīguāng 레이저(laser) | 冰箱的辐射 bīngxiāng de fúshè 냉장고의 방사능 방출 | 太阳能地暖 tàiyángnéng dìnuǎn 태양에너지를 이용한 온돌 | 睡眠质量 shuìmián zhìliàng 수면의 질 | 平衡系统 pínghéng xìtǒng 균형 시스템 | 人脸识别系统 rénliǎn shíbié xìtǒng 안면인식 시스템 | 从众效应 cóngzhòng xiàoyìng 군중심리효과(= 随大流 suí dàliú 대세를 따르다)

2 보기가 먼저다!

전체지문을 다 듣고 나서 보기를 보고 문제를 푸는 경우가 있는데, 지문을 소화할 수 있는 실력자이면 상관이 없지만, 초보자가 이 방식으로 문제를 풀면 지문 전체를 놓치는 경우가 많다. 더군다나 정보 글은 어휘가 낯선 경우가 많아 더욱 어렵게 느껴지기 때문에, 지문 내용이 어려울수록 보기를 먼저 파악해 필요한 부분만 듣는 연습을 꾸준히 해두어야 한다.

예

A 不再结果　　　　B 已存活数千年
C 每20年开一次花　　D 三个人才能抱过来

해석 A 더 이상 열매를 맺지 않는다/ B 이미 수천 년 동안 존재해 왔다
C 20년마다 한 번 꽃이 핀다/ D 세 사람이 있어야만 안을 수 있다

Point
1. A에서 열매를 언급했으므로 나무에 관한 정보 글임을 짐작할 수 있다. 정답이 되려면 열매를 더 이상 맺지 않는다는 내용이 있어야 한다.
2. B를 근거로 나무의 나이가 언급될 것이라는 것을 짐작할 수 있다. 정답이 되려면 '수천 년'이 언급되어야 하고 오래 존재한 것에 관한 설명이 있어야 한다.
3. C를 근거로 꽃을 피우는 나무임을 짐작할 수 있다. 정답이 되려면 20년이라는 숫자가 정확하게 제시되어야 한다.
4. D를 근거로 굵은 나무임을 짐작할 수 있다. 정답이 되려면 세 사람이라는 사람 수가 정확하게 언급되어야 한다.

3 정보 관련 지문의 문제유형을 알아두자!

다음의 정보 관련 지문의 문제유형을 알아두면 문제와 정답에 접근하기가 훨씬 쉽다.

● 정보 관련 지문 문제유형 제3부분_유형전략01_Tip2

A 有什么特点(功能/作用/优点)? A하는 것은 어떤 특징(기능/작용/장점)이 있는가?	정보를 전달하고자 하는 대상의 특징에 집중해야 한다.
B，对 A 有什么影响? B하는 것은 A에 대해 어떤 영향이 있는가? B，给 A 会带来什么影响? B하는 것은 A에게 어떤 영향을 줄 수 있는가?	'影响(영향)'이라는 어휘에 집중하고 영향을 주는 대상과 어떤 부분에 있어 영향을 주는지와 어떤 영향을 주는지에 집중해야 한다.
关于 A，可以知道什么? A에 관해, 알 수 있는 것은 무엇인가?	광범위한 문제유형이기 때문에 반드시 보기를 선(先) 파악해야 한다. 보기에 있는 내용이 언급되면 체크해 두도록 하자.
A 如何/怎么 B 的? A는 어떻게 B한 것인가?	방법을 묻는 문제이다. '用/利用/采用/靠/以A동사구: A로 ~하다' 등의 패턴을 이용해 수단/방식을 나타내는 경우가 많다.
在 A 下，B 为什么 C? A(전제/상황) 아래, B는 왜 C하는가?	지문 역시 '在……下(~ 아래)'를 써서 알려주는 경우가 많다.
最重要原因是什么? 가장 중요한 원인은 무엇인가?	원인을 나타내는 '因为(= 由于 ~때문에)', '是因为(= 是由于 ~때문이다)' 등의 어휘가 들리는 부분에 집중해야 한다.
A 目的是什么? A하는 목적은 무엇인가?	'目的(목적)'라는 어휘를 직접적으로 언급하거나 '为了(~를 위해)'를 써서 나타내는 경우가 많다.
A 时，要注意什么? A할 때, 무엇을 주의해야 하는가?	'我们要注意(우리는 주의해야 한다)'와 같이 '注意'를 그대로 써서 나타낸다.
根据这段话，下列哪项正确? 이 글에 따르면, 아래의 어느 항이 정확한가?	보기가 반드시 먼저 파악이 되어야 하고, 설명이 틀리거나 나오지 않은 내용은 하나씩 제거한다.
这段话主要谈的是什么? 이 글은 주로 무엇을 말하는가?	정보 글의 정보 대상, 즉, 소재나 제목을 묻는 문제이다. 들리는 어휘에 의존하는 경우가 많아서 한 번이라도 언급된 어휘가 있는 보기를 고르기 쉬우나, 반드시 전체적으로 설명한 대상이 무엇인지 고려해서 선택해야 한다.
这项研究结果表明了什么? 이 연구결과는 무엇을 밝혔는가?	'研究(结果)表明(연구결과가 밝히길)', '调查显示(조사에서 드러나길)' 등의 어휘와 마지막 부분에 집중해야 한다.

예제 1-3 제3부분_유형전략01_예제1-3

1. A 营养成分含量高 B 味道接近蛋糕 C 酿造过程中需用奶油 D 制作程序相似	1. A 영양성분 함량이 높다 B 맛이 케이크에 가깝다 C 양조과정에 버터를 써야 한다 E 제작 순서가 서로 닮았다

보기 1. C의 '酿造(양조하다)'를 보고 술이나 식초 등의 액체류에 관한 것임을 알 수 있다.
2. D의 '相似(서로 닮다)'를 보고 두 가지를 비교하거나 특징을 묻는 것임을 알 수 있다.

2. A 稍显浑浊 B 热性高 C 以小麦为原料 D 口味较淡	2. A 조금 혼탁해 보인다 B 열성이 높다 C 밀을 원료로 한다 D 맛이 비교적 담백하다

보기 1. C는 '以A为B(A를 B로 삼는다)'로 '밀을 원료로 한다'로 해석한다.
2. D의 '口味(맛)'를 보고, 정보 대상은 먹는 것이고 그 특징을 묻는 것임을 알 수 있다.

3. A 多在夏天酿制 B 酒精度数高 C 老人不可饮用 D 能促进新陈代谢	3. A 대부분 여름에 만든다 B 알코올 도수가 높다 C 노인은 마실 수 없다 D 신진대사를 촉진시킬 수 있다

보기 1. A는 여름에 만드는 것이냐가 관건이고, B의 '酒精'은 '알코올(주정)'을 의미한다.
2. C 老人不可饮用(노인은 마실 수 없다)을 보고 정보 대상에 관해 알 수 있는 것을 묻는 문제임을 알 수 있다.

米酒又叫甜酒，是一种以糯米为原料的家酿土酒，色白而稍浑浊，口味较淡。在中国南方，人们一般会在春节前，做一两缸米酒用来招待客人。据分析，米酒含有十多种氨基酸，其中有八种是人体自身不能合成而又必须的。米酒中，赖氨酸的含量更是比葡萄酒和啤酒高出数倍，这在世界营养酒类中是极为罕见的。1.A 由于营养成分含量高，米酒又被称为液体蛋糕。米酒和黄酒的成分很相似，但是米酒一年四季均可饮用，而 2.B 黄酒因为热性高，更适合冬季饮用。3.D 米酒能够帮助血液循环，促进新陈代谢，具有养颜和舒筋活络等功效，及适宜人群非常广泛，不论儿童还是老人，都可饮用。	미주는 단 술이라고도 하는데, 찹쌀을 재료로 하는 가정에서 만든 토속주이다. 흰색이지만, 조금 혼탁하고 맛은 비교적 담백하다. 중국 남방에서 사람들은 일반적으로 설 전에 한두 항아리의 미주를 만들어 손님을 접대한다. 분석에 따르면, 미주는 10여 종이 넘는 아미노산을 함유하고 있는데 그중 8종은 인체 스스로가 합성할 수 없어 반드시 필요한 것이다. 미주 속의 리신의 함량은 포도주와 맥주보다 수배가 높고, 이것은 세계 영양주류 중에 극히 드문 것이다. 1.A 영양성분 함량이 높기 때문에 미주는 액체 케이크라고도 불린다. 미주와 황주의 성분은 매우 비슷하지만, 미주는 일년 사계절 내내 고르게 마셔도 되지만, 2.B 황주는 열성이 높아서 겨울에 마시는 것에 더 적합하다. 3.D 미주는 혈액순환을 돕고, 신진대사를 촉진시킬 수 있으며, 얼굴을 관리하고, 근육을 풀어 잘 움직이게 하는 등의 효능을 가지고 있다. 또한 적합한 군중도 매우 광범위해서 아동, 노인에 상관없이 모두 마셔도 된다.
1. 米酒为什么被称为液体蛋糕? 2. 黄酒有什么特点? 3. 关于米酒，可以知道什么?	1. 미주는 왜 액체 케이크라고 불리는가? 2. 황주는 어떤 특징이 있는가? 3. 미주에 관해, 알 수 있는 것은?

Point 1. 시작 부분의 '米酒又叫甜酒(미주는 단 술이라고도 부른다)'를 듣고 미주에 관한 정보 글임을 알 수 있다.
2. 미리 파악한 보기 위주로 집중해서 들어야 한다.

해설 1. 1번은 '由于营养成分含量高，米酒又被称为液体蛋糕(영양성분 함량이 높기 때문에 미주는 액체 케이크라고도 불린다)' 부분으로 보아 정답은 A 营养成分含量高(영양 성분 함량이 높다)라는 것을 알 수 있다.
2. 2번은 '黄酒因为热性高(황주는 열성이 높아서)' 부분이 그대로 등장하므로 B 热性高(열성이 높다)가 정답임을 알 수 있고, 황주에 관한 문제임을 확인하기만 하면 된다.
3. 3번은 '米酒能够帮助血液循环，促进新陈代谢(미주는 혈액순환을 돕고, 신진대사를 촉진시킬 수 있다)'라고 했으므로 정답은 D 能促进新陈代谢(신진대사를 촉진시킬 수 있다)이다.

정답 1. A 2. B 3. D

실전 문제

제3부분_유형전략01_실전

▶ 정답 및 해설 p.31

보기 파악이 관건이므로 문제와 문제 사이의 시간 간격이 있을때 마다 보기를 확인해 두는 것이 좋다.

[1 - 3]

문제 1
A 睡眠质量高
B 注意力难以集中
C 擅长交际
D 心态消极

문제 2
A 很不稳定
B 有助于人体健康
C 比人造光辐射强
D 能够延缓衰老

문제 3
A 考虑采光情况
B 保证室内通风
C 控制阳台面积
D 选购节能材料

[4 - 6]

문제 4
A 不再结果
B 已存活数千年
C 每20年开一次花
D 三个人才能抱过来

문제 5
A 活化石
B 摇钱树
C 千年树王
D 植物界的熊猫

문제 6
A 用途广
B 成活率低
C 生长迅速
D 叶子不可入药

유형별 전략 02

사설 글 - 관건은 화자가 하고자 하는 말이다!

❶ 도입부를 놓치지 마라!

사설이라고 하면 보통 마지막 문장에만 집중하는 경향이 있는데 도입부를 이해해야 화자가 말하고자 하는 내용의 갈피를 잡고 이해할 수 있다. 항상 첫 문장을 어떻게 시작하는지 집중해서 듣는 습관을 키워야 한다.

예

某人随口一句无心的话，却在另一个人心中激起了千层浪。这种现象，在心理学上被称为“瀑布心理效应”。

해석 어떤 이가 아무렇게나 무심코 한 말이 오히려 다른 사람 마음 속에서 수많은 물결을 일으킨다. 이러한 현상을 심리학에서는 '폭포심리효과'라 부른다.

Point 1. 짐작할 수 있는 내용: 이 글은 '폭포심리효과'가 중요한 소재임을 알 수 있고, '폭포심리효과' 어휘 자체는 어려울 수 있으나 도입부를 이해했다면 무심코 한 말이 다른 사람의 마음속에서는 큰 영향을 준다는 것을 짐작할 수 있고, 그만큼 말을 신경 써서 해야 한다는 것을 짐작해볼 수 있다.

2. 실제 문제의 예: 이 글의 마지막 문제는 이 글이 우리에게 시사하고자 하는 것, 즉, 화자의 견해를 묻는 것이었고, 정답은 '**要注意自己的言行**(자신의 언행에 주의해야 한다)'이다.

❷ '但是(그러나)', '事实上(사실상)', '重要的(중요한 것)'가 등장하는 부분에 주목해라!

사설은 결국 화자의 견해를 밝히는 것이다. 자신이 하고자 하는 말을 할 때 강조하는 말은 전환의 어휘들이 주로 쓰이고 전체적인 주제, 즉 화자의 주장은 주로 그 뒤에 이어지므로 집중해서 들어야 한다.

예

不少人认为，个人交往的范围，是交往成果的重要标志。事实上，这种说法过于笼统。交往的范围只是交往成果的一个方面，更重要的，应当是交往的质量。

해석 적지 않은 사람들은, 개인 교류의 범위를 교류 성과의 중요한 지표로 여긴다. 사실상, 이러한 설명은 지나치게 막연하다. 교류의 범위는 단지 교류 성과의 한 부분일 뿐이고, 더욱 중요한 것은 마땅히 교류의 질인 것이다.

Point 1. 도입부만 보면 개인 교류의 범위가 교류 성과의 중요한 지표인 것처럼 보인다.

2. '**事实上**' 등장 부분: '사실상'이라는 어휘를 사용함으로써 뒤에는 실제로 부합하는 내용이 나오며 이는 화자가 말하고자 하는 내용과 관련이 있음을 알 수 있고, 더욱이 뒤에서 '**更重要的**(더 중요한 것은)'로 강조하면서 이 글의 핵심은 '**交往的质量**(교류의 질)'임을 알 수 있다.

3. 실제 문제의 예: 이 글의 마지막 문제는 이 글이 우리에게 말하고자 하는 것을 묻는 것이었고, 정답은 '**要交真正的朋友**(진정한 친구를 사귀어야 한다)'이다.

4. '**不少人认为**……(적지 않은 사람들이 여기기에 ~이다)'는 사설의 전형적인 도입부로 '적지 않은(= 많은) 사람들이 그렇게 여기지만 내 생각은 다르다'는 것이 주요내용이 이어질 것이라는 것을 짐작할 수 있다.

❸ 질문이 힌트이다!

듣기는 보통 보기를 선 파악해서 듣는 도중에 답을 체크하는 경우가 많다. 하지만 사설 글은 개인의 글이라 할지라도 보편적인 생각이 주를 이루기 때문에 문제를 묻는 질문만 잘 들어도 어떤 정답을 요구하는지 알기 쉬우므로 사설이라 판단되면 문제까지 확인하는 것이 좋다.

4 사설 지문의 문제유형을 알아두자!

3번에서 언급했다시피, 문제에 대한 질문이 중요하므로 유형을 알아두면 정답에 접근하기가 더 쉬워진다.

● 사설 지문 문제유형 제3부분_유형전략02_Tip

질문	전략
A 要关注什么/哪方面? A하는 것은 무엇/어느 방면에 신경을 써야 하는가? **A 更在乎(在意/重视/讲究)什么?** A하는 것은 무엇을 더욱 중시해야 하는가?	'关注/重视(중시해야 한다)' 등의 어휘와 '最重要的(가장 중요한 것)'를 언급하는 부분에 집중해야 한다.
为了 A，B 应该怎么做? A하기 위해서, B는 어떻게 해야 하는가? **A 时，B 应该怎么做?** A할 때, B는 어떻게 해야 하는가?	전제조건에 맞추어 '应该要(마땅히 해야 한다)' 뒤에 나오는 내용에 집중해야 한다.
关于"A"，可以知道什么? 'A'에 관해, 알 수 있는 것은? **关于 A，下列哪项正确?** A에 관해, 아래 어느 항이 정확한가?	보기를 먼저 파악한 후 언급되는 내용을 체크해야 한다.
"A"给我们的启示是什么? 'A'는 우리에게 어떤 깨달음을 주는가?	말하고자 하는 'A' 화제가 우리에게 시사하는 바를 묻는 것으로 '给我们提醒的(우리에게 일깨워주는 것)' 뒤에 나오는 내용에 집중해야 한다.
要 A，首先/其次/最后要什么? A하려면, 먼저/두 번째로/마지막에 무엇을 해야 하는가?	보통 첫 번째를 묻는 경우가 많지만 언급되는 순서를 보기에 표시해 두는 것이 좋고, 문제를 반드시 확인해서 몇 번째를 묻는지 확인해야 한다.
A，会导致什么? A하는 것은 무엇을 초래하는가? **A 时，会有什么反应?** A할 때, 어떤 반응이 있는가? **A，对 B 有什么影响?** A하는 것은 B에 어떤 영향이 있는가?	어떤 영향을 주는지를 묻는 문제이다. '让(~하게 만들다)', '导致(초래하다)', '引起(불러일으키다)', '影响(영향을 주다)' 등의 어휘에 집중해야 한다.
作为 A，应该具备什么能力/素质? A하는 것은 마땅히 어떤 능력/자질을 갖추어야 하는가?	'作为' 뒤에는 신분을 나타내는 어휘가 오는데, 그 신분으로서 갖추어야 하는 능력이나 자질을 묻는 것이다. '能力(능력)', '……力(~력)', '素质(자질)', '精神(정신)' 등의 어휘와 보기에 언급되는 어휘에 주목해야 한다.
"A"是什么意思? 'A'는 무슨 뜻인가? **这段话中的"A"最可能是什么意思?** 이 글 속의 'A'는 어떤 뜻일 가능성이 가장 많은가?	A의 직접적인 뜻보다는 문장 환경상 가장 가까운 의미를 지닌 보기를 고르는 것이 좋다.
下列哪项与这段话的观点一致? 아래의 어느 항이 이 글의 관점과 일치하는가? **根据这段话，A 有什么好处?** 이 글에 따르면, A는 어떤 좋은 점이 있는가? **说话人认为什么更重要?** 화자는 어떤 것이 가장 중요하다고 여기는가? **这段话主要想要告诉我们什么?** 이 글은 주로 우리에게 무엇을 알려주려고 하는가?	'주제 = 화자'의 견해를 묻는 문제로 사설에서는 주로 마지막 문제 유형으로 자주 출제된다. 반드시 마지막 부분에 집중해야 하고, '其实(사실)', '实际上(실제로는)', '事实上(사실상)', '但是(그러나)', '我们应该(우리는 마땅히 ~해야 한다)', '我们一定要(우리는 반드시 ~해야 한다)'가 출현하는 부분에 주목해야 한다.

예제 1-3 제3부분_유형전략02_예제1-3

1. A 成绩 B 身体发育 C 性格培养 D 心理	1. A 성적 B 신체발육 C 성격 양성 D 심리

보기 1. B의 '身体发育(신체발육)'와 C의 '性格培养(성격 양성)'을 보고 자녀교육과 관련된 문제임을 알 수 있다.
2. 보기에 분야나 방면을 나타내는 명사만 있는 경우는 중시하거나 관심을 가지는 대상을 묻는 경우가 많다.

2. A 能否在集体中实现价值 B 能否当上班干部 C 能否常被老师表扬 D 作业是否及时完成	2. A 무리 속에서 가치를 실현시킬 수 있는지의 여부 B 반의 간부가 될 수 있는지의 여부 C 선생님에게 자주 칭찬받을 수 있는지의 여부 D 숙제를 제때 완성하는가의 여부

보기 1. '能否/是否'와 동사구가 함께 있으면 동사구의 여부를 나타낸다.
2. C의 '被老师表扬(선생님에게 칭찬받다)'으로 아이에 관한 문제임을 알 수 있다.

3. A 鼓励孩子帮助同学 B 让孩子上课外辅导班 C 教导孩子要尊重老师 D 常与老师交流	3. A 아이가 학교친구를 돕는 것을 격려해야 한다 B 아이가 학원을 다니게 해야 한다 C 아이가 선생님을 존경하는 것을 가르쳐야 한다 D 자주 선생님과 교류해야 한다

보기 1. A의 '鼓励孩子帮助同学(아이가 학교친구를 돕는 것을 격려해야 한다)'를 보아 가장에게 건의하는 문제임을 알 수 있다.
2. B의 '辅导班'은 통상적으로 학원을 의미한다.

长期以来，1.A 学习成绩一直被家长当做衡量孩子优秀与否的重要指标。而 2.A 孩子最重视的却是与同学的关系，以及能否在集体中实现自己的价值。一项调查显示，超过46%的孩子表示，最让他们感到自豪的，是可以帮助同学解决问题。只有约两成的孩子认为，考试取得好成绩或在竞赛中得奖是最值得开心的事。

其实，孩子从小就具备交往能力，他们的童年快乐与否，常常取决于与同学的关系如何。专家指出，孩子在交友方面，并不像大人那么势利。那些性格好，乐于助人的孩子，不管学习成绩如何，在学校的人缘都不错。3.A 家长应该多鼓励孩子帮助同学，为集体服务，让他们觉得自己是一个有用的人，从而获得真正的快乐。

오랫동안, 1.A 학습성적은 줄곧 가장에 의해 아이들이 우수한지 여부를 가늠하는 중요한 지표로 여겨졌다. 하지만 2.A 아이들이 가장 중시하는 것은 오히려 학교친구들과의 관계이고, 또한 무리 속에서 자신의 가치를 실현시킬 수 있는지의 여부이다. 한 조사에서 밝히길, 46%가 넘는 아이들이 그들을 가장 자랑스럽게 만드는 것이 학교친구가 문제를 해결하는 것을 도울 수 있는 것이라 답했다. 단지 20%의 아이들만이 좋은 성적을 거두거나 시합에서 상을 받는 것이 가장 즐거워할 가치가 있는 일이라고 여겼다.

사실 아이들은 어려서부터 교제 능력을 갖추는데, 그들의 어린 시절이 즐거웠는가의 여부가 대체로 학교친구들과의 관계가 어떠한지를 결정짓는다. 전문가들은 아이가 교우방면에서 결코 어른처럼 그렇게 속물적이지 않다고 한다. 성격이 좋고 남을 돕는 것을 좋아하는 아이들은 학습성적이 어떠하든 학교에서의 인간관계는 모두 나쁘지 않다. 3.A 가장은 마땅히 아이들이 학교친구들을 돕고, 무리를 위해 희생하는 것을 격려해서 그들이 자신이 쓸모 있는 사람인 것을 느끼게 해주고, 따라서 진정한 즐거움을 얻게 해주어야 한다.

1. 家长更关注孩子的哪方面? 2. 孩子更在乎什么? 3. 家长应该怎么做?	1. 가장은 아이들의 어느 방면에 더욱 관심을 가지는가? 2. 아이들은 무엇에 더욱 신경을 쓰는가? 3. 가장은 어떻게 해야 하는가?

Point 1. 도입부의 '学习成绩一直被家长当做衡量孩子优秀与否的重要指标。而孩子最重视的却是与同学的关系(학습성적은 줄곧 가장에 의해 아이들이 우수한지 여부를 가늠하는 지표로 여겨졌다. 하지만 아이들이 가장 중시하는 것은 오히려 학교친구들과의 관계이다)'에서 자녀교육에 관한 내용임을 알 수 있다.

2. 자녀교육과 관련된 사설 글은 결국 아이들을 어떤 부분에 주의해서 키워야 하는가가 관건이므로 이 글에서 강조하는 자녀교육의 핵심, 즉 마지막 부분을 꼭 집중해서 들어야 한다.

해설 1. 1번은 '学习成绩一直被家长当做衡量孩子优秀与否的重要指标(학습성적은 줄곧 가장에 의해 아이들이 우수한지 여부를 가늠하는 지표로 여겨졌다)'에서 가장들이 중요하게 여기는 기준을 성적이라 들었기 때문에 1번의 정답은 A **成绩**(성적)라는 것을 알 수 있다.

2. 2번은 '孩子最重视的却是与同学的关系，以及能否在集体中实现自己的价值(아이들이 가장 중시하는 것은 오히려 학교친구들과의 관계이고, 또한 무리 속에서 자신의 가치를 실현시킬 수 있는지의 여부이다)'에서 아이들이 중시하는 것은 교우관계와 가치 실현, 두 가지이므로 정답은 A **能否在集体中实现价值**(무리 속에서 가치를 실현시킬 수 있는지의 여부)가 정답임을 알 수 있다.

3. 3번은 앞의 문제를 통해 아이들이 교우와의 관계를 중시한다고 했으므로 가장은 아이가 중시하는 것에 맞춰 키우라는 내용이 가장 자연스럽고, 지문에서는 '家长应该多鼓励孩子帮助同学，为集体服务(가장은 마땅히 아이들이 학교친구들을 돕고, 무리를 위해 희생하는 것을 격려해라)'라고 했으므로 정답은 A **鼓励孩子帮助同学**(학교친구를 돕는 것을 격려해야 한다)이다.

정답 1. A 2. A 3. A

실전 문제

제3부분_유형전략02_실전

▶ 정답 및 해설 p.33

보기 파악이 관건이므로 문제와 문제 사이 시간 간격이 있을 때마다 보기를 확인해 두는 것이 좋다.

[1 - 3]

문제 1
A 信念
B 策略
C 肢体动作
D 人生经历

문제 2
A 是动力的来源
B 与行动方式无关
C 指做事情的先后顺序
D 表现为对工作的热情

문제 3
A 成功不可复制
B 要重视知识的积累
C 生活中要善于倾听
D 成功需要积极的心理暗示

[4 - 6]

문제 4
A 发生在关系亲密的人之间
B 信息接收者更有表达欲望
C 信息发出者心理较为平静
D 已被用来治疗心理创伤

문제 5
A 不要约束学生的行为
B 保持心情愉快
C 平等对待学生
D 多与家长沟通

문제 6
A 要专注于工作
B 要学会倾听
C 要注意自己的言行
D 要多进行户外活动

유형별 전략 03

이야기 글 - 6하원칙을 쫓아라!

❶ 주인공의 정보를 파악해라!

이야기 글은 주인공이 존재하고, 그 주인공의 감정상태, 신분, 별명, 성격 등의 정보가 문제로 연결되는 경우가 많다. 평소에 주인공의 정보를 파악하는 습관을 길러야 한다.

❷ 세부내용은 보기를 통해 점검해라!

이야기 글의 핵심은 6하원칙, 즉, '누가', '언제', '어디서', '무엇을', '어떻게', '왜'이지만 그것을 다 기억하기란 어렵다. 보기를 먼저 파악하여 어떤 세부 내용이 나올지 미리 예측해 두어야 한다.

예

A 非常勇敢　　B 棋艺高明　　C 厌恶战争　　D 做事草率

해석 A 매우 용감하다 / B 기예가 뛰어나다 / C 전쟁을 몹시 싫어한다 / D 일을 대충한다

Point 보기의 어휘가 모두 사람에 대한 정보이므로, 보기를 먼저 파악함으로써 등장인물 즉, 주인공에 대한 묘사나 설명에 집중하면 필요한 부분만 들어도 되기 때문에 정답 접근이 훨씬 쉽다.

❸ 교훈은 마지막에 나온다!

이야기 글의 마지막 문제는 교훈을 묻는 경우가 많다. 이야기와 상관없이 화자가 따로 마지막에 언급하거나 이야기 말미 부분에 주인공의 말을 통해 교훈을 언급하므로 마지막까지 집중해서 들어야 한다.

예

梅兰芳认真地回答："对小失误的放纵，就是对自己人格的放纵，最终必酿成大祸。"

해석 메이란팡은 진지하게 대답했다. "작은 실수를 방종하는 것은 바로 자신의 인격에 대한 방종이고, 결국엔 틀림없이 큰 화를 초래하게 될 것입니다."

Point 1. 작은 실수를 방종하는 것은 큰 화를 초래한다고 했으므로 화를 초래하지 않기 위해서는 작은 실수도 그냥 넘어가서는 안 된다는 것을 말한다.
2. 주제는 '不能忽视小失误(작은 실수를 소홀히 해서는 안 된다)'이다.

4 이야기 글의 문제유형을 알아두자!

다음의 이야기 글의 문제유형을 알아두면 문제를 파악하고 정답을 찾기 쉽다.

● **이야기 글 문제유형** 제3부분_유형전략03_Tip

문제유형	설명
听完 A 后，大家(村里人/朋友们)有什么反应? A를 듣고 나서, 모두(마을사람/친구들)는 무슨 반응이 있었는가? **大家怎么看待 A?** 모두 A를 어떻게 보았는가?	주인공뿐만 아니라 등장하는 사람들의 반응을 묻는 문제도 자주 출제된다. 주로 처음 발생한 일이나 주인공의 행동에 대한 반응을 묻는 경우가 많다.
A 为什么 B? A는 왜 B했는가?	원인을 묻는 문제로 '因为/由于(~때문에)'가 출현하는 부분에 주목해야 한다.
A 时，发生了什么? A할 때, 무엇이 발생했는가? **A 遇到了什么困难/事情?** A는 어떤 어려움/일을 맞닥뜨렸는가?	전체적인 이야기의 핵심사건을 묻는 문제로 이야기에서 어떤 일이 벌어졌는지에 집중해야 한다.
A 对什么感到(감정)? A는 무엇에 대해 ~(감정)을 느꼈는가?	빈출 감정어휘 '吃惊 = 惊讶(놀람)', '遗憾(유감)', '高兴(기쁨)', '疑惑(의혹)'에 관해 묻는 경우가 많다.
一开始/起初 A 觉得怎么样? 처음에 A는 어떻다라고 여겼는가?	등장인물의 감정 변화가 있었을 경우 처음의 감정을 묻는 경우가 많다. 어휘 '一开始/起初(처음에)'에 주목해야 한다.
关于 A，下列哪项正确? A에 관해, 아래에 어느 항이 정확한가?	등장인물, 사물, 사건 등의 정보를 묻는 문제로 보기를 먼저 파악하고 언급되는 것을 체크해야 한다.
A 擅长什么? A는 무엇을 잘하는가?	주인공에 관한 정보는 꼭 문제로 연결되지 않더라도 듣는 연습을 충실히 해두어야 한다.
这段话，主要想告诉我们什么? 이 글은 우리에게 무엇을 말하고자 하는가?	이야기의 교훈(시사하는 바)을 묻는 문제로 주로 해당 지문의 마지막 문제에 출제된다. 이야기를 파악해 정답을 고르는 경우가 있지만 대부분 마지막에 언급한 내용이 답이 된다.

예제 1-4 제3부분_유형전략03_예제1-4

1. A 一个小岛上 B 沿海地带 C 高原上 D 草原上	1. A 하나의 작은 섬에 B 바닷가 지역 C 고원에 D 초원에

보기 전체 보기가 위치를 나타내고 있으므로 지역에 관한 문제임을 알 수 있다.

2. A 批发农产品 B 收购干草 C 出租房屋 D 招聘工人	2. A 농산품 도매 B 건초 매입 C 집 임대 D 일꾼 구인

보기 A의 '农产品(농산품)', B의 '干草(건초)', C의 '工人(일꾼)' 등으로 농사와 관련된 이야기임을 알 수 있다.

3. A 并不懒惰 B 被解雇了 C 经常酗酒 D 特别勇敢	3. A 결코 게으르지 않다 B 해고되었다 C 자주 술주정한다 D 매우 용감하다

보기 1. A의 '不懒惰(게으르지 않다)'와 D의 '勇敢(용감하다)'으로 인물에 관한 정보를 묻는 문제임을 알 수 있다.
2. C의 '酗酒'는 '술주정하다'는 의미이다.

4. A 要提前做好准备 B 做事要竭尽全力 C 要以诚待人 D 要谦虚	4. A 미리 준비를 잘 해야 한다 B 일을 할 때에는 전력을 다해야 한다 C 정직함으로 사람을 대해야 한다 D 겸손해야 한다

보기 보기에 모두 '要(해야 한다)'가 있는 것으로 보아 이 이야기 글의 교훈이나 시사하는 바에 관한 문제임을 알 수 있다.

1.B 一位农场主在沿海地区承包了一个农场，2.D 他贴了一张雇佣工人的广告。可一直没有人来应聘。直到有一天，一个又矮又瘦的中年人来到了农场。"你会是一个好帮手吗？"农场主问他。"这么说吧，即使暴风雨来了，我都能睡着。"中年人回答。农场主听后有些失望，觉得这个中年人太懒惰。不过，他还是雇佣了这个中年人。因为，他太需要人手了。不久后的一天晚上，狂风大作。农场主赶紧跳下床，急急忙忙地跑到中年人的屋里。大叫道："快起来！暴风雨要来了。"中年人不紧不慢地翻了个身，对农场主说："先生，我告诉过你，当暴风雨来的时候，我都能睡得着。"农场主被他的回答气坏了，3.B 真想当场就把他解雇了。他强压着怒气跑到农场准备自己收拾。可令他吃惊的是：干草早已被盖上了防水布；牛在棚里；鸡在笼中；房间门窗紧闭。农场主这才明白中年人当初说的话是什么意思。3.A 中年人之所以能睡得着，是因为他提前为农场能安全度过暴风雨，做足了准备。4.A 只有未雨绸缪，才能更好地应对风险。	1.B 한 농장주가 바닷가에서 농장 하나를 도맡고 있었는데, 2.D 그는 일꾼 고용광고를 한 장 붙였었다. 그러나 줄곧 지원하러 오는 사람이 없었다. 어느 날, 한 키가 작고 마른 중년이 농장에 왔다. "당신은 좋은 조수가 될 수 있나요?" 농장주가 그에게 물었다. "이렇게 말하죠. 설령 폭풍우가 오더라도, 저는 잠잘 수 있어요."라고 중년이 대답했다. 농장주는 듣고 나서 이 중년은 너무 게으르게 느껴져 조금 실망했다. 그러나 그는 그래도 이 중년을 고용했다. 왜냐하면 그는 일손이 너무 필요했기 때문이다. 그로부터 얼마 지나지 않은 어느 날 저녁에, 거친 바람이 불었다. 농장주는 서둘러 침대에서 내려와 얼른 중년의 방으로 갔다. "빨리 일어나요! 폭풍우가 와요."라고 소리쳤다. 중년은 빠르지도 느리지도 않게 몸을 돌리며 농장주에게 말했다. "선생님, 제가 폭풍우가 와도 저는 잠을 잘 수 있다고 말씀드렸잖아요." 농장주는 그의 대답에 화가 나서, 3.B 당장 그를 해고하고 싶었다. 그는 화를 억누르며 농장으로 달려가 직접 치울 준비를 했다. 그러나 그를 놀라게 한 것은, 건초는 이미 방수포로 덮여 있었고, 소들은 천막 안에 있었고, 닭들은 닭장에 있었고, 문과 창이 모두 꽉 닫혀 있었던 것이다. 농장주는 그제서야 중년이 당초에 한 말이 무슨 뜻인지 이해했다. 3.A 중년이 잘 수 있었던 것은 미리 농장이 안전하게 폭풍우를 넘길 수 있게 하기 위해, 준비를 충분히 했기 때문이었다. 4.A 미리 준비해두어야만, 위험에 더욱 잘 대처할 수 있다.
1. 农场主承包的农场位于哪儿? 2. 那个广告是关于什么的? 3. 关于中年人，下列哪项正确? 4. 这段话，主要想告诉我们什么?	**1.** 농장주가 도맡은 농장은 어디에 위치하는가? **2.** 그 광고는 무엇에 관한 것인가? **3.** 중년에 관해, 아래의 어느 항이 정확한가? **4.** 이 글은 우리에게 무엇을 말하고자 하는가?

Point

1. 도입부의 '**一位农场主在沿海地区承包了一个农场，他贴了一张雇佣工人的广告**(한 농장주가 바닷가에서 농장 하나를 도맡고 있었는데, 그는 일꾼 고용광고를 한 장 붙였었다)'에서 농장주가 사람을 구하는 이야기임을 알 수 있고, 먼저 파악해 두었던 보기를 떠올리면 인물에 관한 문제는 농장주 아니면 고용한 일꾼에 관한 것으로 추측할 수 있다.
2. 마지막 문장의 '只有A才能B(A를 해야만, B한다)'는 사설 글이나 이야기 글의 마지막 부분에서 많이 쓰는 표현이다. '只有'에 이어지는 내용이 반드시 해야 하는 조건이므로 좀 더 집중해야 한다.

해설

1. 시작 부분의 '**一位农场主在沿海地区承包了一个农场，他贴了一张雇佣工人的广告**(한 농장주가 바닷가에서 농장 하나를 도맡고 있었는데, 그는 일꾼 고용광고를 한 장 붙였었다)'에서 1번의 정답은 B **沿海地带**(바닷가 지역)이고, '**雇佣工人**'은 '**招聘工人**'과 같은 뜻이므로, 2번의 정답은 D **招聘工人**(일꾼 구인)이다.
2. 3번은 '**中年人之所以能睡得着，是因为他提前为农场能安全度过暴风雨，做足了准备**(중년이 잘 수 있었던 것은 미리 농장이 안전하게 폭풍우를 넘길 수 있게 하기 위해, 준비를 충분히 했기 때문이었다)'에서 중년이 계속해서 잔 것은 농장주가 처음 생각한 것처럼 게으른 것이 아니라, 미리 준비해두었기 때문에 할 일이 없어서이므로 중년은 결코 게으르지 않다고 한 A **并不懒惰**가 정답이다. 해고는 하고 싶었던 거지 실제로 한 것이 아니기 때문에 B **被解雇了**(해고되었다)는 정답이 될 수 없다.
3. 4번은 마지막 부분의 '**只有未雨绸缪，才能更好地应对风险**(미리 준비해두어야만, 위험에 더욱 잘 대처할 수 있다)'만으로도 정답을 찾을 수 있지만, 앞서 풀었던 문제를 떠올린다면 중년에게서 본받을 점은 미리 준비를 하는 것임을 알 수 있다. 따라서 정답은 A **要提前做好准备**(미리 준비를 잘 해야 한다)가 될 수밖에 없다.

정답 1. B 2. D 3. A 4. A

실전 문제

제3부분_유형전략03_실전

▶ 정답 및 해설 p.36

☺ 보기 파악이 관건이므로 문제와 문제 사이 시간 간격이 있을 때마다 보기를 확인해 두는 것이 좋다.

[1 – 3]

문제 1
A 射箭
B 钓鱼
C 写诗
D 画虎

문제 2
A 老虎跑了
B 箭杆折断了
C 箭射入石头中
D 石头上有花纹

문제 3
A 非常勇敢
B 棋艺高明
C 厌恶战争
D 做事草率

[4 – 6]

문제 4
A 研究陶罐的年代
B 看是否有烹饪工具
C 观察鱼钩的形状
D 看是否有大量愈合的股骨

문제 5
A 鼓掌赞同
B 非常茫然
C 不以为然
D 议论纷纷

문제 6
A 有奉献精神
B 文字的使用
C 懂得怜悯
D 分工明确

부분별 전략

빈출어휘와 패턴을 파악하면 정답이 들린다!

| 학 | 습 | 목 | 표 |

1. 듣기 제3부분 빈출어휘를 습득함으로써 문제에 쉽게 접근하기
2. 관련 패턴을 이용하여 문제 푸는 방식을 익혀 쉽게 문제 풀기
3. 실제 기출문제들을 파악하여 실전 유형을 습득하기

❶ 정보 글

① 정보 관련 빈출소재와 그와 관련된 내용을 습득해 두면 듣기가 훨씬 쉬워진다.

② 보기를 통해 들어야 하는 정보를 파악해내는 연습을 꾸준히 해야 어려운 내용일수록 불필요한 정보의 습득을 줄여 정확도를 높이게 된다.

③ 정보소재는 제일 많이 언급한 대상을 말하는 것으로, 정보소재를 정확하게 파악하면 제목 관련 문제를 풀기 용이해지고, 내용을 좀 더 쉽게 이해할 수 있다.

❷ 사설 글

① 사설 글은 마지막 문장만큼 첫 문장도 중요하다. 마지막에는 화자의 견해가 언급되기 때문에 중요하지만, 처음은 말하고자 하는 화제를 파악할 수 있어 글의 갈피를 잡아 이해가 가능하므로 중요하다.

② 사설 글이라면 화제 전환의 어휘 '但是(그러나)', '实际上(실제로는)', '事实上(사실상)'에 집중해야 한다. 사설 글은 결국 자신의 의견을 강조하는 글이므로 화제 전환의 어휘 뒤에 문제와 관련된 내용이 주로 나온다.

③ 질문을 반드시 확인해야 한다. 보통 듣기는 들으면서 답안을 바로 마킹할 수 있는 경우가 많은데, 사설 글은 질문에 따라 답이 달라지는 경우가 많기 때문에 사설 글이라 판단되면 질문을 반드시 확인하고 마킹하는 습관을 키워야 한다.

❸ 이야기 글

① 이야기 글은 주인공이 가장 중요하다. 주인공의 정보, 주인공의 행동과 관련된 문제가 많이 출제된다.

② 세부 내용은 보기를 통해 짐작해야 한다. 이야기 글은 6하원칙(언제, 어디서, 누가, 무엇을, 왜)을 많이 묻는다.

③ 이야기 글은 마지막 문제가 주로 교훈을 묻는 문제이고 관련 내용 역시 마지막에 언급되므로 마지막까지 집중해서 들어야 한다.

● 빈출패턴을 이용한 중점 파악 제3부분_부분전략_Tip

因 A…… A때문에 ~하다	因一时失神忘记了一句唱词。 순간 정신을 딴 데 파느라 한 마디의 가사를 잊었다. '因'은 '因为'의 뜻으로 뒤에는 원인이 나온다. 결과의 원인을 묻는 문제가 많으므로 '因' 뒤의 내용에 집중해서 들을 필요가 있다. → 예문에서 한 마디의 가사를 잊은 원인은 정신을 딴 데 팔아서임을 알 수 있다.
以为 A A라고 (잘못) 여겼다	大家都以为这是梅兰芳强调人物的羞涩感而故意做的改动。 모두 이것이 메이란팡이 인물의 수줍음을 강조하려고 고의로 한 행동이라 여겼다. '以为' 뒤의 내용은 주로 이렇게 여겼으나 실제로는 아닌 내용이 나온다는 것을 주의하자. → 예문에서의 '这(이것)'는 메이란팡이 인물의 수줍음을 강조하기 위해 한 행동이 아님을 짐작할 수 있다.
不是 A，(而)是 B **(= 并非 A，而是 B)** A가 아니라, B이다	不是我改得好，是我把那句唱词忘了。 내가 잘 고친 것이 아니라, 내가 그 가사를 잊은 것이다. 申辩并非强词夺理，而是让孩子把事情讲清楚。 (질책에 대해) 해명하는 것은 결코 억지를 쓰는 것이 아니라, 아이가 사정을 분명하게 말하도록 하는 것이다. '而是' 뒤의 내용을 강조하기 위해 부정하는 내용을 '不是' 뒤에 설명하는 형식이다. 이 구문은 '而是' 뒤의 내용을 강조하기 위해 쓴 것임을 주의해야 한다. → 위의 예문은 각각 가사를 잊었다는 사실과 아이가 일을 분명하게 말하도록 한다는 것을 강조하고 있다.
只有 A 才 B A를 해야만, 비로소 B하다	只有看清楚危险，警示未来，才能有长进。 위험을 분명하게 보고 미래를 경계해야만, 발전할 수 있다. HSK 시험에서 가장 많이 나오는 패턴이다. '才' 뒤에는 주로 성공이나 발전 등의 긍정적인 내용이 나오는데 '只有' 뒤의 내용이 그 긍정적인 내용이 발생되게 하는 필수조건임을 알아야 한다. → 예문에서는 발전하기 위해서는 반드시 위험을 분명히 인지하고 미래를 경계해야 한다고 강조하고 있다.
如果 A，B (부정적인 결과) 만약에 A한다면, B하다	如果大人的要求过分苛刻，孩子是办不到的。 만약에 어른의 요구가 지나치게 가혹하면, 아이들은 해낼 수 없다. '如果' 뒤에는 가정의 내용이 나오고 이어지는 절에는 가정의 결과가 나온다. 가정의 결과가 부정적이라면, 긍정적인 결과를 위해서는 가정과 반대되는 상황을 유추할 수 있어야 한다. → 즉, 예문에서는 아이들이 해낼 수 있게 하기 위해서 어른의 요구가 지나치게 가혹해서는 안 된다는 것을 강조하고 있다.
A 建议 B A는 B하는 것을 건의했다	心理学家听后，建议他改变每位辩论者的坐向，由以往的并排而坐改成两人相对而坐。 심리학자는 들은 후에, 그가 모든 패널들의 좌석방향을 나란히 앉는 것에서 두 사람이 마주 앉는 것으로 바꾸라고 건의했다. 이야기 글이든 정보 글이든 누군가가 건의한 내용은 문제와 연결되는 경우가 많다. '建议' 뒤의 내용은 항상 집중해서 들어야 한다.

● 기출 소재로 나온 '효과'

从众效应 군중심리효과 cóngzhòng xiàoyìng	무리의 영향을 받아 자신의 관점과 판단, 행위를 바꾸는 현상. '随大流(대세를 따르다)'라고도 부른다. → 정보가 부족하거나 정확한 정보를 수집하지 못했을 때 생기는 현상임을 설명
蘑菇效应 버섯효과 mógu xiàoyìng	버섯과 같이 어려운 시기를 보내고 충분히 성장하여 남에게 관심을 받고 중용되는 현상 → 입사 초기 어려운 시기를 보내는 것은 더 나은 미래를 위한 일종의 단련이므로 필요한 현상임을 설명
坐向效应 좌석방향효과 zuòxiàng xiàoyìng	서로 마주하고 앉아 상대방이 강렬한 압박감이나 자유롭지 못한 느낌이 들게 만드는 현상 → 대중들의 뜨거운 반응을 불러 일으키는 토론들의 좌석이 왜 마주하고 있는지를 설명하는 데 쓰임
瀑布心理效应 pùbù xīnlǐ xiàoyìng 폭포심리효과	정보를 내보낸 사람의 심리는 평온하지만 정보를 받은 사람은 불안정한 심리가 되어 태도나 행위가 변하게 되는 심리현상 → 언행에는 신중한 자세가 필요함을 말할 때 쓰임
签名效应 서명효과 qiānmíng xiàoyìng	서명 행위가 자아정체성을 일으켜 소비행위를 할 때 구매 욕망이 이로 인해 더욱 강해지는 심리현상 → 구매나 계약을 할 때 서명하는 것에 주의해야 함을 말할 때 쓰임
酝酿效应 yùnniàng xiàoyìng 양조효과(= 부화효과)	문제를 해결하려는 노력을 중단하고 쉬고 있거나 다른 일을 하고 있을 때 갑자기 해결책이 떠올라 문제가 해결되는 현상 → 복잡한 문제나 난제가 있을 경우 오히려 잠시 그 문제를 놓아두는 것이 좋음을 말할 때 쓰임

● 설명 글 관련 최근 기출 소재

용품	花露水 huālùshuǐ 플로럴워터 (floralwater)	알코올이 주 성분으로 살균, 소독 작용이 있고, 또한 모기를 쫓는 효과가 있음. 그늘진 곳에 보관해야 함
용품	白色粉末 báisè fěnmò 마그네슘 가루, 초크	땀 흡착 제거, 손바닥과 사물 간의 마찰력을 증가시킴 TIP = 碳酸镁 tànsuānměi = 镁粉 měifěn
식물	攀缘植物 pānyuán zhíwù 덩굴식물	덩굴식물의 줄기는 더 많은 햇볕을 받기 위해 태양 쪽으로 감김 TIP 茎 jīng 줄 | 缠绕 chánrào 휘감다
동물	骆驼 luòtuo 낙타	'사막의 배'로 불림. 낙타 등에 있는 혹에는 지방이 들어 있는데 이 혹의 지방은 스스로에게 먹이 제공이 부족할 때 쓰임
동물	海豹 hǎibào 바다표범 | 海象 hǎixiàng 바다코끼리 | 水獭 shuǐtǎ 수달 | 驴 lú 당나귀	
곤충	蚂蚁 mǎyǐ 개미	신경계통이 발달되어 있지 않음. 무리를 이루면 컴퓨터처럼 사고하고 계산하고 계획할 수 있음. '개미굴(蚁丘 yǐqiū)'을 파 하나의 개미왕국을 만들기 위해 개미들은 여러 대에 걸쳐 힘을 합쳐 완성함 TIP 蚁酸 yǐsuān 개미산(새의 기생충 제거가 가능함)
곤충	飞蛾 fēi'é 불나방	

우주	火星 huǒxīng 화성 | 陨石 yǔnshí 운석 | 行星 xíngxīng 행성	
생리기능	激素 jīsù 호르몬 | 红蛋白 hóngdànbái 헤모글로빈 | 心肌梗塞 xīnjī gěngsè 심근경색 | 血液循环 xuèyè xúnhuán 혈액순환 | 心肺功能 xīnfèi gōngnéng 심폐기능 | 心率 xīnlǜ 심박율 | 心跳 xīntiào 심장이 뛰다	
올림픽	奥运会 Àoyùnhuì 올림픽 | 冬奥会 Dōng'àohuì 동계올림픽 | 锦标赛 jǐnbiāosài 세계선수권대회 | 获得奖牌 huòdé jiǎngpái 메달을 따다 | 冠军 guànjūn 우승 | 亚军 yàjūn 준우승 | 申办 shēnbàn 유치하다 | 举办 jǔbàn 개최하다	
기후	强劲气流 qiángjìn qìliú 강한 기류 | 冷空气 lěng kōngqì 찬 공기(cold air) | 暖湿 nuǎnshī 온난습윤하다 | 潮湿 cháoshī 습하다	
배, 선박	轮船 lúnchuán (증)기선 | 沉船 chénchuán 침몰한 배	
지리	南极 nánjí 남극 北极 běijí 북극	북극보다 남극이 더 추움. 남극대륙은 육지이나 북극대륙은 바다가 언 해빙(海冰)임
	昆明 쿤밍(곤명) Kūnmíng	사계절 기온이 봄과 같이 균일함. 여름에는 흐린 날이 많음
기타	地窨子 dìyìnzi 지하토굴, 지하실	주로 남향의 산 비탈길에 지음. 절반은 지하, 절반은 지상에 드러나 있음
	米酒 mǐjiǔ 미주	찹쌀을 원료로 가정에서 직접 빚는 토속주로 혈액순환에 좋고, 신진대사 촉진작용 있음
	冰箱的辐射 bīngxiāng de fúshè 냉장고의 방사 (전자파)	전자파 방사는 먼지의 영향을 받음. 작동되는 냉장고와는 거리를 두는 것이 좋음

보기를 먼저 파악해 두는 것이 관건이다.

[1 - 3]

문제 1 A 嗓子发炎了
B 用错道具了
C 忘词了
D 脚扭伤了

문제 2 A 称赞有加
B 发挥得不好
C 动作不到位
D 难以理解

문제 3 A 要勇于接受批评
B 不能忽视小失误
C 要积极面对挑战
D 要敢于创新

[4 - 6]

문제 4 A 饮食要合理
B 不能苛求孩子
C 父母要以身作则
D 教育孩子要有耐心

문제 5 A 制止他
B 转移话题
C 让孩子自我反省
D 给孩子辩解的机会

문제 6 A 怎样培养自信
B 如何跟孩子讲道理
C 为什么要制订家规
D 学会跟家长说“不”

[7 - 9]

문제 7 A 气氛不够热烈
B 内容不够新颖
C 主持人不幽默
D 辩论者不出色

문제 8 A 与心理学家互动
B 改变坐向
C 换辩论者
D 调亮舞台灯光

문제 9 A 面对面争辩
B 缺席会议
C 排队购票
D 电话谈判

Final 전략 & Test

1. 기출 정답만을 가지고 정답을 유추하는 비법 습득하기
2. 실제시험의 60%의 문제로 미니 모의고사 체험하기
3. 듣기 부분만을 학습하여 듣기에만 집중해서 공부하기

제1부분 들려주는 녹음과 일치하는 보기 찾기

① 같은 내용이지만 다르게 표현한 정답 Final_Tip1

문제의 정답은 지문의 내용을 그대로 쓰는 것만 나오는 것이 아니라 다르게 표현되는 경우도 나오기 때문에 기출에 나왔던 같은 내용을 다르게 표현한 것을 확인하여 단순한 어휘만으로가 아닌 내용으로 접근하는 방법을 익혀야 한다.

	지문 내용	변형 정답
1	尽量别用冷水洗头。 되도록 차가운 물로 머리를 씻지 마라.	不宜用冷水洗头 차가운 물로 머리를 씻는 것은 적절하지 않다
	→ '~하지 마라'는 것은 '적절하지 않다'와 같은 뜻이다.	
2	不能只顾眼前。 눈앞만 살펴서는 안 된다.	眼光要长远 안목을 멀리 두어야 한다
	→ '앞만 보지 말라'는 것은 '멀리 내다 보라'는 뜻이다.	
3	任何一个人都不可能孤立地存在。 어떠한 사람도 독립적으로 존재할 수 없다.	成功需要别人的帮助 성공은 다른 사람의 도움이 필요하다
	→ '독립적으로(혼자) 존재할 수 없다'는 것은 '다른 사람(의 도움)이 필요하다'는 뜻이다.	
4	必须自己动手。 반드시 자신이 착수해야 한다.	自己的人生自己做主 자신의 인생은 자신이 주인이어야 한다
	→ '자신이 착수(시작)하라'는 것은 '남의 힘을 빌리지 말고 스스로가 주인이 되어야 한다'는 뜻이다	
5	弯腰是一种风范，是为了创造更大的人生价值。 허리를 굽히는 것은 품격이고 인생의 더 큰 가치를 만들어내기 위함이다.	做人要懂得变通 사람이라면 임기응변할 줄 알아야(융통성이 있어야) 한다
	→ 여기서 '허리는 굽히는 것'은 삶의 '유연함', 즉 '융통성이 있다'는 뜻이다. (弯腰 wānyāo = 变通 biàntōng)	

6	每个企业都有独特的企业文化。 모든 기업은 모두 독특한 기업문화를 가지고 있다.	企业文化各不相同 기업의 문화는 각각 서로 다르다
	→ '모든 기업이 모두 독특한 기업문화를 가지고 있다'라는 것은 '모든 기업문화가 다르다'는 뜻이다.	
7	下周开始，北京的降温幅度明显增大。 다음 주부터 시작해서, 베이징의 온도 하락폭은 분명히 커질 것이다.	下周将会降温 다음 주에는 온도가 떨어질 것이다
	→ '온도 하락폭이 크다'라는 것은 '온도가 떨어진다'는 뜻이다.	
8	抓住今天，别让后悔纠缠一生。 오늘을 붙잡아서 후회가 일생을 번거롭게 하지 않도록 해라.	要珍惜时间 시간을 소중히 여겨라
	→ '오늘을 붙잡아서 후회하지 말라'는 것은 '시간을 소중히 하라'는 뜻이다.	
9	即使是我们曾经难以承受的痛苦磨难，也不会完全没有价值。 설령 우리가 일찍이 감당하기 어려웠던 고통과 고난일지라도, 완전히 가치가 없지는 않을 것이다.	痛苦是有价值的 고통은 가치가 있는 것이다
	→ '고통이 가치가 없지 않다'라는 것은 '가치가 있다'는 뜻이다. TIP 이중부정은 긍정!	
10	子辈为尊重父母，在外人面前称父母为"高堂"。 부모님을 존중하기 위해, 외부인 앞에서 부모님을 '고당(집의 제일 높은 곳)'이라고 불렀다.	"高堂"是对父母的尊称 '고당'은 부모님에 대한 존칭이다
	→ '부모님을 '고당'이라 부른다'는 것은 '고당'이 '부모님에 대한 존칭'이라는 뜻이다.	
11	要真正了解一个员工，需要长时间的、持续的观察。 진정으로 직원을 알고 싶으면, 장기적이고 지속적인 관찰이 필요하다.	员工的价值需时间检验 직원들의 가치는 검증할 시간이 필요하다
	→ '장기적이고 긴 시간의 관찰이 필요하다'는 것은 '검증할 시간이 필요하다'는 뜻이다.	
12	管理其实很简单。只需要用目标把大家拉动起来就行了。 관리는 사실 간단하다. 목표를 가지고 모두를 이끌기만 하면 된다.	目标具有带动作用 목표는 이끄는 작용을 지니고 있다
	→ '목표를 가지고 모두를 이끌기만 하면 된다'는 것은 '목표'가 '이끄는 작용'을 가지고 있다는 뜻이다.	

② 두 가지 내용을 종합해야 하는 정답 Final_Tip2

한 번에 정답을 언급하는 것이 아니라 두 번에 걸쳐 내용을 종합해야지만 정답으로 연결되는 문제들이 있으므로 다음 기출문장들을 통해 유형을 파악해 두어야 한다.

	지문 내용	정답
1	智慧的七分靠天赐。 지혜의 70%는 하늘이 준다. 这里的七分很大程度上来源于人生经验的总结。 이 70%는 큰 정도에 있어서 인생의 종합적인 결론에서 온다.	智慧多源于对经验的总结 지혜는 대부분 경험에 대한 종합적인 결론에서 온다
2	懂得反省是必要的。 반성할 줄 아는 것이 필요하다. 不过你并不需要随时去反省自己。 하지만, 늘 자신을 반성해서는 결코 안 된다.	反省要适度 반성은 적당해야 한다
3	管理工作通过别人完成任务。 관리 업무는 다른 사람을 통해 임무를 완성한다. 这个"别人"就是你所管理的团队。 이 '다른 사람'은 바로 당신이 관리하는 팀이다.	管理者通过团队完成任务 관리자는 팀을 통해 임무를 완성한다
4	由于夏季温度过高，致使人体大量排汗，大量的钾元素也会随汗排出。 여름의 온도가 과도하게 높아서 인체는 대량의 땀을 배출하고, 대량의 칼륨원소도 땀을 따라 배출된다. 如果钾元素得不到及时补充，就会导致人们疲劳。 만약에 칼륨원소가 제때에 보충되지 않으면 사람이 피곤하게 된다.	夏季人易疲劳是钾元素缺乏所致 여름에 사람이 쉽게 피곤해지는 것은 칼륨원소의 부족으로 인한 것이다

③ 내용을 토대로 추론해야 하는 정답 Final_Tip3

6급 듣기 제1부분이 어려운 이유는 단순한 어휘가 들렸다고 해서 정답이 되는 것이 아니라 문장을 이해하고 추론해야 하는 문제들도 많이 있기 때문이다. 다음과 기출문장들이 어떻게 추론되어 정답으로 연결되었는지 확인해야 한다.

	지문의 정답 연관 부분	추론을 통한 정답
1	双语家庭中的儿童，在认知发育上可能会比同龄人更高一筹。 이중언어 가정의 아동은 인지발육에 있어서 동년배의 사람보다 훨씬 더 클 것이다.	双语环境利于儿童认知发育 이중언어 환경은 아동의 인지발육에 이롭다
	추론 이중언어 가정의 아동이 인지발육이 동년배보다 커질 것이라는 것은 이중언어 환경은 아동들의 인지발육에 좋다라고 추측할 수 있다.	
2	整个路段共有99个弯。 전체 도로에는 전부 99개의 굽이가(진 길이) 있다.	公路弯道多 도로에 굽이진 길이 많다
	추론 굽이진 길이 99개가 있다는 것은 많다라고 추측할 수 있다.	

3	这样有助于缓解压力。 이렇게 하는 것은 스트레스를 완화시키는 데 도움이 된다.	要学会减压 스트레스를 경감시킬 줄 알아야 한다
	추론 이렇게 하는 것이 스트레스 완화에 도움이 된다고 말하는 것은 스트레스를 완화시킬 줄 알아야 한다는 것을 추측할 수 있다. TIP 缓解压力 huǎnjiě yālì = 减轻压力 jiǎnqīng yālì = 减压 jiǎnyā	
4	大量饮用能量饮料，甚至还可能出现脱水现象。 대량의 에너지음료를 마시는 것은 심지어 탈수현상을 초래할 가능성이 있다.	过多饮用能量饮料对健康不利 과하게 에너지음료를 마시는 것은 건강에 좋지 않다
	추론 대량의 에너지음료 음용이 탈수현상을 초래하는 것으로 보아 과한 에너지음료 음용이 건강에 좋지 않음을 추측할 수 있다.	
5	展示中国现当代各界名人的手稿、签名本和书法作品等。 중국당대 각계 명인들의 수기한 원고와 사인, 서예작품 등을 전시한다.	手稿馆展品中包括书法作品 수기한 원고 전시관에는 서예작품도 포함하고 있다
	추론 서예작품을 전시했다는 것은 서예작품도 전시품 중의 하나로 포함되어 있다는 것을 추측할 수 있다.	
6	最好将闹钟铃声，设置为比较舒缓的音乐，让自己从放松的状态中醒来。 가장 좋기는 알람소리를 비교적 편안한 음악으로 설정해서 자신이 느슨한 상태에서 깨도록 하는 것이다.	舒缓的闹铃能使人放松 편안한 알람소리는 사람을 느슨해지게 한다
	추론 편안한 음악으로 느슨한 상태에서 깨게 한다는 것으로 보아 편안한 알람소리가 사람을 느슨해지게 만든다고 추측할 수 있다.	
7	中国文化只有在和世界文化交流、交锋和交融的过程中，才能真正地发展。 중국문화는 세계문화와 교류하고, 경쟁하며 어우러지는 과정 속에 있어야만 진정으로 발전할 수 있다.	中国文化的发展需要世界文化 중국문화의 발전은 세계문화가 필요하다
	추론 중국문화가 세계문화와 함께 하는 과정에 있어야만 발전할 수 있다는 것으로 보아 중국문화의 발전에 세계문화가 필요하다고 추측할 수 있다.	
8	交警说：“你就是那个魔术师吧！” 교통경찰이 말했다. “당신이 바로 그 마술사군요!”	交警认出魔术师了 교통경찰은 마술사를 알아봤다
	추론 교통경찰이 “당신이 그 마술사군요!”라고 했다는 것은 교통경찰이 마술사를 알아봤다는 것을 추측할 수 있다.	
9	一个人年轻时若没有志气，中年或晚年就更难有志气了。 사람이 젊을 때 만약에 포부가 없으면, 중년이나 말년에 포부가 생기기는 더욱 어렵다.	立志要趁早 포부는 일찍 있어야 한다
	추론 중노년에 포부가 생기기 어렵다는 말로 보아 포부는 일찍 있어야 한다는 것을 추측할 수 있다.	
10	人的身体就像一部机器，有损耗就要加油。 사람의 인체는 한 대의 기기와 같아서 손상이 생기면 기름을 칠해야 한다.	要学会放松 느슨해질 줄 알아야 한다
	추론 기기에 기름을 친다는 것은 잘 돌아가게 하기 위함인데 사람을 기계에 비유했으므로 사람은 스스로를 느슨하고 편안하게 만들어야 한다는 내용임을 추측할 수 있다.	

11	许多人对自己的职业不满意，频繁跳槽，就是因为他们的工作欠缺自己内心真正想要的东西。 많은 사람들이 자신의 직업에 불만스러워 자주 이직을 하는 것은 그들의 일에 스스로가 내심 진정으로 원하는 것이 부족하기 때문이다.	要了解自己的需求 자신이 필요로 하는 것을 알아야 한다
	추론 많은 사람들의 빈번한 이직은 원하는 것이 부족하기 때문이므로 이는 자신이 필요한 것을 알아야 한다는 내용임을 추측할 수 있다.	
12	一个人成就的大小，往往取决于他所遇到的困难的大小。 한 사람의 성과의 크기는 늘 그가 만나는 어려움의 크기에 의해 결정된다.	困难也能助人成功 어려움도 사람이 성공하는 것을 도울 수 있다
	추론 성과의 크기가 어려움의 크기에 의해 결정된다는 것으로 보아 어려움도 사람이 성공하는 것을 도울 수 있다는 것을 추측할 수 있다.	
13	一个爱推卸责任的人很难获得别人的尊重和谅解。 책임을 잘 전가하는 사람은 다른 사람의 존중과 양해를 얻기 어렵다.	不要推卸责任 책임을 전가하지 마라
	추론 책임을 전가하는 사람은 다른 사람의 존중과 양해를 얻기 어렵다는 것으로 책임을 전가하지 말라는 내용의 글임을 추측할 수 있다.	

제2부분 보기에서 정답 고르기

1 기출문제의 진행자 질문과 실제문제 비교 Final_Tip4

진행자의 질문은 실제문제로 연결되는 경우가 많기 때문에 진행자의 질문에 맞춰 보기를 파악한다면, 실제문제가 나오기 전에 답을 정리하고 다음 문제의 보기를 볼 시간을 확보할 수 있을 뿐만 아니라, 모든 내용을 듣고 문제를 푸는 형식이 아닌 질문과 보기에 따라 필요한 부분만 듣는 방법으로 효율적으로 문제를 풀 수 있다.

	진행자의 질문/문제	공략 부분
1	질문 可以谈谈对收藏市场的看法吗? 수집시장에 대한 견해를 말해줄 수 있나요?	수집시장에 관한 질문 → 현재의 수집시장을 설명하는 부분에 집중해야 한다.
	문제 现在的收藏市场怎么样? 현재의 수집시장은 어떠한가?	
2	질문 现在的你有什么不同? 현재의 당신은 어떤 다른 점이 있나요?	현재 자신의 모습에 관한 질문 → 이전과 비교해 달라진 점이나 자신이 생각하는 자신의 특징에 집중해야 한다.
	문제 男的怎么评价现在的自己? 남자는 자신을 현재 어떻게 평가하는가?	

3	질문 ……岁的你，对幸福的理解是什么? ~세의 당신은, 행복에 대한 이해는 어떤가요? 문제 男的认为幸福是什么? 남자는 행복이 무엇이라고 여기는가?	행복에 대한 정의를 묻는 질문 → 행복을 무엇이라고 여기는지 게스트의 견해에 집중해야 한다.
4	질문 我们该如何把握建筑和人文的关系呢? 우리는 어떻게 건축과 인문의 관계를 파악해야 하는가? 문제 男的怎么看现代城市中的摩天大楼? 남자는 현대 도시 속의 마천루를 어떻게 보는가?	건축과 인문과의 관계를 묻는 질문 → 건축에 대한 게스트의 견해에 집중하되 인문 즉, 사람에게 끼치는 영향에 집중해야 한다.
5	질문 更多的是一种哲学式的智慧。 더 많은 것은 일종의 철학적인 지혜입니다. 문제 东方哲学观以什么为基础? 동양철학관은 무엇을 기초로 하는가?	철학에 관한 질문 → 철학과 관련된 대답이 나오면 집중해야 한다.
6	질문 建筑始终不变的内核是什么呢? 건축에 늘 변하지 않는 핵심은 무엇인가? 문제 建筑的内核是什么? 건축의 핵심은 무엇인가?	건축의 핵심 관련 질문 → 게스트가 생각하는 건축물에 관한 핵심에 집중해야 한다.
7	질문 您认为修复青铜器的关键是什么? 당신은 청동기를 복원하는 관건은 무엇이라 여기나요? 문제 修复青铜器的关键是什么? 청동기를 복원하는 관건은 무엇인가?	청동기 복원에 관한 질문 → 청동기 복원의 관건 즉, 중요한 점에 집중해야 한다.
8	질문 在众多收藏品中，青铜器成了收藏爱好者们竞相追逐的宝贝，这是为什么呢? 많은 소장품 중에서 청동기는 수집애호가들이 앞다투어 쫓는 보물입니다. 이것은 왜 그런가요? 문제 为什么很多人爱收藏青铜器? 왜 많은 사람들이 청동기 수집을 좋아하는가?	청동기 수집에 관한 질문 → 사람들이 청동기 수집을 애호하는 이유에 집중해야 한다.
9	질문 您从小就开始练习书法和篆刻，那时候会觉得枯燥吗? 당신은 어려서부터 서예와 전각공부를 시작했는데, 그때는 지루했나요? 문제 男的觉得学习篆刻怎么样? 남자는 전각을 배우는 것이 어떻다라고 여기는가?	전각공부에 관한 질문 → 게스트가 전각공부를 어떻게 생각하는지를 들어야 한다.
10	질문 您认为当前玺印研究的重点是什么? 당신은 현재 옥쇄 연구의 중점은 무엇이라고 여기나요? 문제 当前玺印研究的重点是什么? 현재 옥쇄 연구의 중점은 무엇인가?	옥쇄에 관한 질문 → 옥쇄 연구의 핵심을 들어야 한다.

11	질문 在印章研究方面，您认为国外的研究对我们有什么启示? 인장 연구 방면에서 당신은 외국의 연구가 우리에게 어떤 일깨움을 준다고 여기나요? 문제 男的怎么看西方的印章研究? 남자는 서양의 인장 연구를 어떻게 보는가?	**인장 연구에 관한 질문** → 인장 연구에 대한 외국의 견해를 들어야 한다.
12	질문 对于玺印收藏的爱好者，您有什么建议? 옥새 수집애호가에게, 당신은 어떤 건의가 있나요? 문제 男的建议玺印收藏爱好者怎么做? 남자는 옥새 수집애호가가 어떻게 하는 것을 건의했는가?	**옥새 수집애호가에 관한 질문** → 게스트의 옥새 수집애호가에 대한 건의를 들어야 한다.
13	질문 这样的模式难免会被别人模仿，您是如何看待这个问题的? 이러한 패턴은 다른 사람에 의해 모방되기 마련인데 당신은 이 문제를 어떻게 보시나요? 문제 男的认为被别人模仿对万达有什么影响? 남자는 다른 사람에게 모방되는 것이 완다에 어떤 영향을 준다고 여기는가?	**모방에 관한 질문** → 모방에 대한 게스트의 견해에 집중해야 한다.
14	질문 能跟我们谈谈您的用人留人之道吗? 당신이 사람을 고용하고 남기는 방법을 말해줄 수 있나요? 문제 万达为什么人才流失率低? 완다는 왜 인재유실률이 낮은가?	**인재 고용에 관한 질문** → 게스트가 사람을 고용하고 남기는 방법에 집중해야 한다.
15	질문 供应商和消费者对电视购物的认知有哪些改变吗? 공급상과 소비자의 TV 구매에 대한 인식에는 어떤 변화들이 있나요? 문제 供应商和消费者对电视购物的态度是什么? 공급상과 소비자의 TV에 대한 구매 태도는 어떠한가?	**TV 구매에 관한 질문** → 공급상과 소비자의 TV 구매에 대한 인식 변화에 집중해야 한다.
16	질문 您觉得未来电视购物的商业生态会有哪些改变? 당신이 느끼기에 미래의 TV 구매 상업생태에는 어떤 변화들이 있을 것 같나요? 문제 女的如何看待，未来电视购物的商业生态? 여자는 미래의 TV 구매 상업생태를 어떻게 보는가?	**TV 구매에 관한 질문** → 미래에 있을 TV 구매 상업생태의 변화를 들어야 한다.
17	질문 为什么在网上很少看到你工作中创作的作品? 왜 인터넷 상에서는 당신이 업무 중 창작한 작품을 보기 어려운가요? 문제 男的为什么不愿意分享工作中设计的手机主题? 남자는 왜 업무 중 설계한 휴대전화 콘셉트를 함께 즐기는 것을 꺼려하는가?	**게스트 작품에 관한 질문** → 게스트의 창작작품을 보기 힘든 이유를 들어야 한다.

❷ 정답으로 연결되는 인터뷰 속의 표현 Final_Tip5

인터뷰는 두 사람의 대화를 담은 것이기 때문에 구어체로 표현된다. 하지만 보기에는 간단하게 문어체로 표현되고 인터뷰 속에서 썼던 표현으로만 나오는 것이 아니기 때문에, 들은 어휘에만 의지해서는 정답을 찾기가 쉽지 않다. 기출문제의 인터뷰 속의 표현이 어떻게 정답으로 연결되었는지를 파악하면 정답에 접근하기가 훨씬 쉬워진다.

	인터뷰 속의 표현	표현이 바뀐 정답
1	这对文物保护来说，是一种很大的贡献。 이것은 문물의 보호와 연구에 있어서 아주 큰 공헌입니다.	这有利于文物保护 이것은 문물보호에 이롭다
2	必须要提高自己的鉴赏水平。 반드시 자신의 감상수준을 높여야 합니다.	要提升个人的鉴赏能力 개인의 감상능력을 업그레이드 해야 한다
3	伦敦是我第三次代表中国男单参加的奥运会。 런던은 제가 세 번째로 중국 남자단식대표로 참가한 올림픽입니다.	不止一次参加奥运会 올림픽 참가가 한 번에 그치지 않았다
4	只要我还打下去，对很多年轻人来说就是一种鼓励。 제가 계속해 나가기만 하면, 많은 젊은이들의 입장에서는 격려가 됩니다.	对年轻人有激励的作用 젊은이들에게는 격려의 작용이 있다
5	一个运动员一辈子没有几次能代表祖国参加奥运会。 운동선수는 조국을 대표해 올림픽에 참가할 수 있는 것이 한평생 몇 번 되지 않습니다.	运动员很难经常参加奥运会 운동선수는 올림픽에 자주 참가하기 어렵다
6	这种新文明是对自然的回归，对中国传统文明的回归。 이러한 새로운 문명은 자연에 대한 회귀이고, 중국전통문명에 대한 회귀입니다.	新文明倡导回归自然和传统文明 새로운 문명은 자연과 전통문명을 창도한다
7	青铜器在古代是用来祭祖祭天地的专用礼器。 청동기는 고대에 조상이나 하늘에 제사를 지내는 전용예기(의식에 쓰이는 그릇)에 썼습니다.	青铜器在古代主要的用途是祭祀礼器 청동기는 고대에서의 주 용도는 제사예기이다
8	后来农业博物馆成立，那时候没有人来工作，我就自己报名来到了农博，直到现在。 후에 농업박물관이 설립되었는데, 그때는 일하러 오는 사람이 없어서 저 혼자 접수하여 농업박물관으로 왔고, 쭉 지금까지 있었습니다.	我现在在农业博物馆工作 나는 현재 농업박물관에서 일한다
9	要求收藏爱好者有雄厚的经济基础。 수집 애호가들은 충분한 경제적 기초를 가지고 있어야 합니다.	收藏爱好者要有一定财力 수집 애호가들은 어느 정도의 재력을 가지고 있어야 한다
10	玺印史料研究仍然是当前的重点。 옥쇄사료(역사적 자료) 연구는 여전히 현재의 중점이다.	当前玺印研究的重点是史料 현재 옥쇄연구의 중점은 사료이다
11	西方学者的研究方法和视角对于我们而言，有不少值得借鉴的地方。 서양학자의 연구방법과 시각은 우리의 입장에서 말하자면 본보기로 삼을 만한 부분이 많습니다.	西方的研究值得中国借鉴 서양의 연구는 중국이 본받을 가치가 있다

12	鉴赏玺印对我们的文化储备要求更高。 옥쇄 감상은 우리의 지식 비축에 대한 요구가 더욱 높습니다.	鉴赏玺印扩充文化储备 옥쇄 감상은 지식 비축을 확충시켰다
13	我们特别注重企业文化。 우리는 기업문화를 매우 중요시합니다.	我们重视企业文化 우리는 기업문화를 중시한다
14	未来电视购物的商业生态会寻求多种形式的合作。 미래에 TV 홈쇼핑의 상업생태는 다양한 형식의 합작을 찾을 것입니다.	未来电视购物的商业生态会谋求跨界合作 미래에 TV 홈쇼핑의 상업형태는 크로스오버 합작을 꾀할 것이다
15	电视购物频道，应不断地提高规范程度和服务能力。 TV 홈쇼핑 채널은 끊임없이 규범 정도와 서비스 능력을 향상시켜야 합니다.	电视购物频道要改善服务 TV 홈쇼핑 채널은 서비스를 개선시켜야 한다
16	工作中的设计任务不能完全受自己控制。 일 속에서의 설계 임무는 완전히 자신의 통제를 받을 수는 없습니다.	工作中的设计任务不完全符合自己的意愿 일 속에서의 설계 임무는 자신의 바람에 완전히 부합되지는 않는다

제3부분 보기에서 정답 고르기

● 문제로 출제되었던 견해와 주장 Final_Tip6

사설에 나오는 화자의 견해나 주장의 소재는 한정적이다. 기출문제의 견해 및 주장과 관련된 문장을 접해 어떻게 정답으로 연결되는지를 파악하면 효율적으로 실전문제에 대비할 수 있다. 견해 및 주장의 내용은 반드시 해석해서 읽어야 비슷한 맥락의 글이 들린다는 것을 유념해야 한다. 또한 자주 나오는 소재가 비슷하니 어떤 내용에 대한 글인지도 파악해 두어야 한다.

	견해 및 주장의 내용	정답 내용
1	家长应该多鼓励孩子帮助同学，为集体服务，让他们觉得自己是一个有用的人，从而获得真正的快乐。 가장은 아이들이 친구를 돕고 단체를 위해 봉사하는 것을 격려해서 그들이 스스로를 쓸모 있는 사람이라 여겨 진정한 즐거움을 얻게 해주어야 한다.	鼓励孩子帮助同学 아이가 친구를 돕도록 격려해라
2	我们一定要慎重考虑，看自己是否真的需要这个东西或这项服务，以免花冤枉钱。 우리는 쓸데없이 돈을 쓰는 것을 막기 위해 반드시 자신이 진짜 이 물건 혹은 이런 서비스를 필요로 하는지 신중하게 고려해야 한다.	考虑自身需求 자신이 필요로 하는 것을 고려해라
3	我们要“活到老，学到老”。不断学习，以丰富自己的知识储备，这样就无需惧怕知识折旧了。 우리는 '죽을 때까지 배워야' 한다. 자신의 지식 비축을 풍부하게 하기 위해 끊임없이 공부해야 지식이 끊길까 걱정할 필요가 없다.	学无止境 배움에는 끝이 없다

4	我们在与人交流时，也要注意自己的言行。 우리는 사람들과 교류할 때 자신의 언행을 주의해야 한다.	注意自己的言行 자신의 언행을 주의해라
5	有时候，最好的方式可能是宽容甚至“放任”他的错误。 어떤 때, 가장 좋은 방식은 아마도 너그럽게 용서하고 심지어 타인의 잘못을 '방임'하는 것일 것이다.	惩罚无益解决问题 벌을 주는 것은 문제를 해결하는 데 도움이 되지 않는다
6	与其熟人遍天下，不如交几个真正的朋友。 잘 아는 사람이 온 천지인 것은 몇 사람의 진정한 친구를 사귀는 것만 못하다.	要交真正的朋友 진정한 친구를 사귀어야 한다
7	想要取得事业的成功，一定要有充分的幽默感及乐观的态度。 일에서의 성공을 얻고 싶으면 반드시 충분한 유머감각과 낙관적인 태도가 있어야 한다.	要有积极乐观的态度 적극적이고 낙관적인 태도를 지녀야 한다
8	当人们的行动有明确的目标，并且清楚地知道自己的行进速度与目标相距的距离时，人就会自觉地客服一切困难，努力达到目标。 사람들의 행동에 명확한 목표가 있고, 자신의 진행 속도와 목표간의 거리를 분명하게 알 때, 사람은 자각하여 일체의 어려움을 극복하고, 노력해서 목표에 도달하게 된다.	行动要有明确目标 행동에는 명확한 목표가 있어야 한다
9	很多事情不能等，因为谁都无法预测未来。 누구도 미래를 예측할 방법이 없기 때문에 많은 일들을 기다릴 수 없다.	立即行动 즉시 행동해야 한다
10	我们的眼睛一定要努力搜寻目标，然后向着目标前进。 우리의 눈은 반드시 노력해서 목표를 찾고, 그런 다음에 목표를 향해 전진해야 한다.	人要有目标 사람은 목표가 있어야 한다

듣기 영역 실전 문제 Final_듣기영역_실전

▶ 정답 및 해설 p.42

第一部分

第1-10题：请选出与所听内容一致的一项。

1. A 中年人易得脑血管疾病
   B 体力劳动后不宜用冷水洗头
   C 高强度劳动有助于减肥
   D 睡姿不正确会压迫神经

2. A 要养成良好的习惯
   B 孩子的世界更自由
   C 要拥有乐观的心态
   D 成人的生存压力大

3. A 空气加湿器作用大
   B 冬季要多开窗通风
   C 要合理安排室内布局
   D 水生花草可调节室内湿度

4. A 妈妈很严厉
   B 儿子撒谎了
   C 儿子打碎了两个盘子
   D 儿子把碎片藏起来了

5. A 婴儿的注意力易分散
   B 艺术天赋会遗传
   C 两岁是学习语言的关键期
   D 双语环境利于儿童认知发育

6. A 要把握好时机
   B 不要被经验束缚
   C 做事要掌握好分寸
   D 智慧多源于对经验的总结

7. A 学无止境
   B 学习是自己的事
   C 学习不能三心二意
   D “举一反三”是一种学习能力

8. A 张家界因山多而闻名
   B 张家界地势平缓
   C 天门山盘山公路弯道多
   D 天门山盘山公路海拔100米

9. A 要学会减压
   B 知足者常乐
   C 做事不要太冲动
   D 做事要集中注意力

10. A 夜间不宜喝咖啡
    B 能量饮料中的咖啡因极少
    C 过多饮用能量饮料对健康不利
    D 剧烈运动会导致血压升高

第二部分

第11-20题：请选出正确答案。

11. A 有利于文物保护
B 解决部分人的就业问题
C 加速货币的流通
D 增加财政收入

12. A 特别规范
B 供不应求
C 缺乏活力
D 潜力很大

13. A 正当竞争
B 摆脱技巧的束缚
C 敢于投资
D 提升个人的鉴赏能力

14. A 免费指导
B 邀请了资深顾问
C 学员很少
D 经营不善

15. A 文物鉴赏理论高于实践
B 文物保护现状不容乐观
C 男的以前是位学者
D 男的出版了鉴赏教材

16. A 体能下降
B 追求简单
C 为自己骄傲
D 有很大的上升空间

17. A 激励
B 安慰
C 指导
D 引以为戒

18. A 不宜经常参加
B 并非奋斗的终点
C 跟其他比赛一样
D 是年轻人的天下

19. A 家人的关爱
B 一种成就感
C 努力后的回报
D 成功时的喜悦

20. A 已经退役了
B 是网球新人
C 不止一次参加奥运会
D 不让父母去伦敦看他比赛

第三部分

第21-32题：请选出正确答案。

21. A 给刘完素治病
B 安抚患者情绪
C 在当地开药店
D 研制新的药品

22. A 怕丢面子
B 不信任对方
C 病情不严重
D 已找到治疗方法

23. A 要广泛交友
B 待人要宽容
C 对自己不要过于苛刻
D 要虚心向他人学习

24. A 个人信息泄露
B 责任感降低
C 购买欲望增强
D 产生优越感

25. A 陷入沉思状态
B 感到疲惫
C 注意力不集中
D 自我意识加强

26. A 明确会员权限
B 确保地址准确
C 考虑自身需求
D 牢记卡号

27. A 受温室效应影响程度不一
B 降水量不一样
C 洋流类型差异大
D 海陆分布不同

28. A 大气层稀薄
B 冰山融化比北极严重
C 极夜期较长
D 海拔比北极低

29. A 北极平均温度高于南极
B 南极有许多珍稀矿产资源
C 北极生物种类更多
D 极地地区臭氧层保护较好

30. A 婴儿
B 老人
C 双胞胎
D 头发长的

31. A 面临淘汰
B 识别率低
C 应用范围广
D 不受年龄变化影响

32. A 如何提高防伪技术
B 高新科技带来的便利
C 人脸识别系统的局限性
D 人脸识别系统的工作原理

HSK

6급

독해 阅读

제 1 부분 틀린 문장 찾기

- **유형별 전략** – 예제 풀이 + 실전 문제
- **부분별 전략** – 실전 문제

제 2 부분 빈칸에 알맞은 어휘 채우기

- **유형별 전략** – 예제 풀이 + 실전 문제
- **부분별 전략** – 실전 문제

제 3 부분 문맥에 맞는 답 고르기

- **유형별 전략** – 예제 풀이 + 실전 문제
- **부분별 전략** – 실전 문제

제 4 부분 질문을 읽고 질문에 답하기

- **유형별 전략** – 예제 풀이 + 실전 문제
- **부분별 전략** – 실전 문제

Final 전략 & Test

독해 제1부분

틀린 문장 찾기

● 문제유형

독해 제1부분은 총 10문항이다. 네 개의 보기 중 틀린 문장 즉, 오용이 있는 문장을 찾아야 한다.

● 출제경향

① 어휘 오용(잘못 쓰인 어휘 찾기)

'把/被/使자문' 및 접속사 그리고 기타 어휘 등이 잘못 쓰인 것을 찾아야 한다. '把/被/使자문'의 경우에는 각각의 구문 특징을 정확하게 파악하고 있어야 한다. 접속사의 경우는 주로 호응하는 어휘가 잘못 되었거나 관계가 잘못된 경우가 많고, 기타 어휘는 특징이 있는 어휘들이 그 특징을 무시하고 쓰인 경우이거나 비슷해 보이는 어휘를 잘못 쓴 경우가 대부분이다.

② 남용(의미가 중복되었거나 쓸데없이 첨가한 어휘 찾기)

의미가 중복되는 어휘를 둘 다 쓴 경우나, 이미 필요한 성분이 다 존재하기 때문에 더 이상의 성분이 필요치 않으나 굳이 집어 넣은 경우가 출제된다.

③ 어순 오용(어법적으로 어휘 또는 구문의 위치가 잘못된 것 찾기)

문장의 기본어순(주어 + 술어 + 목적어)이나 부사어(부사 + 조동사 + 전치사구), 관형어의 어순을 파악해야 하는 문제가 많이 출제된다.

④ 성분 결여(있어야 할 성분이나 어휘 빠진 문장 찾기)

성분으로는 주로 주어나 술어로 쓰인 '是'가 빠진 경우가 많고, 어휘로는 전치사 '在', 조사 '的'가 빠진 경우가 많다.

⑤ 논리적 오류(말이 되지 않는 문장 찾기)

'防止(방지하다)'라는 어휘 뒤에는 방지해야 할 나쁜 내용이 와야 하는데 좋은 내용이 온 경우나, 한 문장에서 '一定(반드시)' 같이 100% 확신을 나타내는 어휘와 '估计(예측하다)' 같이 확신하지 못하는 추측의 의미의 어휘를 함께 써서 두 어휘가 모순이 되는 경우가 많다.

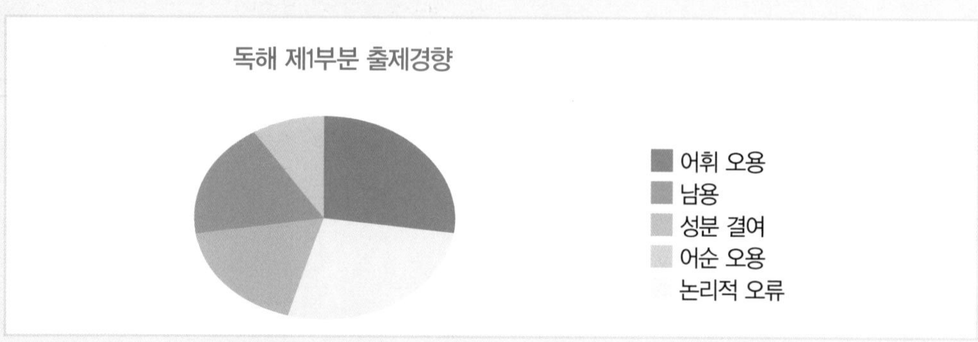

● 문제 접근 전략

시험지

51. A 机会总是留给有准备的人，有准备才能及时抓住机会。
B 他选择了自己喜欢的职业，并成为了这个领域中的专家。
C 据鉴定，这幅画出自著名画家齐白石之手，有着极高的收藏价值。
D "地球村"之所以能成为现实，主要出于互联网技术的迅猛发展。

① 눈에 띄는 접속사나 6급 학습을 하면서 특징이 있었던 어휘를 먼저 주목한다.

A에서는 '才'의 특성에 따라 앞의 내용이 '필요 조건'이고 뒤의 내용이 그에 따른 '결과'임을 확인해본다. '준비가 있어야 기회를 잡을 수 있다'는 내용으로 문제가 없음을 확인한다.

B에서는 '成为'의 특성에 따라 뒤의 목적어가 명사(구)이고 될 수 있는 대상인지를 확인해본다. '전문가가 되었다'이므로 문제가 없음을 확인한다.

C에서는 '出自'의 특성에 따라 뒤의 내용이 앞의 출처임을 파악해야 한다. 그림이 제백석의 손에서 나왔다는 것으로 문제가 없음을 확인한다.

D에서는 '之所以'가 있으므로 이어지는 절에 호응하는 어휘인 '是因为'가 있는지 확인하거나, '出于'의 특성에 따라 뒤의 내용이 앞의 내용의 출처임을 파악해야 한다. 지구촌이 현실화 된 이유를 인터넷의 발전으로 꼽았으므로 '主要' 이후의 내용은 '원인'이지 출처가 아니므로 '出于'가 적합하지 않은 어휘임을 알 수 있고, '之所以'와 호응하는 어휘는 '是因为'이므로 D가 틀린 문장임을 알 수 있다.

② 어휘에 문제가 없으면 문장 성분을 확인한다.

어휘에 문제가 없는 경우 '주어 + 술어 + 목적어'만 나누어도 겹친 성분(남용)이나 없는 성분(결여)를 파악할 수 있다.

③ 기본적인 문장 성분에 문제가 없다면 수식어의 사용이나 어순을 확인한다.

부사어가 '술어 앞'에 위치하고, 관형어가 '명사 앞'에 위치하는 것은 기본이다. 이런 기본적인 어순이 잘못되었다면 바로 정답으로 고르면 된다.

④ 해석으로 찾으려고 하지 마라.

원어민 수준의 중국어 구사능력을 가진 자가 아니라면 해석을 하거나 읽는 것은 크게 도움되지 않는다. 본인이 해석이 안 되거나 모르면 정답으로 간주해버리기 때문에 오히려 오용 범위만 넓어지고 실력은 늘지 않게 된다.

⑤ 틀린 정답들을 기억해라.

정답만 계속해서 복습해도 어떤 유형이 주로 틀리는지 감을 잡기 쉽다. 독해 제1부분은 푼 문제는 정답만 정리해 자주 확인해주는 것이 좋다.

유형별 전략 01

어휘의 오용 - ① 접속사 ② 기타 어휘

1. 접속사 오용

① 호응하는 어휘는 달달 외워라!

시험은 시간 싸움이다. 호응하는 것을 떠올리려다가 시간 안배에 실패한다. 반드시 호응하는 어휘들은 확실하게 암기해 두어야 시간이 지체되지 않는다.

② 관계를 파악해라!

보통 접속사를 뜻으로만 암기하는 경우가 많은데 그렇게 해서는 독해 제1부분의 오용을 찾기 어렵다. 앞뒤의 관계를 정확하게 파악해야 오용을 찾아내기 쉽다.

● **주요 빈출 접속사**

접속사	관계	설명
不但/不仅 A 而且 B A할 뿐만 아니라, 게다가 B하다	순접관계	A와 B는 같은 분위기를 나타내는 내용이어야 한다.
虽然 A 但是 B 비록 A하지만, B하다	역접관계	A와 B는 상반되거나 전환되는 내용이어야 한다.
因为 A 所以 B (= 之所以 B 是因为 A) A 때문에 (그래서) B하다	인과관계	A가 원인, B가 결과여야 한다.
只有 A 才 B A해야만 (비로소) B하다	조건관계	A라는 조건이 되어야만 B가 가능한 내용이어야 한다.
只要 A 就 B A를 하기만 하면 바로 B하다		A의 조건이 충족되면 바로 B의 결과가 나오는 내용이어야 한다.
如果 A 那么 B 만약에 A한다면, 그러면 B하다	가정관계	A라는 가정에 따라 B의 결과가 바뀌는 내용이어야 한다.
A 要不然 B A해라, 그렇지 않으면 B하다		앞의 내용을 하지 않았을 경우 생기는 가정의 상황을 뒤에 쓴다. 여기에서 B는 주로 부정적인 내용이다.
不是 A 而是 B A가 아니라 B이다	선택관계	중요한 것은 B임을 강조해야 한다. 변형형태인 '不在乎 A 而在乎 B'도 A를 중시하는 것이 아니라 B를 중시한다.
(只)是 A 而不是 B (단지) A이지, B가 아니다		'不是 A 而是 B'의 변형으로 먼저 인정하는 A를 설명하고 뒤에서 B를 부정한 경우이다.
A 或者 B A 또는 B		A와 B 둘 중 하나를 가리킨다.

③ 변형된 접속사를 주의해라!

기본 형태의 접속사만 나오는 것이 아니라 변형된 접속사도 자주 출현하므로 응용된 접속사도 함께 파악해 두어야 한다.

2. 기타 어휘의 오용 (동사/명사/형용사/성어 등)

① '搭配(조합 어휘)'를 암기해라!

어휘를 조합으로 외우는 것은 중국어 공부의 기본이다. 만약 암기했던 조합 어휘가 아닌 다른 어휘와 조합되어 있으면 틀렸을 가능성이 높다는 것에 주의해야 한다.

● 빈출 조합의 예

잘못된 조합	올바른 조합	이유
恢复病	→ 恢复健康 건강을 회복하다	'病(병)'을 회복할 수 없다.
实习了经验	→ 有经验 경험이 있다	'实习经验'은 동목 구조로는 사용할 수 없다.
申请功能	→ 有功能 기능이 있다	'功能(기능)'은 '有(있다)' 또는 '没有(없다)'로 표현해야 한다.
平均分布	→ 均匀分布 고르게 분포하다	'平均(평균)'은 '分布(분포하다)'와 쓰이지 않는다.
做作用	→ 发挥作用 작용을 발휘하다	'作用(작용)'은 '有(있다)', '起(일으키다)', '发挥(발휘하다)'와 호응한다.
凝聚人	→ 吸引人 사람을 끌어들이다	'凝聚(응집하다)'는 사람과 호응하지 않으며, 주로 '力量(힘)'과 호응한다.
随着很多人度过童年	→ 伴随着很多人度过童年 여러 사람을 동반해 어린시절을 보내다	전치사 '随着(따라서)'는 사람과 호응하지 않으며, 주로 '发展(발전)', '提高(향상되다)'와 호응한다.
提高知识	→ 丰富知识 지식을 풍부하게 하다	'提高(향상시키다)'는 '知识(지식)'와 호응하지 않으며, 정도나 수준을 나타내는 어휘와 호응한다.

② 특징을 암기해라!

비슷하지만 구별해서 써야 하는 어휘는 뜻만 외워서는 실전에서 구분하기 어렵다. 따라서 특징까지 잘 파악해 두어야 빠르게 어휘의 오용을 찾아낼 수 있다.

● 주요 빈출 구별어

治疗 zhìliáo (질병을) 치료하다	治疗疾病 질병을 치료하다
治理 zhìlǐ (나라를) 다스리다	治理国家 국가를 다스리다

功劳 gōngláo (사람이 세운) 공로, 업적	表彰他生前的功劳 그의 생전 공로를 치하하다
功能 gōngnéng (사물·인체가 발휘하는) 기능	消化器官的功能 소화기관의 기능

实现 shíxiàn 실현시키다 [현실이 됨]	实现理想 이상을 실현시키다
再现 zàixiàn 재현하다 [다시 보여줌]	再现辉煌历史 찬란한 역사를 재현하다

吸引 xīyǐn (사람을) 매료시키다	吸引参观者 참관자를 매료시키다
凝聚 níngjù (힘을) 응집시키다	凝聚大家的力量 모두의 힘을 응집시키다

通过 tōngguò (매개체를) 통하다	通过显微镜观察 현미경을 통해 관찰하다
经过 jīngguò (과정을) 거치다	经过培训得到 훈련을 거쳐 얻다

构成 (요소·색채·형태를 조화롭게) 구성하다 gòuchéng	由两种色彩构成 두 가지 색깔로 구성하다
组织 (여러 개체를 하나의 집단으로) 조직하다 zǔzhī	创业者要有组织能力 창업자는 조직능력이 있어야 한다

流传 liúchuán (소문·정보 따위가) 전해지다	这个故事流传很广 이 이야기는 널리 전해졌다
遗传 yíchuán (성격·체질 따위가) 유전되다	这种病不会遗传 이런 병은 유전되지 않는다

分清 fēnqīng 분명하게 하다 [+ 목적어를]	分清主次 주와 부를 분명하게 하다
分明 fēnmíng [주어가 +] 분명하다	四季分明 사계가 분명하다

书籍 shūjí 서적 [권 수를 셀 수 없음]	买技术书籍 기술서적을 사다
书 shū 책 [권 수를 셀 수 있음]	买三本书 세 권의 책을 사다

领地 lǐngdì 영지 [영토, 땅]	占据领地 영토를 점거하다
领域 lǐngyù 영역 [분야, 방면]	艺术领域 예술영역

外部 wàibù 외부	外部因素 외부요소
外向 wàixiàng (성격이) 외향적이다	性格外向 성격이 외향적이다

滔滔不绝 tāotāo bùjué (말이) 끊이지 않다	滔滔不绝地说 끊임없이 말하다
川流不息 (차나 사람의 행렬이) 끊이지 않다 chuānliú bùxī	行人川流不息 행인이 끊임없이 오가다

❸ 어휘 환경을 파악해라!

'搭配'만큼이나 중요한 것이 주변 환경이다. 어떤 내용, 어떤 어휘들과 함께 자주 출현하는지를 잘 봐두어야 한다. 문장 전체까지는 아니어도 어휘가 들어간 구문자체를 암기하는 것도 좋은 방법이다.

● 자주 함께 쓰이는 어휘

중점 어휘	문장 환경 상 함께 잘 쓰이는 어휘
流传 liúchuán 전해지다	중점 어휘로 이야기나 말 따위가 전해진다는 뜻으로 '广(널리)'이라는 어휘와 함께 자주 쓰인다. 예 流传很广 = 广为流传 = 流传广泛 널리 전해지다
吉祥 jíxiáng 길하다	① 길한 것을 가장 많이 찾는 때는 명절이기 때문에 문장 주변에 명절과 관련된 어휘가 있는 경우 눈여겨 보아야 한다. 예 传统节日 전통명절(春节 설, 端午节 단오절 등) ② 신년이나 명절에는 길한 상징이 되는 물건이나 동물 등을 많이 언급하므로 '象征(상징)'과도 자주 함께 쓰인다.
举足轻重 영향력이 크다 jǔzú qīngzhòng	중점 성어로 어떤 사람의 지위를 나타낼 때 자주 함께 쓰인다. 예 占有举足轻重的地位 영향력이 큰 지위를 차지하다

독해

제1부분

예제 1

A 机会总是留给有准备的人，有准备才能及时抓住机会。 B 他选择了自己喜欢的职业，并成为了这个领域中的专家。 C 据鉴定，这幅画出自著名画家齐白石之手，有着极高的收藏价值。 D “地球村”之所以能成为现实，主要出于互联网技术的迅猛发展。	A 기회는 늘 준비된 사람에게 남겨지고, 준비가 있어야 비로소 제때에 기회를 잡을 수 있다. B 그는 자신이 좋아하는 직업을 선택했고 아울러 이 영역의 전문가가 되었다. C 검증에 따르면, 이 그림은 유명한 화가 제백가의 손을 탄 것이고, 높은 소장가치를 가지고 있다. D '지구촌'이 현실이 될 수 있었던 것은 주로 인터넷 기술의 빠른 발전 때문이다.

해설 1. D의 '出于' 뒤에는 출처가 나와야 한다.
예 他批评你，是出于善意。 그가 너를 비판하는 것은 선의에서 나온 거야.
2. 인터넷 기술의 발전은 지구촌이 현실이 될 수 있었던 원인이지 출처가 아니다.
3. '之所以'는 '是因为'와 호응한다.

Point “地球村”之所以能成为现实，主要出于互联网技术的迅猛发展。 (X)
→ “地球村”之所以能成为现实，主要是因为互联网技术的迅猛发展。 (O)

정답 D

예제 2

A 梯田的通风透光条件较好，有利于作物的生长。 B 五彩缤纷的烟火在夜空中组织了一幅美妙无比的图案。 C 灰黑色的鸬鹚整齐地站在船舷上，像列队的士兵在等待命令。 D “西湖醋鱼”是杭州传统名菜，鱼肉鲜美，味道酸甜，别具特色。	A 계단식 밭은 통풍과 투광조건이 비교적 좋아서 농작물의 생장에 유리하다. B 오색찬란한 불꽃이 밤하늘에 한 폭의 아름다운 그림을 만들었다. C 검회색의 가마우지가 뱃전 위에 가지런히 서 있는 것은 대열을 지은 병사들이 명령을 기다리는 것 같다. D '시호 초생선'은 항저우 전통요리로 살이 신선하고 맛이 좋고 시고 달아서 특색 있다.

해설 1. B의 '组织(조직하다)'는 '(여러 개체를 하나의 집단으로) 만든다'는 뜻이다.
2. '组织'는 HSK 시험에서 주로 사람을 모아 팀을 구성한다는 뜻으로 쓰인다.
3. '烟火(불꽃)'는 무언가를 조직할 수 있는 주체가 될 수 없다. '烟火(불꽃)'들이 하나의 '图案(그림)'으로 색채나 형태가 아름답게 조성된 것이므로 '构成(구성하다)'으로 고치는 것이 맞다.

Point 五彩缤纷的烟火在夜空中组织了一幅美妙无比的图案。 (X)
→ 五彩缤纷的烟火在夜空中构成了一幅美妙无比的图案。 (O)

정답 B

실전 문제

▶ 정답 및 해설 p.57

☺ 접속사 및 빈출어휘, ('주 + 술 + 목'의) 명사, 동사 순으로 확인하는 것이 좋다. (각 문제당 1분 안배)

문제 1
A 梨羹是老北京常见的冬日小食，具有润肺化痰、生津止咳之功效。
B 影响一个人快乐的，有时并不是困境或磨难，而是一个人的心态。
C 有人说："有两种东西，即便失去才知道可贵：一是青春，一是健康。"
D 碱性电池与普通干电池相比，具有耐用、储存寿命长、不易腐蚀等优点。

문제 2
A 穿衣服不必一味追求名牌，但一定要注意搭配。
B 美酒配佳肴，古来有之，酒是节日餐桌上的必备品。
C 这是我同事小李的女儿，不仅年纪小，而且非常懂事。
D 这场雨断断续续一直下到第二天上午9点左右才停止。

문제 3
A 满载旅客的列车飞一般地驶向偏远的山区小站。
B 所谓亚健康状态，是指介于健康与疾病之间的状态。
C 经过显微镜，我们可以清楚地看到肉眼看不见的微生物。
D 喜帖，是即将结婚的新人所印制的邀请函，又称为喜柬。

문제 4
A 人生重要的不是所站的位置，而是所朝的方向。
B 秦始皇陵兵马俑凝聚了世界各地慕名而来的参观者。
C 既然你这么在乎这次机会，那就应该尽全力做好准备。
D 说到河南，有一个地方不能不提，那就是"七朝古都"开封。

문제 5
A 名著是经时间筛选而留下的硕果，是古今中外文化的精华。
B 敬业不应被看做是一种境界，而应是从业者必备的基本素质。
C 对不起，您拨打的用户暂时无法接听，将为您转接至语音信箱。
D《古文观止》自问世以来，广为遗传，至今仍不失为一部有价值的选本。

유형별 전략 02

'把/被/使/在'의 오용 - 틀린 구문을 찾아라!

❶ 문장에 '把 / 被 / 使 / 在'가 있는지 제일 먼저 확인해라!

'把 / 被 / 使 / 在' 구문은 HSK 시험에서 자주 출현하는 구문으로 문제로 연결되는 경우가 많다. 이 구문은 해당 글자가 있는지 없는지 파악하기도 쉽기 때문에 먼저 정리하는 습관을 기르자.

❷ 형식과 특징을 정확하게 습득해라!

'把 / 被 / 使 / 在' 구문은 해석으로는 오용을 찾기가 쉽지가 않다. 형식과 특징을 정확하게 습득해야 잘못된 문장을 찾고, 또한 다른 영역에서도 쉽게 활용할 수 있다.

❸ '把 / 被 / 使 / 在' 구문은 강조되는 대상과 내용을 이해해라!

특수구문은 강조하고자 하는 대상이나 내용이 명확하다. 그 대상만 정확하게 파악해도 오용을 찾기 쉽다.

● '把 / 被 / 使 / 在' 구문의 형식과 특징

把자문 (= 将)	형식	주어 + 把 A + 동사 + 기타성분(조사/보어)
	특징	① 주어는 동사의 주체여야 하고 주로 사람이다. ② 대상의 처리방식(동사)을 강조한다. ③ 동사는 처리방식을 설명하기 때문에 동사 '成为(되다)'는 쓸 수 없다. ④ 일반적으로 부사와 조동사는 '把' 앞에 위치해야 한다.
	예	我们把挫折作为垫脚石。 우리는 좌절을 디딤돌로 삼았다.
被자문	형식	주어 + 被 (A) + (所) 동사 + 기타성분(조사/보어)
	특징	① 주어는 동사를 당하는 대상(동사의 피해자)이다. ② 당하는 대상(주어)을 강조한다. ③ A는 동사의 주체(가해자)로 생략 가능하다. ④ 동사 앞에 '所'를 쓸 수 있다. (주로 기타성분이 없는 경우) ⑤ 일반적으로 부사와 조동사는 '被' 앞에 위치해야 한다.
	예	人不应当被情绪所支配。 사람은 정서에 의해 지배 당해서는 안 된다.
使자문 (= 让자문)	형식	주어 + 使 A + 동사/형용사
	특징	① 주어는 사역동사(使) 이후의 내용을 진행시키는 주체이다. ② A는 동사/형용사의 주체이다.
	예	照明光使候鸟迷失方向。 조명 빛은 철새가 방향을 잃게 만든다.
在구문 ① (진행)	형식	在 + 동사구 ('在'는 부사로서 진행을 나타냄)
	특징	진행을 나타내는 '在' 구문에는 '了'를 쓰지 않는다.
	예	学生们在学游泳呢。 학생들은 수영을 배우고 있는 중이다.

在구문 ② (장소)	형식	在 + 장소/시간 어휘 在 + 일반명사 + 上/中/下/里/前/后/方面/时
	특징	'在' 뒤에 장소/시간 어휘가 아니라 일반명사가 온다면 반드시 '在 + 일반명사 + 上/中/下/里/前/后/方面/时' 형식을 취해야 한다.
	예	在中国的民歌中，陕北民歌有独特的地位。 중국의 민요 중에 산베이 민요는 특별한 지위를 가지고 있다.

예

'把'자문이 잘못 쓰인 문장

1. 我们应该把过去的挫折成为今天的垫脚石。 (X)
2. 我们把过去的挫折应该作为今天的垫脚石。 (X)
3. 过去的挫折应该把我们作为今天的垫脚石。 (X)

→ 我们应该把过去的挫折作为今天的垫脚石。 (O)

해석 우리는 마땅히 과거의 좌절을 오늘의 디딤돌로 삼아야 한다.

Point 1. '把'자문은 처리의 방식을 강조하므로 '成为(되다)'를 술어로 쓸 수 없다.
2. '把'는 전치사이므로 조동사는 '把' 앞에 와야 한다.
3. '把'자문의 주어는 일반적으로 동작을 진행할 수 있는 사람이나 동물이다.

예제 1

A 成语"东山再起"常用来形容一个人退隐后再度出任要职，也比喻失势后重新得势。 B 黄鹤楼始建于公元223年，最初是用做军事望楼，后来才成为人们登高揽胜的地方。 C 制作一把精美的小提琴，木料的选择很关键。匠人们在选择木料时，非常在意树木的年轮。 D 鸟类在迁徙期最容易受人工光源的干扰。它们原本是以星星定向的，城市的照明光却常常被它们迷失方向。	A 성어 '东山再起(동산에서 재기하다)'는 사람이 은퇴한 후 재차 요직을 맡게 된 것을 묘사하는 데 자주 쓰이며, 세력을 잃은 후에 새로이 세력을 얻은 것을 비유하기도 한다. B 황학루는 서기 223년에 지어졌고, 처음에는 군사들이 망을 보는 망루로 썼지만, 나중에서야 사람들이 높은 곳에 올라 주변을 감상하는 곳이 되었다. C 하나의 정교한 바이올린을 제작하는 것은 나무 재료의 선택이 관건이다. 장인들은 나무 재료를 고를 때, 나무의 나이테를 매우 중요시 한다. D 조류는 이동시기에 인공적인 불빛에 간섭을 받기 가장 쉽다. 그들은 본래 별로써 방향을 정하는데, 도시의 조명광은 자주 철새가 길을 잃게 만든다.

해설 1. D의 '照明光(조명광)'은 '迷失方向(길을 잃다)'을 당하는 대상이 아니므로 피동(被)문이 아니다.
2. '迷失方向(길을 잃다)'의 주체가 '候鸟(철새)'이므로 사역(使)문이어야 한다.

Point 城市的照明光常常被候鸟迷失方向。 (X)
→ 城市的照明光常常使候鸟迷失方向。 (O)

정답 D

예제 2

A 有些电脑设计得很小巧，甚至可以放给一个很薄的文件袋里。 B 快乐有助于长寿，有助于增加食欲，有助于提高工作效率。 C 草原上的天气变幻莫测，刚刚还是晴空万里，转眼间便乌云密布了。 D 重新认识农业，开拓农业新的领域，已成为当今世界农业发展的新趋势。	A 어떤 컴퓨터는 작고 깜찍하게 설계되어 있는데 심지어 얇은 서류봉투 안에 넣을 수 있다. B 즐거움은 장수에 도움이 되고, 식욕증가에도 도움이 되고, 일 효율을 높이는 데에도 도움이 된다. C 초원 위의 날씨는 변화무상하고, 방금 구름 한 점 없이 맑았던 하늘이 한 순간에 먹구름으로 덮인다. D 농업을 새로이 인식하고, 농업의 새로운 영역을 개척하는 것은 이미 현 세계의 농업발전의 새로운 추세가 되었다.

해설 1. A의 '文件袋(서류봉투)' 뒤에 '里(안)'라는 방위사가 붙어 장소 어휘가 되었다.
2. 목적어가 장소 어휘이고 이는 컴퓨터가 넣어져 존재하는 장소이지, 컴퓨터를 얻는 대상이 아니기 때문에 보어는 '给'가 아니라 장소와 결합하는 '在'여야 한다.

Point 有些电脑设计得很小巧，甚至可以放给一个很薄的文件袋里。 (X)
→ 有些电脑设计得很小巧，甚至可以放在一个很薄的文件袋里。 (O)

정답 A

실전 문제

▶ 정답 및 해설 p.59

☺ '把 / 被 / 使 / 在'가 있는 문장부터 확인하는 것이 좋다. (각 문제당 1분 안배)

문제 1 A 光线太强或太弱，都容易使眼睛感到疲劳。
B 中国人被松树看作吉祥如意的象征。
C 一般情况下，敬酒一 定要充分考虑好敬酒的顺序，分清主次。
D 世界上没有完全相同的两片树叶，更没有完全相同的两个人。

문제 2 A 针对这一突发事件，公司及时采取了应对措施。
B 人要学会控制自己的欲望，而不应当把欲望所支配。
C 空气、水、能源和土地，是人类赖以生存的基本要素。
D 他对昆虫进行了长达30年的观察，揭开了昆虫世界的许多奥秘。

문제 3 A 批评孩子时，要注意别伤了孩子的自尊心。
B 快9点半了，我怕耽误他休息，便起身告辞。
C 这家银行目前在全球76个国家1300万客户提供服务。
D 他们看到了这个尚待开发的市场中所蕴藏的巨大商机。

문제 4 A 树木不但能提供氧气，而且是造纸的原料。
B 桔子、苹果、香蕉等水果含有丰富的维生素。
C 电影的发明，让人们第一次可以真实地再现活动的生活场景。
D 长期从事一种工作会让人感到无聊，而无聊会把身体感到疲惫。

문제 5 A 作为一种新兴的旅游休闲形式，让农家乐取得了较好的经济效益。
B 创造人的是自然，而启迪和教育人的却是社会。
C 国家大剧院的“蛋壳”形屋顶最大跨度为212米。
D 这部作品结构严谨、语言优美，达到了古典小说的高峰。

유형별 전략 03

남용을 찾아라! - ① 의미 중복 ② 성분 남용

1. 의미 중복

① 수식하는 부사가 여러 개라면 무조건 의심해라!

가장 찾기 쉬운 의미 중복은 부사의 남용이다. 부사 남용은 같은 의미의 어휘를 연이어 쓴 경우이기 때문에 부사가 여러 개 쓰였거나 같은 의미의 어휘가 여러 번 쓰였는지 확인하는 것이 좋다.

● 의미가 중복되는 어휘들

就是即	'就是(바로 ~이다)'는 '即'와 같은 의미이기 때문에 둘 중 하나만 써야 한다.
仿佛像	'仿佛(마치 ~같다)'는 '像'과 같은 의미이기 때문에 둘 중 하나만 써야 한다. TIP 仿佛 = 像 = 犹如 = 如同 = 好比
不禁忍不住	'不禁(참지 못하다)'은 '忍不住'와 같은 의미이기 때문에 둘 중 하나만 써야 한다.
已经很久以前	'已经(이미)'과 '很久以前(오래 전에)'은 이미 지난 것을 설명한다는 것에서 의미가 같기 때문에 둘 중 하나만 써야 한다.

② 중첩된 어휘를 확인해라!

형용사, 동사, 양사의 중첩 앞에 의미가 중복되는 성분이 오는 경우가 있으므로 확인해 두자.

● 중첩이 오용된 경우

형용사 중첩	형용사의 의미를 이미 강조한 상태이기 때문에 '很/非常(매우)' 등의 정도부사와 함께 쓰면 의미가 중복된다. 예 很老老实实 매우 정직하다 → 很老实 / 老老实实
동사 중첩	짧은 시간 동안의 행위 시도를 나타내므로 같은 의미를 나타내는 '一下'를 함께 쓰면 의미가 중복된다. 예 商量商量一下 상의 좀 해보다 → 商量一下 / 商量商量
양사 중첩	양사를 중첩하면 '모든'의 뜻을 더하기 때문에 '每'를 함께 쓰면 의미가 중복된다. 예 每家家公司 모든 회사 → 每家公司 / 家家公司

③ 의미가 중복되는 빈출 유형을 습득하자!

독해 제1부분은 기출문제가 재출제되는 확률이 높지는 않으나 어휘나 유형은 계속 반복 출제되기 때문에 빈출 유형을 파악해 두면 의미가 중복된 부분을 쉽게 찾아낼 수 있다.

● 의미가 중복되는 패턴

동사 + 得一尘不染干净	'一尘不染(먼지 하나 없다)'은 '干净(깨끗하다)'과 의미상 같다. 예 깨끗이 닦았다 → 擦得一尘不染 / 擦得干净

该个 + 명사	'该(= 这个)'는 이미 '个'의 의미를 포함하고 있어 의미가 중복된다. 예 이 국가 → 该国家 / 这个国家
要……重要	'要(~해야 한다)'는 '……重要(~하는 것이 중요하다)'와 의미상 같다. 예 중국어를 배워야 한다 → 要学汉语 / 学汉语重要
형용사 + 得很不得了	'……得很(매우 ~하다)'과 '……得不得了(대단히 ~하다)'는 같은 의미이다. 예 날씨가 매우 덥다 → 天气热得很 / 天气热得不得了
A 原因是因为 B	'A 原因是 B(A한 원인은 B이다)'는 'A 是因为 B(A한 것은 B 때문이다)'와 의미상 같은 내용이다. 예 그가 불합격한 것은 평소에 노력하지 않아서이다. → 他不及格的原因是平时不努力。 / 他不及格是因为平时不努力。

예

要提高情商，须做多方面的努力，其中，要学会分享十分重要。(X)

→ 要提高情商，须做多方面的努力，其中，要学会分享。(O)

要提高情商，须做多方面的努力，其中，学会分享十分重要。(O)

해석 E.Q를 높이려면 다방면의 노력을 해야 하는데, 그 중에서 함께 누릴 줄 아는 것이 매우 중요하다.

Point 1. '要……'와 '……重要'는 같은 의미이다.

2. 의미가 중복되었으므로 남용이고, 둘 중 하나의 패턴만 사용해야 한다.

2. 성분 남용

① 성분을 나누어라!

어렵게 나누는 것이 아닌 주어, 술어, 목적어로만 나누어도 불필요한 성분을 찾기 쉽다. 내용상 필요한 성분을 찾았는데 그 주변에 불필요한 성분이 있다면 오용을 의심해볼 만하다.

예

父母的年纪比我们大，有经验比我们多，他们的想法有他们的道理。

→ 父母的年纪比我们大，(父母的)经验比我们多，他们的想法有他们的道理。

해석 부모님의 나이는 우리보다 많고, 경험도 우리보다 많으니, 그들의 생각에는 그들만의 일리가 있다.

Point 1. 먼저 성분을 나눈다.

父母的年纪(주어1) 比我们(부사어1) 大(술어1)，有 经验(주어2) 比我们(부사어2) 多(술어2)，他们的想法有他们的道理。

2. '年纪'와 '经验'은 모두 주어이고, 둘 다 '父母的'의 수식을 받으려면 명사의 형태를 유지해야 한다.

3. '有'는 어법상 필요 없는 성분이 되어 동사 남용이다.

② 동사에 주목하라!

성분 남용의 유형 중 가장 많은 부분을 차지하는 것은 술어가 남용되는 것이다. 술어는 주로 동사와 형용사이지만 문제로는 주로 동사가 힌트가 되는 경우가 많다. 특히, 실제 시험에서는 '是/有'와 관련된 문제가 많이 출제되었으므로 더 주의하자.

예제

A 吸烟没有安全剂量，每吸一支烟都会有损害健康。 B 一个成年人所表现出来的性格特点，大家都可以在童年找到缘由。 C 乐观的人看见问题后面的机会，悲观的人只看到机会后面的问题。 D 果汁的营养和水果比起来有相当大的差异，一定不要把两者混为一谈。	A 흡연은 안전량이라는 것이 없어 한 개비를 피울 때마다 모두 건강을 해친다. B 성인이 표현해내는 성격 특징은 모두 어린 시절에서 원인을 찾아낼 수 있다. C 낙관적인 사람은 문제 뒤에 있는 기회를 보고, 비관적인 사람은 기회 뒤에 있는 문제를 본다. D 과일주스의 영양은 과일과 비교하면 상당히 큰 차이가 있어 두 개를 절대 하나로 묶어 얘기해서는 안 된다.

해설 1. A에서 술어는 동사 '损害(해 끼치다)'이므로 동사 '有(있다)'는 필요 없는 성분이다.
2. '损害健康(건강을 해치다)'은 중점조합 어휘이므로 암기해 두자.

Point 吸烟没有安全剂量，每吸一支烟 都会 有 损害 健康。 (X)
주어 부사어 술어 목적어

→ 吸烟没有安全剂量，每吸一支烟都会损害健康。 (O)

정답 A

실전 문제

▶ 정답 및 해설 p.61

☺ '주 + 술 + 목'을 나누고, 같은 의미가 중복되거나 성분이 남용된 문장을 찾아보자. (각 문제당 1분 안배)

문제 1 A 企业的竞争归根到底是人才的竞争。
B 他看着手机里的这个短信不禁忍不住笑出声来。
C 每天睡8个小时，意味着一年有120多天在睡觉。
D “君子之交淡如水”，是中国人长期以来推崇的理想的交友境界。

문제 2 A 牛郎织女的爱情故事在中国几乎家喻户晓。
B 分析问题既要全面，又要切中要害，不能“眉毛胡子一把抓”。
C 执行标准并不困难，更难的在于是持之以恒、不找借口、不打折扣。
D 很多时候，学习的最大障碍来自我们已知的部分，而不是未知的部分。

문제 3 A 新春佳节，每个家家户户张贴大红春联，给节日增添了不少欢乐祥和的气氛。
B 依托于电子商务平台，家具行业有了新的营销模式，满足了大批年轻人的购买需求。
C 时间像倒在掌心里的水，无论你摊开还是握紧，它总会从指缝间一点一滴地流淌干净。
D 天然的玛瑙冬暖夏凉，人工合成的则会随外界温度的变化而变化，天热它也热，天凉它也凉。

문제 4 A 黄河东西跨越23个经度，南北相隔10个纬度，流域内地形和地貌变化很大。

B 这个石灰岩洞穴内的钟乳石，质地纯净、形态完美，具有很高的研究价值，应当予以保护。

C 一首好的曲子往往会令我们感动得热泪盈眶，原因之一，就是因为它能勾起我们对往事的回忆。

D 骆驼的驼峰里贮存着脂肪，在缺少食物的时候，这些脂肪能够分解成它所需要的养分，以维持其生存。

문제 5 A 据悉，此次展览将持续至9月23日，是历年来在福州举办的古代文物展中级别最高的。

B 本站将于5月18日22:00至23:30进行网络设备维护，在此期间暂停服务。不便之处，敬请谅解。

C 鼎有三足，可直接置于地面，做饭时将木柴放在腹下燃烧就行。不少鼎出土后，腹下有烟熏火燎的痕迹，就是这个原因。

D 孔子之所以提倡“因材施教”的原因是因为每个人的想法和接受能力都不同，所以，老师应根据学生的特点，有针对性地教学。

유형별 전략 04

어순 오용/성분 결여 - 잘못된 어순과 빠진 성분 찾기!

1. 어순 오용

① 기본구조 '주 + 술 + 목'을 먼저 파악해라!

어법적인 부분의 오용을 찾는 것은 항상 '주 + 술 + 목'이 관건이다. '주 + 술 + 목' 중에서도 핵심어휘만 파악해도 좋다.

예

专家建议，每天佩戴隐形眼镜的时间超过8个小时不宜。 (X)

주어 + 목적어 + 술어

→ 专家建议，每天佩戴隐形眼镜的时间不宜超过8个小时。 (O)

해석 전문가들은 매일 콘택트렌즈를 착용하는 시간이 8시간을 초과하면 좋지 않다고 건의했다.

Point 1. 주어는 '时间(시간)'이고, 술어가 될 수 있는 것은 동사인 '不宜(~에 맞지 않다)'와 동사구인 '超过8个小时(8시간을 초과하다)' 밖에 없다.
2. '不宜'는 동사이기 때문에 뒤에는 뜻에 맞게 '적합하지 않은' 명사나 동사구가 목적어로 와야 한다.
3. 문장 내용상 '超过8个小时(8시간을 초과하다)'가 적합하지 않은 내용이므로 동사구이지만 '不宜'의 목적어로 와야 한다. 즉, '不宜'보다는 뒤에 와야 한다.

② 관형어와 부사어의 어순을 확인해라!

어순 오용 문제로 가장 많이 나오는 유형인 만큼 관형어와 부사어(부사 → 조동사 → 전치사)의 어순이 올바른지 확인해야 한다.

예

관형어의 어순

看到这家菜谱，不禁让我想起小时候 菜 妈妈做的。 (X)

명사 관형어

→ 看到这家菜谱，不禁让我想起小时候妈妈做的菜。 (O)

해석 이 메뉴를 보니 내가 어렸을 때 엄마가 만든 요리가 생각나지 않을 수 없게 했다.

Point 1. '的'가 붙어 있는 구는 주로 명사를 수식하는 관형어로 쓰인다.
2. 관형어는 명사를 수식하는 성분으로 수식하고자 하는 명사 왼쪽(앞)에 있어야 한다.
3. '妈妈做的(엄마가 만든)'는 관형어이므로 '菜(음식)'보다 오른쪽에 있어서 틀린 것이다.

독해 제1부분

예

부사어의 어순

第二天，世界各大报纸都做了详细报道对这起震惊国际体坛的事件。 (X)

술어 목적어 부사어 (对 + 전치사구)

→ 第二天，世界各大报纸都对这起震惊国际体坛的事件做了详细报道。 (O)

해석 이튿날, 세계 각지의 대형 신문사들이 모두 이 국제 스포츠계를 뒤흔든 사건에 대해 상세한 보도를 했다.

Point 1. 술어는 '做(하다)', 목적어는 '报道(보도)'이다.
2. 부사어는 술어를 수식하는 성분으로 수식하고자 하는 술어 왼쪽에 있어야 한다.
3. '对这起震惊国际体坛的事件(이 국제스포츠 계를 뒤흔든 사건에 대해)'은 전치사구로서 문장성분상 부사어인데 목적어보다도 뒤에 있기 때문에 틀린 것이다.

● 어순 오용을 빨리 찾는 방법

① '的' 오른쪽에는 명사(구)만 가능: 명사(구)가 아닌 동사나 부사가 있으면 오용.

青蛙水井里的 (X) → 水井里的青蛙 (O) 우물 안의 개구리
명사 명사

② 부사는 부사어이고 술어 왼쪽에 위치: 부사가 동사 뒤에 있으면 오용.

是 无疑奢侈的 (X) → 无疑 是奢侈的 (O) 틀림없이 사치스러운 것이다
동사 부사 부사 동사

③ '对(~에 대해)'를 사용한 전치사구는 부사어이고, 술어 왼쪽에 위치: 술어 오른쪽에 있으면 오용.

写报告对昨天发生的事情 (X) → 对昨天发生的事情写报告 (O) 어제 발생한 일에 대해 보고서를 썼다
술어 부사어(전치사구) 부사어(전치사구) 술어

④ 부사와 조동사는 일반적으로 전치사구보다 앞에 위치: 특히, 조동사가 전치사구보다 뒤에 있는 경우는 없으므로 오용.

学生们在这儿可以吃饭 (X) → 学生们可以在这儿吃饭 (O) 학생들은 여기에서 식사를 해도 된다
전치사구 조동사 조동사 전치사구

2. 성분 결여

① '주 + 술 + 목'을 먼저 파악해라!

문장의 기본성분을 파악해야 어떤 성분이 빠져있는지를 쉽게 파악할 수 있다.

예

他 是个很有魅力的人，我每次看到他的时候都保持着他那独特的微笑。 (X)

주어1 술어1 목적어1 주어2 술어2 목적어2

→ 他是个很有魅力的人，我每次看到他的时候他都保持着那独特的微笑。 (O)

해석 그는 매우 매력적인 사람으로, 내가 매번 그를 볼 때마다 그는 모두 그 독특한 미소를 띤다.

Point
1. 앞 절은 '他(그)'가 주어이고, 뒷 절은 '我(나)'가 주어이다.
2. 내용상 미소를 띠는 사람은 '他(그)'이므로 뒷 절은 주어가 없는 문장이 된다.
3. 주어 결여는 첫 절에 주어가 없는 문장이 아니라, 내용상 언급해야 할 주어가 빠진 경우를 주로 말한다.
4. 위 예의 올바른 주어 변화: 그가 매력적인 사람 → 내가 그를 봄 → 그가 미소를 띰

② 주어 결여는 동사 앞의 '，(쉼표)'만 확인해도 알 수 있다!

예

看到他在网上给我的留言后，让我深受鼓舞。 (X)

부사어 술어 목적어

→ 他在网上给我的留言，让我深受鼓舞。 (O)

해석 그가 인터넷에서 나에게 남긴 메모는 나로 하여금 깊이 격려 받아 힘이 나게 하였다.

Point
1. 전체 문장의 술어는 '让(사역동사: ~하게 하다)'으로 목적어인 내가 힘이 나게 만든 주어가 필요하다.
2. '看到他在网上给我的留言后(그가 인터넷에서 나에게 남긴 메모를 본 후)'는 '때'를 나타낸 부사어이므로 주어가 될 수 없다.
3. '看到'와 '后'를 빼면 '他在网上给我的留言(그가 인터넷에서 나에게 남긴 메시지)'이 명사구가 되고, 이는 '让(사역동사)'을 술어로 한 전체문장의 주어가 되어 올바른 문장이 된다.

TIP
1. 동사(让/使 사역동사 포함) 앞에 '，(쉼표)'가 있을 경우 반드시 그 앞은 주어여야 한다.
2. 주체 없는 '동사구 + 前/后/时(~전에/후에/할 때)'는 '~한 때'를 나타내는 부사어로 주어가 될 수 없다.

③ '把'자문의 술어 뒤에 있는 목적어에 주의해라!

'把'자문은 동사 뒤에 명사구 성분이 있다면 반드시 '给 / 到 / 在 / 成'이 보어로 와야 한다.

일반적인 '把'자문 형식	주어 + 把 + A(목적 대상) + 동사 + (보어)
주의해야 할 '把'자문 형식	주어 + 把 + A(목적 대상) + 동사 + 给 / 到 / 在 / 成 + 명사구 반드시 필요

독해 제1부분

예

他将这次演唱会的门票收入全部捐献一家儿童医院。 (X)

주어 / 将 + A / 동사 / 명사구

→ 他将这次演唱会的门票收入全部捐献给一家儿童医院。 (O)

해석 그는 이 콘서트의 입장권 수입을 전부 한 아동병원에 기부하였다.

Point 1. '儿童医院(아동병원)'은 장소이지만 내용상 수입을 기부 받는 대상이다.
2. '주어 + 把(=将) + A + 동사 + 보어(给/到/在/成) + B'는 고정형식이다.
3. 보어는 B에 따라 달라지는데, 위 문장처럼 B가 동작을 받는 대상일 경우에는 '给'가 동사 뒤에 와야 한다.

4 '在'구문을 습득해라!

앞서 배웠던 '在'구문을 복습한다는 생각으로 다시 확인하면 성분 결여 문장을 찾는 데 도움이 된다.

예

在工作人员的引导，代表们陆续走进会场。(X)

→ 在工作人员的引导下，代表们陆续走进会场。(O)

해석 스텝들의 인도 아래, 대표들은 속속 회의장으로 입장하였다.

Point 1. '在' 뒤에는 장소 어휘나 일반어휘 뒤에 방위사가 와야 한다.
2. '引导(인도)'는 장소 어휘가 아니므로 '在'와 쓰여 전제조건을 나타내는 '下'를 써야 한다.

예제

A 通过这次活动，使我们开阔了眼界，增长了见识。 B 一提起健身，很多人马上就会想到设施齐全的健身房。 C 避讳是中国古代社会的一种习俗，也是一种特有的文化现象。 D 在危险情况下人的嗅觉会变灵敏，并向大脑发出避开危险的"警报"。	A 이번 행사는 우리가 안목을 높이고 견문을 넓히게 하였다. B 헬스를 이야기하자면, 많은 사람들이 바로 시설이 완전히 갖춰진 헬스장을 떠올릴 것이다. C '피휘'는 중국 고대사회의 일종의 풍습이자, 특유의 문화현상이기도 했다. D 위험한 상황에서 사람의 후각은 예민해지고, 대뇌가 위험을 피하라는 '경보'를 내보낸다.

해설 1. A에서 동사구 '通过这次活动(이번 행사를 통해)'은 '수단/방식'을 나타내는 부사어로 주어를 포함하고 있지 않다.
2. '使(사역동사: ~하게 하다)'가 술어이므로 이 문장은 앞에 부사어만 있을 뿐 주어가 없다.
3. '通过这次活动'에서 '通过'를 빼면 '这次活动(이번 행사)'만 남아 내용이나 어법적으로 올바른 문장이 된다.

Point 通过这次活动，使我们开阔了眼界，增长了见识。 (X)

부사어 / 술어(사역동사)

→ 这次活动，使我们开阔了眼界，增长了见识。 (O)

정답 A

실전 문제

▶ 정답 및 해설 p.63

☺ 주요 어휘 특징에 맞추어 빠진 성분이 있는지, 어순이 올바른지 잘 살펴보자! (각 문제당 1분 안배)

문제 1 A 他的演讲在社会上引起了巨大的反响。
B 在王洛宾改编的歌曲，最著名的要数《在那遥远的地方》了。
C 他这一席话博得了老总的赏识，最终被录用为这个部门的经理。
D 我喜欢在午后，坐在咖啡馆的一角，静静地享受美好的闲暇时光。

문제 2 A 有些电脑设计得很小巧，甚至可以放一个很薄的文件袋里。
B 快乐有助于长寿，有助于增加食欲，有助于提高工作效率。
C 草原上的天气变幻莫测，刚刚还是晴空万里，转眼间便乌云密布了。
D 重新认识农业，开拓农业新的领域，已成为当今世界农业发展的新趋势。

문제 3 A 历史是人写出来的，我们所走的每一步都是在书写自己的历史。
B 专家建议，求职者谨慎的态度找工作是对的，但也不可过于挑剔。
C 藏族的毛织技艺有着悠久的历史，其制品以围裙和地毯最为著名。
D 这里已发现的木本植物有517种，有"活化石"之称的银杏比比皆是。

문제 4 A 经过三天的培训，使员工的业务素质得到了很大的提高。
B 不到两年时间，他就成为这家汽车公司最优秀的销售人员。
C 因品种和环境条件的不同，小麦中营养成分的差别会非常大。
D 在海边的拍摄一定要注意器材的防水问题，因为海水有较强的腐蚀性。

문제 5 A 苦瓜虽苦，但与其他食材搭配时并不会将苦味渗入别的材料中，被人们称为"君子菜"。
B 天气的变化，直接影响着动物的生活，往往能及时察觉到天气的变化。
C 在中国，酒主要以粮食为原料酿制而成，其中由谷物粮食酿造的酒一直处于优势地位，而果酒所占的份额很小。
D 经研究发现，一个人缓解压力的能力与他的社会经验有关，30岁以下的上班族的减压能力明显弱于资深上班族。

유형별 전략 05

논리적 오류 - 말이 되지 않는 문장을 찾아라!

❶ '주어와 목적어' 또는 '주어와 술어'의 호응을 확인해라!

술어가 형용사일 경우에는 주어에 쓸 수 있는 표현인지를 확인해야 하고, 술어가 '是'일 경우에는 주어와 목적어가 반드시 서로 상응해야 하므로 특히 주의해서 봐야 한다.

예

주어와 목적어 호응

《富春山居图》是元朝画家黄公望的作品，是中国十大传世名画。(X)

주어 / 목적어

→《富春山居图》是元朝画家黄公望的作品，是中国十大传世名画之一。(O)

해석 《富春山居图》는 원 왕조의 화가 황공망의 작품으로 중국 10대 전세명화 중의 하나이다.

Point 1. 주어는 '《富春山居图》'이고, 목적어는 '十大传世名画(10대 전세명화)'이다.
2. 주어는 한 개의 작품인데 목적어는 10개의 작품을 가리키므로 호응이 되지 않는다.

❷ 모순이 있는 두 어휘를 확인해라!

주로 하나의 술어를 두 개의 부사어가 수식할 경우 이 두 어휘를 잘 살펴보는 것이 좋다. 모순이 되는 어휘일 경우 논리적 오류가 되고, 의미가 중복될 경우 앞서 배운 남용이 된다.

예

这座桥修建于公元612年至618年，到现在已有快1400多年的历史了。(X)

→ 这座桥修建于公元612年至618年，到现在已有1400多年的历史。(O)

해석 이 다리는 서기 612년에서 618년에 지어졌고, 현재까지 이미 1,400여 년의 역사를 가지고 있다.

Point 1. '快 + 수치 + 了(곧 수치가 되는)'는 '多 + 수치(수치를 넘은)'와 모순이 되어 함께 쓸 수 없다.
2. '快1400了'는 곧 1,400이 되는 것이고, '1400多'는 1400이 넘은 것이다.
3. 술어 '有'가 있기 때문에 '有1400多年的历史(1,400여 년의 역사를 가지고 있다)'가 올바르다.

❸ 특징이 있는 어휘에 주목해라!

중국어는 제한적인 특징이 있는 어휘가 많다. 이 어휘들이 있는 경우는 먼저 주목해서 올바르게 쓰였는지 확인하는 것이 좋다.

● **논리적 특징이 있는 어휘**

어휘	설명
防止 (나쁜 상황을) 방지하다	뒤에 좋은 상황이 올 수 없다. (= 避免)
	我们应该防止不再发生事故。(X) 我们应该防止再发生事故。(O) 우리는 다시 사고가 발생하는 것을 방지해야 한다.

估计 예측하다	100% 확신을 나타내는 부사이므로 같은 의미인 '一定(반드시)'과 함께 쓸 수 없다. 我估计他一定会来。（X） 我估计他会来。（O） 나는 그가 올 것이라고 예측한다.
尽量 jǐnliàng 가능한 한	혼자 쓰일 수 없고, 뒤에 술어(동사/형용사)가 와야 한다. 我会尽量的。（X） 我会尽量努力的。（O） 나는 가능한 한 노력할 것이다.
突然 갑자기	돌연히 발생한 일에 쓰는 부사로 '渐渐(점점)'과 함께 술어를 수식할 수 없다. 他突然渐渐地放慢了速度。（X） 他渐渐地放慢了速度。（O） 그는 점점 속도를 늦추었다.
想起 생각이 떠오르다	'起'는 이미 있는 것이 일어나는 것을 나타내어 '想起'는 '생각이 떠오르다'라는 뜻으로 '明天(내일)'과 같은 미래시제와 함께 쓸 수 없다. 我突然想起明天发生的事情。（X） 我突然想起今天上午发生的事情。（O） 나는 갑자기 오늘 오전에 발생한 일이 떠올랐다.
成为 ~이 되다	① 뒤에 나오는 대상은 오직 명사(구)만 가능하기 때문에 동사구가 오면 오용이다. 它可以成为找到黄金。（X） 它可以成为找到黄金的依据。（O） 그것은 황금을 찾는 근거가 될 수 있다. ② 처리 방식을 나타내는 '把'자문에는 쓸 수 없다. 我把她成为偶像。（X） 我把她作为偶像。（O） 나는 그녀를 우상으로 삼았다.
不同 + 명사 같지 않은 (명사)	호응하는 어휘는 긍정적이거나 부정적인 한 방면의 어휘가 될 수 없고, 똑같이 '不同'이 붙는 것이 일반적이다. 不同的声音会产生积极的心理刺激。（X） 不同的声音会产生不同的心理刺激。（O） 같지 않은 소리는 같지 않은 심리자극을 만들어낸다.
能否 + 술어 ~할 수 있는지 없는지	양면의 개념(긍정과 부정)을 나타내는 표현으로 호응하는 부분 역시 양면의 개념을 나타내는 '能否(=是否/有无)' 등의 어휘와 쓰였거나 양면적인 개념을 나타내는 어휘여야 한다. 一个企业能否获得成功取决于管理者有经营理念。（X） 一个企业能否获得成功取决于管理者有无经营理念。（O） 한 기업이 성공할 수 있는지 없는지는 관리자가 경영이념을 가지고 있는지 없는지에 의해 결정된다.

예제

A 对错误，我们应该用辩证的眼光来看待。 B 我生长在“梨园世家”，京剧对我一点儿都不陌生。 C 不要站在旁边羡慕他人的幸福，其实你的幸福一直都在你身边。 D 胡同，也叫“巷”，是指城镇或乡村主要街道之间的、比较小的街道。	A 틀린 것에 대해, 우리는 마땅히 변증적인 안목으로 대해야 한다. B 나는 ‘梨园世家(희극계 집안)’에서 자라서 경극에 대해 조금도 낯설지 않다. C 옆에 서서 다른 사람의 행복을 부러워하지 마라. 사실 너의 행복은 줄곧 네 곁에 있다. D ‘胡同(골목)’은 ‘巷’이라고도 하며, 도시나 시골의 주요도로 사이의, 비교적 좁은 길을 가리킨다.

해설 1. 내용은 내가 ‘梨园世家(희극계 집안)’에서 자라 경극이 낯설지 않다는 것이다.
2. 뒷절의 주어는 ‘京剧(경극)’이기 때문에 경극이 나에 대해 낯설지 않다는 것은 논리적으로 맞지 않다. 낯선 것을 느끼는 주체는 사람이다. ‘我(나)’와 ‘京剧(경극)’의 자리를 바꾸어야 한다.
3. 앞 절에서 동일한 주어가 이미 있기 때문에 뒷절의 ‘我’는 생략해야 한다.

Point 我生长在“梨园世家”，京剧对我一点儿都不陌生。 （X）
주어 술어
→ 我生长在“梨园世家”，对京剧一点儿都不陌生。 （O）

정답 B

실전 문제

▶ 정답 및 해설 p.65

☺ 논리적 특징이 있는 빈출어휘에 집중하는 것이 좋다! (각 문제당 1분 안배)

문제 1 A 谢谢您的惠顾，欢迎下次再来。
B 蓝鲸是地球上现存体积最大的动物。
C 经过治疗，儿子的病已经恢复了健康。
D 牛奶加热时间越长，钙成分流失得越快。

문제 2 A 香港素有“购物天堂”的美称。
B 莫高窟的彩塑，每一尊都是一件精美的艺术品。
C 在你想要放弃的那一刻，应该想想当初为什么坚持走到了这里。
D 有没有远大的志向和脚踏实地的精神，是一个人取得成功的关键。

문제 3 A 为了便于记忆，人们编了一首二十四节气歌。
B 做人要善于控制自己的情绪，不然你就会控制它们。
C 唐诗、宋词、元曲、明清小说，一个时代有一个时代的文学形式。
D 《将进酒》是唐代诗人李白的代表作之一，题目意译即为“劝酒歌”。

문제 4 A 智能手机扩大了微博等社交媒体工具的普及速度。
B 北京自然博物馆的古生物大厅里，陈列着一具大象的骨架。
C 如不定时吃饭，不仅会营养不良，还可能引起多种胃肠道疾病。
D 臭氧层像一道屏障，保护着地球上的生物免受太阳紫外线的袭击。

문제 5 A 这部电视剧是根据曹禺的剧本《雷雨》改编的。
B 赤壁之战是中国历史上有名的以少胜多的战例。
C 夜深人静，想起明天发生的一连串事情，我怎么也睡不着。
D 宋代女词人李清照才思敏捷，一生留下了许多作品，有的堪称千古绝唱。

부분별 전략

빈출 오용만 파악해도 정답이 보인다!

| 학 | 습 | 목 | 표 |

1. 기출문제에 출현했던 오용을 종류별로 핵심만 파악하기
2. 틀린 유형(정답)만 파악해 더 쉽게 정답에 접근하기
3. 다양한 문제들로 실전감각 익히기

❶ 어휘가 잘못 사용된 경우

어휘가 잘못 사용된 경우는 오용 어휘의 범위가 넓기 때문에 정답을 찾기가 쉽지가 않다. 기출문제에 출현했던 어휘들의 특징들을 습득해 어떤 어휘들이 주로 잘못 사용되었는지를 파악해야 한다.

❷ 어순이 잘못된 경우

술어 앞에 항상 위치해야 하는 부사어나 명사 앞에 위치해야 하는 관형어 외에도, 어휘의 특징들을 습득해 어순이 잘못된 경우를 빨리 파악할 수 있어야 한다. 기출문제의 예를 통해 주로 오용이 되는 어순을 파악해야 한다.

❸ 어휘 남용의 경우

어휘가 남용되는 경우는 술어 역할의 어휘가 두 개가 있거나 두 어휘의 의미가 중복되는 경우, 쓸데없는 성분이 더 있는 경우 등으로 나뉜다. 기출문제의 어휘들을 습득해 어휘 남용의 유형을 파악해야 한다.

❹ 잘못된 호응의 경우

어휘들이 호응이 안 되는 경우를 파악하기 위해서는 주로 주어와 술어, 술어와 목적어가 호응을 하는지 확인해야 한다. 기출문제의 예를 통해 어떤 호응을 주의해야 하는지 파악해야 한다.

1. 어휘가 잘못 사용된 경우

어휘와 특징	예문
在 ~에서 → 뒤에는 사람이 전치사의 목적어로 올 수 없다.	在客人提供 (×) 给客人提供 (○) 손님에게 제공하다
迫不及待地 절실하게 → 절실한 마음을 꾸며주고 동작동사를 꾸밀 수 없다.	迫不及待地长大 (×) 迫不及待地希望 (○) 절실하게 바라다

何况 하물며 → 앞절에 쓰이지 않고, '那么(그러면)'와 호응하지 않는다.	何况这些东西丢失了，那么精神个性就没有了 (×) 如果这些东西丢失了，那么精神个性就没有了 (○) 만약에 그것들을 잃으면, 그러면 정신과 개성이 바로 없어진다
领地 영토 → 땅을 나타내는 어휘로 '文学(문학)'의 수식을 받지 못한다.	在文学领地中 (×) 在文学领域中 (○) 문학 영역에서
能 ~할 수 있다 → '(능력이 되거나 상황·허락을 받아) 할 수 있다'는 뜻으로 근거로 인한 결론을 내릴 수 없다.	能说广阔的视野 (×) 可以说拥有广阔的视野 (○) 광활한 시야를 가지고 있다고 말할 수 있다
不是 ~이 아니다 → 접속사로는 '但是'와 호응하지 않고, 'A가 아니라 B이다'는 '不是A而是B'이다.	不是瞬间，但是过程 (×) 不是瞬间，而是过程 (○) 순간이 아니라 과정이다
随 (~에) 따라서 → 행동이나 절 앞에 쓰여 동작, 행위, 사건 등의 발생이 의지하는 조건에 쓰인다. 사람에 쓰이지 않는다.	随着很多人度过童年 (×) 伴随着很多人度过童年 (○) 많은 사람들과 함께 어린 시절을 보냈다
逃避 피하다 → 주로 원하지 않거나 접촉하기 어려운 상황에 쓰인다. '现实(현실)'와 자주 쓰이고, 행위에는 쓰이지 않는다.	逃避多次加热 (×) 避免多次加热 (○) 여러 번 가열하는 것을 피해라
功能 기능 → 사물이나 방법이 발휘하는 유리한 작용을 의미하고, 주로 인체기관이나 장기의 기능을 나타낼 때 쓰인다.	他的功能 (×) 他的功劳 (○) 그의 공로
'把'자문과 '让'자문 → '把'자문의 '동작(溜走)'의 주체는 '把' 앞의 명사이고, '让'자문의 '동작(溜走)'의 주체는 '让' 뒤의 명사이다.	把机会从手中溜走 (×) 让机会从手中溜走 (○) 기회가 손에서 달아나게 만든다 → 기회가 달아나는 것이다

2. 어순이 잘못된 경우

어휘와 특징	예문
开始 시작하다 → 술어 → 주어인 '万物(만물)'보다 뒤에 위치해야 한다.	开始万物复苏 (×) 万物开始复苏 (○) 만물이 소생하기 시작하다
无疑 틀림없이 → 부사어 → 술어인 '是(~이다)'보다 앞에 위치해야 한다.	是无疑很奢侈的 (×) 无疑是很奢侈的 (○) 틀림없이 사치스러운 것이다

其实非常困难 사실 매우 어렵다 → 술어 → 주어인 '去完成一件事情(한 가지 일을 완성하는 것)' 뒤에 위치해야 한다.	其实非常困难去完成一件事情 (×) 去完成一件事情其实非常困难 (○) 한 가지 일을 완성하는 것은 사실 매우 어렵다
之一 ~중의 하나 → 명사구 마지막에만 올 수 있다. '秘诀(비결)' 뒤에 위치해야 한다.	保持年轻的之一秘诀 (×) 保持年轻的秘诀之一 (○) 젊음을 유지하는 비결 중의 하나
农田里的 논밭의 → 관형어 → 관형어로, 관형어는 명사 앞에 위치해야 한다.	害虫农田里的 (×) 农田里的害虫 (○) 논밭의 해충
用 쓰다 → '方法(방법)'를 목적어로 취하는 동사이기 때문에 '方法'보다는 앞에 위치해야 한다.	人们在石头上刻画符号的方法用以记事 (×) 人们用在石头上刻画符号的方法以记事 (○) 사람들은 돌 위에 부호를 새기는 방법으로 일을 기록했다
明显 분명하다 → 부사어 → 동사와 함께 쓰인 경우, 부사어(분명히)로서 동사 '加快(속도를 올리다)' 앞에 위치해야 한다.	加快明显起来 (×) 明显加快起来 (○) 분명히 속도가 빨라지기 시작했다

3. 남용(의미 중복, 성분 남용)인 경우

남용으로 틀린 경우	남용이 된 이유		
就是即	A就是B A는 바로 B이다	=	A即B A는 바로 B이다
在于是	原因在于A 원인은 A에 있다	=	原因是A 원인은 A이다
仿佛像	A仿佛B A는 B와 같다	=	A像B A는 B를 닮았다
有损害健康	有害健康 건강을 해친다	=	损害健康 건강에 해롭다
很老老实实	老老实实 매우 정직하다	=	很老实 매우 정직하다
是呈现出	A是……的景象 A는 ~한 정경이다	=	A呈现出……的景象 A는 ~한 정경을 나타낸다
任何每个人	任何一个人都 어떠한 사람 모두	=	每一个人都 매사람 모두
要……非常重要	要…… ~해야 한다	=	……非常重要 ~하는 것이 매우 중요하다
从小很早	从小 어려서부터	=	很早 일찍이
商量商量一下	商量商量 상의 좀 해보다	=	商量一下 상의 좀 해보다

4. 잘못 호응된 문장 올바르게 고치기

잘못된 호응		올바른 호응의 예
他的病已经恢复了健康 (×) 그의 병은 이미 건강을 회복했다 → 그가 병을 회복한 거지, 병이 건강을 회복할 수 없다.	→	他的病已经好了 그의 병은 이미 좋아졌다 他恢复了健康 그는 건강을 회복했다
扩大了普及速度 (×) 보급 속도를 확대시켰다 → 속도는 늦추거나 올릴 수 있는 대상이지, 확대의 대상이 아니다.	→	扩大了普及范围 보급 범위를 확대시켰다 提高了普及速度 보급 속도를 높였다
应聘这个职位需要有相关经验的人 (×) 이 직위에 지원하는 데는 관련 경력이 있는 사람을 필요로 한다 → 직위에 지원하는 데 필요한 것은 조건이지, 사람이 아니다.	→	应聘这个职位需要有相关经验 이 직위에 지원하는 데는 관련 경력이 있어야 한다 这个职位需要有相关经验的人 이 직위는 관련 경력이 있는 사람을 필요로 한다
凝聚了参观者 (×) 참관자들을 응집시켰다 → 사람은 응집시킬 수 없다.	→	凝聚了力量 힘을 응집시켰다 吸引了参观者 참관자들을 매료시켰다
深秋的香山是……的好时候 (×) 늦가을의 시앙산은 ~한 좋은 때이다 → 장소를 '때'라고 정의할 수 없다.	→	深秋的香山是……的好地方 늦가을의 시앙산은 ~한 좋은 곳이다 香山的深秋是……的好时候 시앙산의 늦가을은 ~한 좋은 때이다
提高和丰富了我们的知识 (×) 우리의 지식을 향상시키고 풍부하게 했다 → 지식은 풍부하게는 할 수 있으나 향상시킬 수 있는 대상은 아니다.	→	丰富了我们的知识 우리의 지식을 풍부하게 했다 提高了我们的知识水平 우리의 지식 수준을 향상시켰다
他的祖籍是江苏泰州人 (×) 그의 고향은 장쑤 타이저우 사람이다 → 고향은 사람이 될 수 없다.	→	他的祖籍是江苏泰州 그의 고향은 장쑤 타이저우이다 他是江苏泰州人 그는 장쑤 타이저우 사람이다

실전 문제

☺ 접속사 빈출어휘에 집중하고, 문장성분을 나누어 오류나 남용이 있는지 확인하는 것이 좋다. (각 문제당 1분 안배)

문제 1
A 春节前夕，许多厂家都推出了物美价廉的节日礼盒。
B 南通拥有红木雕刻，板鹞风筝等多种特色传统工艺品。
C 这个雕刻栩栩如生，体会了人与自然的和谐统一。
D 人生假如走错了方向，停止就是进步。

문제 2
A 世上只有想不通的人，没有走不通的路。
B 苏轼在文学和书画领地中均取得了非凡的成就。
C 在中国民歌的宝库中，陕北民歌有其独特的地位。
D 人生就是一次远行，每个人都在不断地寻找着属于自己的远方。

문제 3
A 这则招商广告一经登出，立刻不少企业关注。
B 要么读书，要么旅行，身体和灵魂必须有一个在路上。
C 这次海上石油泄漏对当地渔业产生了严重影响。
D 在现代社会的高效率、快节奏下，上班族的午餐常吃得太过简单、匆忙。

문제 4
A 其实，用新的眼光去观察比观察新事物更为重要。
B 那位教练来了以后，他们队的水平得到了明显的提高。
C 给压岁钱是长辈对晚辈的一种关爱，含有平安吉祥的寓意。
D 孩子们常常希望自己迫不及待地长大，而当他们长大后又开始怀念童年。

문제 5
A 道教是在中国土生土长的一种宗教。
B 要改变一个人，首先要改变你对他的看法。
C 我们应该把分歧放在一边，一起为共同的目标而努力。
D 在高楼林立的都市里，能有一个独立的小院子，是无疑很奢侈的。

문제 6 A 不同的地理环境、历史传统等使各地的建筑呈现出不同的风格。

B 天已近黄昏，太阳慢慢地钻进了厚厚的云层。

C 他回答这个问题时停顿了一下，说明他可能对自己的答案不太确定得好。

D 护林员每天都重复做着同样的工作，他们虽然平凡，责任却重大。

문제 7 A 人应该善待自己，善待自己的最好方法是善待别人，善待别人的最好方法是宽容别人。

B 读了大半辈子书，倘若有人问我怎么选择一本书，我一定会毫不犹豫地回答：快乐是基本标准。

C 即将建成的水库，不仅能促进本地区工农业的发展，改善航运条件，而且还能起到防洪供水、调节气候的作用。

D 大禹治水的故事家喻户晓，但人们多是把大禹看做一个治水的英雄，实际上大禹最大的功能是，他是中国第一个民族国家——夏王朝的奠基人。

문제 8 A 苏州地处温带，四季分明，气候温和，物产丰富，是闻名遐迩的“鱼米之乡”。

B 以“色绿、香郁、味甘、形美”而著称于世的龙井茶，在历史上留下了不少神奇的传说。

C “种瓜得瓜，种豆得豆。”比喻做了什么事就会得到什么样的结果，付出多少努力就会收获多少成果。

D 城市原住民的生活和风俗传统这些非物质文化遗产的保护非常重要。何况这些东西丢失了，那么城市最重要的精神个性就没有了。

독해 제2부분

빈칸에 알맞은 어휘 채우기

문제유형

독해 제2부분은 총 10문항이다. 100~150자 내외의 짧은 글에 있는 세 개에서 다섯 개의 빈칸에 들어갈 알맞은 어휘만 있는 보기를 고르는 부분이다.

출제경향

① 대부분이 동사와 형용사를 찾는 문제이다.

품사 중에는 동사와 형용사의 출제율이 가장 높으며 6급에서 자주 보게 되는 빈출어휘나 특징이 있는 어휘가 주로 답이 되는 경우가 많다.

② 어휘조합(搭配)을 묻는 경우가 많다.

자주 쓰이는 어휘조합이 많이 출제된다. 독해 제2부분을 제외한 다른 부분의 지문에서 자주 보이는 조합이 정답이 되는 경우가 확실히 많다.

③ 성어는 필수이다.

보기의 20~30% 정도는 반드시 성어가 차지하기 때문에 6급 필수어휘에 포함된 성어는 물론 5급에서 언급되었던 성어는 필히 암기해야 한다.

④ 명사/접속사/양사도 종종 출제된다.

출제율은 낮으나 한두 문제는 꼭 나오는 품사로 주로 자연스러운 조합을 많이 묻기 때문에 평소에 다양한 표현을 습득해 두는 것이 좋다. 접속사는 호응하는 어휘만 알고 있어도 정답을 찾기 용이하다.

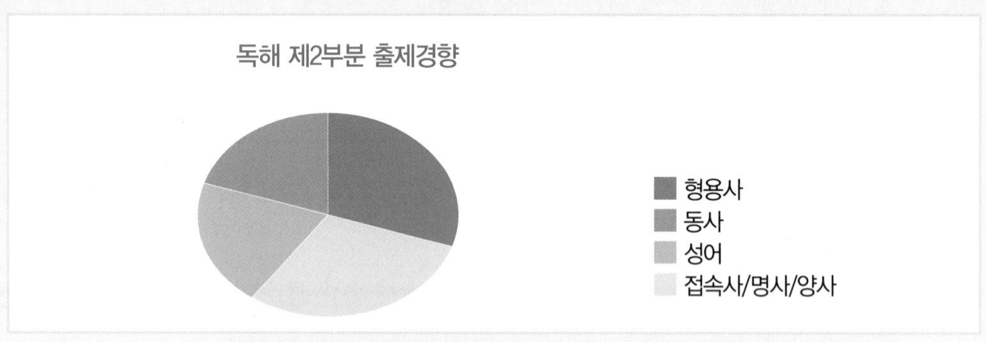

● 문제 접근 전략

시험지

61. 中国是风筝的故乡，而潍坊是 ______ 风筝和放飞风筝最早的地方。风筝是潍坊 ______ 艺术中的一朵奇葩。从有文字 ______ 至今，风筝已有2000多年历史。

A 发现　　生活　　说明
B 发明　　民间　　记载
C 制作　　表演　　记录
D 制造　　文化　　应用

① 소재를 반드시 먼저 확인한다.

독해 제2부분은 비교적 짧은 글이기 때문에 보통 첫 구절만 읽어도 글의 소재를 파악할 수 있다. 소재를 파악하면 사물에 쓰이는 어휘인지, 사람이나 생명체에 쓰이는 어휘인지를 판단하는 것만으로도 풀 수 있는 어휘들이 있으므로 반드시 소재를 먼저 파악하고 시작하도록 한다.

② 모든 열을 다 볼 필요는 없다.

보기의 열은 3개부터 5개까지 있을 수 있고, 모든 열의 어휘가 다 맞아 떨어져야만 정답이 되지만 보통 하나만 안 되게 하는 경우는 거의 없기 때문에 내가 알고 있는 어휘이거나 공부했던 어휘가 있는 열 2개에서 3개 정도만 확인해도 충분히 정답을 유추할 수 있다.

③ 빈칸과 호응하는 어휘 또는 조합되는 어휘를 찾아야 한다.

첫 번째 빈칸은 '风筝(연)'을 목적어로 가지는 동사를 찾아야 하고, 두 번째 빈칸은 '艺术(예술)'와 자연스러운 조합의 명사를 찾아야 하고, 세 번째 빈칸은 '有文字(글이 있다)'를 수식할 수 있는 어휘를 찾아야 한다.

④ 어휘의 특징을 확인해야 한다.

'发明'은 '새로운 사물이나 새로운 방법을 찾아내었다'는 뜻으로 웨이팡에서 처음으로 연을 만들었다는 내용이므로 첫 번째 빈칸에 알맞다.

두 번째 열은 보기의 명사가 모두 예술과 조합은 가능하기 때문에 이 열에서 함부로 정답을 판단해서는 안 된다. 하지만 '民间艺术形式(민간예술 형식)'가 6급에서 가장 많이 나오는 조합이다.

'记载'는 동사로는 '일을 기재하다'라는 뜻이고 명사는 '글로 남겨진 기록'이라는 뜻으로 역사서나 어떤 자료에 기록되어 있다는 내용에 자주 쓰여 '据记载(기재된 것에 따르면)', '有记载(기록이 있다)'의 조합 형태로 잘 쓰인다. '문자로 되어 있는 기록이 있고부터'라는 내용이므로 세 번째 빈칸에 알맞다. 그러므로 정답은 B임을 알 수 있다.

유형별 전략 01

품사별로 접근해라! I - 동사/형용사/명사

1 동사 문제는 명사와 조합을 이룬 빈출 '搭配'를 숙지해라!

'搭配(함께 잘 어울리는 어휘의 조합)'는 주로 동사와 명사의 구조가 많아서 HSK에 자주 출제되는 동사와 명사의 어휘조합을 미리 숙지해 둔다면 동사에 관한 문제풀이가 용이해진다.

● 빈출 '搭配'로 구별하는 비슷한 동사의 예

掌握 zhǎngwò	동 (기술·지식을) 습득하다, 마스터하다 掌握技术 기술을 습득하다
把握 bǎwò	① 동 (기회를) 잡다 / (감정을) 통제하다 把握机会 기회를 잡다 / 把握情绪 기분을 통제하다 ② 명 자신감 有把握 자신감이 있다

遭受 zāoshòu	동 (불행·손해를) 입다, 당하다 遭受损失 손실을 입다 ǀ 遭受白眼 차가운 시선을 받다
面临 miànlín	동 (문제·상황에) 직면하다 面临风险 리스크에 직면하다 ǀ 面临挑战 도전에 직면하다

更正 gēngzhèng	동 (실수·잘못을) 정정하다 更正报道 보도를 정정하다
更新 gēngxīn	동 (이미 있던 것을) 고쳐 새롭게 하다, 혁신하다 更新技术 기술을 혁신하다

2 동사는 '무엇을'이 중요하다.

한국어로 비슷한 뜻을 가진 동사들은 '무엇을' 동사 하는지 특징 파악이 중요한데, 이때 '무엇을'은 한국어로 정리하는 것이 오히려 기억하기 쉽고 정확하게 활용할 수 있다.

● '막다'라는 뜻을 가진 동사의 구별

阻止 zǔzhǐ	(사물이나 확산을) 막아서 못 나아가게 하다 阻止病毒扩散 바이러스의 확산을 막다
制止 zhìzhǐ	(행동을) 말려서 못하게 하다 制止他人的不良行为 타인의 불량행위를 못하게 하다
防止 fángzhǐ	(주로 나쁜 일이나 현상을 사전준비를 통해) 일어나지 못하게 하다 这样做是为了防止再发生类似的事故。 이렇게 하는 것은 같은 사고가 다시 발생하는 것을 방지하기 위함이다.

예

堵车时，许多人都习惯 _____ 下车窗透气，殊不知，越是堵车严重的地方，污染指数越高。

A 拨　　B 拆　　C 摇　　D 掏

해석 차가 막힐 때, 많은 사람들이 차창을 아래로 _____ 해서 환기시키는데, 차가 심각하게 막히는 곳일수록 오염지수가 높다는 것을 전혀 모른다.

보기 A 拨 bá 뽑다, 선발하다 예 拔牙(이를 뽑다), 拔草(풀을 뽑다), 选拔(선발하다) 등
B 拆 chāi (조립하거나 붙여 놓은 것을) 헐다, 뜯다 예 拆房子(집을 허물다), 拆开(뜯다) 등
C 摇 yáo 흔들어 움직이다 예 摇头(고개를 흔들다), 摇车窗(차창을 돌려 내리다) 등
D 掏 tāo (손이나 도구로) 꺼내다 예 掏钱(돈을 꺼내다), 掏手机(휴대전화를 꺼내다) 등

Point 지금 차량들은 차창을 전동으로 여닫지만, 이전의 차량들은 손잡이를 돌려서 차창을 내렸기 때문에 동사 '摇(흔들어 움직이다)'를 썼고 그것이 어휘로 굳어져 '차창을 열다'라는 보편적인 표현은 '摇车窗'을 쓴다. 이런 경우 어휘의 뜻만으로는 유추하기 어렵기 때문에 자주 쓰이는 조합어휘(搭配)을 반드시 함께 외워야 한다. 정답은 C.

③ 형용사 문제는 주어와의 관계를 살펴라!

형용사의 경우 한국어로는 의미가 같아서 구별하기 어려운 경우가 많다. 이 경우 반드시 형용사가 술어로 쓰인 문장의 주어와의 관계가 성립되는지 확인해야 하고, 이때 '어떤 것이' 형용사 한 것인지가 중요하다.

● 주어로 구별하는 비슷한 형용사의 예

充分 chōngfèn	(추상적인 것이) 충분하다 理由充分 이유가 충분하다 | 条件充分 조건이 충분하다
充足 chōngzú	(자연이나 구체적인 물질이) 넉넉하다 阳光充足 햇빛이 충분하다 | 雨量充足 강우량이 넉넉하다
充沛 chōngpèi	(주로 정신 방면의 추상적인 개념이) 왕성하다 精神充沛 기운이 왕성하다 | * 雨量充沛 강우량이 넉넉하다 (= 充足)
充实 chōngshí	(내용이) 알차다 内容充实 내용이 알차다 | 生活充实 생활이 알차다

예

一位著名翻译家曾指出：翻译是在第三空间创造更 _____ 的东西。

A 崭新　　B 奇妙　　C 新颖　　D 美妙

해석 한 유명한 번역가가 일찍이 번역은 제3의 공간에서 더욱 _____ 한 것을 창조하는 것이라고 밝힌 바 있다.

보기 A 崭新 zhǎnxīn (완전히) 새롭다 → 사물에 주로 쓴다. 예 崭新的车(새 차)
B 奇妙 qímiào 기발하다 → 아이디어나 상상력에 쓴다. 예 奇妙的想象力(기발한 상상력)
C 新颖 xīnyǐng 참신하다 → 디자인, 발상 등에 쓴다. 예 款式很新颖(디자인이 참신하다)
D 美妙 měimiào 아름답다 → 풍경, 목소리 등에 쓴다. 예 美妙的歌声(아름다운 노랫소리)

Point 비슷해 보이는 형용사를 구분할 줄 아는가가 관건이다. '崭新'은 이전에 없던 것, 즉 새로운 것이라는 것에 초점을 맞추고, '新颖'은 별나고 특이하고 새로운 것이라는 것에 초점을 맞춘다. '奇妙'는 기발함이 감탄을 자아낼 정도로 뛰어나다는 것에 초점을 맞춘다.
새로운 것을 창조한다는 것에 있어서는 A, B, C가 모두 적합한 것처럼 보이지만 번역이라는 것은 결국 기존의 것을 토대로 작업하는 일이기 때문에 기존에 없는 새로움에 초점을 맞춘 '崭新'과 '新颖'은 내용상 적합하지 않다. 정답은 B.

4 '的' 뒤의 명사에 주목해라!

형용사는 관형어, 즉 명사를 수식하는 성분으로도 쓰이는데, 밑줄에 들어가야 할 어휘가 형용사이고 뒤에 '的'가 있다면 명사를 수식할 수 있는 형용사를 찾는 문제이다. 어떤 명사를 수식할 수 있는지 여부를 확인하면 비슷한 어휘라도 구별하기가 쉬워진다.

● **수식하는 명사로 구별하는 비슷한 형용사의 예**

精彩 jīngcǎi	(공연·경기·행동이) 멋지다, 훌륭하다 精彩的表演 멋진 공연 I 精彩的比赛 멋진 시합
精致 jīngzhì	(조형물이) 정교하다 精致的手表 정교한 손목시계

5 명사의 특징을 파악해라!

명사는 동사와의 조합도 중요하지만 어휘 자체의 특징을 알아야 구별하기 쉽다. 비슷한 명사는 어떤 상황에 적합한 명사인지 생각해보는 것만으로도 정답을 찾기 수월해진다.

● **비슷한 명사 구별의 예**

秩序 zhìxù	질서: 혼란 없이 순조롭게 이루어지게 하는 사물의 순서나 차례 → 사회적인 질서의 중요성을 설명하는 내용에 적합
次序 cìxù	차례: 순서에 따라 구분하여 진행해 나감 → 선후순서에 맞춰 일을 처리해 나가는 방식을 설명하는 내용에 적합
名次 míngcì	석차: 성적의 순위 → 시합이나 시험의 등수, 성적을 언급한 내용에 적합
程序 chéngxù	절차: 업무 처리의 순서나 방법 / (컴퓨터의) 프로그램 → 컴퓨터에 관한 설명이나 업무 처리 방식을 설명하는 내용에 적합

예

"名列前茅"是指在考试或者比赛中 _____ 靠前。春秋时期，楚国行军时，有人举着茅当旗子，走在队伍的最前面，这就是"前茅"最初的意思。

A 秩序　　B 名次　　C 程序　　D 次序

해석 '명렬전모'는 시험이나 시합 중에 _____ 가 앞에 있는 것을 가리킨다. 춘추시대에, 초나라가 행군할 때, 어떤 이가 띠(볏과의 풀 이름)를 들어 깃발로 삼아, 대열의 제일 앞으로 나갔는데 이것이 바로 '전모'의 최초의 의미이다.

보기 A 秩序 zhìxù 질서 → 공공질서를 언급할 만한 내용이어야 정답이 될 가능성이 크다.
B 名次 míngcì 석차 → 시합이나 시험의 성적을 언급하는 내용에 잘 쓰인다.
C 程序 chéngxù 프로그램, 순서 → 컴퓨터와 관련된 내용이거나 절차상의 내용이어야 한다.
D 次序 cìxù 순서 → 일의 선후 순서, 차례를 의미하므로 보편적인 일 처리에 관한 내용에 잘 쓰인다.

Point '名列前茅'라는 어휘를 몰라도 뒤에서 시합과 관련이 있고, 앞에 있다는 것을 설명하고 있으므로 '성적'이 가장 잘 어울린다는 것을 알 수 있다. '名列前茅'는 '성적이 선두에 있다'는 뜻으로 HSK 필수어휘는 아니지만 자주 출현하는 성어이므로 암기해 두는 것이 좋다. 정답은 B.

예제

中国是风筝的故乡，而潍坊是＿＿＿风筝和放飞风筝最早的地方。风筝是潍坊＿＿＿艺术中的一朵奇葩。从有文字＿＿＿至今，风筝已有2000多年历史。	중국은 연의 고향으로 웨이팡은 연을 발명하고 연을 날린 가장 이른 곳이다. 연은 웨이팡 민간예술 중의 꽃이다. 문자기록이 있은 후부터 지금까지 연은 이미 2,000여 년의 역사를 가지고 있다.
A 发现　生活　说明 B 发明　民间　记载 C 制作　表演　记录 D 制造　文化　应用	A 발견하다　생활　설명(하다) B 발명하다　민간　기재, 기록(하다) C 제작하다　공연　기록(하다) D 제조하다　문화　응용(하다)

Point 1. 비슷한 동사를 구별하는 것으로 '风筝(연)'과의 조합이 중요하다.

发现: '이전에 모르던 것을 알게 되거나 연구나 조사를 통해 알게 되었다'는 뜻으로 '연'과 쓰인다면 이전에 없던 연의 존재를 알게 되었다는 뜻이 되므로 내용과 맞지 않다.

发明: '새로운 사물이나 새로운 방법을 찾아내었다'는 뜻으로 웨이팡에서 처음으로 연을 만들었다는 내용이므로 밑줄에 알맞다.

制作: '원재료로 각종 사물을 만들어냈다'는 뜻으로 연과 조합은 어울리지만 연의 재료로 만드는 방법 즉 '制作风筝的方法(연을 제작하는 방법)' 등에 쓰여야 한다.

制造: '원재료를 가공해서 물건을 만들다' 또는 '분위기나 국면을 만들어내다'라는 뜻으로 쓰이므로 정답에는 어울리지 않는다. HSK에서는 '制造……氛围(~한 분위기를 만들다)'으로 자주 쓰인다.

2. '艺术(예술)'와 자연스러운 조합이 되는 명사를 찾아야 한다. 보기의 명사가 모두 '예술'과 조합은 가능하기 때문에 이 열에서 함부로 정답을 판단해서는 안 된다. 하지만 '民间艺术形式(민간예술 형식)'가 HSK에 자주 나오는 조합임은 기억해 두는 것이 좋다.

3. '记载'와 '记录'의 차이를 정확하게 알아야 한다.

记载: 동사로는 '일을 기재하다'라는 뜻이고 명사로는 '글로 남겨진 기록'이라는 뜻으로 어딘가에 쓰여진 기록에 초점을 맞추고 역사서나 어떤 자료에 기록되어 있다는 내용에 자주 쓰여 '据记载(기재된 것에 따르면)', '有记载(기록이 있다)'의 조합 형태로 잘 쓰인다. '문자로 되어 있는 기록이 있은 후부터'라는 내용이므로 밑줄에 적합하다.

记录: 동사로는 '보고 들은 것을 어떤 수단을 통해 남긴다'는 뜻으로 남은 흔적이 아니라 사람이 무엇인가를 기록한다는 그 행위 자체에 초점을 맞춘다. '……了(기록했다)', '……过(기록한 적 있다)'로 자주 쓰이고, '打破记录(기록을 깨다)'라는 명사의 조합도 자주 쓰인다.

정답 B

실전 문제

☺ 전략과 예를 바탕으로, 동사/형용사/명사에 집중하여 문제를 풀어보자. (각 문제당 1분 안배)

문제 1 滑草是一项十分前卫的运动。它和滑雪一样，能给运动者带来动感和刺激，______ 是对于少雪地区的人们来说，就显得更新鲜了。滑草场的场地一般都比较大，而且，滑草场会根据运动者的熟练 ______ 划分不同的区域，让人由浅入深地 ______ 各种技巧。

A 简直	角度	领悟
B 过于	密度	领会
C 尤其	程度	掌握
D 格外	宽度	把握

문제 2 广东省茂名市气候温和、雨量 ______ ，而且红壤丘陵山地多，非常适宜荔枝的生长。这里出产的荔枝，色泽 ______ 、肉多核小、口感爽滑，享誉国内外 ______ 。茂名市也因此被称为“荔乡”。

A 充分	单纯	场所
B 充足	单调	场合
C 充沛	鲜艳	市场
D 充实	鲜明	现场

문제 3 压轴戏 ______ 指一场戏的倒数第二出节目。过去，一场戏都很长，戏班为 ______ 观众中间离场，会把最 ______ 的部分排在倒数第二出，也就是压轴戏上。现在，人们多用“压轴戏”来比喻 ______ 的、最后出现的事件。

A 通常	防止	精彩	引人注目
B 时常	终止	精确	锦上添花
C 照常	阻止	精简	举世瞩目
D 平常	制止	精致	津津有味

▶ 정답 및 해설 p.70

문제 4 云锣最早出现于唐代，它 ______ 大小相同而厚度和音高不同的若干铜制小锣组成。人们按照小锣的音高 ______ ，用绳子将其 ______ 于木架上，以小槌击打使之发出声响。云锣常被用于 ______ 音乐、地方戏曲和寺庙音乐的演奏中。

A 凭	秩序	粘贴	公民
B 由	次序	悬挂	民间
C 朝	名次	装修	民族
D 趁	程序	布置	种族

문제 5 眼花缭乱的技术 ______ ，使每一项具体的技术都 ______ 贬值的风险。你辛辛苦苦学到的知识随时可能“报废”。然而，在学习过程中所发展出来的 ______ ，如奋发向上、敢于冒险、 ________ 等，却会成为谁也夺不去的个人资产。因此， ______ 有效的学习能力、学习习惯，比学到具体东西更重要。

A 更正	遭受	品质	聚精会神	培训
B 更新	面临	素质	锲而不舍	培养
C 改革	应付	品德	精益求精	操练
D 改正	抵制	道德	实事求是	操作

품사별로 접근해라! Ⅱ - 양사/접속사/성어

1 양사는 명사와 함께 암기해라!

독해 제2부분에 출제되는 양사는 비교적 일상회화에서는 자주 사용하지 않는 난이도가 높은 어휘가 출제되는 경향이 있으므로 뜻만으로는 정답을 유추하기 어렵다. 반드시 어떤 명사에 쓸 수 있는 양사인지를 파악하고 함께 외워야 한다.

● 자주 출제되는 양사

幢 zhuàng	건물을 세는 데 쓰임	예 一幢大楼 한 채의 빌딩
届 jiè	정기적인 대회나 회의 등을 세는 데 쓰임	예 第一届奥运会 첫 번째 올림픽
幅 fú	그림을 세는 데 쓰임	예 一幅画 한 폭의 그림
副 fù	짝으로 된 것/ 얼굴표정을 세는 데 쓰임	예 一副手套 한 짝의 장갑 / 一副笑脸 웃는 얼굴
卷 juǎn	말려 있는 사물을 세는 데 쓰임	예 一卷胶片 한 통의 필름
册 cè	책을 세는 데 쓰임	예 一册书 한 권의 책
派 pài	경치를 세는 데 쓰임 [온통 그런 경치일 경우]	예 一派春光 온통 봄 경치
番 fān	횟수/종류를 세는 데 쓰임	예 讨论一番 한 번 토론하다 / 一番风景 한 (종류의) 풍경
丛 cóng	무리로 있는 화초를 세는 데 쓰임	예 一丛花草 한 떨기의 꽃들
串 chuàn	한 줄로 꿰어 있거나 달려 있는 것을 세는 데 쓰임	예 一串葡萄 한 송이 포도

예

每当瑞雪初晴，断桥的阳面已冰消雪化，呈现出一_____“雪残桥断”的美丽景象。

A 派　　B 幢　　C 届　　D 副

해석 매번 눈이 내렸다가 날이 맑아지기 시작하면, 뚜안치아오의 볕이 들어오는 면은 이미 얼음이 녹고 눈이 사라져 '雪残桥断(눈이 녹은 부분이 다리가 끊어진 것처럼 보임)'의 아름다운 광경이 나타난다.

보기 A 派 pài 경치나 풍경을 세는 단위
B 幢 zhuàng 채 [건물을 세는 단위]
C 届 jiè 회 [정기적인 대회나 경기, 회의 등을 세는 단위]
D 副 fù 짝으로 된 것이나 얼굴표정을 세는 단위

Point 1. 양사는 수사와 명사 사이에 위치하는 것으로 독해 제2부분에서 수사 뒤에 빈칸이 있으면 양사이다.
2. 빈칸이 포함되어 있는 명사구 마지막 명사가 '景象(광경, 경치)'이므로 빈칸에 들어갈 알맞은 어휘는 풍경이나 경치에 쓸 수 있는 양사여야 한다.
3. A의 '派'는 주로 파벌에 쓰는 양사이나 경치, 기상, 언어 등에도 쓸 수 있고, 앞에 숫자는 '一'만 붙을 수 있다. 정답은 A.

❷ 접속사는 호응하는 부사를 확인해라!

독해 제2부분에 출제되었던 접속사는 거의 모두 호응하는 부사를 찾는 문제였기 때문에, 호응하는 부사를 미리 파악해 두면 정답을 찾아내기 쉽다.

● **자주 출제되는 접속사와 호응어휘**

접속사	호응하는 어휘
无论 = 不论 = 不管 ~를 막론하고	都 모두 / 也 역시
假使 = 假如 = 如果 만약에 ~	那么 그러면 / 就 바로 / 会 ~할 것이다
尽管 = 虽然 비록 ~	但是 그러나
除非 = 只有 ~해야만	才 비로소
与其 ~하는 것은	不如 ~만 못하다
即使 = 即便 설령 ~	也 ~하더라도
宁可 차라리 ~	也 ~할지언정

예

鱼缸透明度很高，_____从哪个角度观察，里面的情况都一清二楚。

A 无论　　B 假使　　C 尽管　　D 除非

해석 어항의 투명도는 매우 높아서, 어느 각도에서 관찰 _____, 안의 상황은 모두 분명하게 보인다.

보기 A 无论 wúlùn → 주로 '都/也'와 호응한다. 논할 필요 없는 내용이 사이에 들어가며 주로 의문형태로 쓰인다.
B 假使 jiǎshǐ → 주로 '就'와 호응하며, 가정관계에 쓰인다.
C 尽管 jǐnguǎn → 주로 '但是'와 호응하며, 전환관계에 쓰인다.
D 除非 chúfēi → 주로 '才'와 호응하며, 반드시 해야 하는 조건이 사이에 들어간다.

Point 1. '里面的情况' 뒤에 '都'가 있음을 확인해야 한다.
2. 빈칸에 이어지는 내용은 '从哪个角度观察'로 '哪个角度(어느 각도)' 즉, 의문형태임을 알 수 있다.
3. 두 가지 조건을 만족하는 접속사는 '无论'이다. 정답은 A.

❸ 성어는 진짜 의미를 기억해라!

자주 출제되는 성어는 반드시 암기해야 한다. 단, 사전적인 의미를 그대로 암기하지 말고 최종적인 의미가 무엇인지 본인이 알기 쉽게, 간단하게 의미를 부여해 암기해야 잊지 않고 문제에 적용하기 쉽다.

● **자주 출제되는 성어**

성어	의미		최종 의미
爱屋及乌 àiwū jíwū	어떤 사람을 좋아해 그의 집과 지붕에 앉은 까마귀도 좋아하다	→	어떤 것을 좋아해 그것과 관계된 것까지도 좋아하게 되다
一举两得 yìjǔ liǎngdé	일거양득	→	한 번에 두 가지를 얻게 되다
雪上加霜 xuěshàng jiāshuāng	설상가상	→	엎친 데 덮치다

相辅相成 xiāngfǔ xiāngchéng	상부상조	→	서로 도와 서로 뜻한 바를 이루다
恍若隔世 huǎngruò géshì	격세지감	→	마치 딴 세상 같다
不屑一顾 búxiè yígù	거들떠 볼 가치가 없다	→	중요시 여기지 않다
不可思议 bùkě sīyì	불가사의하다	→	이해할 수 없다
恍然大悟 huǎngrán dàwù	문득 모든 것을 깨치다	→	문득 깨닫다
事与愿违 shìyǔ yuànwéi	일과 바람이 어긋나다	→	일이 뜻대로 되지 않다
急于求成 jíyú qiúchéng	서둘러 이루려고 하다	→	서두르다
半途而废 bàntú érfèi	가는 길에 버리다	→	도중에 포기하다
南辕北辙 nányuán běizhé	남쪽으로 가려고 하면서 수레는 북쪽으로 몰다	→	하는 행동과 목적이 상반되다
热泪盈眶 rèlèi yíngkuàng	뜨거운 눈물이 눈에 그렁그렁하다	→	매우 감격하다
苦尽甘来 kǔjìn gānlái	고진감래	→	고생 끝에 낙이 오다
无精打采 wújīng dǎcǎi	기운이 없다	→	풀이 죽다

예

人们越喜欢一个人，越容易被这个人的意见左右，所谓 ______ 。

A 爱屋及乌　　B 一举两得　　C 雪上加霜　　D 相辅相成

해석 사람들은 한 사람을 좋아할수록 이 사람의 의견에 좌지우지되기 쉬운데, 이를 소위 ______ 라 한다.

보기 A **爱屋及乌 àiwū jíwū** 애옥급오 → 좋아하는 것과 관련된 것이 좋아질 때 쓴다.
B **一举两得 yìjǔ liǎngdé** 일거양득 → 한 번에 두 가지를 얻을 때 쓴다.
C **雪上加霜 xuěshàng jiāshuāng** 설상가상 → 엎친 데 덮친 격으로 안 좋은 일이 쌓일 때 쓴다.
D **相辅相成 xiāngfǔ xiāngchéng** 상부상조 → 서로 돕는 내용에 쓴다.

Point 1. 앞에서 이미 좋아하는 사람의 의견에 좌우된다는 내용을 설명했으므로 알맞은 성어는 '爱屋及乌'이다. 정답은 A.
2. '爱屋及乌'를 몰랐다 하더라도 나머지 성어를 알 경우 그 보기들이 내용상 부적합하다는 것을 안다면 과감하게 남은 것을 고르는 것도 좋은 방법이다.

예제

表达时，陈述的顺序＿＿＿＿＿，一旦顺序错误，＿＿＿讲的是同一件事，给人的印象也会有180度的＿＿＿。	표현할 때, 진술의 순서는 매우 중요하다. 일단 순서가 틀리면, 설령 말한 것이 같은 일이라 하더라도, 사람에게 주는 인상은 180도 전환이 있을 수 있다.
A 各抒己见　即便　转让 B 至关重要　即使　转变 C 举足轻重　反之　转移 D 不言而喻　总之　转折	A 각자 자기의견을 떠들어대다　설령　양도하다 B 지극히 중요하다　설령　전환되다 C 영향력이 크다　바꾸어 말하면　전이되다 D 말하지 않아도 안다　요컨대　전환하다

Point　1. 성어의 뜻을 파악하고 있어야 하고, 주어인 바로 앞 어휘 '顺序(순서)'와 어울려야 한다.

各抒己见: 많은 사람들이 의견을 말하며 떠드는 상황에 쓰이는데 주어가 '순서'이므로 맞지 않다.

至关重要: 매우 중요한 일에 쓰이며 뒤의 내용이 순서만 틀려도 인상이 달라진다고 하였으므로 지문 내용에 적합하다.

举足轻重: 영향력이 크다는 뜻으로 지문 내용에 적합하지 않다. 주로 사람의 '地位(지위)'와 호응한다.

不言而喻: 말할 필요도 없는 내용, 즉, 도리적으로 당연한 사실에 쓰인다. 순서의 중요성을 말하는 지문의 내용과는 적합하지 않다. 주로 '理由(이유)', '影响(영향)', '事实(사실)' 등과 함께 쓰인다.

2. 두 번째 밑줄의 힌트: 뒷 절의 '也'와 호응하는 접속사를 찾아야 한다.

即便 = 即使: A와 B는 같은 의미로 '也'와 호응하므로 둘 다 적합하다.

反之: 바꾸어 말한다고 해서 반대의 의미를 말하는 것이 아니라 다른 표현으로 앞의 말을 중복해서 말한다는 뜻이다. 앞은 '순서가 틀리다면'이라는 가정이 나왔으므로 이어지는 '말한 것이 같은 일이다'와 같은 뜻이 되지 않으므로 밑줄에 적합하지 않다.

总之: 앞에서 말한 것을 결론 또는 종합적으로 간단히 요약해서 말할 때 쓰는 것이므로 밑줄에 적합하지 않다.

3. '转变', '转移', '转折'의 차이점을 알아야 한다.

转变: 한 가지 형식, 상태, 특징에서 다른 형식, 상태, 특징으로 바뀐다는 뜻이므로 말한 내용이 사람마다 다르게 전해진다는 지문 내용에 적합하다.

转移: 다른 곳으로 옮겨가는 것을 의미하지 바뀐다는 의미가 아니므로 밑줄에 적합하지 않다. 주로 '癌症(암)', '喜爱(관심과 사랑)' 등이 다른 곳으로 옮겨가는 것에 쓰인다.

转折: 발전과정 중에 원래의 방향을 바꾸는 것을 강조하고, 바뀐 상태를 강조하는 것이므로 내용과는 적합하지 않다. 주로 '方向(방향)', '人生(인생)' 등의 어휘와 함께 쓰인다.

정답　B

실전 문제

양사/접속사/성어에 집중해 앞뒤를 살펴보고 빈칸을 채워보자. (각 문제당 1분 안배)

문제 1 中国吴桥国际杂技艺术节创办于1987年，是以“中国杂技之乡”河北省吴桥县 ______ 的。该艺术节每两年举行一次，现已成功举办十二 ______ ，成为世界各国杂技团体 ______ 形象、交流技艺、增进友谊的平台。

A 称呼　卷　呈现
B 任命　番　展现
C 报名　册　提示
D 命名　届　展示

문제 2 历史上有许多事是起于 ______ 的，个人的嗜好、一时的错误，皆足以打开一个新 ______ 。当其初起时，谁也不在意。以后越走越远，回视作始之时， ________ 。

A 偶然　局面　恍若隔世
B 偶尔　局部　不屑一顾
C 果然　结局　不可思议
D 忽然　全局　恍然大悟

문제 3 无论做什么事情，都应该按照一定的 ______ ，遵循一定的规律， ______ 向前，千万不可操之过急。否则，必将事倍功半， ________ 。

A 次序　逐步　事与愿违
B 秩序　依旧　急于求成
C 名次　逐渐　半途而废
D 规范　仍旧　南辕北辙

▶ 정답 및 해설 p.73

문제 4 《城南旧事》是作家林海音以其7岁到13岁的生活为 ______ 写成的一部自传体短篇小说集。全书用 ______ 的笔触，描绘出一 ______ 二十世纪二三十年代老北京的生活画卷， ______ 了很多读者。

A 背景	细腻	幅	感染
B 情节	精确	丛	激励
C 情景	细致	副	勉励
D 前景	精致	串	感慨

문제 5 哭泣是孩子愈合感情创伤的 ______ 过程。哭泣时，孩子的注意力完全集中在自己的感受上，对周围人的告诫和劝慰毫不 ______ 。通过哭泣排解烦恼后，他们又会精神焕发地面对生活。 ______ 父母在孩子哭泣时对其加以责备，他们会觉得 ________ ，情绪陷入低谷，久而久之，孩子可能会变得 ______ 。

A 必要	在意	假如	雪上加霜	自卑
B 难免	操心	与其	热泪盈眶	谦逊
C 必然	在乎	即使	苦尽甘来	虚伪
D 难得	当心	宁可	无精打采	镇定

유형별 전략 03

어휘의 조합으로 접근해라!

❶ 명사 조합의 관건은 자연스러움이다!

명사의 조합은 해석을 해도 보통 우리가 일상생활에서 많이 쓰는 어휘인 경우가 많다. 해석을 해서 자연스럽게 읽히는지 확인하는 것이 좋다.

● **명사가 활용된 조합 어휘**

免疫系统 miǎnyì xìtǒng	면역시스템	药用功效 yàoyòng gōngxiào	약용효과, 약용효능
工业体系 gōngyè tǐxì	공업체계	成效显著 chéngxiào xiǎnzhù	성과가 분명하다
工作程序 gōngzuò chéngxù	작업 프로세스, 작업절차	血液循环 xuèyè xúnhuán	혈액순환
出毛病 chū máobìng	고장이 나다	核心要素 héxīn yàosù	핵심요소
患有疾病 huànyǒu jíbìng	질병을 앓다	拓宽视野 tuòkuān shìyě	시야를 넓히다
产生弊病 chǎnshēng bìbìng	병폐가 생기다, 문제점이 생기다	保存完好 bǎocún wánhǎo	보존이 완벽하다
中病毒 zhòng bìngdú	바이러스에 걸리다	调整情绪 tiáozhěng qíngxù	감정을 조절하다
身体功能 shēntǐ gōngnéng	신체기능	研究表明 yánjiū biǎomíng	연구가 밝히다

예

心态对生理和免疫_____有着直接或间接的影响。

A 秩序　　B 次序　　C 系统　　D 程序

해석 마음가짐은 생리와 면역 _____에 직접 혹은 간접적인 영향을 가지고 있다.

보기 A 秩序 zhìxù 질서 → 사회적인 문제나 내용에 자주 쓰인다.
B 次序 cìxù 순서 → 일의 진행과 관련된 내용에 자주 쓰인다.
C 系统 xìtǒng 계통, 시스템 → 연관된 통일조직을 의미한다.
D 程序 chéngxù 절차, 프로그램 → 컴퓨터나 작업절차와 관련된 내용에 잘 쓰인다.

Point 1. '생리'와 '면역'과 어울리는 자연스러운 명사는 '계통', 즉 '시스템' 밖에 없다.
2. '生理和免疫系统(생리와 면역시스템)'으로 정답은 C.

❷ 구문도 조합이 있다!

구문 형식으로 나오는 조합도 있기 때문에 자주 출현하는 상용구문은 미리 정리해서 암기해 두는 것이 좋다.

● 자주 출제되는 고정격식

凭感觉…… píng gǎnjué…… ~감각에 의지하여, ~감각을 바탕으로	他们凭感觉估计行程时间和距离。 그들은 감각에 의지하여 여정 시간과 거리를 예측하였다.
由 A 组成 yóu A zǔchéng A로 구성되다/조성되다	计算机是由硬件系统和软件系统两部分组成的。 컴퓨터는 하드웨어와 소프트웨어 두 부분으로 구성된다.
朝……方向 cháo……fāngxiàng ~방향을 향해	这些马毫不犹豫地朝一个方向行进。 이 말들은 조금도 주저 않고 한 방향으로 행진하였다.
趁年轻 chèn niánqīng 젊음을 틈타, 젊을 때	趁年轻多读书，多交往，多游历。 젊을 때, 많이 읽고, 많이 사귀고, 많이 돌아다녀라.
素有 A 美称(= 之称/之誉/美誉) sùyǒu A měichēng 줄곧 A라는 미칭(아름다운 별칭)을 가지고 있었다	牡丹素有"花中之王"的美称。 모란꽃은 줄곧 '꽃 중의 왕'이라는 미칭을 가지고 있었다.

예

云锣最早出现于唐代，它 ____ 大小相同而厚度和音高不同的若干铜制小锣组成。

A 凭　　B 由　　C 朝　　D 趁

해석 운라는 당대에 최초로 출현했고, 그것은 크기는 같지만 두께와 음높이가 다른 약간 작은 운라 ____ 구성되어 있다.

보기 A 凭 píng ~를 바탕으로 → '知识(지식)', '基础(기초)', '感觉(감각)' 등의 어휘와 함께 자주 쓰인다.
B 由 yóu ~으로 → '组成/构成(조성/구성되다)'과 함께 자주 쓰인다.
C 朝 cháo ~를 향해 → '方向(방향)'과 함께 자주 쓰인다.
D 趁 chèn ~ 한 틈을 타 → '年轻/机会(젊음/기회)'와 함께 자주 쓰인다.

Point 1. '由A组成(A로 구성되다)'은 고정격식이다.
2. 술어가 '组成'이므로 정답은 '由'이다.

❸ 하나의 조합만으로 정답을 확신하지 마라!

한 번 정답으로 나왔던 조합이 나오면 다른 보기는 확인하지 않고 하나의 보기만으로 정답을 고르는 경우가 있다. 대부분 조합으로 암기한 어휘가 정답일 확률이 높지만, 독해 제2부분 문제의 핵심은 선택한 보기의 모든 어휘가 맞아야 한다는 것을 명심하자. 확신하는 어휘가 있어도 적어도 두 개 이상의 열을 확인하는 것이 좋다.

예제

俗话说"眼睛是心灵的窗户"。事实上，眼睛不仅能折射出人的内心世界，还能______机体的健康状况。例如，眼睑发黑表示机体可能患有重度神经衰弱或者肝肾功能衰竭等______。所以，眼睑发暗时，一定要______就医。	'눈은 마음의 창'이라는 말이 있다. 사실, 눈은 사람의 마음 세계를 반영시켜낼 뿐만 아니라, 또한 유기체의 건강상황을 반영할 수 있다. 예를 들면 눈꺼풀이 까매지는 것은 인체가 아마도 심각한 신경쇠약이나 간과 신장기능이 극도로 쇠약해지는 등의 질병을 앓고 있을 수 있음을 나타낸다. 그래서 눈꺼풀이 까매지면, 반드시 제때에 진료를 받아야 한다.
A 推测　毛病　不时 B 反映　疾病　及时 C 反馈　弊病　临时 D 探测　病毒　随时	A 추측하다　문제점　불시에, 자주 B 반영하다　질병　제때에 C 피드백하다　병폐　갑자기 D 탐측하다　바이러스　수시로

Point 1. '健康状况(건강상황)'을 목적어로 가질 수 있는 동사를 찾아야 한다.

推测: 뒤에는 추측할 수 있는 내용이 와야 하는데 '건강상황'이 목적어로 왔으므로 '건강상황을 추측한다'는 것이 내용상 적합하다.

反映: 객관적인 사물의 본질이나 상황을 표현해낸다는 뜻이고, 지문은 유기체의 건강상태의 문제점을 나타낸다는 내용이므로 밑줄에 적합하다.

反馈: 진행된 행동이나 반응의 결과를 다시 알려주는 것을 의미하여 보통 사람과 사람 사이에서 쓰이므로 눈과 건강상황 사이에서 사용하는 것은 적합하지 않다.

探测: 상황을 탐색해서 측량하는 것으로 주로 '气象(기상)', '天气预报(일기예보)'에 관한 내용에서 쓰이므로 밑줄에 적합하지 않다.

2. 동사 '患有(앓다)'와 호응하는 목적어를 찾아야 한다.

毛病: 기계의 고장이나 사람의 문제점을 뜻하고 '患有(앓다)'와 호응하지 않고 '出毛病(문제가 생기다)'으로 쓰인다.

疾病: 사람이 앓고 있는 '질병'의 의미로 밑줄에 적합하다. '患有疾病(질병을 앓다)'은 搭配어휘이다.

弊病: 사회적 병폐나 폐단을 뜻하여 사람의 '질병'의 의미는 전혀 없으므로 적합하지 않다.

病毒: 바이러스를 뜻하고 컴퓨터와 관련된 내용에서 '中病毒(바이러스에 걸리다)'로 자주 쓰인다. 밑줄에는 적합하지 않다.

3. 눈꺼풀이 까매졌을 때 어떻게 치료를 받아야 하는지 적합한 어휘를 찾아야 한다. '눈꺼풀이 까매졌을 때'라는 전제조건이 있으므로 '자주, 갑자기, 언제든지'는 어울리지 않고 '제때에'가 적합하다.

정답 B

실전 문제

▶ 정답 및 해설 p.76

☺ 조합어휘가 적절한지 집중하여 풀어보도록 하자. (각 문제당 1분 안배)

문제 1 说起香料，似乎总带有异域色彩，然而，樟脑却是个 ______ 。樟脑的原产地是中国，在海上丝绸之路的贸易中，它曾 ______ 到多个国家。樟脑还具有药用 ______ ，可以醒神、止痛。

A 极限	开拓	成效
B 意外	发布	功能
C 例外	出口	功效
D 分歧	延伸	性质

문제 2 很多跑步爱好者都喜欢快慢变速跑，即在 ______ 距离内，快跑一分钟、慢跑5分钟 ______ 进行。这样快慢变速跑，能更有效地促进血液 ______ 和热量燃烧，达到更佳的锻炼效果。

A 规定	交替	循环
B 拟定	交换	调整
C 确定	代替	压缩
D 制定	交叉	流通

문제 3 心理资本是指个体在成长过程中表现出来的一种积极心理 ______ ，是超越人力资本和社会资本的一种 ______ 心理要素。它将心理学和管理学的理论与实践相结合，拓宽了管理的 ______ 。拥有过人心理资本的员工能以积极的情绪 ______ 工作，工作效率也会更高。

A 形态	热门	视线	处置
B 状态	核心	视野	投入
C 情景	中央	局限	征服
D 情形	焦点	界限	施展

문제 4 家庭是培养幼儿独立性的首要场所。儿童心理学研究 ______ ：孩子在幼儿时期，心里活动的主动性明显增强，喜欢自己去 ______ 新事物。父母应该把握孩子这个时期的心理特点， ________ ，在确保孩子安全的 ______ 下，放手让他们去做自己感兴趣的事情。

A 表明　　体验　　因势利导　　前提
B 声明　　领会　　因地制宜　　背景
C 公认　　示范　　实事求是　　处境
D 认可　　履行　　统筹兼顾　　情形

문제 5 阆中古城位于四川省，距今已有三千多年的历史，是中国“ ______ 最为完好的四大古城”之一。阆中古城的 ______ 呈棋盘式，融南北建筑风格于一体， ______ 了中国古代的居住风水观。这里山川形势独特，山、水、城融为一体，有“天下第一江山”的 ______ 。

A 保存　　格局　　体现　　美誉
B 遗传　　规格　　展现　　称呼
C 遗失　　布局　　展示　　称号
D 保持　　局势　　表达　　荣誉

유형별 전략 04

소재와 어휘의 특징으로 접근해라!

1 소재를 파악해라!

어휘의 특징과 조합으로 푸는 것 외에도 문제로 나온 글의 소재를 이용하면 정답에 접근하기가 쉽다. 소재는 정확한 뜻을 알기 어려운 고유명사라면 종류만 파악해도 문제를 푸는 데 도움이 되므로 소재나 소재의 종류를 파악하려는 습관을 키우는 것이 좋다.

예

当太阳带电粒子进入地球磁场时，地球南北两极附近的夜空，会出现 ____ 美丽的极光。…… 如果有机会亲眼看到极光，你一定会惊叹于大自然的 ______ ，……。

A 耀眼　　欣欣向荣　　B 灿烂　　奇光异彩
C 珍贵　　出神入化　　D 崭新　　日新月异

해석 태양대전입자가 지구 자기장에 들어갈 때, 지구 남북극 양극 부근의 밤하늘에는 ____ 한 아름다운 극광(오로라)이 나타난다. …… 만약에 직접 극광을 볼 기회가 있다면, 당신은 대자연의 ____ 에 감탄하게 될 것이다.……

Point 이 글의 소재는 '극광(오로라)'이다. 어휘의 뜻을 정확히 몰라도 '光(빛, 광)'만 보고도 빛과 관련된 내용이라는 것을 알 수 있고, 이 사실만으로도 첫 번째 보기에서는 A 또는 B를 정답과 관련 있는 보기로 볼 수 있고, 두 번째 보기에서는 B가 제일 유력하다는 것을 알 수 있다. 실제로도 B가 정답이다.

2 차이점은 확실히 파악해라!

구별해야 하는 어휘들 중에 표면적으로는 유의어처럼 뜻이 비슷해 보이는 어휘들이 있다. 이런 어휘일수록 차이점이나 특징을 확실하게 습득해야 한다.

예

清初，徽剧盛行于安徽及江浙一带，在南方 ____ 很广。

A 流传　　B 流通　　C 遗传　　D 宣传

해석 청조 초기에, 휘극은 안후이 및 저장 일대에서 성행했고, 남방에서 널리 ____ 다.

보기 A 流传 liúchuán '(말·속담·문화 등이) 전해지다'라는 뜻으로 '广(널리)'과 함께 자주 쓰인다.
B 流通 liútōng '유통되다'라는 뜻으로 '货币(화폐)', '空气(공기)' 등과 함께 자주 쓰인다.
C 遗传 yíchuán '유전되다'라는 뜻으로 조상으로부터 물려받아 내려오는 것에 쓰인다.
D 宣传 xuānchuán '선전하다'는 주장이나 사물의 존재 등을 교육이나 설명을 통해 '널리 알린다'는 뜻이다.

Point 1. '宣传(선전하다)'은 '广(널리)'과 자주 쓰이지만, 주로 목적을 가지고 사물의 존재를 널리 알리는 데 쓰이므로 적합하지 않다.
2. 휘극의 유래를 설명하고 있는 내용이므로 '流传(전해지다)'이 가장 적합하다. 정답은 A.

❸ 사전적인 뜻만으로는 부족하다!

표면적으로 비슷해 보이는 어휘는 한국어로도 같은 경우가 많기 때문에 사전적인 뜻만 암기해서는 문제를 푸는 데 오히려 혼란을 줄 수 있다. 같은 한국어로 해석되는 어휘는 상황이나 빈출 조합으로 암기해 두는 것이 좋다.

● 비슷하지만 구별해야 하는 어휘들의 특징

어휘	뜻과 예시
避免 bìmiǎn	(어떤 일이 발생되거나 형성되지 않도록) 피하다 避免错误 실수를 피하다 | 避免发生麻烦 번거로움이 발생하는 것을 피하다
逃避 táobì	(원하지 않는 상황이나 문제로부터) 피하다 逃避现实 현실을 피하다 | 逃避问题 문제를 피하다
回避 huíbì	① (책임져야 할 일을 꾀를 부려) 피하다 回避责任 책임을 피하다 ② (나서기 힘든 일을 꺼려서) 피하다 回避答复他的问题 그의 문제에 답하는 것을 꺼리다

어휘	뜻과 예시
流传 liúchuán	(속담·소식·문화 등이) 전해지다 广为流传的谚语 널리 전해진 속담 | 流传后世 후세에 전해지다
流通 liútōng	① (상품이나 화폐 등이) 유통되다 资金流通顺畅 자금 유통이 원활하다 ② (공기가) 막힘없이 잘 통하다 空气流通很好 공기가 잘 통한다

어휘	뜻과 예시
暴露 bàolù	(비밀을) 폭로하다 暴露秘密 비밀을 폭로하다
流露 liúlù	(감정·표정 등이 무의식 중에 저절로) 드러나다, 나타나다 流露出从容不迫的神态 여유로운 표정이 드러나다 | 流露不满 불만이 나타나다

어휘	뜻과 예시
拥护 yōnghù	(정책·입장 등을) 옹호하다 拥护他的决定 그의 결정을 옹호하다
拥有 yōngyǒu	(추상/구체적인 사물을) 가지고 있다, 소유하다 拥有信心 자신감을 가지고 있다 | 拥有大量现金 대량의 현금을 가지고 있다
拥抱 yōngbào	껴안다, 포옹하다 拥抱孩子 아이를 끌어안다

赋予 fùyǔ	(의미·가치 등을) 부여하다 赋予意义 의미를 부여하다 | 赋予价值 가치를 부여하다
授予 shòuyǔ	(상을) 수여하다 授予奖项 상을 수여하다
给予 jǐyǔ	(추상적인 사물이나 행동을) 주다, 해주다 给予支持 지지해주다 | 给予照顾 돌봐주다
占有 zhànyǒu	(지위·권한 등을) 점유하다, 취득하다 占有地位 지위를 점유하다 | 占有率 점유율
占据 zhànjù	(지역을) 점거하다, (힘으로) 차지하다 占据一半 절반을 차지하다 | 占据地区 지역을 점거하다

调和 tiáohé	① (분쟁을) 중재하다 (= **调解** tiáojiě) 调和纠纷 분쟁을 중재하다 ② 타협하다 [주로 부정적인 내용] 没有调和的余地 타협의 여지가 없다
调节 tiáojié	(수량·정도·규모 등을) 조절하다 调节情绪 정서를 조절하다 | 调节气氛 분위기를 조절하다

解放 jiěfàng	(속박에서) 해방되다 从考试中解放出来 시험에서 해방되다
释放 shìfàng	풀다 释放不良情绪 안 좋은 감정을 풀다

敏捷 mǐnjié	(행동이나 사고가) 민첩하다 敏捷的动作 민첩한 동작 | 敏捷的思维能力 민첩한 사고능력
灵敏 língmǐn	(감각이) 예민하다 听觉灵敏 청각이 예민하다
灵活 línghuó	(신체 부위가) 민첩하고 날쌔다 手指灵活 손가락이 민첩하다

예제

《剪窗花》这个作品描绘了陕北妇女家庭生活的情景。那位妇女 ______ 地坐在炕上，在剪过新年时用的窗花，一双儿女陪伴在左右。母亲 ______ 出从容自信的神态，孩子们 ______ 着母亲手里的活计，眼中全是好奇。整幅画面充满着 ______ 的气氛。	《剪窗花》이 작품은 산시 여성의 가정생활의 정경을 묘사했다. 그 여성은 차분하게 온돌에 앉아, 신년에 쓸 창화를 자르고 있고, 아들과 딸은 양옆에 함께 앉아있다. 어머니는 차분하고 자신 있는 표정이 드러나고 아이들은 어머니 손에 있는 일감을 주시하고 있는데, 눈에는 호기심이 가득하다. 전체적인 그림은 즐거운 분위기로 가득 차 있다.
A 吉祥 展示 望 热烈 B 安宁 暴露 眨 活跃 C 安详 流露 盯 喜悦 D 慈祥 流传 睹 融洽	A 길하다 보여주다 바라보다 열렬하다 B 안녕하다 폭로하다 깜빡이다 활약하다 C 차분하다 (무심코) 드러나다 주시하다 즐겁다 D 자애롭다 전해지다 보다 (사이가) 좋다

Point 1. 앉아 있는 모습을 묘사할 수 있는 형용사를 찾아야 한다.

吉祥: '길하다'는 뜻으로 '象征(상징)'이나 길한 것을 설명하기 좋은 '전통명절'과 함께 잘 쓰이고, 사물이나 대상을 묘사하는 데 쓰이므로 동작을 수식해야 하는 밑줄에는 적합하지 않다.

安宁: '안녕하다'는 뜻으로 '(마음이) 편하거나, (환경이) 평온해졌음'을 나타내므로 밑줄에는 적합하지 않다.

安详: '차분하다'는 뜻으로 동작을 묘사하는 데 주로 쓰인다. '安详地坐(차분하게 앉다)'로 쓸 수 있으므로 밑줄에 적합하다.

慈祥: '자애롭다'는 뜻으로 나이 든 사람의 표정을 묘사하는 어휘이므로 밑줄에는 적합하지 않다.

2. '神态(표정, 기색)'와 호응하는 동사를 찾아야 한다.

展示: '뽐내다, 보여주다'라는 뜻으로 '优势(장점)', '形象(이미지)', '真相(진상)' 등과 함께 자주 쓰이고 밑줄에는 적합하지 않다.

暴露: '폭로하다'라는 뜻으로 '秘密(비밀)'와 함께 자주 쓰이므로 밑줄에는 적합하지 않다.

流露: '무심코 드러나다'라는 뜻으로 '感情(감정)'이나 '神态(표정)' 등과 함께 잘 쓰이므로 밑줄에 적합하다.

流传: '전해지다'라는 뜻으로 속담이나 전통적인 예술에 자주 쓰이고 '广'과 함께 쓰여 '广为流传(널리 전해지다)'으로 자주 쓰인다. 밑줄에는 적합하지 않다.

3. 아이들이 어머니 손에 있는 '活计(일감)를 어떻게 하고 있다'에서 어떻게 하고 있는지를 찾아야 한다.

望: '바라보다'라는 뜻으로 대상을 보고 있는 경우에 쓸 수 있으므로 밑줄에 가능하다.

眨: '깜빡이다'라는 뜻으로 '眨眼睛(눈을 깜빡이다)'으로 주로 쓰이므로 밑줄에 적합하지 않다.

盯: '주시하다'라는 뜻으로 대상에 시선을 고정하고 본다는 의미에 자주 쓰이므로 어머니의 손에 있는 일감을 보고 있다는 것에 가장 잘 어울린다.

睹: '보다'라는 뜻이지만 단독으로 쓰이는 경우가 드물고 '目睹(눈으로 보다)'로 '목격'의 개념으로 잘 쓰인다.

4. '气氛(분위기)'과 호응하는 어휘를 찾아야 한다. 또한 명절의 분위기를 나타내야 한다.

热烈: '열렬하다'라는 뜻으로 주로 어떤 것에 대한 다수의 열정적인 태도나 애정을 나타내기 때문에 분위기를 설명할 때 많이 쓰이기는 하지만 주로 콘서트, 강연장의 분위기와 어울리므로 집에서 어머니의 일을 구경하는 분위기를 설명하기에는 적합하지 않다.

活跃: '활약하다'라는 뜻이므로 밑줄에는 적합하지 않고, '활발하다'는 뜻이 있긴 하지만 주로 '细胞(세포)' 등의 인체를 이루는 인체기관들의 활발한 움직임을 나타내므로 밑줄에는 적합하지 않다.

喜悦: '희열', '기쁘다'라는 뜻으로 분위기를 설명할 수 있으므로 밑줄에 적합하다.

融洽: 주로 '关系(사이)가 좋다'라는 뜻으로 쓰이므로 밑줄에는 적합하지 않다.

정답 C

실전 문제

▶ 정답 및 해설 p.79

☺ 조합어휘에 집중하여 실제 시험처럼 다음 문제를 풀어보자. (각 문제당 1분 안배)

문제 1 小时候，幸福是一件东西，______就幸福；长大后，幸福是一个______，达到就幸福；成熟后，发现幸福原来是一种心态，______就幸福。

A 拥护	梦想	奉献
B 占有	目光	歌颂
C 拥有	目标	领悟
D 拥抱	标志	觉悟

문제 2 生命就像回声，你送出什么就收回什么，______什么就得到什么。别人怎样对待你，______于你怎样对待他们，这是普遍的______，爱别人就是爱自己。

A 赋予	奠定	真相
B 授予	采取	道理
C 给予	取决	真理
D 供给	收获	理由

문제 3 蓝色地带，专指世界上长寿人口比例很高的地区。在这些地方，人们的寿命长得________，他们到了90岁、100岁还依然______良好的身体状态和生活能力。______是什么呢？这些美好的生命传奇和他们的生活习惯密切相关，长寿秘诀就隐藏在他们吃的食物、______的伙伴以及他们的价值观中。

A 难能可贵	占有	机密	交叉
B 不可思议	拥有	秘密	交往
C 不相上下	拥护	奥秘	交涉
D 不言而喻	占据	焦点	交换

문제 4 音乐可以 ______ 情绪，而且遵循“同质” ______ 。简单来说，就是当一个人痛苦时应该听悲痛的音乐，把痛苦的情绪完全 ______ 出来。而一个焦虑或愤怒的人应该选择激昂亢奋的音乐，使 ______ 的情绪有所发泄。

A 调和　原则　解放　拘束
B 调节　原理　释放　不安
C 缓和　道理　播放　沮丧
D 调解　规律　开放　悲哀

문제 5 兔子的长耳朵有两个功能。首先，长耳朵能够帮助它在 ______ 的夏季散热降温。其次，长耳朵使它的听力更加 ______ 。人们常常看到兔子竖起耳朵，以为它只是简单地 ______ 周围的声音，其实，它还能在听到声音后确定声音的 ______ ，这样就能在敌人靠近前及时逃跑。

A 炎热　灵敏　倾听　来源
B 温暖　机灵　辨认　起源
C 灿烂　敏捷　打听　源泉
D 闷热　灵活　分辨　根源

부분별 전략

기출어휘, 특징만 파악하면 정답이 보인다!

| 학 | 습 | 목 | 표 |

1. 어휘의 특징을 품사별로 구별하여 습득하기
2. 기출어휘를 집중적으로 학습함으로써 실전 어휘의 유형 파악하기
3. 기출유형의 문제로 실전감각 익히기

1 어휘조합은 반드시 알고 가자!

① 호응하는 어휘(搭配: 조합어휘)를 확실하게 암기해야 한다. 단순한 단어 암기보다는 호응되는 어휘를 함께 알아 두면 어느 시험이든 대비할 수 있다.
② 구문도 조합이 있으므로 고정격식이나 특수한 구문은 암기해야 한다.
③ 명사끼리의 조합은 일상생활에 쓰이는 어휘처럼 자연스럽게 읽히는 것이 관건이다. 우리말하고도 비슷한 것들이 많아 외우는 데 도움이 된다.
④ 비슷해 보이지만 쓰임이 다른 어휘의 차이점은 특징을 구별해 확실하게 습득해야 한다.

2 품사의 관계를 확인하자!

① 명사는 동사와의 호응을 잘 봐야 한다.
② 형용사는 주어와의 관계가 성립되는지 확인해야 한다.
③ 양사는 자주 쓰이는 명사와 함께 암기해야 한다. '수사 + 양사 + 명사'로 알아두자.
④ 접속사는 연결되는 부사를 확인해야 한다. 반드시 조합으로 외우자.

3 문장 소재를 전체적으로 파악하자!

① 소재를 포함한 문장환경을 이용해야 한다. 소재를 둘러싸고 등장하는 관련어휘들을 잘 알아두는 것이 좋다.
② 앞뒤로 관련어휘가 등장하기 마련이므로 적어도 두 열 이상의 어휘를 근거로 삼아 정답을 도출해야 한다. 특히 명사는 문제와의 관련성이 크므로 명사 위주로 확인하면 쉽다.

4 빈출어휘는 달달 외우자!

시험에 자주 나왔던 어휘들은 앞으로 또 나올 가능성이 많다. 기존의 주요 빈출어휘는 반드시 각각의 특징을 파악해 암기해야 한다.

1. 조합되는 어휘를 반드시 함께 암기해야 하는 어휘의 구별

顿 dùn	양 끼니	一顿饭 한 끼의 식사
吨 dūn	양 톤(ton)	一千万吨 천만 톤
番 fān	양 종류	别有一番风景 색다른 한 풍경을 가지고 있다
阵 zhèn	양 (한)바탕, 차례	下了一阵雨 한바탕의 비가 내렸다

均匀 jūnyún	동 고르다, 균일하다	均匀分散 고르게 분산시키다
平均 píngjūn	명 평균	平均气温 평균기온
平衡 pínghéng	명 동 균형(을 갖추다)	平衡系统 균형 시스템

给予 jǐyǔ	동 (추상적인 행위를 해) 주다	给予支持 지지해 주다 TIP ↔ 得到 얻다
赋予 fùyǔ	동 (임무나 의미 등을) 부여하다	赋予意义 의미를 부여하다
授予 shòuyǔ	동 (학위·상 등을 정식적으로) 수여하다	授予学位 학위를 수여하다

品质 pǐnzhì	명 (사람의) 인품/ (사물의) 질, 퀄리티(quality)	品质高尚的人 인품이 고상한 사람 写作品质 글 창작의 퀄리티
品德 pǐndé	명 (사람의) 인품, 품성	高尚的品德 고상한 인품

发扬 fāyáng	동 (정신·전통 등을) 드높이다	发扬传统 전통을 드높이다
发挥 fāhuī	동 (실력·작용 등을) 발휘하다	发挥作用 작용을 발휘하다

流露 liúlù	동 (표정이나 기색이 무심코) 드러나다	流露出自信的神态 자신 있는 표정이 드러나다
流传 liúchuán	동 (이야기나 속담 등이) 전해지다	一个广为流传的故事 널리 전해지는 이야기

移 yí	동 (사물이) 이동하다	移民 이민 가다
挪 nuó	동 (사물의 위치를) 옮기다	把桌子挪一挪 책상을 좀 옮기다
迁 qiān	동 (사물이 위치를) 이전하다, 옮겨 가다	首都北迁 수도가 북으로 이전되다 候鸟迁徙 철새가 옮겨 가다

具备 jùbèi	동 (조건·자격 등을) 갖추다	具备素质 자질을 갖추다
具有 jùyǒu	동 (본질이나 특징적으로) 가지고 있다	具有意义 의미를 가지고 있다
占有 zhànyǒu	동 (지위나 백분율을) 점유하다	占有举足轻重的地位 중요한 지위를 점유하다

2. 어휘의 특징을 정확하게 알아야 하는 어휘의 구별

反应 fǎnyìng	명 (물리적·화학적·심리적) 반응	反应迅速 반응이 빠르다
反映 fǎnyìng	동 (객관적인 사물의 본질을) 반영하다	这部电影反映了现实的生活 이 영화는 현실적인 생활을 반영했다
反馈 fǎnkuì	동 (정보나 반응이) 되돌아오다, 피드백(feedback) 되다	市场信息反馈 시장정보가 피드백 되다

效率 xiàolǜ	명 효율: 들인 노력과 얻은 결과의 비율	提高办事效率 일 처리 효율을 높이다
效益 xiàoyì	명 효과와 수익	经济效益 경제적 효과와 수익
成效 chéngxiào	명 성과: 이루어낸 좋은 결과	成效显著 성과가 뚜렷하다

功能 gōngnéng	명 기능: 인체기관이나 사물이 하는 구실이나 작용	消化功能衰弱 소화기능이 쇠약해지다
功效 gōngxiào	명 효능: 효험을 나타내는 능력	茶叶的功效 찻잎의 효능

情形 qíngxíng	명 (드러난) 상황, (처한) 상태	打听那里的情形 그곳의 상황을 알아보다
情景 qíngjǐng	명 (구체적인) 광경, 장면	熟悉的情景 익숙한 광경

事业 shìyè	명 일, 사업: 목적과 계획을 가지고 종사하는 경제활동	获得事业上的成功 일에서의 성공을 얻다
行业 hángyè	명 업종: 직업이나 영업의 종류	从事服务行业 서비스 업종에 종사하다

平常 píngcháng	명 평상시: 특별한 일이 없는 보통 때에	比平常早来 평소보다 일찍 오다
时常 shícháng	부 늘, 항시: 빈도가 잦게	时常早起 늘 일찍 일어나다
照常 zhàocháng	부 평소대로, 평상시와 같게	假期也照常营业 휴일에도 평소대로 영업한다

展现 zhǎnxiàn	동 (눈앞에 확실히) 드러나다, 나타나다	新世界展现在我们眼前 새로운 세계가 우리 눈앞에 펼쳐졌다
展示 zhǎnshì	동 (분명하게) 보여주다, 뽐내다	展示自己的优点 자신의 장점을 뽐내다

精细 jīngxì	형 (제작과정·일 처리 등이) 정교하고 꼼꼼하다	制造得非常精细 매우 정교하게 제작되다
精致 jīngzhì	형 (조형물·만들어진 제품 자체가) 정교하다	精致的小提琴 정교한 바이올린
精美 jīngměi	형 (사물의 외관·무늬·도안 등이) 정교하고 아름답다	精美的花纹 정교하고 아름다운 무늬

躲 duǒ	동 (몸을) 피하다, (피하여) 숨다	儿子躲在我背后 아들이 내 등 뒤에 숨다
藏 cáng	동 (사물을) 간직하다, (장소에) 담겨져 있다, 깃들어 있다	一首歌藏着一个世界 하나의 노래에는 하나의 세계가 담겨져 있다

실전 문제

▶ 정답 및 해설 p.82

☺ 조합어휘를 집중적으로 구별해보자. (각 문제당 1분 안배)

문제 1 研究指出，一 ______ 优质的早餐可以让人思维敏捷，______ 灵活，从而提高学习和工作 ______ ，所以早餐一定要吃好。

A 顿	反应	效率	B 番	反馈	效益
C 吨	反思	成效	D 阵	反映	频率

문제 2 温泉是从地下自然涌出的泉水，其水温高于当地年 ______ 气温5℃以上。形成温泉一般要 ______ 地底有热源、岩层中有让泉水涌出的裂隙、地层中有泉水 ______ 的空间这三个条件。

A 均匀	包含	配备	B 平均	具备	储存
C 平行	建立	储蓄	D 平衡	占有	储备

문제 3 人的耳朵有一种“掩蔽” ______ ，它能自动 ______ 环境中的噪音，而把那些我们感兴趣的声音凸显出来。因此，即使我们站在人声 ______ 的人群中，也能听见别人对我们讲的话。

A 功能	清除	嘈杂	B 性质	排除	拥挤
C 功效	清理	繁忙	D 性能	解除	混乱

문제 4 在古代，人们常用菊花来配制食品，如菊花羹、菊花糕。菊花还可制成枕头，其清新的 ______ 能够明目，降血压。菊花的品种繁多，______ 变化多样，非常迷人。菊花还有内在美，人们常 ______ 菊花以某种象征意义，如坚韧、勇敢等美好的 ______ 。

A 气味	形态	赋予	品质
B 口味	形状	给予	品行
C 风味	状态	授予	品德
D 气色	情形	赐予	实质

문제 5 国子监是隋朝以后的中央官学，为中国古代教育 ______ 中的最高学府。由于首都北 ______ ，明朝在北京、南京 ______ 设有国子监。国子监接纳全国各族学生，还接待外国学生，为促进中外文化的交流 ______ 了积极的作用。

A 系列　　移　　各自　　发扬
B 系统　　跨　　单独　　发动
C 团体　　挪　　必定　　发布
D 体系　　迁　　分别　　发挥

문제 6 人们一直认为，女性要获得 ______ 的成功，就应当“表现得像个男人”。然而研究 ______ ，表现得刚毅而自信的“强势型”女性， ______ 比“温柔型”女性获得升职的机会少。虽然这些性格特征在男性身上广为推崇，但表现在女性身上，则会 ______ “缺乏可爱”。

A 事业　　表明　　通常　　显得
B 事项　　证明　　平常　　展现
C 事务　　指示　　时常　　展示
D 行业　　显示　　照常　　流露

문제 7 制作一把 ______ 的小提琴，木料的选择可以说是关键。匠人在选择木料时，都非常 ______ 树木年轮的多少。在他们看来，每棵历经岁月洗礼的大树中都 ______ 着一个精灵，而这个精灵正是一把小提琴的 ______ 。

A 精致　　注视　　葬　　内涵
B 精确　　在乎　　扛　　灵感
C 美观　　注重　　躲　　起源
D 精美　　在意　　藏　　灵魂

문제 8 登山前，人们优先考虑采购的 ______ 应该是登山鞋，选一双尺寸合适、穿着舒服的登山鞋 ______ 重要。此外，登山途中难免会遇到特别 ______ 的环境，所以，防水性也是选购时要考虑的重要 ______ 。

A	材料	不免	残酷	形势
B	装备	格外	潮湿	因素
C	设备	过于	湿润	方案
D	器材	简直	严寒	范畴

독해 제3부분

문맥에 맞는 답 고르기

문제유형

독해 제3부분은 총 10문항으로, 두 개의 사진이 있는 지문으로 되어 있고, 사진은 주로 소재와 관련되어 있다. 하나의 지문은 400~500자 내외의 글이고, 글 속의 5개의 빈칸에 들어갈 알맞은 보기를 찾는 부분이다.

출제경향

① 문맥의 흐름과 논리성 파악의 문제

제3부분의 핵심은 문장의 흐름을 얼마나 파악하냐에 있기 때문에 글 즉, 문맥의 흐름과 논리성을 묻는 문제가 많이 출제된다.

② 핵심어휘를 힌트로 푸는 문제

여기서 핵심어휘는 문제를 푸는 Key를 찾는 것인데, 주로 접속사나 대명사 그리고 어휘의 특성으로 전후 내용의 분위기를 짐작할 수 있는 어휘들을 제시하여 힌트를 주는 문제가 많이 출제된다.

③ '주어의 유/무/중복'을 활용하여 푸는 문제

단순히 내용만 맞는 보기를 찾는 것이 아니라 어법적으로도 완벽하게 맞는 보기를 찾아야 하기 때문에 어휘가 중복되었는지 혹은 없는지를 잘 파악해도 풀 수 있는 문제가 많이 출제된다.

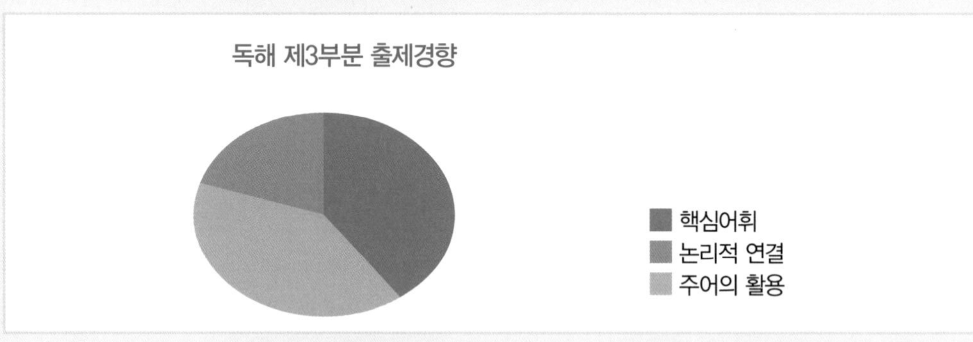

● 문제 접근 전략

시험지

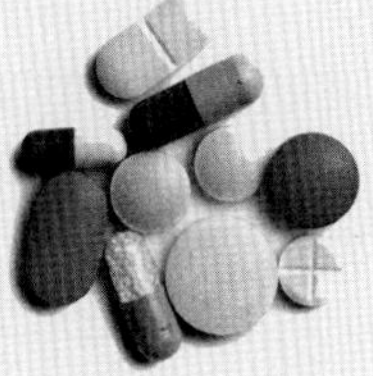

药品大多是五颜六色的，这并不单纯是为了好看，更是为了便于保存和治疗。

部分药品出于避光保存的需要会添加遮光的色素，比如胶囊中一般会加入着色剂和遮光剂，（71）＿＿＿＿＿＿＿＿。不过，也有人担心，药品上的色素是否会对身体产生不利影响。实际上，药品常用的色素分为天然色素和人工合成色素两大类，（72）＿＿＿＿＿＿＿＿，这些对人体是无害的；而合成色素只有在经过严格的安全性测试，证明对人体没有副作用后，才能被批准用在药品上。

不少患者，（73）＿＿＿＿＿＿＿＿，可能需要长期服用各种药品，不同的颜色能帮助他们区分不同的药，从而避免漏服或误服。

此外，五颜六色的药品更容易被患者接受，如某些儿童服用的制剂有浅黄、淡蓝等颜色，（74）＿＿＿＿＿＿＿＿，这能减少儿童对吃药的畏惧感。

最后，药品的颜色还可以帮助我们判断药品是否过期。如果药品本来鲜艳的颜色变淡或变色，（75）＿＿＿＿＿＿＿＿，此时应立即停止服用。

A 特别是慢性病患者和老年患者
B 以提高药品中光敏感活性成分的稳定性
C 看起来像糖果一样
D 那么它可能已经变质或者过了保质期
E 常用的天然色素有焦糖、叶绿素和胡萝卜素等

① 우측 상단의 사진을 먼저 확인한다.

간과하는 경우가 많은데 제3부분의 사진은 글의 핵심내용을 대표하는 이미지로 소재나 주제를 파악하는 데 힌트가 된다. 위 예제에는 알약 이미지가 나와 있으므로 알약과 관련된 글이라는 것을 알 수 있다.

② 지문이 아니라 보기를 먼저 파악해야 한다.

보기 파악은 다음의 4단계로 확인해야 한다.

술어 중심의 대략적인 내용 파악 → key가 되는 핵심어휘 파악 → 전후 내용 짐작 → 어법파악

- 예제의 A 特别是慢性病患者和老年患者의 경우, 먼저 '특히 만성병 환자와 노인 환자'라고 해석해서 내용을 파악하고
- Key가 되는 어휘는 '特别(특히)'이다. '특히'는 앞에서 언급한 범위에서 두드러진 것을 설명할 때 쓰는 부사이므로 앞에는 '만성병 환자와 노인 환자'가 포함되는 범위의 '환자들' 정도의 어휘가 있음을 짐작할 수 있다.
- 이렇게 보기를 파악해 두면 ⑶번 빈칸 앞에 '不少患者'만 보고도 A가 정답이 되는 것을 알 수 있다.

③ 어법 파악은 '주어의 유무'가 가장 핵심이다.

중국어는 같은 주어를 한 문장에서 쓰지 않고 사람과 사물 주어를 구분하는 편이기 때문에 주어가 있는지 없는지만 파악해도 이어지는 문장을 짐작하기 쉽다.

A나 C는 주어가 없기 때문에 이 문장의 주어로 어울릴 만한 내용을 본문에서 찾아야 한다. C의 경우 '보기에는 사탕과 같다'라고 되어 있는데 사진에서 알록달록한 알약이 소재임을 알고 알약이 보기에는 사탕과 같다는 내용일 가능성이 크므로 알약이나 약이 주어인 문장에 자연스럽다는 것을 알 수 있다. 그래서 (74)번 앞의 '如某些儿童服用的制剂有浅黄、淡蓝等颜色(만약에 어떤 아동들이 복용하는 제제(약)가 연노랑이나 연파랑 등의 색깔이라서)' 뒤에 C의 내용이 이어지는 것이 자연스럽다는 것을 알 수 있다.

④ 보기가 단독 전치사구인 경우에는 마침표를 찍을 수 없다.

제3부분의 보기에 전치사가 나온 경우는 모두 부사어인 경우 밖에 없으므로 마침표가 올 수 없다는 것을 알아두자.

⑤ 확인할 때는 내용의 흐름만 확인하자.

응시자들의 가장 큰 실수가 빈칸과 거리가 먼 첫 문장부터 일일이 꼼꼼하게 해석하며 문제풀이를 진행하는 것인데, 이는 시간이 지체될 뿐만 아니라 신중함 때문에 정답이 아닌 문장으로 정답으로 오역해 정답으로 간주해버리면 더 이상 정답을 바꾸지 않는 경향이 있어 이로 인해 나머지 문제가 틀리거나 헤매게 되는 경우가 많다. 대략적인 흐름으로 정답을 선택하고 시간이 여유로운 경우 다시 확인하는 연습을 많이 해야 한다.

대략적인 흐름만 파악하면, 예제의 (71)번 앞에는 '캡슐에 무엇인가를 넣는다'고 나왔는데 왜 넣어야 하는지에 대한 이유가 이어져야 하고, (72)번 앞의 내용은 '색소를 두 종류로 나누었다'는 내용과 '천연과 합성'을 언급했으므로 이 뒤에는 천연과 합성색소를 나누어 설명했을 가능성이 크다. (73)의 앞에는 '적지 않은 환자들'이라고 언급했으므로 이 환자들이 무엇을 했는지 혹은 어떤 환자들이 설명했을 가능성을 짐작할 수 있고, (74) 앞에는 '아이들이 먹는 약'에 대한 설명이고 뒤에는 '아이들의 약에 대한 공포감을 경감시킨다'는 내용이므로 아이들이 왜 약에 대한 공포심이 경감되는지를 생각해보아야 한다. (75)번 뒤에는 '즉시 복용을 중지해야 한다'고 했으므로 복용을 중지해야 할만한 상황이 나와야 함을 알 수 있다.

이와 같이 전후 내용이 대략 어떤 흐름인지만 알아도 미리 파악한 보기를 빠르게 정답으로 선택할 수 있다.

유형별 전략 01

정보 글
- 설명하는 내용이 어려울수록 힌트는 많다!

❶ 보기가 우선이다!

지문을 읽어 내려가면서 보기를 넣어 완성하는 경우가 있는데 어려운 지문일 경우 시간이 많이 소모되고 확신하기 어렵다. 반드시 보기를 파악하는 습관을 키워야 한다.

❷ 접속사와 연결되는 어휘에 주목해라!

독해 제3부분에 자주 출제되는 접속사는 한정적이다. 접속사와 호응하는 어휘를 정리해서 암기해 두면 보기에 접속사나 연결어휘가 나왔을 경우 손쉽게 풀 수 있다.

예

A 无论是别具一格的江南庭院

해석 독특한 지양난 정원임을 막론하고

Point 1. '**无论(是)** A **还是** B, **都/也**……' 또는 '**无论** + 의문사, **都/也**……' 형식을 알아야 한다.
2. 위 두 형식을 근거로 이어지는 절에는 '**都/也**'가 있을 것이라는 것을 짐작할 수 있다.
3. '**无论**' 뒤에 '**是**'가 있으므로 '**无论(是)** A **还是** B'가 될 것이라는 것을 짐작할 수 있다.
4. 내용은 '지앙난 정원이든 아니면 ~이든 막론하고, 모두 ~하다'로 설명될 것이다.
5. '**还是**'와 함께 '~'에 들어갈 내용을 찾는 것이 관건이다.

❸ 어휘에만 집착하지 마라!

독해 제3부분을 풀면서 가장 많이 실수하는 것이 같은 어휘가 주변에 있어서 답으로 고르는 경우이다. 완벽한 해석이 아니더라도 술어를 중심으로 대략적인 내용을 이해하려고 노력해라. 충분히 매끄러운 보기를 골라 넣을 수 있다.

예

E 新中式建筑更加关注居住环境的舒适度

해석 새로운 중식건축은 거주지 환경의 쾌적도에 더욱 관심을 가지게 되었다

Point 1. 밑줄 주변에서 '**新中式建筑**'나 '**舒适度**'를 찾는다고 해결되는 것이 아니다.
2. '새로운 중식 건축이 관심을 가지는 것은 쾌적함'이라는 내용만 이해하면 된다.
3. 뒤에 이어지는 내용은 쾌적함을 나타내는 구체적인 어휘 또는 예가 나올 가능성이 크고, 그게 아니라면 '왜' 쾌적도에 관심을 가지게 되었는지 이유가 설명될 가능성이 크다.

● 자주 출제되는 접속사 조합

보기에 제시된 힌트 어휘	힌트 어휘로 파악해야 하는 내용
如果 = 假如 = 若 만약에 ~한다면 → 가정을 나타낸다.	那么 그러면 → 가정의 접속사 '如果'와 호응해 가정에 따른 변화 내용이 따라온다.
不是…… ~가 아니다 → 부정하는 내용을 쓴다.	而是 = 只是 ~이다 → '不是'와 호응해, 긍정하는 내용이 따라온다.
无论 = 不论 = 不管 ~에 상관없이 → 논할 필요 없는 내용이 나온다.	都/也 모두/역시 → 접속사 '无论'과 호응하는 부사들이다.
TIP 두 연결사 사이에는 반드시 '什么/哪/谁/哪儿/怎么' 등의 의문사나 'A还是B'의 형식이 쓰인다.	
虽然 = 尽管 비록 ~하지만 → 전환관계를 나타낸다.	但(是) = 可是 그러나 / 却 오히려 → 화자가 말하고자 하는 내용은 이 뒤에 쓰인다.
特别 = 尤其 특히 → 뒤에는 앞에서 언급한 대상의 더 구체적인 예를 강조한다.	→ 앞에는 뒤에 언급되는 어휘가 포함되는 큰 범위가 나오고 뒤에는 그 범위 안에서의 두드러진 내용이 나온다. 예 艺术方面尤其是写作 예술 방면, 특히 글 쓰기
……以 = 是为了…… ~하기 위해 ~하다 → 행위의 목적을 나타낸다.	→ 동사구 사이에 쓰여 뒤에는 목적 내용이 나온다. 예 用这种方法以记事。 일을 기록하기 위해 이런 방법을 쓴다.

예제 1-5

药品大多是五颜六色的，这并不单纯是为了好看，更是为了便于保存和治疗。

部分药品出于避光保存的需要会添加遮光的色素，比如胶囊中一般会加入着色剂和遮光剂，（1）__________。不过，也有人担心，药品上的色素是否会对身体产生不利影响。实际上，药品常用的色素分为天然色素和人工合成色素两大类，（2）__________，这些对人体是无害的；而合成色素只有在经过严格的安全性测试，证明对人体没有副作用后，才能被批准用在药品上。

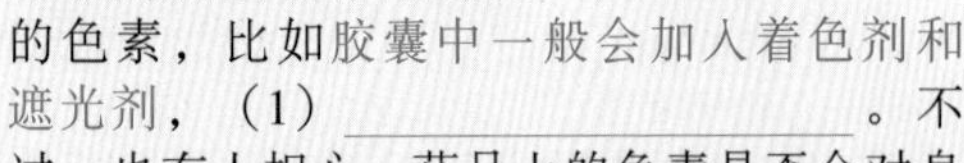

不少患者，（3）__________，可能需要长期服用各种药品，不同的颜色能帮助他们区分不同的药，从而避免漏服或误服。

약은 대부분 색깔이 다양한데, 이것은 단순히 예쁘게 보이기 위해서일 뿐만 아니라, 더욱이 편리하게 보관하고 치료하기 위해서이다.

일부 약은 빛을 피해 보관해야 하는 필요 때문에 빛을 막는 색소를 첨가하는데, 예를 들면 캡슐에는 일반적으로 착색제와 차광제가 들어가는데, (1) B 약 속에 있는 광민감 활성성분의 안정성을 높이기 위해서이다. 그러나 어떤 이는 약의 색소가 몸에 안 좋은 영향을 주지 않을까 걱정한다. 실제로는 약에 자주 사용하는 색소는 천연색소와 인공합성색소 두 가지로 크게 나뉘는데, (2) E 자주 쓰는 천연색소에는 캐러멜, 엽록소, 카로틴 등이 있다. 이것들은 인체에는 무해하다. 그러나 합성색소는 엄격한 안전성 테스트를 거쳐서 인체에 부작용이 없는 것을 증명한 뒤에야 약에 사용되는 것이 승인될 수 있다.

적지 않은 환자, (3) A 특히 만성병 환자와 노년 환자는 아마 장기간 각종 약을 복용해야 할 것이다. 같지 않은 색깔은 그들이 약을 구분하게 해주고, 그렇게 함으로써 복용을 누락하거나 잘못 복용하는 것을 피하도록 도와줄 것이다.

此外，五颜六色的药品更容易被患者接受，如某些儿童服用的制剂有浅黄、淡蓝等颜色，（4）＿＿＿＿＿＿＿＿，这能减少儿童对吃药的畏惧感。 最后，药品的颜色还可以帮助我们判断药品是否过期。如果药品本来鲜艳的颜色变淡或变色，（5）＿＿＿＿＿＿＿＿，此时应立即停止服用。	이 외에, 다양한 색깔의 약은 환자들이 더욱 쉽게 받아들이도록 만들 것이다. 예를 들면 어떤 아이들이 복용하도록 제조된 약에는 연한 노랑, 옅은 파랑 등의 색깔이 있는데, (4) C 보기에 마치 사탕과 같아서 이것은 아이들이 약 먹는 것에 대한 두려움을 줄여줄 수 있다. 마지막으로 약의 색깔은 우리가 약의 기한이 지났는지 판단하는 것을 도울 수 있다. 만약에 약 본래의 화려한 색깔이 옅게 변하거나 색이 변한다면, (5) D 그러면 그것은 이미 변질되었거나 보존기간이 지났을 것이고, 이때에는 즉시 복용을 중지해야 한다.
A 特别是慢性病患者和老年患者 B 以提高药品中光敏感活性成分的稳定性 C 看起来像糖果一样 D 那么它可能已经变质或者过了保质期 E 常用的天然色素有焦糖、叶绿素和胡萝卜素等	A 특히 만성병 환자와 노년 환자 B 약 속에 있는 광민감 활성성분의 안정성을 높이기 위해서이다 C 보기에 마치 사탕과 같다 D 그러면 그것은 이미 변질되었거나 보존기간이 지났을 것이다 E 자주 쓰는 천연색소는 캐러멜, 엽록소, 카로틴 등이 있다

보기

1. A의 '特别(특히)'는 앞의 큰 범위의 내용에서 두드러진 것을 뒤에 설명하므로 앞에는 '患者(환자)'에 관해 언급했을 가능성이 크다.
2. B의 '以'는 일반적으로 전치사로 쓰여 '~으로'라는 뜻으로 쓰이지만 뒤에 동사구가 이어진다면 뒤의 내용이 '以' 앞에서 설명한 동사구의 목적임을 알아두어야 한다. B가 들어갈 자리의 앞은 약품 속의 광민감 활성성분을 높이기 위해 어떤 것을 하는지에 관한 내용일 것이다.
3. 보기 C에 '像糖果(사탕과 같다)'는 모양이 동그랗거나 색깔에 대한 설명이 주변 문장에 있을 가능성이 크다.
4. D의 '那么(그러면)'는 주로 '如果(만약에)', '既然(~한 마당에)'과 호응하여 쓰인다.
5. E에서는 자주 쓰는 천연색소를 언급했으므로 앞에서 천연색소에 관해 다뤘을 가능성이 크다.

해설

1. 1번 앞의 '**胶囊中一般会加入着色剂和遮光剂**(캡슐 안에는 일반적으로 착색제와 차광제가 들어간다)'라고 했으므로 들어가는 목적으로 B **以提高药品中光敏感活性成分的稳定性**(약 속에 있는 광민감 활성성분의 안정성을 높이기 위해서)이 가장 알맞다.
2. 2번 앞에 '**常用的色素分为天然色素和人工合成色素两大类**(자주 사용하는 색소는 천연색소와 인공합성색소 두 가지로 크게 나뉜다)'라고 자주 사용하는 색소에 대해 설명했고, 밑줄 뒤에 전환의 접속사 '**而**(그러나)'과 '**合成色素**(합성색소)'를 언급했으므로 앞에는 천연색소에 관해 설명하는 것이 적합하다. 따라서 정답은 E이다.
3. 3번 앞에 '**不少患者**(적지 않은 환자)'가 있으므로 보기 A의 '**特别是慢性病患者和老年患者**(특히 만성병 환자와 노년 환자)'가 포함되는 큰 범위임을 알 수 있다.
4. 4번 앞의 '**儿童服用的制剂有浅黄、淡蓝等颜色**(아이들이 복용하는 제조한 약에는 연한 노랑, 옅은 파랑 등의 색깔이 있다)'에서 색깔에 대해 설명하고 있고 뒤에서는 '**这能减少儿童对吃药的畏惧感**(이것은 아이들이 약 먹는 것에 대한 두려움을 줄여줄 수 있다)'이라고 설명했으므로 C **看起来像糖果一样**(보기에 마치 사탕과 같다)이 가장 적합하다.
5. 5번이 포함된 문장의 시작이 접속사 '**如果**(만약에)'이므로 호응하는 어휘인 '**那么**(그러면)'가 있는 D를 넣고 내용상 무리가 없는지 확인만 하면 된다.

정답 1. B 2. E 3. A 4. C 5. D

▶ 정답 및 해설 p.86

☺ 풀기 전에 전략을 다시 한번 정리하고 충분히 내용을 숙지한 후, 다음의 문제를 실제처럼 풀어보자.

[1 - 5]

新中式建筑是将中式建筑元素和现代建筑手法相结合而产生的一种建筑形式。

中国的传统建筑主张“天人合一”“浑然一体”，居住环境讲究“静”和“净”。（1）__________________，还是古朴大气的北方四合院，都追求人与环境的和谐共生。

新中式建筑在传承中国传统建筑精髓的同时，还注重对现代生活价值的“精雕细刻”。与单纯的仿古建筑不同，（2）__________________，比如在设计中更多地考虑房间的采光和通风，更有效地提高卫生间、厨房在居室中的地位，更合理地分配家庭成员的居室等等。另外，外庭院、下沉庭院、内游廊等设计，（3）__________________。

新中式建筑在空间结构上有意遵循了传统建筑的布局，并延续了传统建筑一贯采用的覆瓦坡屋顶。不过它并不循章守旧，（4）__________________，自成一体。

新中式建筑虽然从外在已看不到传统建筑的模样，（5）__________________。而且与之相比，舒适性得到了很大提高。

A 而是吸收了各地的建筑风格
B 无论是别具一格的江南庭院
C 又赋予了新中式建筑更多的现代元素
D 但整体风格上仍保留着其神韵和精髓
E 新中式建筑更加关注居住环境的舒适度

유형별 전략 02

사설 글 - 문맥의 흐름을 따라라!

① '相反/而' 등 전환을 나타내는 어휘에 주목해라!

'相反(반대로)'을 기준으로 앞과 뒤의 내용은 상반을 이루고, '而(그런데)'을 기준으로 앞과 뒤의 내용은 전환을 나타내므로 앞뒤 내용을 추측하기 용이하다.

예

E 情况刚好相反

해석 상황은 딱 반대이다

Point 1. E가 들어갈 곳을 기준으로 앞이든 뒤든 상반되는 내용이 이어짐을 알 수 있다.
2. 실제 E가 들어갈 곳의 주변 내용은 다음과 같다.
"当两个人生气的时候，……。" ……他接着继续说："当两个人相恋时又会怎么样呢？情况刚好相反，" ("두 사람이 화가 났을 때는 ~였다." ……그는 이어서 말했다. "두 사람이 서로 사랑을 할 때는 또 어떠한가? 상황은 딱 반대이다.")

② 긍정과 부정에 주목해라!

접속사 중에 '不是A，而是B(A가 아니라 B이다)'가 있는데, HSK 시험에 자주 출제되는 지문에서는 긍정을 다루면 이어서 부정을, 부정을 다루면 이어서 긍정을 설명하는 경우가 많다. 특히 독해 제3부분에 '부정(不是，非是)'/'긍정(是，只是)'으로 시작하는 보기가 있으면 반대의 경우가 나열될 것이라는 것을 추측해보는 것이 좋다.

예

(80) ________________，而不是整体。

해석 ________________, 전체는 아니다.

Point 1. '而不是'를 보고, '不是A, 而是B(A가 아니라 B이다)'의 응용형태 '(只)是B, 而不是A(B이지, A가 아니다)'를 짐작할 수 있다.
2. 전체가 아니라는 것은 앞은 전체의 반대개념인 '부분'이나 '일부'라는 뜻을 가진 어휘가 있을 가능성이 크다.
3. 실제 사용된 보기는 다음과 같다.
团队的性质决定了每个员工只是团队的一部分，而不是整体。(팀의 성질은 모든 직원이 단지 팀의 일부이지, 전체는 아니라는 것을 결정 짓는다.)

③ 마지막 부분에 집중해라!

사설의 핵심은 화자의 견해와 주장이고, 그것을 마지막에 밝히는 것이 일반적이다. 마지막 부분에 밑줄이 쳐진 문제가 있다면 주장이나 글의 결론임을 알고 있어야 한다. 문제가 연결되지 않더라도 마지막 부분을 이해하면 글쓴이가 어떤 의도로 글을 썼는지가 파악되기 때문에 글을 이해하기가 쉬워진다.

● 보기에 제시되는 힌트 어휘

보기에 제시된 힌트 어휘	힌트 어휘로 파악해야 하는 내용
三大幸事 세 가지 큰 행복한 일	세 가지 행복한 일이 구체적으로 설명되어야 한다.
成败 성공과 실패 → 양면사(긍정과 부정을 동시에 나타내는 어휘)	긍정의 '성공'과 부정의 '실패'를 함께 쓴 양면의 어휘이다. 전제나 결과는 양면적인 내용이어야 한다.
就 바로 → 부사로 앞에 나온 가정의 내용에 바로 일어나는 결과를 나타낼 때 쓰인다.	'如果(만약에)', '只要(하기만 하면)'와 같은 접속사와 연결되는 부사이다.
只需要…… 단지(오직) ~할 필요가 있다	'단지 ~할 필요가 있다'는 것은 부정의 내용을 '不需要(~할 필요 없다)'를 써서 설명할 가능성이 크다.
为了…… ~하기 위해 → 목적을 나타낸다.	보기가 '为了'로 시작한 전치사구라면, 뒤에는 마침표를 찍을 수 없다. 목적을 이루기 위해 하는 행동이 이어질 가능성이 크다.
更不要说…… 더욱 ~하지 마라	'更(더욱)'은 순접의 부사로 앞에 언급된 내용과 같은 맥락의 글이 이어지면서 진일보한 내용, 즉, 더 나아간 내용이 나오는 것이므로 앞에서도 '不要……(~하지 마라)'라는 내용이 나왔을 가능성이 크다.
但是 그러나 → 전환의 접속사이다.	'虽然(비록)'과 연결되는 접속사이고, 앞의 내용과는 역으로 이어지므로 전환의 내용이 이어져야 한다.
情况相反 상황이 반대이다	'情况相反'이 들어가는 부분을 기준으로 앞뒤 내용은 서로 반대가 되어야 한다.

예제 1-5

在现实生活中，你和谁在一起的确很重要，它甚至能改变你的成长轨迹，（1）＿＿＿＿＿＿。和什么样的人在一起，就会有什么样的人生。和勤奋的人在一起，你不会懒惰；和积极的人在一起，你不会消沉；与智者同行，你会不同凡响；与高人为伍，你能登上巅峰。

科学家研究认为："人是唯一能接受暗示的动物。"积极的暗示，会对人的情绪和生理状态产生良好的影响，（2）＿＿＿＿＿＿＿＿＿＿＿，发挥人的超常水平，使人进取，催人奋进。

현실생활 속에서 당신이 누구와 함께 있는지는 확실히 매우 중요하고, 그것은 당신의 성장궤도를 바꾸고, (1) D 당신의 인생의 성공과 실패를 결정짓는다. 어떤 사람과 있는지가 어떤 인생을 살 수 있는지이다. 부지런한 사람과 함께 있으면 당신은 게을러지지 않을 것이고, 긍정적인 사람과 함께 있으면 당신은 의기소침하지 않을 것이며, 지혜로운 사람과 함께하면 당신은 평범해지지 않을 것이며, 명인과 동료가 되면 최고봉에 오를 수 있을 것이다.

과학자들은 연구에서 '사람은 유일하게 암시를 받는 동물이다.'라고 밝히며, 긍정적인 암시가 사람의 기분과 생리상태에 좋은 영향을 주고, (2) A 사람의 내재된 잠재능력을 불러일으키며, 사람의 뛰어난 수준을 발휘하게 하고, 사람이 진취적이게 하며, 사람이 용감하게 나아가도록 재촉하게 만든다고 했다.

远离消极的人吧！否则，（3）________________________，使你渐渐颓废，变得平庸。积极的人像太阳，照到哪里哪里亮；消极的人像月亮，初一十五不一样。态度决定一切。有什么态度，就有什么样的未来；性格决定命运。有怎样的性格，就有怎样的人生。 有人说，（4）________________：上学时遇到好老师，工作时遇到一位好领导，成家时遇到一个好伴侣。有时他们一个甜美的笑容，一句温馨的问候，（5）________________。	부정적인 사람을 멀리해라! 그렇지 않으면, (3) B 그들은 모르는 사이에 당신의 꿈을 훔쳐 달아날 것이고, 당신을 점점 망가트리고, 그저그렇게 만들 것이다. 긍정적인 사람은 태양과 같아서 어디든 밝게 비추고, 부정적인 사람은 달과 같아서 초하루부터 보름까지(처음부터 끝까지) 다 다르다. 태도는 모든 것을 결정한다. 어떤 태도가 있느냐가 어떤 미래를 가지게 한다. 성격은 운명을 결정한다. 어떤 성격을 가졌는지가 어떤 인생을 가지게 한다. 어떤 이는 (4) C 인생에는 세 개의 큰 행복한 일 –학교 다닐 때 좋은 스승을 만나는 것, 일할 때 좋은 지도자를 만나는 것, 결혼했을 때 좋은 배우자를 만나는 것 – 이 있다고 했다. 어떤 때에는 그들의 달콤한 미소와 따뜻한 말 한 마디가 (5) E 당신의 인생이 남들과 다르고 빛나게 할 수 있다.
A 激发人的内在潜能 B 他们会在不知不觉中偷走你的梦想 C 人生有三大幸事 D 决定你的人生成败 E 就能使你的人生与众不同，光彩照人	A 사람의 내재된 잠재 능력을 불러일으키다 B 그들은 모르는 사이에 당신의 꿈을 훔쳐 달아날 것이다 C 인생에는 세 개의 큰 행복한 일이 있다 D 당신의 인생의 성공과 실패를 결정짓는다 E 당신의 인생이 남들과 다르고 빛나게 할 수 있다

보기
1. A는 '潜能(잠재 능력)'을 불러일으킬 만한 주어를 찾는 것이 관건이다.
2. B에서 '他们偷走梦想(그들이 꿈을 훔쳐 달아난다)'이라고 했으므로 '그들'은 긍정적인 어휘를 대신한 것일리가 없다. '그들'을 대신할 만한 내용이 앞에서 나와야 한다.
3. C에서 '三大幸事(세 가지 행복한 일)'를 언급했으므로 앞뒤에 틀림없이 '세 가지 행복한 일'에 관한 설명이 있을 것이다.
4. D에서 '决定人生的成败(인생의 성공과 실패를 결정짓는다)'라고 했으므로 성공과 실패를 불러일으킬 만한 주어를 찾아야 한다. 주의할 것은 '성공(긍정)'과 '실패(부정)'를 결정지을 수 있어야 하기 때문에 양면의 개념이 다 나올 수 있는 주어여야 한다.
5. E에 부사 '就'가 있으므로 연결되는 접속사를 확인하고 내용상으로는 사역동사 '使(~하게 하다)'를 써서 '与众不同, 光彩照人(남들과 다르고, 빛이 나다)'이라고 했으므로 그럴 수 있는 주어를 찾는 것이 관건이다.

해설
1. 1번 앞의 '你和谁在一起的确很重要(당신이 누구와 함께 있는지가 확실히 중요하다)'라고 했으므로 여기서 당신은 좋은 사람이어서 좋은 결과를 낼 수도 있고 나쁜 사람이어서 나쁜 결과를 낼 수도 있으므로 D 决定人生的成败(인생의 성공과 실패를 결정짓는다)가 가장 적합하다.
2. 2번 앞뒤가 동사구의 나열이므로 2번 역시 동사구가 들어갈 수 있어 보기항 A, D, E가 유력하지만, 2번이 포함된 전체 문장의 주어는 '积极的暗示(긍정적인 암시)'로 긍정적인 어휘이므로 양면의 개념이 들어간 D는 답이 될 수 없고, 긍정적인 암시를 주어로 하여 동사구의 나열 중 가운데 비워진 부분이므로 '就'를 쓸 수 없기에 E도 정답이 되지 않는다. 어법과 내용상으로 적합한 것은 A 激发人的内在潜能(사람의 내재된 잠재능력을 불러일으키다)이 가장 적합하다.
3. 3번 앞에 '远离消极的人吧(부정적인 사람을 멀리해라!)'라는 내용이 있고 '否则(그렇지 않으면)'가 있으므로 뒤에는 부정적인 사람을 가까이했을 경우의 가정, 즉 부정적인 결과가 예측되어야 한다. 정답은 B 他们会在不知不觉中偷走你的梦想(그들은 모르는 사이에 당신의 꿈을 훔쳐 달아날 것이다)이다
4. 4번 뒤에 부연설명으로 '遇到(만나다)', '好老师(좋은 선생님)', '好领导(좋은 지도자)', '好伴侣(좋은 배우자)' 이렇게 세 가지의 좋은 일이 나열되었으므로 정답은 C이다.
5. 5번 앞은 '笑容(미소)'과 '问候(안부)'가 있는 명사구이다. 이것을 주어로 하는 술어구가 이어져야 하는데 E 就能使你的人生与众不同, 光彩照人(당신의 인생이 남들과 다르고 빛나게 할 수 있다)이 가장 어울린다. 또한, 이 글의 마지막 부분이므로 종합적인 결론에 가까운 보기 역시 E이다.

정답 1. D 2. A 3. B 4. C 5. E

실전 문제

▶ 정답 및 해설 p.88

☺ 풀기 전에 전략을 다시 한번 정리하고 확인하는 것이 좋다.

[1 - 5]

一个教授问他的学生："为什么人生气时说话要用喊？"其中一个学生说："因为我们丧失了冷静。"

"（1）__________，你还是用喊的，难道就不能小声地说吗？"教授又问。

学生们又七嘴八舌地说了一堆，但是没有一个答案是让教授满意的。最后教授解释说："当两个人生气的时候，心的距离是很远的，（2）__________，所以必须用喊，但是在喊的同时人会更生气，距离就更远，距离更远就又要喊得更大声些……"

他接着继续说："当两个人相恋时又会怎么样呢？（3）__________，不但不会用喊的，而且说话都很轻声细语，为什么？因为他们的心很近，心与心之间几乎没有距离，所以相恋中的两个人通常是耳语式的说话，但是心中的爱因而更深，到后来根本不需要言语，（4）__________，而那时心与心之间早已经没有距离了……"

最后教授作了一个总结："当两个人争吵时，不要让心的距离变远，（5）__________，等过几天，等到心的距离近一些时，再好好地说吧。"

A 只需要用眼神就可以传情
B 为了能使对方在这么远的距离也能听见
C 更不要说些让心的距离更远的话
D 但是为什么别人就在你旁边
E 情况刚好相反

유형별 전략 03

이야기 글 – 사건의 흐름을 따라라!

① 주어를 확인해라!

이야기 글에는 사람이 많이 등장하는 만큼 주어와의 호응만으로 풀리는 문제가 많이 나온다. 이때는 주어의 유무, 중복을 확인해야 한다.

예

（72）小小的司马光遇事沉着冷静，从小就是一副小大人模样。

해석 어린 사마광은 일이 생기면 침착하고 냉정했고, 어려서부터 작은 어른의 모습이었다.

Point 1. 밑줄 뒤에 바로 이어진 내용이 '어려서부터'이므로 이 문장의 주어는 사람임을 알 수 있다.
2. '小大人模样(작은 어른의 모습)'은 어린이가 어른의 모습을 하고 있다는 내용이므로, 어리지만 어른의 모습을 하고 있다는 내용의 보기를 골라야 한다.

② 앞뒤의 개연성을 확인해라!

이야기는 대화가 빠지지 않고 나오는 경우가 많은데 문제 앞뒤의 질문과 대답의 개연성, 혹은 술어를 이용하여 대략적인 내용의 맥락만 이해해도 문제 풀기가 한결 쉬워진다.

예

徐悲鸿温和地点头笑了，（79）承认这话很有道理。

해석 쉬뻬이홍은 온화하게 고개를 끄덕이며 웃었고, 이 말에도 일리가 있다고 인정했다.

Point '点头(고개를 끄덕이다)'는 '인정, 긍정, 동의'를 나타내므로 '承认(인정하다)'과 내용상 연결이 자연스럽다.

③ 내용의 순서를 파악해라!

이야기는 줄거리가 있는 글이므로 시간의 변화에 따라 사건이 진행된다. 결국 보기도 내용의 순서를 따라야 하므로 보기의 내용만으로 대략적인 순서를 구성만 해보아도 정답 접근이 쉬워진다.

예

A 很快在竞争激烈的香港文学圈站稳了脚
B 他曾同时为12家报纸写连载小说
C 收入居然比打工要好得多

해석 A 아주 빨리 경쟁이 치열한 홍콩문학계에서 입지를 굳혔다/ B 그는 일찍이 동시에 12개의 신문사에 연재소설을 썼다/ C 수입은 뜻밖에 아르바이트보다 많았다

Point 1. A를 근거로 어떻게 해서 빨리 문학계에서 자리를 잡았는지 궁금해해야 한다. 또한, 이전에는 문학계의 사람이 아니었음을 짐작할 수 있다.
2. B를 근거로 아직 미숙한 사람이 12개의 신문기사를 쓸 가능성이 없으므로 시간의 흐름상 A보다는 뒤에 일어난 일임을 알 수 있다.
3. C를 근거로 아르바이트는 글 쓰는 것과 관련이 없었고 주인공 역시 글을 쓰던 사람이 아니었다는 것을 짐작할 수 있고, 수입이 뜻밖에 많았던 일이 바로 글 쓰는 것과 관련 있었음을 짐작할 수 있다. 즉, C가 제일 먼저 나와야 할 내용임을 알 수 있다.
4. 위 세 개의 보기만으로도 '수입이 아르바이트보다 뜻밖에 많음 → 경쟁이 치열한 홍콩문학계에서 자리잡음 → 12개의 신문사에서 연재소설을 씀'으로 내용의 순서를 구성해볼 수 있다.

● 보기에 제시되는 힌트 어휘

보기에 제시된 힌트 어휘	힌트 어휘로 파악해야 하는 내용
为了…… ~위해서 → 목적을 나타낸다.	목적을 위해 한 내용이 뒤에 이어져야 한다. 전치사구이므로 답이 되는 밑줄 뒤에는 마침표가 있을 수 없다. 예 为了查明事情的真相，……(목적을 위해 한 내용)
是…… ~이다 → 정의를 내리거나 긍정을 나타낸다.	정의를 내린 경우에는 주어와 목적어가 호응이 되는가를 확인하고, 긍정을 나타낸 경우는 부정의 내용이 이어져야 하므로 이 점 알아두자. 부정을 나타내는 접속사는 '不是…… = 非是…… (~이 아니다)'가 있다. 예 是我们家多了一个干活儿的人手，而不是……
纷纷 잇달아, 쉴새 없이 → 많은 사람의 행동을 나타낸다	주어는 많은 사람을 나타내는 어휘여야 한다. 예 村里人(마을 사람들)，人们(사람들)，大家(모두) + 纷纷
这幅画 이 (한 폭의) 그림	대명사는 명사를 대신하는 어휘이므로 앞에서 그림이 언급되었음을 알 수 있다. 예 有一次，张大千酒后画了一幅《虎图》，这幅画很……，
他们两人 그들 두 사람	보기에 나오는 수량은 힌트가 되는 경우가 많다. 앞에 어떤 두 사람인지가 언급되어야 한다.
特别 특히 (= 尤其) → 두드러진 것을 나타낸다.	앞 내용의 범위에 들어가는 두드러진 내용이 뒤에 이어진다. 예 人需要表露出自己的情绪，特别是小孩子。
反而 오히려 → 뜻밖이거나 상반되는 내용의 점층을 나타낸다.	주로 일어나지 말아야 할 일이 더 크게 일어나는 경우에 쓴다. 뒤에는 뜻밖인 내용이어야 한다.

예제 1-5

春秋时期的宋国，气候干旱少雨，境内又缺少江河湖泊，所以农民种庄稼主要靠井水浇灌。当时有一户姓丁的人家，因为他们家的地里没有水井（1）＿＿＿＿＿＿＿＿，所以时常要有一个人一天到晚专门干提水、运水和浇地的农活儿。日子久了，（2）＿＿＿＿＿＿＿＿＿＿。后来，丁家决定打一口水井来解决这个难题。水井打好后，丁家人高兴地对邻居说："我们家打了一口井，得了一个人！"

춘추시기의 송나라는 기후가 건조하고 비가 적게 내렸는데, 국경 내에는 강과 호수도 부족했다. 그래서 농민이 농작물을 심는 것은 주로 우물에 의지하여 농작물에 물을 대야 했다. 그 당시, 성이 정씨인 한 집안이 있었는데, 그들 집의 땅에는 우물이 없고, (1) C 농작물에 물을 주려면 멀리 있는 강가에 가서 물을 길어와야 했기 때문에, 늘 한 사람이 아침부터 밤까지 오로지 물을 긷고, 물을 운반하고, 땅에 물을 주는 농사일을 해야 했다. 그런 날이 오래되자 (2) E 온 가족이 모두 몹시 피곤했다. 후에, 정씨는 우물을 파서 이 어려운 문제를 해결하기로 결정했다. 우물을 다 판 후에, 정씨는 기뻐하며 이웃들에게 말했다. "우리가 우물 하나를 팠더니, 한 사람을 얻었소!" 마을 사람들이 듣고 나서, (3) D 잇달아 그들 집에 와서 축하해주었다. 그러나 누군지는 모르겠지만, 정씨 집이 우물을 판 일을,

村里的人听说后，(3)________。然而不知是谁把丁家打井的事掐头去尾地传了出去，说丁家在打井的时候从地底下挖出来一个人。一传十，十传百，连宋国国君也被惊动了。(4)________。宋国国君特地派人去丁家询问。丁家人说："我家打的那口井给浇地带来了很大方便，过去总要派一个人常年在地头为农田灌溉，现在不用了。(5)________，而不是从井里挖出来一个人。" 　　这个故事告诉我们，凡事只有经过调查研究，才能弄清真相，千万不要轻信流言蜚语。	중요한 부분은 빼먹은 채 '정씨 집이 우물을 팔 때 바닥에서 사람 한 명을 파냈다'라고 퍼트렸다. 한 사람에서 열 사람으로 전해지고, 열 사람에서 백 사람으로 전해져, 송나라 국왕도 놀라게 되었다. (4) A 일의 진상을 밝히기 위해, 송나라 국왕은 특별히 정씨 집에 사람을 보내어 알아보게 하였다. 정씨가 말했다. "우리집이 판 그 우물은 농지에 큰 편리함을 가져다주었습니다. 과거에는 늘 한 사람을 보내어 1년 내내 논밭 가장자리에서 논밭에다 물을 주어야 했는데, 지금은 그럴 필요가 없습니다. (5) B 우리집에 일손이 하나 더 늘었다는 것이지, 우물 안에서 사람을 하나 파냈다는 것이 아닙니다." 　이 이야기는 우리에게 모든 일은 조사와 연구를 통해야만 진상을 분명히 알 수 있고, 절대로 쉽게 유언비어를 믿지 말라는 것을 말해준다.
A 为了查明事情的真相 B 是我们家多了一个干活儿的人手 C 灌溉庄稼要到很远的河边取水 D 纷纷来他们家道喜 E 全家人都很疲惫	A 일의 진상을 밝히기 위해 B 우리집에 일손이 하나 더 늘었다는 것이다 C 농작물에 물을 주려면 멀리 있는 강가에 가서 물을 길어와야 한다 D 잇달아 그들 집에 와서 축하해주었다 E 온 가족이 모두 몹시 피곤했다

보기

1. A는 '为了查明真相(진상을 밝히기 위해)' 한 행동을 찾아야 한다. 일반적으로 일의 진상을 밝히려면 조사하고 알아보는 것이 상식이다. 또한 '为了 + 전치사구'이기 때문에 마침표가 있는 밑줄에는 들어갈 수 없다.
2. B의 '是(~이다)'는 정의를 내리거나 긍정을 강조한다. 제3부분에서는 긍정을 강조하는 내용이 나오면 부정의 내용이 같이 언급되는 경우가 많다.
3. C는 '要到河边取水(강가에 가서 물을 길어야 한다)'에서 물을 길어야 하는 이유를 찾아야 한다.
4. D는 주어가 없는 상태이고, '纷纷'은 많은 사람들이 정신 없이 행동하는 것을 나타내는 부사이므로 복수의 주어를 찾는 것이 관건이다.
5. E 全家人很疲惫(온 가족이 몹시 피곤하다)를 보고 피곤함의 이유가 앞뒤에 나올 것이라는 것을 추측할 수 있다.

해설

1. '所以时常要有一个人……提水，运水(항상 한 사람이 ……물을 들고, 물을 운반해야 했다)'라고 했으므로 원인은 우물이 없어서임을 알 수 있고, 더 나아가 농작물에 물을 대야 했기 때문에 필요한 결과였음을 알 수 있다. 정답은 C이다.
2. 2번은 1번과 연계해서 물을 긷고 운반하는 일들이 오랜 시간 이어졌으니 모두가 피곤했을 것이라는 것을 짐작할 수 있다. 정답은 E 全家人都很疲惫(온 가족이 모두 몹시 피곤했다)이다.
3. 3번은 앞의 '村里的人听说后(마을사람들이 듣고 나서)'를 보면 마을사람들이 듣고 나서 취한 행동이 이어져야 하기 때문에 정답은 D 纷纷来他们家道喜(잇달아 그들 집에 와서 축하해주었다)이다.
4. 4번 뒤에 이어진 내용이 '宋国国君特地派人去丁家询问(송나라 국왕은 특별히 정씨 집에 사람을 보내어 알아보게 했다)'이므로 진상을 알아보기 위한 행위로 볼 수 있고 정답은 A 为了查明事情的真相(일의 진상을 밝히기 위해)이다.
5. 5번 뒤에 부정을 나타내는 '而不是'에 이어지는 내용이 '从井里挖出来一个人(우물 안에서 사람을 하나 파냈다)'이라는 유언비어이므로 긍정을 강조하려면 앞에, 사건의 진상인 '我们家多了一个干活儿的人手(우리 집에 일손이 하나 더 늘었다는 것이다)'가 오는 것이 적합하다. 정답은 B이다.

정답 1. C 2. E 3. D 4. A 5. B

실전 문제

▶ 정답 및 해설 p.89

☺ 풀기 전에 전략을 다시 한번 정리하고 내용을 숙지한 후 실제처럼 다음 문제를 풀어보자.

[1－5]

张大千是20世纪中国著名的艺术大师，绘画、书法、篆刻、诗词无一不通，（1）＿＿＿＿＿＿＿＿。很多人可能不知道，张大千的二哥张善子也是一位画家，而且尤其擅长画老虎。早年，（2）＿＿＿＿＿＿＿＿，经常是二哥画虎，画完之后再由张大千加上一些山水景物。其实，张大千也会画虎，但因为二哥以画虎享有盛誉，为了二哥，他一直避讳画虎。

有一次，张大千酒后画了一幅《虎图》，本来打算自己留着欣赏，却不慎流落到他人手中。以他当时的名气，（3）＿＿＿＿＿＿＿＿，成了千金难求的佳作。此后，不少商人登门拜访张大千，出高价请他画虎。张大千后悔不迭，觉得自己对不住二哥。其实，张善子并未因此不高兴，（4）＿＿＿＿＿＿＿＿，并且还为那幅画题了字。但是，张大千仍然不能原谅自己。

原本张大千是很爱饮酒的，经历这场风波之后，他立下誓言："从今往后誓不饮酒，也誓不画虎。"从此，（5）＿＿＿＿＿＿＿＿。

A 这幅画很快受到了追捧
B 他们两人曾经合作画画
C 特别是在山水画方面卓有成就
D 张大千跟饮酒和画虎都绝了缘
E 反而对张大千画的那幅《虎图》赞赏有加

부분별 전략

특정어휘로 힌트를 파악하면 정답이 보인다!

|학|습|목|표|

1. 특정어휘들이 어떻게 정답을 도출하는 데 힌트가 되었는지 파악하기
2. 다양한 기출어휘를 통해 정답을 도출하기 위한 사고능력 키우기
3. 기출유형의 문제를 전략을 활용하여 풀고 실전감각 익히기

1 보기가 우선이다. 보기를 먼저 보자!

① 지문을 완벽하게 해석하지 못하는 이상 지문을 파악해서 나올 내용을 대략적으로 이해하고 문제를 푸는 것이 시간 소모가 적고 정확도도 높아진다.

② 어려운 어휘에 집착하지 말고 보기나 해석해야 되는 부분에 어려운 어휘가 있는 경우 술어를 중심으로 대략적인 뜻만 이해해도 문제를 푸는 데 도움이 된다.

2 접속사와 연결되는 어휘는 완벽하게 암기해야 한다.

① 접속사와 연결되는 어휘만 잘 확인해도 내용과 상관없이 정답을 유추할 수 있는 문제가 자주 출제된다.

② '相反(반대로)'을 기준으로 앞과 뒤의 내용은 상반을 이루고, '而(그런데)'을 기준으로 앞과 뒤의 내용은 전환을 나타내므로 앞뒤 내용을 추측하기 용이하다.

③ HSK 시험에 자주 출제되는 지문에 긍정을 다루면 부정을, 부정을 다루면 이어서 긍정의 내용을 같이 설명하는 경우가 많다. 특히 독해 제3부분에 부정(不是, 非是)/긍정(是, 只是)으로 시작하는 보기가 있으면 반대의 경우가 나열될 것이라는 것을 추측해야 한다.

3 이야기 글에서 다음을 유의하자!

① 주어의 유무와 중복을 확인해야 한다. 이야기는 사람이 많이 등장하는데 이를 이용하여 주어가 없는 문장이 이어져야 할 경우 주어와의 매칭만 확인해도 정답을 찾기 쉬워진다.

② 이야기 글에서 대화체가 진행되는 곳에 문제가 있다면 앞뒤의 맥락을 이해하면 문제 풀기가 용이해진다.

③ 이야기 글은 사건의 줄거리가 있으므로 보기를 근거로 시간의 변화에 따라 어떤 내용 순으로 이어지는 짐작하면 문제를 풀기 용이해진다.

TIP 글의 종류가 사설이라면 마지막 부분은 화자의 견해일 가능성이 크다. 마지막 부분에 밑줄을 넣어 출제되는 문제 또한 많으므로 화자의 견해에 알맞은 내용인지를 파악해야 한다.

1. 특정어휘를 이용하여 사고능력 키우기

1	**原来** 알고 보니	原来正是鲨鱼天生的缺陷造就了强大。 알고 보니, 상어의 천성적인 결함이 강대함을 만들어낸 것이었다. '**原来**'는 '원래의'라는 뜻이 있지만 문장의 제일 앞에 쓰이면 '알고 보니'라는 뜻으로 궁금했던 사실에 대한 이유를 알게 되어 더 이상 이상할 것 없다는 것을 의미한다. → 예문 뒷부분에 상어의 강대함을 만들어낸 것은 천성적인 결함인 것을 알아냈다는 내용이므로 앞의 내용은 어떤 결함인지가 모두 설명되어야 한다.
2	**其中** 그 중에서	其中，松质骨对维持骨骼形态的作用更大。 그 중에서, 해면골(松质骨)의 골격의 상태 유지에 대한 작용이 더욱 크다. '**其中**(그 중에서)'은 '앞에서 말한 것 속에서'라는 뜻이므로, 그 중에서 '해면골의 작용이 크다'라고 나왔으니 앞에서 이미 해면골이 언급되었음을 짐작할 수 있다.
3	**比如** 예를 들면	比如会导致肥胖、血压升高等。 예를 들면, 비만, 혈압상승 등을 일으킨다. '**比如**(예를 들면)'는 앞에서 설명한 내용의 구체적인 예를 들 때 쓰이는 어휘이므로, 비만이나 혈압상승을 일으키는 것이 예라면 앞의 내용은 어떤 행동의 안 좋은 점에 대해 언급했음을 짐작할 수 있다.
4	**特别 = 尤其** 특히	特别是慢性病患者和老年患者。 특히, 만성병환자와 노년환자가 그러하다. '**特别**(특히= **尤其**)'는 앞에서 언급한 큰 범위에서 두드러진 것을 강조해서 설명하고자 할 때 쓰는 어휘이므로, 앞의 내용에서는 만성병환자와 노년환자가 포함될 수 있는 큰 범위의 환자가 언급되었을 가능성이 크다.
5	**都 = 均** 모두	均力图忠实于原著。 모두 원작에 충실하려고 힘썼다. '**均**(모두= **都**)'은 접속사 '**无论**(막론하고)'과 함께 쓰이는 것 외에도, 앞에서 설명한 것이 복수의 개념임을 알 수 있다. → 예문에서는 '모두 원작에 충실하려고 힘썼다'라는 내용이 나왔으므로 앞에서는 원작에 충실할 수 있는 대상들이 적어도 두 개 이상은 나왔음을 알 수 있다.
6	**举办** 개최하다	这里都要举办"红楼描绘"。 이곳에서 모두 '红楼描绘'가 개최되었다. '**举办**(개최하다, 개최되다)'이라는 어휘가 나오면 항상 언제, 어디서, 무엇이, 왜, 개최되는지를 궁금해해야 한다. → 예문에서 '어디 = **这里**(이곳)'와 '무엇 = **红楼描绘**'가 언급되었으니 앞에서는 언제 혹은 왜 개최되는지에 대해 언급했음을 짐작할 수 있다.
7	**同样** 똑같이	同样可以起到保护脑部的作用。 똑같이 뇌 부분을 보호하는 작용을 일으킬 수 있다. '**同样**(똑같이)'이라는 말은 '앞에서 언급한 것과 같이'라는 뜻이므로 앞에서도 뇌 부분을 보호하는 역할을 할 수 있다는 내용이 이미 나왔음을 짐작할 수 있다.

8	**反而** 오히려	反而对张大千画的那幅《虎图》赞赏有加。 오히려 장대천이 그린 그 《虎图》를 칭찬했다. '反而(오히려)'은 통상적으로 발생되지 않아야 하는 상황이 발생되었음을 의미하므로 장대천의 작품은 칭찬이 어울리지 않아야 했음을 설명하는 내용이 나와야 한다. 또한 장대천의 작품을 칭찬했다는 내용이 있으므로 앞 내용의 주어는 장대천이 아닌 다른 사람이어야 한다.
9	**纷纷** 잇달아, 분분하게	纷纷来他家道喜。 잇달아 그의 집에 와서 축하했다. '纷纷(잇달아)'은 여러 사람이 질서 없이 행동하는 것이 이어질 때 쓰는 어휘이므로, 이 내용의 주어는 다수의 사람이거나 다수의 사람을 지칭하는 어휘임을 알 수 있다. → 예문의 내용은 축하하는 내용이므로 축하할 만한 사건 역시 앞에서 언급되어야 한다.
10	**先弄清楚** 먼저 분명히 알다	先弄清楚"花香"是怎么回事。 먼저 '꽃 향기'가 어떻게 된 것인지 분명히 알아야 한다. '先弄清楚(먼저 분명히 알아야 한다)'라는 말은 질문이나 해결책에 대한 대답이므로 앞의 내용에는 해결책을 요하는 질문이 있었음을 짐작할 수 있다. → 예문의 내용상 꽃 향기에 대해 알아야만 해결되는 문제여야 한다.
11	**然后** 그런 후에	然后就随便地扔在了地上。 그런 후에, 바로 아무렇게나 땅에 던졌다. '然后(그런 후에)'라는 어휘는 '앞에서 어떤 행위가 이루어지고 나서 그 다음에'라는 뜻이므로 예문에서는 땅에 던지기 전의 행동을 추측해야 하고, 그보다 먼저 던진 대상이 언급되어야 한다.
12	**最后** 마지막	最后才是身体瘦弱的狼。 마지막이 몸이 약한 늑대이다. '最后(마지막)'라는 어휘는 주로 '首先(먼저)', '然后(그런 후에)'라는 어휘와 함께 쓰이고 그 중에서 마지막에 쓰는 어휘이므로 앞에서 '首先(먼저)', '然后(그런 후에)'가 쓰였음을 짐작할 수 있다. → 예문에서 마지막이 몸이 약한 늑대라고 했으므로 앞에서는 몸이 강한 늑대가 설명되었을 가능성이 크다.

2. 전치사구를 이용하여 사고능력 키우기

为了查明事情的真相 일의 진상을 분명히 밝히기 위해	'为了……(~를 위해서)'라는 전치사구이므로 답이 들어갈 자리 뒤의 부호는 '마침표(。)'가 올 수 없다. → '일의 진상을 밝히기 위해서'라는 목적만 나왔으므로 뒤에는 진상을 밝히기 위한 조사나 확인 등의 내용이 나올 가능성이 크다.
在低温无风的天气里 기온이 낮고 바람이 없는 날씨 속에서	'在……里(~ 안에서)'라는 전치사구이므로 답이 들어갈 자리 뒤의 부호는 '마침표(。)'가 올 수 없다. → 이런 전제조건만 나오는 경우는 정보 구일 확률이 높고, '기온이 낮고 바람이 없는 날씨 속에서' 무엇이 어떤 결과를 가져오는지가 뒤에 설명되어야 한다. 전제조건 뒤에는 그에 따른 결과를 항상 예상해야 한다.
它在中国古文字学与书法艺术领域 그것은 중국고문자학과 서예예술의 영역에서	'在……领域(~ 영역에서)'라는 전치사구이므로 답이 들어갈 자리 뒤의 부호는 '마침표(。)'가 올 수 없다. → 여기서는 이 전치사구 앞에 '它(그것)'라는 주어가 붙어 있으므로, 이어지는 내용은 술어로 시작해야 한다. 내용에서 언급한 '그것'이 고문자학과 서예예술의 영역에서 어떤 작용이나 중요한 위치를 차지하고 있다는 내용이 이어질 가능성이 크다.

3. 대명사를 이용하여 사고능력 키우기

这幅画很快受到了追捧。 이 그림은 아주 빠르게 추종을 받았다.	'这幅画(이 그림)'라는 지시대명사가 있는 명사구로 시작했으므로 앞에는 그림이 언급되었음을 짐작할 수 있다.
这个偶然的事件使小司马光出了名。 이 우연한 사건은 어린 사마광을 유명하게 만들었다.	'这个偶然的事件(이 우연한 사건)'이라는 지시대명사가 있는 명사구로 시작했으므로 앞에서 사마광을 유명하게 만든 사건이나 이야기가 언급되었음을 짐작할 수 있다.
承认这话很有道理。 이 말에도 일리가 있다고 인정했다.	'这话(이 말)'라는 지시대명사가 있는 명사구가 있으므로 앞에서는 주인공이 일리가 있다고 생각하게 만든 '말'이 언급되었음을 짐작할 수 있다.
他们两人曾经合作画画。 그들 두 사람은 일찍부터 합작해서 그림을 그렸다.	'他们两人(그들 두 사람)'이라는 인칭대명사와 그 수가 분명히 언급되었으므로 앞에서는 어떤 두 사람인지가 언급되고, 이어지는 내용에서는 어떤 방식으로 그림을 합작했는지 언급할 것이라는 것을 짐작할 수 있다.

4. 독해 제3부분 빈출 접속사 정리

1	不是(并不/并非) A，而是(只是) B	A가 아니라, B이다 TIP 不 + 일반동사 + A, 而 + 일반동사 + B 不需要 A, 而需要 B　A가 필요한 것이 아니라, B가 필요하다
2	不仅(不但/不只/不光/不单) A， 而且(并且/且) 还(也/更) B	A뿐만 아니라, 게다가 또한(역시/더욱) B하다
3	虽然(尽管) A，但是(可是/然而) 却 B	비록 A지만, 그러나 오히려 B하다
4	即使(即便) A，也 B	설령 A일지라도, B하다
5	如果(要是/假如/假使/倘若/若) A， 那么就(便/则)会(恐怕)B	만약에 A한다면, 그러면 바로 B일 것이다/ 아마도 B일지 모른다
6	无论(不论/不管) A 还是 B，都(也)……	A든 B든 상관없이, 모두(역시) ~하다
7	无论(不论/不管) 什么/哪儿/谁，都(也)……	무엇이든/어디든/누구든, 모두(역시) ~하다
8	只有(除非) A，才 B	A를 해야만, 비로소 B하다
9	只要 A，就(便) B	A하기만 하면, 바로 B하다
10	一旦 A，就(便) B	일단 A하면, 바로 B하다
11	因为 A，所以 B	A 때문에, 그래서 B하다
12	由于 A，所以(因此) B	A 때문에, 그래서(그리하여) B하다
13	既然 A，那么/就 B	기왕 A한 마당에, 그러면 바로 B하다
14	既 A，又(也/还/更) B	A하기도 하고, 또(역시/또한/더욱) B하다

▶ 정답 및 해설 p.91

☺ 전략을 이용해 보기를 파악하고 밑줄 앞뒤의 힌트를 통해 정리해야 문제가 쉽게 풀린다. (각 지문당 5분 안배)

[1–5]

毛公鼎是西周宣王时期铸造的一件青铜器物，（1）____________________，于1843年在陕西省岐山县被人发现，被誉为晚清“四大国宝”之一。毛公鼎高53.8厘米，重34.7公斤，整体造型浑厚而凝重，纹饰简洁有力、风格古雅朴素。

出土时，毛公鼎几乎完好无损，而且更难能可贵的是，鼎的腹部铸有32行，（2）____________________，字数是全世界现已出土的铸铭青铜器中最多的。在当时，人们不仅依据青铜器的质量和年代来判断价格，铭文的字数也是一项重要标准。字数越多，其价格也越昂贵。因此，（3）____________________。

毛公鼎上的铭文是西周晚期一篇完整的册命书，用词华丽、内容深奥，对人们了解西周历史很有帮助，极具考古研究价值。此外，（4）____________________，也有着举足轻重的地位。500字的金文纵横有序、结构均匀，长方形的字体，单一看来圆润细腻，整体看来却又雄劲有力，（5）____________________。仅就其书法艺术方面的成就而言，毛公鼎铭文也可谓名震古今的杰作了。

A 它在中国古文字学与书法艺术领域
B 共500字的金文铭文
C 毛公鼎自然成了稀世瑰宝
D 因铸器人为毛公而得名
E 它们标志着西周金文已发展到了十分成熟的阶段

[6–10]

一天，大臣纪晓岚和刘墉陪乾隆皇帝在御花园散步。纪晓岚问刘墉："你们山东的萝卜有多大？"刘墉一听，喜形于色，（6）＿＿＿＿＿＿＿＿＿＿。纪晓岚却不以为然地说："你们山东的萝卜再大，也不可能比我们直隶的大。"刘墉听后很不服气，因为谁都知道山东的萝卜畅销各地，是出了名的大。（7）＿＿＿＿＿＿＿＿＿＿。乾隆皇帝听了觉得很好笑，说："这有什么，你们两个明日各自准备好最大的萝卜，带上朝来让大家评一评。"

第二天，刘墉带着一个大萝卜上朝，大臣们看到那么大的萝卜，（8）＿＿＿＿＿＿＿＿＿＿。乾隆问纪晓岚："你的大萝卜在哪儿？"纪晓岚从袖口内掏出一个又瘦又小的萝卜。大臣们看了不禁议论纷纷，（9）＿＿＿＿＿＿＿＿＿＿。乾隆也有些纳闷儿，对纪晓岚说："你这是开的什么玩笑？"只见纪晓岚不慌不忙，用非常诚恳的语气说："回皇上，我让人找遍了直隶全省，才找到这个最大的萝卜。直隶的土壤较为贫瘠，再加上近半年来天灾不断，农作物普遍收成不佳，百姓无法缴纳太多的粮食。请皇上明鉴。"

乾隆这才明白，（10）＿＿＿＿＿＿＿＿＿＿。于是，他想了片刻，说："直隶穷就少纳粮，山东富就多纳些粮吧！"

A 不知他葫芦里卖的是什么药
B 纪晓岚是在借机反映直隶省经济困难
C 两人为此争论不休
D 个个赞叹不已
E 兴致勃勃地比划着自己家乡远近闻名的大萝卜

기출상식

月光族 yuèguāngzú 위에광주(월광족)

매월 받는 월급(月薪 yuèxīn)을 모두 다 써버리는(花光 huāguāng) 성향을 가진 중국의 젊은 세대를 일컫는 말로, 자신의 월급을 모두 쇼핑에 소비하고 예금통장의 잔고가 없으며 각종 회원카드가 지갑을 차지하는 것이 특징이다. 가장 강력한 소비성향을 보이는 세대이다.

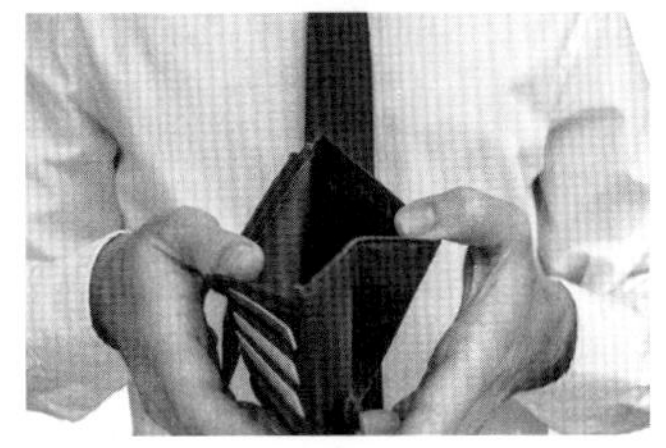

草莓族 cǎoméizú 차오메이주(딸기족)

보기에는 먹음직스럽고 예쁘지만 조금만 압력이 가해져도 쉽게 물러지는(烂 làn) 딸기처럼 사회적 압력과 스트레스를 잘 견디지 못하고 쉽게 상처받으며 좌절하는 1980년대 이후 출생한 사람들(八零后 bālínghòu)을 가리킨다. 그들은 도전의식이 적고 쉽게 포기하는 특성을 가지고 있다.

低头族 dītóuzú 띠터우주(저두족)

휴대전화의 소지율이 높아지면서 머리를 숙여 스마트폰(智能手机 zhìnéng shǒujī)에 빠져 좀처럼 고개를 들지 않는 젊은 세대를 가리키는 말이다. 스마트폰을 사용하기 위해 엄지(拇指 mǔzhǐ)를 주로 쓰기 때문에 엄지족(拇指族 mǔzhǐzú)이라고도 불린다.

榴莲族 liúliánzú 리우롄주(두리안족)

껍질이 삐죽삐죽 하면서 딱딱하고(硬 yìng) 그 속은 구린(臭 chòu) 냄새가 나는 과육으로 되어 있는 과일, 두리안(榴莲 liúlián)처럼 직장 내에서 꽤나 경력이나 능력을 가지고 있지만 모나고 괴팍한 성격 때문에 가까이 하고 싶지 않은, 인간관계(人际关系 rénjì guānxì)에 문제가 있는 무리를 가리킨다.

독해 제 4 부분

질문을 읽고 질문에 답하기

문제유형

독해 제4부분은 총 20문항으로, 5개의 사진이 있는 지문으로 되어 있고, 사진은 주로 소재와 관련되어 있다. 하나의 지문은 500~600자 내외의 글이고, 한 지문당 4개의 질문과 각 질문에는 선택할 수 있는 네 개의 보기가 있는데 질문에 알맞은 보기를 고르는 부분이다.

출제경향

① 문제에서 힌트를 주는 경우

네 문제 중에 주로 앞의 두 문제는 밑줄 친 어휘의 뜻, 제시된 어휘에 관련된 문제로 문제를 잘 읽으면 지문의 어떤 내용에 집중하는지를 찾기가 쉬우므로 문제를 정확하게 파악해야 한다.

② 일치/불일치, 혹은 알 수 있는 사실을 찾아야 하는 문제

독해 제4부분과 비슷한 형식인 듣기 제3부분에서는 웬만해선 틀린 것을 찾으라는 문제는 잘 나오지 않지만 독해 제4부분의 세 번째 문제는 주로 이 경우인 경우가 많다. 더불어 지문과 일치하는 내용을 찾아야 하거나 본문을 근거로 알 수 있는 것을 고르라는 문제 역시 비슷한 빈도율로 출제되는데 보기를 일일이 대조해서 확인해야 하므로 시간이 제일 많이 걸리는 문제유형이다.

③ 주제 혹은 소재를 찾으라는 문제

네 문제 중 마지막 문제는 주로 주제나 제목을 찾으라는 경우로 꽤 높은 빈도율로 한 문제는 꼭 출제되는 편이다.

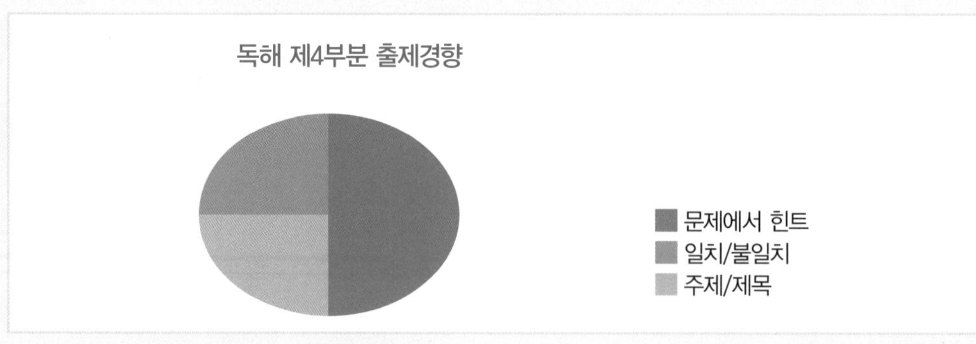

● 문제 접근 전략

시험지

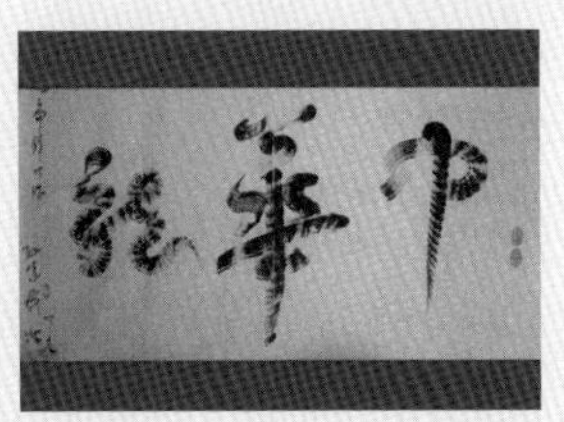

汉朝的蔡邕不但是位文学家，还是一个著名的书法家。

一天，蔡邕到皇家藏书的鸿都门学送自己写好的文章。在等待接见的时候，他看到有几个工匠正在用扫帚蘸着石灰水刷墙。[81.C] 为了消磨时间，他就站在一旁看来起来。

只见工匠一扫帚下去，墙上便出现了一道白印。由于扫帚苗比较稀，蘸不了多少石灰水，而且墙面又不太光滑，所以，白道里有些地方还露出了墙皮。蔡邕不由得眼前一亮。他想，以往人们写字总是要蘸足墨汁，写出的字每一笔都是全黑的。[82.B] 要是能像工匠刷墙一样，让黑笔道里露出些帛或纸的底色来，岂不是更加生动自然吗？想到这儿，他一下来了兴致，交了文章后，便迫不及待地往家赶。

到家后，蔡邕顾不上休息，立刻准备好笔墨纸砚，仿照工匠刷墙的方式，提笔就写。谁知这种书写方式并没有他想的那么容易。一开始，他写出的笔道里不是露不出纸来，就是露出的部分太生硬，一点儿也不好看。但他毫不气馁，[83.A] 经过一段时间的反复练习，最终，蔡邕掌握了蘸墨量、用笔力度和行笔速度等方面的分寸，写出了黑中隐隐露白的笔道，使字变得飘逸飞动，别有韵味。[84.A] 这种字体就是书法界所说的“飞白书”。

蔡邕独创的飞白书很快就被推广开来，直到今天，仍被不少书法家所推崇。

81. 蔡邕起初为什么要看工匠刷墙？
    A 监督工匠干活儿　　B 了解工程进程
    C 打发时间　　D 想学粉刷

82. 蔡邕认为笔道里露出纸会：
    A 更省力　　B 使字显得灵动
    C 使笔画更清晰　　D 节约墨水

83. 根据第4段，下列哪项正确？
    A 蔡邕尝试了多次才成功　　B 蔡邕专门请教了工匠
    C 写飞白书速度越快越好　　D 墨水中应加入适量石灰水

84. 上文主要谈的是：
    A 飞白书的由来　　B 工匠的智慧
    C 中国书法的分类　　D 蔡邕的为官之道

① 우측 상단의 이미지를 먼저 확인한다.

독해 제3부분의 이미지와 같이 글의 핵심 내용을 대표하는 이미지로 소재나 주제를 파악하는 데 힌트가 된다. 예제의 이미지는 글씨이므로 글씨 또는 글씨체와 관련된 내용임을 짐작할 수 있다.

② 지문이 아니라 문제를 먼저 파악해야 한다.

5급의 경우에는 지문이 6급에 비해 짧고 비교적 쉬운 편이기 때문에 지문의 내용을 속독하고 문제를 푸는 경우가 있지만 6급은 지문의 양도 많고, 내용이 어려워 절대 지문부터 보는 것은 피하고, 거꾸로 문제를 먼저 파악하고 거기에 관련된 내용을 찾아 그 부분만 빠르게 이해하는 것이 좋다.

예제의 81번 문제의 경우 '蔡邕起初为什么要看工匠刷墙? (채옹이 처음에 왜 도장공이 칠하는 것을 보았는가?)'이라고 했으므로 도장공이 칠하고 있는 모습을 채옹이 보는 부분을 찾아가면 정답을 찾기 쉽다.

③ 문제를 파악할 때는 보기까지 확인해야 한다.

문제의 질문만 읽고 지문을 찾아갔을 경우에는 그 부분을 일일이 보기와 대조를 해야 하는데 이 경우는 내용보다 같은 어휘에 집중하는 경향이 있기 때문에 오히려 오답을 고르게 되는 원인이 된다. 6급은 같은 어휘를 쓰기도 하지만 내용으로 이해를 해야 하기 때문에 반드시 보기까지 파악한 후 보기의 내용을 언급하는 부분을 지문에서 찾아야지 같은 어휘를 찾는 것이 아님을 주의하자.

예제의 81번 경우 문제만 확인하고 지문을 찾아갔다면 지문의 내용을 찾아가서 일일이 보기를 대조하면서 집중력이 흐트러지거나 어휘에 집중하게 되는 경우가 있지만 보기의 '감독을 하려고 했는지/ 공정과정을 이해하려고 했는지/ 시간을 때우려고 했는지/ 배우려고 했는지'를 먼저 대략적으로 알고 가면 지문의 '为了消磨时间(시간을 보내기 위해)'을 보고 바로 정답을 고를 수 있고, 같은 어휘가 있어서가 아니라 정확하게 내용을 인지 하고 넘어갈 수 있다.

④ 제목은 반드시 전체적으로 설명한 대상이 들어간 것 중에 하나이다.

제목은 전체적으로 설명하고자 하는 대상이 들어가야 하고 반드시 전체 내용을 포괄할 수 있는 것이어야 한다. 예제 84번이 제목을 찾는 문제인데, 일단 주인공이 채옹이기 때문에 채옹이 들어간 것이거나 82번과 83번을 풀면서 글씨체와 관련된 것임을 알 수 있고, 마지막 부분에 '飞白书'의 언급이 많으므로 '飞白书'가 들어간 것이 정답일 확률이 높은데, D의 경우 채옹은 있지만 채옹의 관직에 관한 부분은 전혀 언급되지 않았으므로 정답이 A임을 알 수 있다.

⑤ 주제를 찾는 문제는 글의 마지막 부분을 확인해야 한다.

주제는 처음에 언급했다 하더라도 마지막에 다시 언급하는 경우가 많으므로 마지막에 집중하는 것이 좋다.

유형별 전략

지문 읽기와 문제 파악 - 문제유형 파악으로 한 번에 끝!

1 읽기 능력을 키워라!

6급은 기본적인 읽기 실력이 없으면 문제의 힌트를 찾아도 정확한 답을 선택하기 어렵다. 꾸준한 어휘 암기와 패턴 습득으로 읽기 능력을 키워야 한다. 특히, 단순 해석보다는 내용 파악에 초점을 맞춰 연습해야 한다.

2 문제유형을 파악해라!

독해 제4부분은 다른 지문이 있는 문제들과 달리 문제유형이 제한적이다. 유형만 파악하면 나머지는 읽기 능력에 좌우된다. 유형은 아래와 같이 나뉜다.

① 문제의 힌트로 세부내용 맞추기
② 맞거나 틀리거나 알 수 있는 것 찾기
③ 글의 주제나 제목 찾기

위 세 가지 유형에 대해서는 아래 전략을 참고하여 학습해보자.

3 실전 연습은 시간 안배가 관건이다!

6급의 독해 제4부분은 5급의 독해 제3부분과 같은 유형이기 때문에 5급을 통과한 학생이라면 대략적인 내용을 이해하고 충분히 문제를 맞출 수 있다.
하지만, 6급은 지문이 더 길고 어휘나 내용의 난이도가 더 높음에도 주어진 시간이 5급 때와 차이가 나지 않기 때문에 시간 안배가 매우 중요하다. 실전 연습을 할 때는 반드시 엄격하게 시간을 재서 푸는 연습을 해야 시험에서 시간이 부족한 경우가 생기지 않는다는 것을 명심해야 한다.

• 문제유형 및 접근 순서

① 질문의 힌트로 세부내용 맞추기

특징	* 주로 첫 번째, 두 번째 문제로 나온다. * 질문에 힌트가 주어진다.
접근 순서	① 질문을 정확하게 파악한다. ② 힌트가 될 만한 부분을 체크해 둔다. ③ 지문에서 힌트를 찾기 전에 보기 네 개를 모두 매칭시켜 말을 만들어본다. ④ 지문에서 힌트가 언급된 내용을 찾는다. ⑤ 매칭시켰던 보기가 언급되어 있는 부분까지 확인한다. ⑥ 다시 한번 질문을 확인하고 내용이 일치하면 정답으로 간주한다.

예

汉朝的蔡邕不但是位文学家，还是一个著名的书法家。

一天，蔡邕到皇家藏书的鸿都门学送自己写好的文章。1.C 在等待接见的时候，他看到有几个工匠正在用扫帚蘸着石灰水刷墙。为了消磨时间，他就站在一旁看了起来。

只见工匠一扫帚下去，墙上便出现了一道白印。由于扫帚苗比较稀，蘸不了多少石灰水，而且墙面又不太光滑，所以，白道里有些地方还露出了墙皮。蔡邕不由得眼前一亮。他想，以往人们写字总是要蘸足墨汁，写出的字每一笔都是全黑的。2.B 要是能像工匠刷墙一样，让黑笔道里露出些帛或纸的底色来，岂不是更加生动自然吗？想到这儿，他一下来了兴致，交了文章后，便迫不及待地往家赶。……

1. 蔡邕起初为什么要看工匠刷墙？
   A 监督工匠干活儿　B 了解工程进程　C 打发时间　D 想学粉刷
2. 蔡邕认为笔道里露出纸会：
   A 更省力　B 使字显得灵动　C 使笔画更清晰　D 节约墨水

해석 한 나라의 채옹은 문학가일 뿐만 아니라, 유명한 서예가이기도 하다.

하루는 채옹이 황실에서 책을 소장하는 홍도문 학교에 자신이 쓴 글을 보내러 갔다. 그가 접견을 기다릴 때, 몇 명의 도장공이 석회수를 찍어서 벽에다 바르고 있는 것을 보았다. 시간을 때우기 위해, 그는 한 쪽에 서서 보기 시작했다.

도장공이 아래로 비질을 하자, 벽에는 한 줄의 하얀 자국이 생겼다. 빗자루 솔이 비교적 듬성하여 석회수는 얼마 묻힐 수가 없었고, 벽 또한 그다지 매끄럽지 않았기 때문에, 하얗게 칠한 부분에는 벽면이 드러나기도 했다. 채옹은 자신도 모르게 눈에서 빛이 났다. 이전의 사람들은 글자를 쓸 때, 늘 먹물을 충분히 찍어 써낸 글자는 모든 획이 전부 까맸지만, 도장공들이 벽을 칠하는 것처럼 검은 글자에 면이나 종이의 바탕색이 드러나게 한다면, 이 어찌 더욱 생동감 있고, 자연스럽지 않겠는가? 여기까지 생각이 미치자, 그는 순간 흥미가 생겨 글을 내자마자 얼른 집으로 서둘러 갔다. ……

1. 채옹은 처음에 왜 도장공이 벽을 칠하는 것을 보았는가?
   A 도장공이 일을 하는 것을 감독하려고　B 공정의 진행과정을 알아 보려고
   C 시간을 때우려고　D 도장일을 배우고 싶어서
2. 채옹은 붓의 흔적에 종이가 드러나는 것이 어떻게 될 것이라고 여겼는가:
   A 더욱 수월할 것이라고　B 글자를 생동감 있게 보이게 할 것이라고
   C 붓글씨를 더욱 선명하게 할 것이라고　D 먹물을 절약할 수 있을 것이라고

Point 1. ① 질문(채옹은 처음에 왜 도장공이 벽을 칠하는 것을 보았는가?)을 먼저 파악한다.
② '看工匠刷墙(도장공이 벽을 칠하는 것을 보다)'이 힌트이다.
③ 채옹이 처음에 도장공이 벽을 칠하는 것을 본 것은 'A 도장공이 일을 하는 것을 감독하려고/ B 공정의 진행과정을 알아 보려고/ C 시간을 때우려고/ D 도장일을 배우고 싶어서'와 매칭시켜 본다.
④ 채옹은 도장공이 벽을 칠하는 것을 보았다는 내용이 언급된 부분을 지문에서 찾는다.
⑤ 질문의 내용은 지문에서 순서대로 나오는 경우가 일반적이므로 첫 번째 단락부터 확인해야 한다.
⑥ 두 번째 단락에서 힌트가 언급된 '在等待接见的时候，他看到有几个工匠正在用扫帚蘸着石灰水刷墙。为了消磨时间，他就站在一旁看起来(그가 접견을 기다릴 때, 몇 명의 도장공이 석회수를 찍어서 벽에다 바르고 있는 것을 보았다. 시간을 때우기 위해, 그는 한 쪽에 서서 보기 시작했다)'를 찾아낸다.
⑦ 질문이 '为什么要看(왜 보았는가)'이므로 목적을 나타내는 '为了'가 있는 '为了消磨时间(시간을 때우기 위해)' 부분을 근거로 C 打发时间(시간을 때우다)이 정답임을 알 수 있다.
⑧ '打发时间(시간을 때우다)'과 '消磨时间(시간을 허비하다)'은 같은 뜻이다.

2. ① 질문(채옹은 붓의 흔적에 종이가 드러나는 것이 어떻게 될 것이라고 여겼는가:)을 먼저 파악한다.
② '笔道里露出纸(붓의 흔적에 종이가 드러나다)'가 힌트이다.
③ 채옹은 붓의 흔적에 종이가 드러나는 것이 'A 더욱 수월할 것이라고/ B 글자를 생동감 있게 보이게 할 것이라고/ C 붓글씨를 더욱 선명하게 할 것이라고/ D 먹물을 절약할 수 있을 것이라고' 여겼다로 매칭시켜 본다.
④ 붓의 흔적에 종이가 드러났다는 내용이 언급된 부분을 지문에서 찾는다.
⑤ 두 번째 문제이므로 첫 번째 문제를 찾은 부분 이후부터 보는 것이 효율적이다.

⑥ 세 번째 단락에서 힌트가 언급된 '要是能像工匠刷墙一样, 让黑笔道里露出些帛或纸的底色来(도장공들이 벽을 칠하는 것처럼 검은 글자에 면이나 종이의 바탕색이 드러나게 한다면)' 부분을 찾아낸다.
⑦ 질문에서 '蔡邕认为(채옹이 여기기에)'가 있었으므로 채옹의 생각이 중요하다. 바로 뒤에 이어지는 '岂不是更加生动自然吗？想到这儿……(이 어찌 더욱 생동감 있고, 자연스럽지 않겠는가? 여기까지 생각이 미치자 ……)'을 근거로 B 使字显得灵动(글자를 생동감 있게 보이게 할 것이다)이 정답임을 알 수 있다.
⑧ '生动(생동감 있다)'과 '灵动(생기 있다)'은 의미가 비슷한 근의어이다.

② 맞거나 틀리거나 알 수 있는 것 찾기

특징	* 구체적으로 단락을 지정하는 경우가 있다. (根据第2段, ……/ 根据第4段, ……) * 전체적인 내용을 근거로 알 수 있는 것을 찾아야 하는 경우도 있다. * 맞는 것을 찾을 경우에는 나머지가 틀렸다는 것을, 틀린 것을 찾을 경우에는 나머지가 맞다는 것을 확인해야 한다. * 다른 유형의 문제보다 시간이 더 걸리는 편이다. * 이미 앞에서 푼 문제의 내용과 겹치는 보기는 지문을 다시 확인할 필요가 없다.
접근 순서	① 맞는 것을 찾는 것인지 틀린 것을 찾는 것인지 정확하게 파악한다. (특히 '不是'를 주의해야 한다.) ② 먼저 보기를 모두 확인한다. (하나씩 찾으면 시간이 많이 걸리므로 한 번에 보기 네 개를 다 파악하는 습관을 길러야 한다.) ③ 앞 문제를 통해 이미 알고 있는 사실이 보기에 있는 경우 이를 활용한다. ④ 보기를 근거로 지문에서 내용을 찾아 하나씩 제거 혹은 선택한다. ⑤ 남은 것 혹은 바로 확인이 된 것을 정답으로 간주한다.

예

……到家后，蔡邕顾不上休息，立刻准备好笔墨纸砚，仿照工匠刷墙的方式，提笔就写。谁知这种书写方式并没有他想的那么容易。一开始，他写出的笔道里不是露不出纸来，就是露出的部分太生硬，一点儿也不好看。但他毫不气馁，3.A 经过一段时间的反复练习，最终，蔡邕掌握了蘸墨量、用笔力度和行笔速度等方面的分寸，写出了黑中隐隐露白的笔道，使字变得飘逸飞动，别有韵味。这种字体就是书法界所说的"飞白书"。……

3. 根据第4段，下列哪项正确？
A 蔡邕尝试了多次才成功　　B 蔡邕专门请教了工匠
C 写飞白书速度越快越好　　D 墨水中应加入适量石灰水

해석 집에 도착한 후, 채옹은 쉴 새도 없이, 즉시 붓, 먹, 종이, 벼루를 준비해 도장공들이 벽을 칠한 방식을 따라, 붓을 들고 썼다. 이런 글 쓰는 방식이 그가 생각만큼 쉽지 않을 줄 누가 알았겠는가? 처음에 그가 써낸 글자에는 종이가 드러나지 않거나, 드러난 부분이 너무 부자연스러웠고, 조금도 예쁘지 않았다. 그러나 그는 낙담하지 않고, 한동안의 반복적인 연습 끝에, 결국 먹을 찍는 양, 붓에 가하는 힘, 붓을 움직이는 속도 등의 방면의 적당한 정도를 습득했고, 검은색 속에서 은은하게 붓의 하얀 흔적이 드러나 글자를 우아하게 만들었다. 이러한 글자체가 바로 서예계에서 말하는 '비백체'이다.

3. 네 번째 단락에 따르면, 아래의 어느 항이 정확한가?
A 채옹은 여러 번 시도해본 끝에 성공하였다　　B 채옹은 특별히 도장공에게 가르침을 청했다
C 비백체를 쓸 때에는 속도가 빠를수록 좋다　　D 먹물에는 적당량의 석회수를 넣어야 한다

Point 3. ① 질문에 '根据第4段(네 번째 단락을 근거로 하여)'이 있으므로 지문을 찾아갈 때는 네 번째 단락만 봐야 한다는 것을 인지해야 한다.
② 보기를 먼저 확인한다.
③ 1번 문제를 통해 채옹이 도장공이 벽을 칠하는 것을 보았으니 도장공과 관련이 있음을 알고 있고, 2번 문제를 통해 붓의 흔적에 종이가 드러나는 것이 글자를 생동감 있게 보이게 할 거라고 생각했다는 것도 알고 있으므로 A에 여러 번 시도해봤다는 것이 글자가 드러나게 쓰는 거라는 추측과 C에 언급된 비백체가 붓 흔적에 하얀 종이가 드러나는 것을 뜻하진 않는지, 이런 글씨체를 쓰기 위해 혹시 먹물에 석회수를 넣어야 하는 건 아닌지까지 추측해볼 수 있다.

④ 네 번째 단락으로 가서 보기의 내용이 언급될 때까지 대충 훑으며 본다.
⑤ '经过一段时间的反复练习, 最终, 蔡邕掌握了……(한동안의 반복적인 연습 끝에, 결국 채옹은 ~를 습득했다.)' 부분에서 한동안 반복적으로 연습했다는 것을 알 수 있고, '最终(결국에)'과 '掌握(습득하다, 장악하다)', '写出(써내다)'를 통해 이 연습이 성공적으로 끝났음을 알 수 있다. 따라서 정답은 A일 것이다.
⑥ 도장공은 네 번째 단락에서는 언급되지 않았으므로 B는 정답이 아니다.
⑦ 네 번째 단락의 마지막 부분에 채옹이 성공한 글씨체가 비백체라는 것이 나와 있고 속도가 언급은 되어 있으나 '掌握分寸'은 '적당한 정도를 습득했다'이므로 빠를수록 좋다는 말은 맞지 않아 C는 정답이 아니다.
⑧ D의 내용은 언급되지 않았으므로 정답은 확실하게 A이다.

③ 글의 주제나 제목 찾기

특징	* 네 문제 중 마지막 문제로 출제된다. * 제목이나 글의 소재를 묻는 문제는 문장의 내용을 전체적으로 설명한 것이 정답에 들어가야 하는 것이 일반적이다. * 첫 단락에서 '如何'와 같은 의문사를 사용해 시작된 글은 질문 자체가 제목이 되는 경우가 많다. * 사설과 이야기의 주제는 글의 마지막에 언급되는 경우가 많다. * 이미 앞서 푼 세 문제를 통해 내용을 많이 파악했다면 지문을 다시 확인하지 않아도 풀 수 있는 경우가 많다.
접근 순서	① 주제나 제목을 찾는 문제임을 확인한다. ② 보기를 파악하고 이미 앞의 문제를 통해 습득한 정보로 풀 수 있으면 바로 답을 선택한다. ③ 기존 정보로 풀리지 않는다면 도입부와 마지막 단락만 확인해서 구체적인 내용이 아닌 포괄적인 내용을 확인한다.

예

……最终，蔡邕掌握了蘸墨量、用笔力度和行笔速度等方面的分寸，写出了黑中隐隐露白的笔道，使字变得飘逸飞动，别有韵味。4. A 这种字体就是书法界所说的"飞白书"。

蔡邕独创的飞白书很快就被推广开来，直到今天，仍被不少书法家所推崇。

4. 上文主要谈的是：
A 飞白书的由来　　B 工匠的智慧
C 中国书法的分类　　D 蔡邕的为官之道

해석 결국 먹을 찍는 양, 붓에 가하는 힘, 붓을 움직이는 속도 등의 방면의 적당한 정도를 습득했고, 검은색 속에서 은은하게 붓의 하얀 흔적이 드러나 글자를 우아하게 만들었다. 이러한 글자체가 바로 서예계에서 말하는 '비백체'이다.
채옹의 독특한 비백체는 아주 빠르게 널리 퍼졌고, 오늘날까지 여전히 적지 않은 서예가들의 추종을 받는다.

4. 위의 글이 주로 말하는 것은:
A 비백체의 유래　　B 도장공의 지혜
C 중국 서예의 분류　　D 채옹의 관리가 된 방법

Point 4. ① 질문 '上文主要谈的是(윗글이 주로 말하는 것은)'를 보고 글의 중심소재를 찾는 문제임을 먼저 파악한다.
② 보기의 내용을 파악한다.
③ 도장공이 언급은 되었지만 주인공은 채옹이므로 B의 '도장공의 지혜'는 정답이 아님을 알 수 있다.
④ 채옹이 주인공이나 글자체 연구에 대한 글이므로 D 관리가 된 방법과는 상관이 없음을 알 수 있다.
⑤ 앞서 3번 문제를 풀면서 네 번째 단락의 마지막 문장을 확인했다면 '这种字体就是书法界所说的"飞白书"。(이러한 글자체가 바로 서예계에서 말하는 '비백체'이다)'를 확인할 수 있다. 앞의 내용은 새로운 글씨체를 연구한 내용이고 그것이 비백체라고 정의했으므로 이 글은 비백체의 유래에 관한 글임을 알 수 있다. 정답은 A이다.
⑥ 서예와 연관은 있으나 비백체 하나만 언급되었으므로 분류라고 설명할 수 없어 C는 정답이 아니다.

● 독해 지문 내용 파악을 위한 주요 어휘

어휘	설명
为了…… ~를 위해서	뒤에는 '목적'이 이어진다. '为什么……? (왜 ~하는가?)', '目的是什么? (목적이 무엇인가?)'와 같은 질문의 답을 찾을 때 확인해야 한다. 예 为了消磨时间，他就站在一旁看了起来。 시간을 때우기 위해 그는 한 쪽에 서서 보기 시작했다. → 그가 보기 시작한 이유를 묻는다면 '시간을 때우기 위함'이다.
因为 = 由于 때문에	뒤에는 '원인'이 이어진다. 질문에서 가장 많이 나오는 것이 '원인'이므로 항상 체크하는 습관을 키워야 한다. 예 因为不小心，烧瓶"哐当"一声掉在了地上。 조심하지 않아서 플라스크가 '콰당' 소리를 내며 땅에 떨어졌다. → 주인공이 실수로 플라스크를 땅에 떨어뜨린 사건이 일어났음을 알 수 있다.
但是 그러나	'전환'의 접속사로 '虽然(비록)'과 함께 잘 쓰인다. 뒤의 내용에 집중해야 한다. 화자가 하고자 하는 말이나 강조하고 싶은 부분에 쓰는 경우가 많다. 예 虽然遮阳伞的涂层可以在内侧也可以在外侧，但涂层在内侧的防紫外线效果更佳，这是因为外侧的涂层很容易磨损脱落。 양산의 코팅은 안쪽에도 해도 되고, 바깥쪽에 해도 되지만, 안쪽에 코팅을 한 것이 자외선 차단 효과가 더욱 좋다. 이것은 외측의 코팅은 아주 쉽게 마모되어 떨어져 나가기 때문이다. → 코팅을 해야 한다면 안쪽이 더 낫다는 것을 '但' 뒤에서 강조하고 있다. → 만약 안쪽에 코팅을 해야 하는 원인을 묻는 문제가 있다면 '因为' 뒤의 내용을 집중해야 한다.
如何……? 어떻게/어찌하여 ~하는가?	첫 단락에서 언급된다면 글의 화제를 설명하는 경우가 많다. 제목을 묻는 문제에 대한 답의 힌트로 많이 나온다. 예 我们如何才能买到真正能防紫外线的伞呢? 우리는 어떻게 해야 진정으로 자외선을 차단할 수 있는 양산을 살 수 있는가? → 글의 화제 또는 제목이 '자외선을 차단할 수 있는 양산을 고르는 방법'이라는 것을 알 수 있다.
要注意…… ~하는 것을 주의해야 한다	설명문에서 주로 많이 나오는 표현으로 주의해야 할 사항을 언급한다. 주의사항은 문제로 자주 연결된다.
重要的是…… 중요한 것은 ~이다	중요한 것은 정답과 관계없이 글을 파악하는 기본이다.
不小心…… 조심하지 않아 (실수로) ~하다	이야기에서 주로 사건의 발단을 설명하는 데 쓰인다. 고의가 아니므로 우연찮게 일어난 일임을 설명한다.

才发现…… 그제서야 ~를 발견했다 **才能……** (~해야만) 비로소 할 수 있다	발견하거나 할 수 있었던 이유나 과정이 앞에 나온다. 뒤에는 알게 된 사실이나 앞의 과정으로 비로소 해낼 수 있는 결과가 나온다. 앞, 뒤의 내용 모두 문제의 힌트로 나오는 경우가 많으니 주의해야 한다. 예 这才发现烧瓶的瓶壁上有一层薄薄的透明膜。 그제서야 플라스크의 벽면에 한 층의 두꺼운 투명 막이 있다는 것을 발견하였다. → 그전에는 몰랐던 투명 막이 있다는 사실을 어떤 과정이나 행동을 통해 비로소 발견했음을 알 수 있다.
否则 그렇지 않으면	앞의 내용은 '~해라/~하지 마라' 어투의 명령이나 권유인 것이 많고, 뒤의 내용으로 그 명령이나 권유를 따르지 않았을 경우에 대한 가정이 오곤 한다. 이 가정은 통상적으로 부정적인 내용이다. 문장을 빨리 파악해야 한다면 앞의 내용만 보면 된다. 예 但要注意，清洗遮阳伞不宜过于频繁，否则遮阳伞防紫外线的效果将受到影响。 그러나, 주의해야 할 것은 양산을 너무 빈번하게 청소하는 것은 좋지 않다는 것이다. 그렇지 않으면 (자주 청소를 하게 되면), 양산의 자외선 차단 효과에 영향을 받을 것이다. → '但(그러나)', '要注意(주의해야 한다)' 둘 다 문장을 파악하는 주요어휘이므로 뒤의 내용은 중요한 내용을 언급하고 있다는 것을 알 수 있다. → 핵심은 '否则' 앞의 내용인 양산을 빈번하게 청소하지 말라는 것이다.
相反 반대로	뒤의 내용은 앞과 상반된 내용이 나온다. 앞이나 뒤 둘 중에 한 부분만 이해해도 나머지는 반대의 상황을 떠올리면 되기 때문에 지문을 빨리 파악하는 데 도움을 준다.
以为…… ~라고 여겼다	그렇게 여겼으나 사실은 다름을 설명할 때 많이 쓰인다. 뒤에 이어지는 내용은 함정으로 나오는 경우가 많으니 보기에서 답으로 고르지 않도록 조심해야 한다.
最终 최종적으로, 결국에는	최종적인 결과나 상황을 설명하는 데 쓰이는 어휘이기 때문에 사건이나 이야기의 결과를 파악하는 데 도움을 준다.

▶ 정답 및 해설 p.93

☺ 배운 내용을 토대로 접근 순서에 따라 문제유형을 인지하며 풀어보자. (지문 당 4분 안배)

[1 - 4]

雅马哈是一家著名的钢琴制造公司。经过多年的艰苦努力，该公司控制了整个世界钢琴市场40%的销售量。但与此同时，市场对钢琴的需求量却以每年10%的速度下降，钢琴行业面临危机。雅马哈该以什么样的策略来应对这个严峻的现实呢?

公司经过深入调查和分析后发现，从莫扎特时代开始到现在，钢琴的结构和功能几乎没有变化。而且，现代人由于生活节奏快，对学钢琴的兴趣越来越小，许多钢琴都被闲置在家里或者音乐厅，上面布满了灰尘。

雅马哈的管理者们认识到：此时再进一步扩大钢琴市场占有率已没有任何意义，因为市场需求已趋于饱和。即使产品质量再好、成本再低，也解决不了雅马哈目前面临的问题。他们认为，唯一的出路就是改变钢琴的结构，增加其功能。

于是，雅马哈运用数控技术与光学技术开发了一种先进的装置，钢琴装上这种装置后，可以区分出92种击键的速度和强度，还能精确地记录和重放音乐。客户不用花太多钱就可以让自己的钢琴拥有新的功能。这受到了大部分客户的欢迎，雅马哈从中创收6000亿元。

新型钢琴还激起了一些潜在客户学弹钢琴的兴致。受此影响，钢琴使用指南、钢琴演奏磁带等也成了新的收入增长点。虽然，钢琴行业的潜在市场比想象中要大得多，这一案例充分表明，用全新的眼光来审视现有客户真正的内在需求，挖掘潜在的市场，并以此来制定战略才能够获得持久的发展。

문제 1 钢琴行业面临的危机是什么?

A 工人纷纷罢工　　B 零件价格上涨

C 恶性竞争频现　　D 市场需求量减少

문제 2 雅马哈的管理者们认为应该怎么解决那个问题?

A 进行薪酬改革　　B 寻求合作伙伴

C 增加钢琴功能　　D 削减生产成本

문제 3 根据第4段，下列哪项正确？

A 没有厂商愿意续约
B 新型钢琴大受欢迎
C 雅马哈损失惨重
D 钢琴维修费用高

문제 4 雅马哈的案例告诉我们：

A 要有品牌意识
B 要善于挖掘潜在市场
C 要勇于承担社会责任
D 要争取留住人才

[5 - 8]

夏季烈日炎炎、天气酷热，遮阳伞无疑成了许多人必不可少的防晒“武器”。但是面对市场上琳琅满目的遮阳伞，我们如何才能买到真正能防紫外线的伞呢？

俗话说“一分钱一分货”，挑选遮阳伞首先要看价格。一把合格的遮阳伞需要经过特殊的涂层处理，即使采用最普通的材料，成本也得20元左右。价格过低的遮阳伞只能挡住部分阳光，是无法抵挡紫外线的。有些遮阳伞的价格很高，这与伞的面料、配件、制作工艺、包装以及品牌等都有关系。

其次要看是否有涂层处理。遮阳伞的涂层一般有两种颜色——黑色和银色。这两种颜色的涂层都能防紫外线。黑色的可以吸收紫外线，而银色的则有反射和阻挡紫外线的作用。另外，虽然遮阳伞的涂层可以在内侧也可以在外侧，但涂层在内侧的防紫外线效果更佳，这是因为外侧的涂层很容易磨损脱落。此外，遮阳伞的颜色与紫外线防护性能也有关。在同等条件下，遮阳伞的颜色越深，其防紫外线的性能越好。

第三要看面料。一般面料较厚且紧密的遮阳伞防紫外线效果更好，涤纶面料的要比棉、丝和尼龙的好。

正常来说，遮阳伞在雨天也可以使用。不过，由于雨水对遮阳伞的涂层具有腐蚀作用，所以，最好不要在雨天使用遮阳伞。同时，别忘了做好遮阳伞的保养工作。伞面要是脏了，可以用质地较软的清洗工具蘸取清水轻轻擦拭。但要注意，清洗遮阳伞不宜过于频繁，否则遮阳伞防紫外线的效果将受到影响。

문제 5 “一分钱一分货”的意思是：

A 商品的价格与质量成正比
B 消费者购物不够理性
C 消费者偏爱包装精美的商品
D 商家需要加大广告投入

문제 6 关于遮阳伞的涂层，可以知道什么？

A 主要起防风的作用
B 仅一种颜色
C 含化学物质
D 在内侧防护效果更好

문제 7 根据最后一段，下列哪项正确？

A 遮阳伞面料越薄越好
B 涂层不会被腐蚀
C 雨伞易生锈
D 遮阳伞不宜频繁清洗

문제 8 上文主要谈的是什么？

A 紫外线对肌肤的伤害
B 遮阳伞与雨伞的区别
C 挑选遮阳伞的窍门
D 怎样防御紫外线

[9 - 12]

海鸥是一种常见的海鸟。由于分布范围广，种群数量比较稳定，海鸥被评为“无生存危机的物种”。海鸥以鱼、虾和蟹等为食，除此之外，它们还爱拣食人们丢弃的残羹剩饭，故又有“海港清洁工”之称。

海鸥还是海上航行安全的“预报员”。轮船在海上航行时，常因航海者不熟悉水域环境而触礁、搁浅。有经验的航海者往往会根据海鸥的行踪来判断周围的环境。海鸥习惯在暗礁或浅滩周围活动，如果看到它们长时间停落在一处鸣噪，航海者就要提防触礁或搁浅的发生了；海鸥还有沿港口出入飞行的习性，航行迷途的话，航海者可以通过观察海鸥的飞行方向，寻找港口。

另外，海鸥还能预报天气。如果海鸥贴近海面飞行，那么未来几天天气可能晴好；如果它们在海边飞来飞去，那么天气将可能变坏；如果它们远离水面，成群聚集在沙滩上或岩石缝里，则预示着一场暴风雨即将来临。海鸥之所以能预见暴风雨，是因为它的骨骼和翅膀上的羽管都是空心管状的，里面充满了空气，它们就像气压表一样能感知气压的变化。

문제 9 航海者往往根据什么来判断周围环境?

A 海鸥飞行时的队形　　B 海浪的波动幅度
C 海鸥的行踪　　D 海水温度

문제 10 海鸥成群聚集在沙滩上可能预示着什么?

A 海潮将要退去　　B 暴风雨即将来临
C 可能会发生海啸　　D 附近会有地震

문제 11 关于海鸥，可以知道什么?

A 羽管是空心的　　B 靠尾巴辨别方向
C 时常攻击航海者　　D 以海草为食

문제 12 最适合做上文标题的是：

A 奇妙的海洋世界　　B 勇敢的航海者
C 海上预报员——海鸥　　D 谁来拯救濒危动物

부분별 전략

근의어, 조합어휘, 4자 고정구를 암기해라!

| 학 | 습 | 목 | 표 |

1. 빈출 어휘들을 습득하여 지문 내용 더욱 빨리 파악하기
2. 실제 출제되는 난이도로 연습하여 독해 제4부분에 대한 자신감 키우기
3. 실제 분량을 시간에 맞춰 연습함으로써 실전감각 익히기

❶ 문제와 보기 파악이 기본이다!

문제와 보기만 파악을 잘 해도 소재를 추측해 말하고자 하는 내용을 대략적으로 파악할 수 있다.

❷ 근의어를 습득해야 한다!

똑같은 어휘나 표현으로 정답을 찾는 것만은 아니다! 비슷하거나 내용상 의미가 같은 어휘들이 답이 되는 경우가 더 많으므로 이러한 어휘들을 많이 습득해 두어야 문제를 풀 때 신속하게 정답을 고를 수 있다.

❸ 조합어휘와 빈출 4자 고정구(성어)를 암기해라!

독해 제4부분의 소재와 범위는 넓지만 6급 범위 안의 어휘는 빈출 조합어휘가 한정적이기 때문에 정리해서 암기해 두면 내용을 파악할 때 수월해진다.
또한 4자 고정구를 미리 파악해 두면 4자 고정구와 관련된 문제를 푸는 데 큰 도움이 된다.

❹ 시간을 재라!

독해 제4부분은 시간이 관건이다. 한 문제당 1분 남짓, 한 지문당 최대 5분 정도의 시간이 주어지기 때문에 실전문제를 풀거나 시험 전 연습을 할 때는 시간을 재서 푸는 연습을 해야 한다.

❺ 많이 풀어라!

독해 제4부분은 실전감각이 제일 필요한 부분이기 때문에 많은 문제를 풀어보는 것이 실전감각을 높여주고 긴장을 덜어주는 데 도움이 된다.

❻ 사고를 해라!

어휘를 찾는 방법으로만 문제를 풀면 한계에 부딪히게 된다. 반드시 찾은 부분의 문장은 속독을 해서 최소한의 내용을 파악해 최대의 내용을 이끌어낼 수 있도록 사전적인 의미보다 사고를 통해 내용 흐름을 파악하는 것이 중요하다.

1. 같은 의미로 쓰이는 조합어휘

1	费时间 fèi shíjiān = 花时间 huā shíjiān	시간을 허비하다
2	各不相同 gèbù xiāngtóng = 不一样 bù yíyàng	다르다
3	传递信息 chuándì xìnxī = 传递讯息 chuándì xùnxī	정보를 전달하다
4	扑灭 pūmiè = 救火 jiùhuǒ	불을 진압하다
5	显示机遇 xiǎnshì jīyù = 显示机会 xiǎnshì jīhuì	기회를 드러내다
6	把握现在 bǎwò xiànzài = 享受现在 xiǎngshòu xiànzài	지금을 잡다(즐기다)
7	起到作用 qǐdào zuòyòng = 发挥作用 fāhuī zuòyòng	작용을 일으키다
8	重视亲近自然 zhòngshì qīnjìn zìrán = 注重亲近自然 zhùzhòng qīnjìn zìrán	자연을 가까이 하는 것을 중시하다
9	转移 zhuǎnyí = 转向 zhuǎnxiàng	바꾸다, 변경하다

2. 독해 제4부분에 자주 출제되는 조합어휘

1	取悦人类 qǔyuè rénlèi	인류를 기쁘게 하다	2	沦为乞丐 lúnwéi qǐgài	거지로 전락하다
3	人人有责 rénrén yǒuzé	모든 사람이 책임이 있다	4	布满荆棘 bùmǎn jīngjí	가시밭길이다
5	斗志昂扬 dòuzhì ángyáng	투지가 드높아지다	6	打下基础 dǎxià jīchǔ	기초를 다지다
7	讲诚信 jiǎng chéngxìn	신용을 중시하다, 신용을 지키다	8	条件苛刻 tiáojiàn kēkè	조건이 가혹하다
9	予以免除 yǔyǐ miǎnchú	면제해주다	10	推行制度 tuīxíng zhìdù	제도를 널리 시행하다
11	自我揭发 zìwǒ jiēfā	자아폭로 (스스로를 폭로하다)	12	吸取教训 xīqǔ jiàoxun	교훈을 흡수하다 (받아들이다)
13	萌生想法 méngshēng xiǎngfǎ	방법이 생겨나다	14	隐形杀手 yǐnxíng shāshǒu	보이지 않는 살인자
15	风靡城市 fēngmí chéngshì	도시를 휩쓸다, 도시를 풍미하다	16	传授秘籍 chuánshòu mìjí	비법을 전수하다

17	紧跟潮流 jǐngēn cháoliú	유행을 바싹 뒤따르다	18	获得认同 huòdé rèntóng	인정을 얻다
19	得到提示 dédào tíshì	깨달음을 얻다	20	造福人类 zàofú rénlèi	인류에 복을 가져다 주다
21	达到地步 dádào dìbù	지경에 이르다	22	发放补贴 fāfàng bǔtiē	보조해주다, 보조금을 지급하다

3. 독해 제4부분에 자주 출제되는 4자 고정구

1	贫困潦倒 pínkùn liáodǎo	궁핍하고 초라해지다	2	锦衣华食 jǐnyī huáshí	호의호식하다, 잘 먹고 잘 지내다
3	狂妄自大 kuángwàng zìdà	아주 거만하여 안하무인이다	4	脚踏实地 jiǎotà shídì	일하는 것이 착실하고 견실하다
5	循序渐进 xúnxù jiànjìn	순서에 따라 점차 진행하다	6	变化无常 biànhuà wúcháng	변화무상하다
7	一帆风顺 yìfān fēngshùn	일이 순조롭게 진행되다	8	从容不迫 cóngróng búpò	매우 침착하다
9	抢购一空 qiǎnggòu yìkōng	날개 돋친 듯 다 팔리다	10	惊慌失措 jīnghuāng shīcuò	놀라고 당황하여 어찌할 바를 모르다
11	旦夕祸福 dànxī huòfú	재난이나 행운은 언제든지 찾아올 수 있다	12	瞠目结舌 chēngmù jiéshé	놀라서 어리둥절해 하다
13	心甘情愿 xīngān qíngyuàn	기꺼이 원하다	14	凭空而来 píngkōng érlái	근거 없이 나오다(생기다)
15	登峰造极 dēngfēng zàojí	최고수준에 이르다	16	指日可待 zhǐrì kědài	머지않아 실현되다
17	抱成一团 bàochéng yìtuán	하나로 똘똘 뭉치다	18	以貌取人 yǐmào qǔrén	외모로 판단하다

실전 문제

☺ 아래 지문을 읽은 후 보기에서 정답을 골라보자. (지문마다 4분으로 안배해서 연습해보자!)
배운 내용을 토대로 접근 순서에 따라 문제유형을 인지하며 풀어보자.

[1-4]

别涅迪克是法国一位化学博士。有一次，他在做实验时，准备将一种溶液倒入烧瓶，可一不小心，烧瓶"哐当"一声掉在了地上。"又得费时间打扫玻璃碎片了！"他懊恼地想。谁知，烧瓶竟然没有碎。以前也常有烧瓶掉在地上，但无一例外全都摔成了碎片。这只烧瓶看上去和其他烧瓶没什么不同，为什么仅有几道裂痕而没有破碎呢？别涅迪克一时找不到答案，于是给这只烧瓶贴上标签，注明问题，然后保存了起来。

没过多久，别涅迪克偶然看到报纸上的一篇报道，说有两辆客车相撞，车上的许多乘客都被挡风玻璃的碎片划伤了。他一下子联想到了那只裂而不碎的烧瓶，于是连忙跑到实验室，找出那只烧瓶仔细观察起来，这才发现烧瓶的瓶壁上有一层薄薄的透明膜。别涅迪克用刀片小心地刮下一片进行化验，结果发现，这只烧瓶曾盛过一种叫硝酸纤维素的化学溶液，那层薄薄的膜就是这种溶液蒸发后残留下来的。残留物遇空气后发生了反应，从而牢牢地粘贴在瓶壁上，对烧瓶起到了保护作用。

别涅迪克想：如果将这种溶液用于汽车玻璃的制造中，以后再发生类似的交通事故，乘客的生命安全岂不是更有保障？因为这个发现，别涅迪克荣登20世纪法国科学界突出贡献奖的榜首。

문제 1 别涅迪克为什么感到懊恼？

A 倒错了溶液　　B 要花时间打扫碎玻璃
C 实验结果与假设不符　　D 没有多余的烧瓶

문제 2 根据第2段，那只烧瓶：

A 遇到空气会变色　　B 瓶壁上有保护膜
C 材质十分罕见　　D 比其他烧瓶薄

문제 3 关于别涅迪克，可以知道什么？

A 是一位博士　　B 遇事不够冷静
C 被挡风玻璃划伤了　　D 获得了物理学奖

문제 4 最适合做上文标题的是:

A 如何减少交通事故　　B 硝酸纤维素的发现
C 小标签大作用　　D 藏在烧瓶中的机遇

[5-8]

在鸟类王国中，有很多出类拔萃的“音乐家”。云雀的歌声优美、嘹亮，黄鹂的歌声流畅、圆润，富有韵律，深受人们的喜爱。

然而，很多人都不知道，鸟类是没有声带的。那么它们又是怎样“唱歌”的呢？通过观察我们发现，鸟的喉部有一根较长的气管，往下分为两支，分别通入左右肺内。而两个支气管开始分叉的地方就是鸟类特有的发声器官——鸣管。鸣管内有声膜，歌声就是由肺里吹出的气流振动声膜而产生的。不过，鸟类的鸣管发达程度各不相同，有的比较完整，有的就非常简单。所以，鸟类的歌声也不尽相同。这也是为什么云雀、黄鹂等鸟类歌声优美，而有些鸟类却很少发声的原因。

那么小鸟们究竟在“唱”些什么呢？毫无疑问，它们并不是为取悦人类而“歌唱”的，而是在向同类传递讯息。例如，大多数雄鸟会用歌声向异性发出“请到我这里来”的邀请；还有一些鸟会通过歌声提示同伴“你正在遭遇危险”；或是告诫其他鸟“这是我的领土，切勿入内”等等。

为了深入研究鸟类的语言，最近，有些鸟类学家专门编了一本《鸟语辞典》，里面记录了多种鸟的语言所传达的信息。只要查一查这本辞典，我们就可以知道大多数小鸟在唱些什么了。此外，鸟类学家还根据这部辞典录制了100多种鸟语唱片。这些唱片可不是用来让你听“音乐”的，它们有很多用途，比如，有些唱片可以在农田播放，用来驱散鸟群，以达到保护庄稼的目的。

문제 5 鸟类的歌声为什么会不相同？

A 肺部的工作原理有差别　　B 声带厚薄不一
C 鸣管发达程度不一样　　D 发声器官的位置不同

문제 6 鸟类“唱歌”主要是为了：

A 寻找昆虫　　B 排出体内的废气

C 取悦人类　　D 向同类传递信息

문제 7 关于鸟语唱片，可以知道什么？

A 鸟类“歌唱”之谜　　B 有些可以用来保护庄稼

C 比《鸟语辞典》出现得更早　　D 收录了近千种鸟类的声音

문제 8 最适合做上文标题的是：

A 鸟类“歌唱”之谜　　B 关爱动物，人人有责

C 森林里的舞蹈家们　　D 谁来为动物扰民买单

[9 - 12]

人生到底有多少天？不同的人有不同的答案，在我看来，人的一生只有三天：昨天、今天、明天。经营好这三天，就经营好了一生。

昨天的日子很长，但不管有多少天，也不管是受到挫折，还是取得辉煌，都不能代表将来。比如昨天贫困潦倒的人将来可能会变成富翁；昨天锦衣华食的人将来可能沦为乞丐。这就是三十年河东三十年河西。世上没有永远的胜利，也没有永远的失败，胜利和失败在合适的条件下是能够转化的。因此，我们不必为昨天的挫折而萎靡不振，也不必为昨天的辉煌而狂妄自大。只有把过去的挫折和辉煌都作为今天的垫脚石，才能攀登美好的明天。

今天的日子很短。而且正在自己的脚下以秒计算地流逝。今天是昨天和明天的接力处，接力棒交得好，便会走向辉煌的明天；接力出问题，便会前功尽弃。因此，面对今天，我们不要总是怀念过去，过去的就让它过去了，只有从零开始，脚踏实地，全身心地经营好今天，才会结出丰硕的果实。今天的事一定要今天完成，绝不能推到明天。如果总是面对今天望明日，结果不但今天没有经营好，明天也悄悄地溜走了。

明天的日子还有多长？谁也说不清。明天是辉煌，还是落败？谁也道不明。明天既向我们显示机遇，又向我们发出挑战。明天的希望是美好的，但路途绝不平坦，到处布满荆棘。但有一点是可以肯定的，那就是花好月圆的明天只接纳奋斗不息者。

因此，我们只有善于汲取昨天的经验和教训，利用今天做好新跨越的准备，斗志昂扬地去挑战明天，才能为人生画上一个圆满的句号。

문제 9 "三十年河东三十年河西"最可能是什么意思?

A 人生变化无常　　B 做事要循序渐进

C 要学会换位思考　　D 生活不会一帆风顺

문제 10 第3段主要想告诉我们:

A 别忘掉过去　　B 要经营好今天

C 不能只顾眼前利益　　D 人生应该过得从容不迫

문제 11 根据上文，下列哪项正确?

A 昨天其实很短　　B 明天比今天更重要

C 胜利和失败会相互转化　　D 每个人的人生都是圆满的

문제 12 最适合做上文标题的是:

A 机遇改变人生　　B 要学会给自己减压

C 把握现在，经营人生　　D 冰冻三尺，非一日之寒

[13 - 16]

公元1140年7月的一天，杭州城最繁华的街市突然失火，惊慌的人们纷纷冲进火海抢救自己店铺里的财物，以尽量减少损失。此时，一位裴姓富商并没有让伙计和奴仆去抢救他当铺和珠宝店里的财物，而是指挥他们迅速撤离，然后派人去长江沿岸平价购回大量木材、砖瓦等建筑用材。大火烧了数日之后，终于被扑灭了。曾经车水马龙的杭州城，已是面目全非，一片狼藉。不久，朝廷下令重建杭州城，并明文规定，凡经营销售建筑用材者一律免税。于是，城内一时大兴土木，建材供不应求，价格暴涨。裴姓商人趁机抛售，获利远远大于被大火焚毁的损失。

一个著名企业的总裁谈起他20多年前的一次遭遇。1986年，经商失败的他，背负了一身债务来到一家服装厂打工。为了还债，他每天都要工作10多个小时。一次，由于工作过度劳累，他在操作电动裁剪机时，竟把一批西装的袖子裁短了一大截。这一剪，他必须赔偿老板几十万元的布款。望着一大堆被剪短的衣料，他欲哭无泪。为了挽回损失，他干脆将错就错，再将衣服的下摆也裁去一截，然后分别在裁短的袖子以及下摆上拼接其他颜色的布料。令人意想不到的是，这种带着早期休闲风格的西服一上市，竟被抢购一空。服装厂老板不但没有亏损，反而多赚了许多。他也因此开创了休闲西装的先河，在服装市场声名大振，为他日后打造自己的“王国”打下了坚实的基础。

一场危机就是一场灾难。同样，一次危机就是一次机遇。在危机面前，他们都表现出惊人的睿智，成功地将危机变为商机，令人叹服。

문제13 关于那场大火，下列哪项正确?

A 很快就被扑灭了　　B 发生在杭州城重建时

C 致使建筑材料价格上涨　　D 是燃放烟花爆竹引起的

문제14 失火时，裴姓富商:

A 迅速撤离　　B 正在外地

C 惊慌失措　　D 组织救火

문제15 关于那位总裁，可以知道什么?

A 学过服装设计　　B 曾经欠下很多钱

C 因过度劳累而晕倒　　D 后来被服装厂解雇了

문제16 上文主要想告诉我们:

A 人有旦夕祸福　　B 危机也是转机

C 要有危机意识　　D 做生意要讲诚信

[17 - 20]

现在的火力发电一般要白白损失70%的能量，也就是说，燃烧100公斤煤，最多只有30公斤真正被利用，其余70公斤都浪费了。多年来，科学家们一直在寻找提高发电效率的方法，经过长期努力，终于找到了磁流体发电的方法。

磁流体发电，通俗地讲，就是使气体在磁场作用下发电。我们知道，金属之所以会导电，是因为其内部有可自由移动的电子，发电机通过金属线圈在磁场内转动，就会发出电来。可是，气体是绝缘的，其分子内的电子受原子核的“约束”，不能自由移动。那么，磁流体发电机是怎样利用气体发电的呢？

原来，磁流体发电机所使用的气体是经过高温处理的。在高温条件下，大多数气体分子都会发生电离，这时，其外层的电子便能自由地向各个方向移动，当它们急速经过强磁场时就会发出电来。但是气体一般要达到7000℃以上的高温，才能变成磁流体发电所需的导电气体，条件十分苛刻。不过，科学家经过研究发现，如果在气体中加入少许钾、钠等物质，就可以使气体在3000℃的温度下成为导电气体，以驱动机体发电。

磁流体发电本身的效率仅为20%左右，但由于其排出的废气温度很高，可被再次送入锅炉转换为蒸汽，用来驱动汽轮机进行二次发电，从而形成高效的联合循环式发电。这样，不仅能将磁流体发电的热效率提高到50%-60%，还能有效地控制氮氧化物等有害气体的产生。因此，磁流体发电具有高效率、低污染的优点。

此外，磁流体发电机组结构简单，体积小，使用寿命长。而且发电机启动极其迅速，从点火到发电，仅仅需要几十秒钟，要使它停止运行，也只需很短的时间。

现在，磁流体发电已进入工业性试验阶段。不过，它还存在许多问题，有待进一步解决。

문제 17 关于火力发电，可以知道什么？

A 损耗能量　　B 危险系数高

C 选址灵活　　D 机组启动快

문제 18 第3段主要谈的是：

A 耐高温材料的合成　　B 磁流体发电机的构造

C 磁流体发电的工作原理　　D 金属导电的原因

문제19 下列哪项不属于磁流体发电的优点?

A 机组寿命长　　B 机组体积小

C 成本低　　D 低污染

문제20 根据上文，可以知道:

A 钾元素能使气体绝缘　　B 磁流体发电处于基础研究阶段

C 磁流体发电严重污染环境　　D 气体在高温下会电离

Final 전략 & Test

1. 기출 정답만을 가지고 정답을 유추하는 비법 습득하기
2. 실제시험의 80%의 문제로 미니 모의고사 체험하기
3. 독해 부분만을 학습하여 효율적으로 집중해서 공부하기

제1부분 보기에서 잘못된 문장 찾기

① 기출 구문패턴

자주 나오는 패턴을 익히면 어디가 잘못되었는지 알아보기 쉬울 뿐만 아니라 다른 부분에서도 문장을 빨리 파악하는 데 도움을 준다.

기출 구문패턴		오용의 예 및 올바른 표현
1	동사 + 得(~하게 '동사'하다)/ + 很/非常/十分(매우) + 형용사 显得(~처럼 보이다)/ 变得(~하게 변하다) + 特别/分外(각별히) + 형용사	特别显得年轻 **어순이 바뀐 경우:** '特别'는 부사로 '年轻' 앞에 위치해야 한다. 显得特别很年轻 **중복해서 쓴 경우:** '特别'와 '很'은 형용사를 꾸며주는 같은 역할을 하는 부사로 둘 중 하나만 써야 한다. → 显得特别年轻 매우 젊어 보인다
2	防止(방지하다)/避免(피하다)/ 以免(면하다) + 피하거나 방지해야 하는 상황 [주로 나쁜 상황]	要防止不再发生这类事件 **이어지는 내용이 피해야 되는 것이 아닌 경우:** 사건이 다시 발생되지 않는 것은 좋은 일이고 방지할 내용이 아니다. → 要防止发生这类事件 이런 종류의 사건이 발생하는 것을 방지해야 한다
3	成为(되다) + 명사구	它可以成为找到答案 **'成为' 뒤에 동사구가 온 경우:** '成为'는 되는 대상, 즉 '무엇(명사구)'이 와야 한다. → 它可以成为找到答案的依据 그것은 답을 찾을 수 있는 근거가 될 수 있다 → 它可以帮助找到答案 그것은 답을 찾는 것을 도울 수 있다 把他成为偶像 **'把' 뒤에 동사로 '成为'가 온 경우:** '把'자문의 동사는 처리 방식을 나타낼 수 있어야 하는데, '成为'는 '되다'라는 뜻으로 처리되는 대상이 목적어로 오기 때문에 '把'자문에서는 절대 쓰일 수 없다. → 把他作为偶像 그를 우상으로 삼다

4	与 A 离不开(A와 떨어질 수 없다) / 分不开(A와 떼어 놓을 수 없다)	创新力因想象力离不开 **호응하는 전치사를 잘못 쓴 경우:** '因'은 원인을 나타내는 전치사로 '离不开(떨어질 수 없다)'와 호응하지 않는다. → 创新力与(= 和/同/跟)想象力离不开 창의력은 상상력과 떨어질 수 없다 TIP '因'이 잘 쓰이는 패턴: 因 A 而得名 A때문에 이름을 얻다
5	……的原因是 A (~한 원인은 A이다)/ ……的原因在于 A (~한 원인은 A에 있다)/ ……是因为 A (~한 것은 A때문이다)	……的原因是在于A **술어를 중복해서 쓴 경우:** '是'와 '在于'가 성분상 술어의 역할을 하기 때문에 함께 쓸 수 없다. ……的原因是因为A **'原因'과 '是因为'를 함께 쓴 경우:** '……的原因是A(~한 원인은 A이다)'와 '……是因为A(~한 것은 A때문이다)'는 같은 의미이기 때문에 둘 중 하나의 구문만 써야 한다. → ……的原因是A ~한 원인은 A이다 / ……是因为A ~한 것은 A때문이다
6	주어, 使/让 A…… (주어는 A가~하게 하다), (주어는 (동사구)하다)	经过三天的培训，让他们的业务素质得到了很大的提高 **주어가 없는 경우:** 사역동사(让, 使)나 일반동사 앞에 '，(쉼표)'가 있으면 그 앞은 반드시 주어가 와야 올바른 문장이 된다. '经过三天的培训(3일의 훈련을 거치다)'은 주어가 없는 동사구이므로 전체 문장에는 주어가 없는 것이 된다. → 三天的培训，让他们的业务素质得到了很大的提高 3일의 훈련이, 그들의 업무 자질에 큰 향상을 얻게 하였다 → 经过三天的培训，他们的业务素质得到了很大的提高 3일의 훈련을 거쳐, 그들의 업무 자질은 큰 향상을 얻었다
7	주어 + 부사 + 是……的	在高楼林立的都市里，能有一个独立的小院子，是无疑很奢侈的 **부사의 위치가 잘못된 경우:** '是……的' 강조구문은 술어가 '是'로 바뀌기 때문에 일반적인 부사라면 반드시 '是' 앞에 위치해야 한다. → 在高楼林立的都市里，能有一个独立的小院子，无疑是很奢侈的 고층건물이 즐비한 도시 속에서, 하나의 독립된 정원을 가질 수 있는 것이야말로 의심할 여지없이 사치스러운 것이다
8	a 是 A 之一(a는 A 중의 하나이다)	指南针、火药、造纸术、印刷术是中国四大发明之一 **호응이 올바르지 않은 경우:** 주어는 네 개의 대상을 언급했지만 목적어는 '……之一(~중의 하나)', 즉 한 개를 언급했으므로 호응이 되지 않는다. → 指南针是中国四大发明之一 나침반은 중국 4대 발명 중의 하나이다 TIP 반대의 경우도 조심하자. 指南针是中国四大发明 나침반은 중국 4대 발명이다 (X)

2 빈출 어휘조합

익숙한 어휘조합이 낯선 어휘와 함께 쓰였다면, 호응하지 않는 어휘와의 조합이나 중복되는 경우에 주의해서 볼 필요가 있다.

达到标准 dádào biāozhǔn 기준에 도달하다
扩大范围 kuòdà fànwéi 범위를 확대시키다
提高速度 tígāo sùdù 속도를 높이다
组成奇观 zǔchéng qíguān 신비한 경관을 조성하다
病好转 bìng hǎozhuǎn 병이 호전되다
恢复健康 huīfù jiànkāng 건강을 회복하다
起作用 qǐ zuòyòng 작용을 일으키다(= 发挥作用 작용을 발휘하다 = 有作用 작용이 있다 = 有效果 효과가 있다)

제2부분 빈칸에 알맞은 어휘 채우기

1 기출 어휘조합

독해 제2부분을 가장 쉽게 푸는 방법은 어휘조합을 통해서이다. '무조건'은 아니지만 어휘조합 자체가 가장 많이 쓰이는 어휘의 합이기 때문에 답이 될 가능성이 많을 수밖에 없다. 기본적인 조합을 먼저 암기하고 어휘량과 어휘력을 높인다면 더 좋은 성적을 거둘 수 있다.

免疫系统 miǎnyì xìtǒng 면역시스템
积极心态 jījí xīntài 적극적인 마음가짐
缓解压力 huǎnjiě yālì 스트레스를 완화시키다
释放压力 shìfàng yālì 스트레스를 풀다
调节情绪 tiáojié qíngxù 기분을 조절하다
色泽光亮 sèzé guāngliàng 색이 밝게 빛나다
雨量充沛 yǔliàng chōngpèi 강우량이 충분하다
充满热情 chōngmǎn rèqíng 열정으로 가득 차다
内容充实 nèiróng chōngshí 내용이 알차다
文化兴盛 wénhuà xīngshèng 문화가 흥(성)하다
引人注目 yǐnrén zhùmù 사람들의 주목을 끌다
研究表明 yánjiū biǎomíng 연구에서 밝히다
采纳意见 cǎinà yìjiàn 의견을 받아들이다
造型生动 zàoxíng shēngdòng 조형물이 생동감 넘치다
保持平衡 bǎochí pínghéng 균형을 유지하다
弥补不足 míbǔ bùzú 부족함을 메우다
实现目标 shíxiàn mùbiāo 목표를 실현시키다
支撑梦想 zhīchēng mèngxiǎng 꿈을 지탱하다
面临风险 miànlín fēngxiǎn 위험에 당면하다
最负盛名 zuìfù shèngmíng 명성을 최고로 누리다
血液循环 xuèyè xúnhuán 혈액순환
保存完好 bǎocún wánhǎo 보존이 완벽하다
呈现景象 chéngxiàn jǐngxiàng 광경이 나타나다
患有疾病 huànyǒu jíbìng 질병을 앓다
淡出舞台 dànchū wǔtái 무대에서 (조용히) 사라지다
具有价值 jùyǒu jiàzhí 가치를 가지고 있다
欣赏音乐 xīnshǎng yīnyuè 음악을 감상하다
显示天赋 xiǎnshì tiānfù 자질을 드러내다
均匀分散 jūnyún fēnsàn 고르게 분산시키다
进入境界 jìnrù jìngjiè 경계에 들어서다
施展才能 shīzhǎn cáinéng 재능을 펼쳐 보이다
广为流传 guǎngwéi liúchuán 널리 전해지다
流露神态 liúlù shéntài 표정이 드러나다
感染读者 gǎnrǎn dúzhě 독자를 감화시키다
吸引游客 xīyǐn yóukè 여행객을 매료시키다

❷ 1음절 빈출 어휘

2음절 어휘보다 더 헷갈리는 것이 1음절 어휘이다. 그러나 나오는 어휘가 한정되어 있으므로 암기해두는 것이 좋다.

① 주요 1음절 어휘

兑 duì 새것으로 바꾸다	摔 shuāi 넘어지다	卷 juǎn 말다
撞 zhuàng (물리적으로) 충돌하다	碰 pèng (우연히) 만나다	晾 liàng (그늘에) 말리다
晃 huǎng 밝게 빛나다	晒 shài 햇볕을 쬐다	烫 tàng (불에) 데이다
躲 duǒ 숨다, 피하다	藏 cáng 간직하다, 소장하다	扎 zhā 찌르다

② 扌 = 手(손 수) – '손'과 관련된 1음절 어휘

'손'으로 하는 것은 '손을 이용한 행동', '잘하거나', '기술적인 것' 들이 많다.

拔 bá 뽑다	拆 chāi (건물을) 허물다, (붙여 놓은 것을) 뜯다
摇 yáo (차의 창문을) 돌리다, (머리를) 가로젓다	掏 tāo (주머니에서) 꺼내다
捏 niē (흙을) 빚다, (집게로) 집다	拽 zhuài (손으로) 잡아 당기다
扛 káng (어깨에) 들쳐 메다	拄 zhǔ (지팡이로) 몸을 지탱하다, 짚다
捧 pěng (두 손으로) 받쳐 들다	

③ 目(눈 목) – '눈'과 관련된 1음절 어휘

'보다'라는 의미가 기본이다. 차이점이 무엇인지 확실히 알아두는 것이 좋다.

望 wàng (멀리) 바라보다	盯 dīng (한 곳을) 주시하다	睹 dǔ (직접) 보다
瞧 qiáo 보다, 구경하다	眨 zhǎ (눈을) 깜빡이다	瞪 dèng (눈을) 부라리다, 부릅뜨다
眯 mī (실눈을) 뜨다		

❸ 전치사의 조합

전치사를 사용한 조합은 한정되어 있기 때문에 나올 때마다 암기해 두면 정답을 쉽게 찾을 수 있다.

凭努力 píng nǔlì 노력을 바탕으로	凭感觉 píng gǎnjué 느낌을 바탕으로
由A组成 yóu A zǔchéng A로 조성되다	朝A方向 cháo A fāngxiàng A 방향을 향해
趁年轻 chèn niánqīng 젊음을 틈타(= 젊을 때)	趁机会 chèn jīhuì 기회를 틈타

제3부분 보기에서 밑줄에 알맞은 답 고르기

● 보기의 핵심 기출어휘로 본문의 내용을 추론하는 방법

독해 제3부분은 보기에서 힌트를 찾아내 전후 내용을 짐작해야만 정답에 쉽게 접근할 수 있다. 앞에서 배운 다양한 어휘들뿐만 아니라 실제시험에 단골로 출현하는 어휘를 핵심어휘로 삼아 어떻게 추론해야 하는지를 공부해 두어야 한다.

주요 패턴 및 추론 방법		
1	又 또한	既……又…… ~하기도 하고, ~하기도 하다
		→ '既'를 떠올려라. → (조)동사 + 又 + (조)동사: ~하고, 또 ~하다(같은 (조)동사일 가능성이 높다.)
2	这种 이런 종류의	这种 + 명사(구) 이러한 명사(구)
		→ 앞에는 틀림없이 '这种' 뒤의 명사(구)와 같은 명사(구)가 있을 것이다.
3	为了……/ 为…… ~하기 위해	为了……， ~을 (하기) 위해
		→ '为了'가 이끄는 절 뒤에는 '。(마침표)'가 오지 못한다.
		为了 + 목적 (목적)을 위해
		→ '为了'는 목적을 나타내는 전치사이므로 이어지는 내용은 이 목적을 위해 해야 하는 내용이 나온다. 주로 '必须(반드시)'나 '要(~해야 한다)', '应该(마땅히 ~해야 한다)' 등이 이어지는 부분에 있을 가능성이 크다.
4	两个/三个 두 개/ 세 개	两个/三个 + 명사구 두(세) 개의 명사구
		→ 이어지는 내용은 이 개수에 맞는 내용이 와야 한다.
5	而是…… (= 只是……) ~이다	不是A，而是B A가 아니라 B이다 (= (只)是B，(而)不是A B이지 A가 아니다)
		→ 앞이나 뒤에 부정하는 내용이 있을 가능성이 크다.
6	一旦 일단	一旦A，就(바로)/立即(즉시)B 일단 A하면, 바로(즉시) B하다
		→ 전제조건만 채워지면 바로 일어나는 일이 뒤에 이어진다. → '就'와 '立即'를 떠올려라.
7	均(= 都) 모두	→ 앞은 복수 개념의 주어일 가능성이 높다.
8	举办 개최하다	→ 개최하는 대상, 장소, 시간, 개최하는 이유 등을 궁금해해야 한다.
9	两者 양자	→ 앞의 내용에는 반드시 양자, 즉 두 개로 나누어 설명한 내용이 있음을 알아야 한다.
10	还 또한	不仅(= 不但/不只/不光)……，还…… ~할 뿐만 아니라, 또한 ~하다
		→ '不仅(= 不但/不只/不光)'을 떠올려라.

독해

① 기출문제에 제시되었던 '특정 어휘'

본문의 내용에 등장하는 특정 어휘는 문제로 연결되는 경우가 많으므로 미리 파악해 둔다면 지문의 내용을 파악하기가 쉬워진다. 사전적인 의미뿐만 아니라 기출문제에서 어떤 의미로 파생되거나 활용되었는지를 파악해야 특정 어휘들이 어떻게 쓰이는지 알 수 있다.

1	不遗余力 bùyí yúlì	여력을 남기지 않다 → 전력을 다하다, 최선을 다하다
2	瞠目结舌 chēngmù jiéshé	눈만 휘둥그렇게 뜬 채 말을 못하다 →**吃惊** 놀라다
3	"倒奖励"制度 'dào jiǎnglì' zhìdù	'(도리상 주지 않아도 되는 대상에게) 거꾸로 상을 주는' 제도 → '역 보상' 제도
4	自我揭发 zìwǒ jiēfā	스스로 폭로하다 → 자백하다
5	姐妹艺术 jiěmèi yìshù	자매예술 → 예술끼리는 자매지간처럼 모두 서로 통함을 의미
6	赶 gǎn	쫓다 → 추구하다, 따르다 TIP 赶出 내쫓다 → 배척하다
7	隐形杀手 yǐnxíng shāshǒu	보이지 않는 살인자 → 겉으로 잘 드러나지 않는 (폐)해
8	自我传递信号 zìwǒ chuándì xìnhào	자기전달 신호 → 자신의 행위를 통해 스스로를 인지하는 경향
9	左撇子 zuǒpiězi	왼손잡이 → 우뇌가 발달한 사람
10	文学脑 wénxué nǎo	문학 뇌(= 좌뇌= 이성 뇌) → 언어를 담당하는 뇌의 별칭
11	图像脑 túxiàng nǎo	이미지 뇌(= 우뇌= 감성 뇌) → 예술적인 감각을 담당하는 뇌의 별칭
12	育儿所 yù'érsuǒ	육아소 → (동물 등의) 어린 새끼를 키우기 좋은 환경을 의미
13	登峰造极 dēngfēng zàojí	산의 정상에 오르다 → 최고의 경지에 이르다
14	指日可待 zhǐrì kědài	머지않아 실현되다 → 기대하는 날이 머지않았음을 의미
15	印象管理 yìnxiàng guǎnlǐ	자기연출 → 좋은 인상을 심어줄 목적으로 스스로를 연출하는 행위

❷ 자주 등장하는 어휘조합

제4부분의 어휘조합은 문제를 풀기 위함이 아니라 내용을 빠르게 이해하기 위해서 꼭 필요하다. 자주 쓰이는 어휘조합을 많이 알수록 내용이 잘 이해되는 만큼 평소에 조합을 이루는 어휘들을 정리해 암기하는 습관을 가지는 것이 좋다.

1	予以免除惩罚 yǔyǐ miǎnchú chéngfá	(징)벌을 면해주다	2	遭到反对 zāodào fǎnduì	반대를 맞닥뜨리다
3	起到作用 qǐdào zuòyòng	작용을 일으키다	4	鼓舞行为 gǔwǔ xíngwéi	행위를 격려 받다
5	避免损失 bìmiǎn sǔnshī	손실을 피하다	6	降低发生率 jiàngdī fāshēnglǜ	발생률을 낮추다
7	基于亲近自然 jīyú qīnjìn zìrán	자연을 가까이 하는 것을 기초로 하다	8	提高效率 tígāo xiàolǜ	효율을 높이다
9	维持运转 wéichí yùnzhuǎn	가동(작동)하는 것을 유지하다	10	改进技术 gǎijìn jìshù	기술을 개선하다
11	发出消息 fāchū xiāoxi	소식을 내보내다, 소식을 발신하다	12	获得认同 huòdé rèntóng	인정을 얻다
13	抵御侵袭 dǐyù qīnxí	침입과 습격을 막아내다	14	打下基础 dǎxià jīchǔ	기초를 다지다
15	得到赞同 dédào zàntóng	찬동(찬성)을 얻다	16	速度放缓 sùdù fànghuǎn	속도가 주춤하다 (둔화되다)
17	创造业绩 chuàngzào yèjì	업적을 만들어내다	18	创造奇迹 chuàngzào qíjì	기적을 만들어내다
19	从中受益 cóngzhōng shòuyì	그 속에서 이익을 얻다			

第一部分

第1-10题：请选出有语病的一项。

1. A 如今，消费的形式越来越自由变得。

B 正像智慧常常隐藏在字里行间一样，谬误也是如此。

C 冰山是由雪花积压而成的，它属于淡水，不是咸水。

D 使用电器时，一旦发现漏电现象，应当立即切断电源。

2. A 动物冬眠的主要原因在于不是缺乏睡眠，而是低温。

B 这项实验推翻了前人的错误理论。

C 经过医生的全力抢救，患者终于醒了过来。

D 北京的胡同宽窄不一，宽的能有30多米，窄的却仅有0.4米。

3. A 生命不是一场竞赛，而是一步一个脚印的旅程。

B 这次招聘，我们希望能招到一个认真踏实、富有团结精神的人。

C 本产品易受潮，启封后请盖紧，并放于干燥处，以免防止结块。

D 这届“挑战杯”的参赛作品质量，与往年相比有了明显的提高。

4. A 从目前的整体趋势来看，智能电视的前景非常乐观。

B 只有对时光充满敬畏的人，才会他们在岁月的长河中收获希望与成功。

C 正确使用安全带，可以使人在交通事故发生时免受60%的伤害。

D 科学研究表明，气温对人的记忆效果有一定的影响。

5. A 唐诗能够长期受到人们的喜爱，因其特有的文化内涵是分不开的。

B 这款游戏最早流行于西方国家，近几年才传入中国。

C 经过漫长的航行，轮船终于抵达了威海港口。

D 相传，锯子是由鲁班发明的。

6. A 北京房山的十渡风景区是中国北方唯一一处大规模的喀斯特岩溶地貌。

B 在竞争日益激烈的今天，人们更愿意看一些轻松愉快的电视节目。

C 新鲜的杨梅最好先用盐水泡20到30分钟，这样才能比较干净洗得。

D 木兰围场坝上草原一年四季景色皆宜，有“天然画廊”之称。

▶ 정답 및 해설 p.109

7. A 有效的竞争是引导个人努力的最好方法。

B 世界读书日只有一天，但我们要天天读书，因为阅读会让我们终身受益。

C 哲学家的工作是把复杂的世界简单化，而作家却是把简单的世界复杂化。

D 走路时低头含胸容易带来疲劳感，也反而影响心肺功能。

8. A 情绪能量心理疗法认为：负面的情绪会导致人体内部能量系统混乱，是成为了心理和精神疾病的根源。

B 在现实生活中，做人的学问往往比做事的学问更具有实用价值，但也更难参透。

C 小说是一种以刻画人物形象为中心，通过完整的故事情节和充分的环境描写来反映社会生活的文学体裁。

D 洛阳桥原名万安桥，位于福建省泉州市东郊的洛阳江上，是中国现存最早的跨海梁式大石桥。

9. A 竹丝扇是用优质竹丝精心编织而成的一种扇子。其扇面呈桃形，薄而透光，堪称中国工艺品中的一颗明珠。

B 我们之所以倡导使用无磷洗衣粉，是因为磷易造成环境水体富营养化，是破坏水质的因素。

C 人们习惯通过颜色来感知春天的步伐。当柳树染上了浓浓的新绿，当樱花绽放如粉红的云霞，当玉兰飘香洁白如玉，春天就来到了我们的身边。

D 莫言从小就醉心于文学艺术，求知欲极强，但是凡能偶然入目的片纸只言，他都如获至宝。

10. A 瑞安高楼地区的土壤中富含微量元素硒，当地出产的杨梅标准达到了国家富硒果蔬菜类。

B 熟悉他的人都知道，生活中的他是个性格开朗外向、不拘小节的人，与银幕上的形象完全不同。

C 有些错误，我们也许都知道，却很难改掉。那些能改掉的叫做缺点；改不掉的就成了弱点。

D 以网络技术为重要支撑的知识经济革命，极大地改变了人们的生活方式，加快了社会文明的进程。

第二部分

第11-20题：选词填空。

11. 《菜根谭》是明朝洪应明收集编著的一部语录著作，历代以来，人们对其评价 ______ 高。它融儒、道、佛三家思想于一体，从提高人的 ______ 入手，提出了一套完整的 ________ 的方法体系。

A 愈	教养	知足常乐	B 尤	人质	礼尚往来
C 颇	修养	为人处世	D 亦	素质	天伦之乐

12. "月明星稀"是指皓月当空的夜晚，一些离地球较远，显得较 ______ 的星星不容易被看见，这样天空中的星星看起来就比较 ______ 了。这个成语通常用来比喻一种事物能 ______ 另一种事物。

A 弱	生疏	隐瞒	B 浅	荒芜	遮挡
C 暗	稀疏	掩盖	D 淡	荒凉	隔绝

13. 与孩子谈话，不仅能刺激孩子的听觉和视觉的发展，对孩子的 ______ 开发也十分有益。研究 ______ ，如果家长与孩子谈话 ______ 高，尤其是在宝宝9个月至三岁时多与孩子交谈，那么他们的孩子上学后会有明显的 ______ 。

A 智能	声明	程度	声势
B 智商	表明	周期	优点
C 理智	表示	幅度	气势
D 智力	显示	频率	优势

14. 俗话说："尺有所短，寸有所长。"每个人都有自己的优点和缺点，做人不能太骄傲 ______ ，总以为自己才是正确的，而要 ______ 学习别人的长处，来 ______ 自己的不足；同时也不要太 ______ ，觉得自己什么都做不好，其实每个人身上都有值得别人学习的地方。

A 自满	虚心	弥补	自卑
B 自主	谦虚	补偿	悲观
C 自私	称心	补救	消极
D 自觉	甘心	补贴	卑鄙

15. 吸烟对儿童的影响有多大？某 ______ 对生活在烟草中的儿童，进行了 ______ 研究。结果发现，与父母不吸烟的孩子相比，父母吸烟的孩子成年后患颈动脉硬化的 ______ 更大。因此，父母戒烟有助于儿童健康 ______ 。

A 集团　追究　缺陷　生存
B 机关　跟随　弊端　养成
C 机构　跟踪　风险　成长
D 团体　伴随　嫌疑　生长

16. 牡丹是中国特有的名贵花卉，花大色艳、雍容华贵、芳香浓郁，而且 ______ 繁多， ______ 有“国色天香”“花中之王”的美称，长期以来被人们当做富贵 ______ 、繁荣兴旺的象征。牡丹以洛阳、菏泽牡丹最负 ______ 。

A 品种　素　吉祥　盛名
B 样品　愈　慈祥　声誉
C 种类　皆　崇高　盛情
D 产品　亦　仁慈　名誉

17. 菊花石是生长在280万年前的一种天然岩石，它质地坚硬，外观呈青灰色，内有天然 ______ 的白色菊花状结晶体， ______ 自然界中的菊花，故名菊花石。菊花石 ______ 欣赏价值极高，精加雕琢便可成为 ______ 工艺品。

A 形成　犹如　本身　精美
B 转变　譬如　各自　精致
C 构成　类似　本人　精密
D 演变　相等　彼此　精确

18. 一位著名翻译家曾指出：翻译是在第三空间创造更 ______ 的东西。他认为一种语言 ______ 成为另一种语言会创造出第三空间。第三空间既是原作者与目标读者 ______ 的场域，也是翻译者将原文所体现出的文化、语义在目标读者的社会文化 ______ 中进行定位的场所。

A 崭新　转移　协调　面貌
B 奇妙　转换　沟通　背景
C 新颖　转达　探讨　容貌
D 美妙　转变　洽谈　景色

19. 我们看到星星一闪一闪的，不是因为星星 ______ 的亮度出现变化，而是与大气的 ______ 有关。大气隔在我们与星星之间，星光需要穿过不同密度和厚度的大气层才能到达地球。大气不是 ______ 透明的，它的透明度会根据密度的不同而产生变化。所以我们透过它来看星星，就会看到星星 ______ 在闪烁。

A 本身　　遮挡　　绝对　　好像
B 本人　　掩盖　　完全　　仿佛
C 人家　　掩饰　　彻底　　似乎
D 各自　　覆盖　　必然　　类似

20. 每个人的发声 ______ 在尺寸和形态方面不同，所以，每个人的声纹图谱也都存在 ______ ，这使得声纹识别成为可能。声纹识别就是根据说话人的发音 ______ ，自动识别说话人身份的一种生物识别方法。由于声音信号便于远程 ______ ，在基于电信和网络的身份识别应用中，声纹识别更有 ______ 。

A 神经　　偏差　　要素　　运行　　意义
B 器官　　差异　　特征　　传输　　优势
C 知觉　　差别　　特色　　输入　　奇迹
D 细胞　　差距　　因素　　运输　　专长

第三部分

第21-30题：选句填空。

21-25.

跳舞草又名情人草，（21）______________。它的株高约为0.6米，叶片两侧长有线形小叶。在阳光的照射下，跳舞草一旦受到声波刺激，侧小叶便会不断地摆动，就像一对舞伴，时而合抱，时而各自旋转。"舞动"中的跳舞草犹如轻舞双翅的蝴蝶，（22）______________。当夜幕降临之时，（23）______________，紧紧依偎在一起，仿佛在安静地休息。这真是植物界罕见的现象！

跳舞草为什么会"跳舞"呢？有植物专家解释道：植物与其他生物一样，都具有很强的生命力，（24）______________，它们必须努力使自己适应周围的环境条件。强烈的阳光照射，容易使跳舞草的水分迅速蒸发掉，叶片也会受到灼伤。为了避免这种伤害，跳舞草就以不停"跳舞"的方式来调节阳光的直射，以便很好地在强光的环境中生存。（25）______________，但到目前为止，还没有足够的证据可以证实。要想真正解开这个谜，还需要植物学家们继续深入研究。

A 这种说法听上去有一定的道理
B 又好似舞台上轻舒玉臂的舞者
C 是一种极具观赏性的植物
D 为了在自然界生存下来
E 跳舞草的侧小叶又会贴于枝干上

26-30.

硬骨鱼类的腹腔内几乎都有鳔。（26）______________，使鱼在静止状态时，能够自由控制身体处在某一水层。此外，鱼鳔还能使鱼腹腔产生足够的空间，从而防止其内脏器官因水压过大而受损，起到保护内脏器官的作用。可以说，（27）______________。

有一种鱼却是异类，（28）______________。而且分外神奇的是，它早在恐龙出现之前就已经生活在地球上了，至今已超过4亿年，并且近一亿年来它几乎没有变化。它就是被誉为“海洋霸主”的鲨鱼！鲨鱼用自己的王者风范、强者之姿，创造了无鳔照样追波逐浪的神话。

究竟是什么原因让鲨鱼离开了鳔，仍能在水中活得游刃有余呢？科学家们经过研究发现，鲨鱼由于没长鳔，一旦停下来，身子就会下沉，（29）______________，永不停息地在水中游弋，这使得鲨鱼不仅拥有了强健的体魄，而且练就了非凡的战斗力。

（30）______________。鲨鱼无鳔，这是它的悲，也是它的喜。

A 鱼鳔产生的浮力
B 原来正是鲨鱼天生的缺陷造就了它的强大
C 鱼鳔掌握着鱼的生死存亡
D 所以它只能依靠肌肉的运动
E 它天生就没有鳔

第四部分

第31-42题：请选出正确答案。

31-34.

一位航空管理者上任后，决定推行一项令人瞠目结舌的“倒奖励”制度，即对及时上报自己在工作中所犯错误的飞行员、机械师和地面指挥者等航空从业人员，予以免除惩罚，并且进行奖励，当然引发重大事故者除外。

不过，这个决定立即遭到了其他高层的反对。他们认为，这会起到鼓励航空从业人员犯错的作用。此外，飞行员、机械师等航空从业人员众多，这笔奖金的发放会在一定程度上加大财政方面的压力。但这位管理者坚称：“通过这个倒奖励制度，航空从业人员可以从同行的错误中有所收获，得到警示，这样就能避免同样的错误再次发生，从而有效地减少事故发生率。而且我深信，如果不推行这项制度，一旦他们犯错，所造成的损失一定会远远高于我们所支出的奖金。”最终，这项决策被通过并迅速开始执行。

这个只奖不罚的倒奖励制度，极大地鼓舞了航空从业人员的“自我揭发”行为。很多人还会专门随身携带一本小册子，以便及时记录并上报自己所犯的错误。此后，航空管理部门平均每月都能收到2500多封错误报告。

为了能让所有航空从业人员从这些错误中吸取教训，该管理者又让人从错误报告中挑选出一部分典型案例，整理后印制成期刊对外发行，结果每月竟有18万读者订阅。这些读者不仅包括正在从事航空事业的工作人员，还有很大一部分来自飞机制造厂以及航空培训学校。

截止到2013年年底，倒奖励制度支出的奖金已经超过三亿元，然而却极大地降低了飞行的事故发生率，并避免了由此可能带来的18多亿元的损失。

31. 第1段中的画线词语“瞠目结舌”是什么意思？

A 极其吃惊　　B 赞叹不已
C 不知所措　　D 感到不安

32. 其他高层为什么反对那个决定？

A 财政部门没批准　　B 怕被乘客投诉
C 奖金分配不均　　D 担心会鼓励员工犯错

33. “倒奖励”制度实施后，很多航空从业人员：

A 申请换岗位　　B 开始互相监督
C 抱怨待遇差　　D 及时上报错误

34. 根据上文，下列哪项正确？

A 那位管理者被降职了　　B 那项制度非常有效
C 期刊免费赠送给培训学校　　D 错误报告千篇一律

35-38.

艺术之间都是互通的，中国山水画与中国园林更是如此，它们被誉为“姐妹艺术”。

中国山水画与中国园林的创作都是基于人们亲近自然的愿望。人类原本就居住在大自然中，后来由于社会进步、人口不断聚集，才逐渐形成城市。然而，日益喧嚣、忙碌的都市生活使人们感到厌倦，并萌生了亲近自然的想法。山水画由此产生，但它仅仅是一张图，人们虽然能从中一观自然之美，但很难有切身的体验。因此，为了更真切地欣赏自然美景、感受自然气息，古人便挖湖堆山、养花种草，使自然山水景观再现于自家庭院之中，这便是中国园林的由来。

中国山水画与中国园林的艺术特征也是一致的。中国山水画不仅讲究形象逼真，还追求意境美。中国园林同样追求意境美：植物不刻意修剪，但疏密有致、高低有情，可谓“寓诗情画意于自然景物之中”。

此外，中国山水画和中国园林都十分注重借助文学来增强自身的艺术感染力。中国山水画上常常配有诗文，这些诗文不仅能使画儿的“诗情”更加浓郁，还能让画儿的意境更加深远。在中国园林中，题名和楹联等更是不可或缺的部分。曹雪芹在《红楼梦》中写道：“偌大景致若干亭榭，无字标题，也觉寥落无趣，任有花柳山水，也断不能生色。”足见文学对增强中国园林艺术感的重要作用。

35. 根据第2段，可以知道什么？

A 中国山水画的出现晚于园林　　B 全球人口数量急剧增长

C 城市让生活更加便利　　D 中国园林重视亲近自然

36. 第3段主要谈的是：

A 中国山水画与园林的区别　　B 中国山水画与园林的艺术特征

C 城市让生活更加便利　　D 中国园林重视亲近自然

37. 《红楼梦》中的那句话说明：

A 中国介绍园林的著作极多　　B 中国山水画倍受诗人青睐

C 中国山水画与书法互通　　D 文学能增强园林的艺术感

38. 下列哪项最适合做上文的标题？

A 论《红楼梦》的写作背景　　B 欣赏山水画的小窍门

C 充满诗情画意的“姐妹艺术”　　D 艺术之母——中国园林

39-42.

随着网络技术的普及，一场将纸、笔和打印机等传统办公用品“赶”出办公室的“无纸化办公”潮流，开始在世界各大城市的写字楼中蔓延。

倡导者们相信，无纸化办公既能节约公司耗材、降低成本，又可以大幅度提高工作效率。这一潮流还得到了众多环保人士的支持，他们认为，办公室少用甚至不用纸张能够有效减少木材的消耗，对保护森林资源具有积极意义。然而，他们并未意识到：作为传统办公用品的代替物，电子传媒工具虽然看起来环保，实际上却是个“隐形杀手”，因为维持它们运转的电不会凭空而来。

这就造成了一个拆东墙补西墙的尴尬局面：从某种程度上来讲，无纸化办公能起到保护植被、净化空气的作用。但为了给电子传媒工具供电就得多烧煤，而煤炭燃烧时会产生二氧化硫、一氧化二氮等大量有害气体，这又加剧了空气质量的恶化。美国能源部的数据显示，目前在美国，电子设备数据中心每年的用电量约等于两万五千个家庭的用电总和。

除了能源消耗方面的糊涂账，无纸化办公在废弃物处理方面也面临着严峻的挑战。电子传媒工具更新速度快，会源源不断地产生电子垃圾。据联合国环境规划署统计，目前全球电子垃圾年均量约为4000万吨。电子垃圾中含有大量的汞、铬等有害物质，它们不但会污染垃圾场周围的空气、水和土壤，还会对附近居民的身体健康造成威胁，诱发各种炎症、心脑血管疾病，甚至是癌症。

因此，越来越多的人认为，一味地排除纸、笔和打印机的使用，不仅不能真正解决环境问题，反而会加重其负担。改进技术才是解决问题的根本途径。一方面，要改进陈旧的制浆造纸的技术，研究如何在生产纸张过程中更多地使用可再生原料和可再生能源，使用安全无毒并且易分解的化学添加剂等。另一方面，要逐渐淘汰那种庞大且浪费油墨的打印机，研发并推广更环保的便携式打印机。

39. 下列哪项不是倡导者认为的无纸化办公的好处？

A 节约耗材　　B 材料不易丢失

C 提高工作效率　　D 节省成本

40. 为什么说电子传媒工具是"隐形杀手"？

A 有辐射　　B 使同事间的关系日渐疏远

C 耗电量大　　D 易引发呼吸道疾病

41. 第4段主要谈的是什么？

A 新能源的开发　　B 电子垃圾的危害

C 气候变化对人体的影响　　D 废弃物的处理方法

42. 根据上文，如何才能真正解决环境问题？

A 宣传环保知识　　B 改进技术

C 提倡绿色出行　　D 植树造林

HSK

6급

쓰기 书写

글 요약하기

- **유형별 전략** – 예제 연습 + 실전 문제
- **부분별 전략** – 연습 문제

Final 전략 & Test

쓰기

글 요약하기

● 문제유형

① 1,000자 내외의 글을 읽고 400자 내외로 요약해서 써야 한다.

② 10분간 원문을 읽고 35분간 원고지에 요약하기를 진행한다. 원문을 읽을 때는 펜을 손에 쥘 수 없고, 35분간의 요약하기가 진행될 때는 원문을 볼 수 없다.

③ 원고지 형식을 지켜야 하고, 원문의 내용을 토대로만 써야지 자신의 견해가 들어가서는 안 된다.

● 출제경향

① 글의 종류는 이야기 한 가지이다.

요약해야 하는 글의 종류는 모두 이야기 글이다. 주인공이 무조건 등장하기 때문에 정보나 사설 글이 나오는 경우는 없다.

② 옛 이야기는 성어의 유래나 신화와 관련된 것이 많다.

성어는 이야기가 있는 고사성어의 유래가 많고, 신화나 전설 또한 중국인이라면 한 번쯤 들어봤을 법한 유명한 내용이 출제되는 경우가 많기 때문에 평소에 고사성어를 많이 알고 있거나 중국신화나 전설을 봐둔다면 도움이 많이 된다.

③ 현대 이야기는 특정인물(기업가, 스포츠인 등)의 성공담 혹은 특별한 에피소드를 담은 것이 많다.

현대 이야기의 주인공은 중국과 관련된 사람일 뿐 아니라 최근에는 세계적으로 이슈가 되는 사람과 이전에 유명한 일화를 가진 세계적인 인물들이 많이 나오는 편이므로 중국어로 바꾼 이름만 잘 파악한다면 좀 더 쉽게 이야기를 이해할 수 있다.

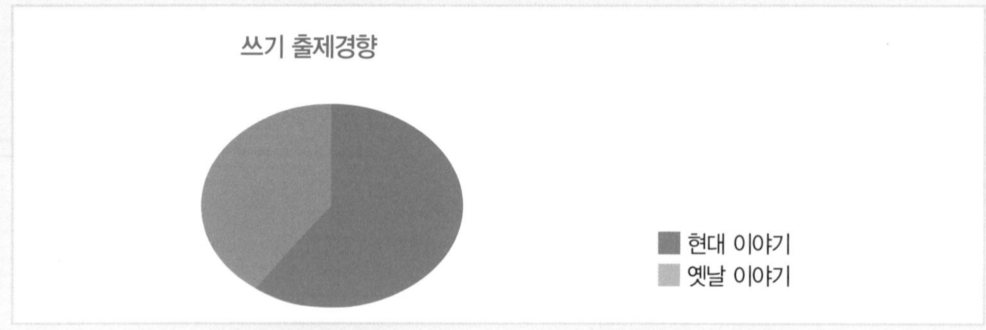

● 문제 접근 전략

시험지

据宁泽涛的父亲回忆，宁泽涛小时候特别怕水，就连洗头发的时候都要用毛巾捂着眼睛。2000年，已经7岁的宁泽涛对水的恐惧依然没有减弱。这可把宁泽涛的母亲急坏了："他是个男孩子，怎么能这么怕水？"于是，母亲立即给宁泽涛报了个游泳培训班。

出人意料的是，宁泽涛一开始就表现出了游泳天赋。也就是在那时，宁泽涛遇到了自己游泳生涯的启蒙老师——郭红岩。宁泽涛的表现让郭红岩眼前一亮，她说："宁泽涛悟性特别好，动作一教就会，才两堂课就掌握了蛙泳的基本要领。"
说起宁泽涛，郭红岩总是赞不绝口。她说："我讲技术动作的时候，宁泽涛听得特别专心，学得很快。游泳看起来简单，其实技术动作很复杂，宁泽涛善于调动身体的每一块肌肉，动作非常到位。"

在郭红岩的悉心指导下，宁泽涛进步很快。4年后，她把宁泽涛送到了省队。令人惊讶的是，短短三个月，宁泽涛就已从同批队员中脱颖而出。
2007年，刚满14岁的宁泽涛又被省队送到了海军游泳队。在那里他遇到了现在的教练叶瑾。在叶瑾看来，刚进队时，　宁泽涛的优点和缺点同样明显：一方面，他比较聪明，其他人很难领会的技术动作，他一点就通；另一方面，他的蝶泳和仰泳水平太差。那时，宁泽涛主项的是蛙泳，可经过一段时间的观察后，叶瑾觉得自由泳才应该是他重点努力的方向。

曾培养出不少有用名将的叶瑾，偏好运用大运动量的训练方式。通常，100米自由泳运动员一天的训练量为6000米左右，但叶瑾一开始对宁泽涛的要求就是8000米到9000米，最多的一次甚至达到了15000米，而且还不包括各种冲刺训练。在专业游泳训练中有一个指标叫做即刻脉搏，正常情况下，一般人每分钟的脉搏在70至80次，而宁泽涛有时训练完能达到180次。

除了日复一日、年复一年的艰苦训练，训练之余的枯燥生活也考验着宁泽涛。当被问到有什么休闲方式时，宁泽涛笑道："我平时有空就看看书，很少看电视，也基本不玩儿电脑。"

和很多青春期的孩子一样，宁泽涛也曾叛逆过。遇到困难或者各种突发情况时，他也向教练抱怨过，但叶瑾向来严格，只会告诉他："当职业运动员不是普通的事业，如果承受不了常人难以忍受的挑战，你不如不干。"

在叶瑾的精心栽培下，宁泽涛成长得很快，也慢慢体会到了教练的良苦用心。在不断的进步中，他更加坚定了自己的目标——打破亚洲记录！梦想照进了现实。在2013年全运会上，宁泽涛接连打破男子100米和50米自由泳亚洲纪录。在2014年亚运会男子100米自由泳决赛中，宁泽涛又刷新了亚运会记录。在2015年游泳世锦赛上，宁泽涛又获得男子100。

① 10분 안에 읽기는 두 번을 읽어라. 가능하다면 세 번은 더 좋다!

가장 흔한 실수가 어법에 자신 없다고 원문을 통째로 암기하려는 버릇이다. 암기할 수도 없을 뿐더러 암기한다 해도 줄이는 방법을 모르기 때문에 결코 좋은 요약쓰기가 나올 수 없다. 처음 읽을 때는 무작정 읽히는 부분만 읽으면서 전체적인 내용의 대략적인 흐름만 파악해야 한다. 두 번째 읽을 때는 시간 흐름, 또는 큰 사건 흐름을 위주로 쓸 내용만 다시 확인해야 한다. 세 번째는 시간이 있다면 한 번 더 내용을 확인하고, 부족하다면 마지막으로 주요한 이름이나 시간 등을 확인해야 한다.

② 큼지막한 사건이나 시간의 흐름으로 기억해라!

문장은 쓰면서 만들면 되기 때문에 일단 시간의 흐름이나 사건의 흐름 중 어떤 것으로 기억할 건지를 정하고 정했으면 관련된 어휘만 기억하면 된다.

예제의 원문을 근거로 큼지막한 사건의 흐름으로 정리한다면 '닝저타오의 아버지 기억 → 성 대표팀에 간 후의 행적 → 코치 예진의 영향 → 아시아 기록을 깸'을 큰 사건으로 놓고 거기에 해당하는 디테일 한 내용을 덧붙이는 방법을 써야 한다.

③ 요약하기의 핵심은 주요한 내용만!이다.

그러므로 중복된 어휘는 한 번만, 성어나 어려운 어휘는 간단한 어휘로, 수식어는 되도록 삭제하는 것이 좋다. 특히 이야기 흐름과 상관없는 회상이나 자세한 감정묘사 등은 과감하게 생략하는 것이 좋다.

④ 되도록 간접화법으로 표현하라!

대화체는 간접화법으로 정리해야 어법적으로 틀리지도 않고 부호 때문에 감점 당하는 일이 적다. 꼭 필요한 대화 부분을 제외하고는 되도록 간접화법으로 바꾸도록 하자.

⑤ 제목은 간단하게!

주인공 이름이 들어가거나 가장 중요한 핵심 소재만 들어가면 된다. 조금 더 좋은 글로 보이고 싶으면 그 어휘를 꾸며주는 간단한 수식어만 더해도 충분하다.

⑥ 부호나 격식을 정확하게 사용해라!

부호나 격식은 딱 한 번만 정독해도 충분하고 틀렸으면 고쳐서 한 번 더 써보기만 해도 된다. 대신 틀리면 감점이 있는 부분이기 때문에 간과해서는 안 된다.

⑦ 유종의 미가 중요하다!

중간 내용에 치중하다가 시간이 없어 마무리는 하지 못한 채 제출하는 경우가 많은데 가운데를 조금 생략하더라도 마무리를 반드시 해야 온전한 글로 보이기 때문에 점수가 덜 감점된다는 것을 잊지 말아야 한다.

⑧ 최대한 또박또박 써라!

쓰기는 사람이 일일이 채점하는 부분이기 때문에 주관적인 평가가 들어갈 수 밖에 없다. 내용이 좋아도 글씨가 엉망이면 점수를 덜 주진 않더라도 더 주고 싶은 마음은 사라질 수도 있다는 것을 명심하자.

⑨ 원고지 작성법을 기억해라!

요약글은 원고지에 직접 적어야 하므로, 원고지 작성법을 반드시 숙지하고 그에 맞게 작성해야 감점이 없다.

모범요약

宁泽涛的成长史

据宁泽涛的父亲回忆，宁泽涛小时候很怕水。2000年，七岁的宁泽涛还是怕水。宁泽涛的母亲很着急，于是，她给宁泽涛报了游泳培训班。没想到，宁泽涛一开始就表现出了游泳天赋。并遇到了启蒙老师—郭红岩。郭老师说:“宁泽涛一教就会，而且特别专心。他的动作非常到位。”宁泽涛进步很快。

四年后，郭老师把他送进省队。三个月，他又脱颖而出。2007年，14岁的宁泽涛又被送到海军游泳队。在那里遇到了现在的教练叶瑾。叶瑾认为，宁泽涛很聪明，但蝶泳和仰泳水平不高。所以自由泳才是他要努力的方向。

叶瑾好用大运动量的训练方式。通常，100米自游泳运动员一天训练量为6000米左右，但宁泽涛甚至达到15000米。宁泽涛的即刻脉搏，有时训练完能达到180次。

除了训练，宁泽涛平时喜欢看书，很少看电视、玩电脑。当他向教练抱怨困难时 叶瑾告诉他要承受常人难以忍受的挑战。

终于，梦想成为现实。2013全运动会，他打破了100米、50米自由泳亚洲记录。2014年亚运会，刷新了100米纪录。2015年世锦赛，他又获得了100米自由泳金牌，创造了新的历史！

유형별 전략 01

문장성분 파악 - 성분이 보이면 내용이 보인다!

❶ 문장성분의 특징을 파악해라!

읽고 쓰기의 기본은 문장성분의 이해이다. 문장성분을 알아야 핵심만을 파악해서 기억할 수 있고, 문장성분을 알아야 어법에도 자신감이 생겨 작문을 잘할 수 있게 된다.

● 중국어 문장성분의 특징

주어	서술하는 핵심 대상 중국어에서는 의미로 주어를 결정하는 것이 아니라 위치로 결정함을 알아두자.
	① 술어 왼쪽(술어 앞)에 위치한다. 예 他显示了天赋。 그는 천부적인 자질을 보여주었다. → 주어는 他 ② 주어의 품사는 주로 '명사/대명사'로, '的'가 있을 경우 '的' 뒤의 '명사/대명사'에 집중하는 것이 좋다. 예 他的孩子显示了天赋。 그의 아이는 천부적인 자질을 보여주었다.
술어	주어의 움직임, 상태, 성질 따위를 서술하는 말 동사 술어는 목적어를 취할 수 있고, 형용사 술어는 주어의 상태를 설명하는 것이 일반적이다.
	① 주로 동사나 형용사이다. (동사는 목적어를 취할 수 있으나 형용사는 불가능!) 예 我很喜欢她。 나는 그녀를 좋아한다. (O) → 喜欢 동 (목적어를) 좋아하다 我好她。 (X) 我身体好。 내 건강이 좋다 (O) → 好 형 (주어의 상태가) 좋다 ② 주로 뒤에 동태조사 '了/着/过'를 동반한다. 예 他显示了天赋。 그는 천부적인 자질을 보여주었다.
목적어	동작(동사)을 받는 대상 관형어의 수식을 제일 많이 받는 성분으로 '的'가 있을 경우 '的' 뒤부터 집중하자.
	① 술어 오른쪽(술어 뒤)에 위치한다. 예 他显示了天赋。 그는 천부적인 자질을 보여주었다. → 목적어는 天赋 ② 목적어의 품사는 주로 '명사/대명사'로 '的'가 있을 경우 '的' 뒤의 '명사/대명사'에 집중하는 것이 좋다. 예 他显示了过人的天赋。 그는 뛰어난 천부적인 자질을 보여주었다.
부사어	술어(동사/형용사)를 꾸며주는 성분 일반적으로 '부사 → 조동사 → 전치사구 → ……地'의 순서로 나열된다.
	① 술어 왼쪽(술어 앞)에 위치한다. (술어 왼쪽의 주어를 제외한 나머지 모든 성분을 말한다.) 예 他一开始就显示了。 그는 처음부터(바로) 천부적인 자질을 보여주었다. ② 주로 '地'를 동반하여 동사를 꾸며준다. 예 他渐渐地显示了天赋。 그는 점점 천부적인 자질을 보여주었다.

관형어	명사를 꾸며주는 성분(的)만 찾아내도 관형어와 그 수식 받는 대상을 빨리 찾아낼 수 있다. ① 명사 왼쪽(명사 앞)에 위치한다. ② 주로 '的'를 동반하여 명사를 수식한다. 예 他显示了过人的天赋。 그는 뛰어난 천부적인 자질을 보여주었다.
보어	술어의 부족한 내용을 보충하는 성분 보충하는 내용에 따라 정도/결과/방향/가능/시량/동량보어로 나뉜다. 술어 오른쪽(술어 뒤)에 위치한다. 예 它显示出了天赋。 그는 천부적인 자질을 (내)보여주었다.

❷ 핵심성분인 주어, 술어, 목적어를 파악하자!

중국어의 문장 어순을 반드시 알자. 이중 '주 + 술 + 목'만 파악해도 내용을 기억하기 쉬울 뿐만 아니라, 작문할 때 문장을 구성하기도 쉽다.

- **중국어 문장어순**

[부사어] + (관형어)(的) **주어** + [부사어](地) **술어** + 〈보어〉 + (관형어)(的) + **목적어** 〈보어〉 。

❸ 특징은 간단하게 기억해라!

문장성분을 파악할 줄 알아도 시간이 걸리면 의미가 없다. 빨리 파악할 수 있는 훈련을 하자.

연습 1

他一开始就显示出了过人的天赋。	그는 처음부터 뛰어난 천부적인 자질을 보여주었다.

Point 他 **一开始就** 显示 **出了** **过人的** 天赋。
주어 부사어 술어 보어 관형어 목적어

해설 핵심은 '他显示天赋。(그는 천부적인 자질을 보여준다.)'이다.

연습 2

两个人在荒漠中各自种下了一片胡杨树苗。	두 사람은 황무지에 각자 포플러 묘목을 하나 심었다.

Point 两个人 **在荒漠中各自** 种 **下了** **一片胡杨** 树苗。
주어 부사어 술어 보어 관형어 목적어

해설 핵심은 '两个人种树苗。(두 사람은 묘목을 심는다.)'이다.

쓰기

실전 문제

▶ 정답 및 해설 p.129

☺ 문장성분을 파악해 핵심성분(주 + 술 + 목)만으로 줄여보자. 주어와 목적어는 주로 명사이고 명사는 '的' 뒤의 어휘에 집중하면 된다.

문제 1 隋朝的石匠李春亲自设计了赵州桥。

→ ______

문제 2 我紧紧地握着台湾教师的手。

→ ______

문제 3 赵宇的眼里闪着激动的泪花。

→ ______

문제 4 我们要努力探索大自然的奥秘。

→ ______

문제 5 我养成了做完作业认真检查的习惯。

→ ______

문제 6 一群水鸟正在吞食漂在水面上的菜叶。

→ ______

문제 7 他以非凡的毅力刻苦地学习文化知识。

→ ______

문제 8 一架银白色的飞机在蔚蓝的天空中飞行。

→ ______

문제 9 三班的学生十分爱戴亲切、温和、知识丰富的王老师。

→ ______

문제 10 五彩缤纷的焰火在夜空中构成了一幅美妙无比的图案。

→ ______

유형별 전략 02

기초 쌓기 I
– '삭제의 기술' 요약의 기본은 삭제!

❶ 불필요한 수식어는 삭제해라!

명사를 수식하는 관형어와 동사/형용사를 수식하는 부사어는 내용상 꼭 필요한 부분이 아니라면 대체로 생략하는 것이 간결하고 깔끔한 줄여 쓰기가 된다.

문장 수식어 확인		수식어 삭제 후
那位~~教导他用心射箭的~~智者知道这件事后，… 그 ~~그에게 마음을 다해 화살을 쏘라고 지도했던~~ 지자가 이 일을 안 후에 …	→	那位智者知道这件事后，… 그 지자가 이 일을 안 후에 …
那支箭居然~~深深地~~插进了石头里。 그 화살은 뜻밖에 돌 속에 깊이 박혔다.	→	那支箭插进了石头里。 그 화살은 돌 속에 박혔다.

❷ 접속사에 주목해라!

접속사는 해석이 아니라 접속사로 연결한 문장의 관계를 파악해야 한다. 관계를 파악하면 필요한 부분과 필요하지 않은 부분을 알 수 있다. 접속사의 관계를 파악해서 중요하지 않은 부분과 그렇지 않은 부분을 미리 습득해 두자.

● 쓰기에 자주 출현하는 접속사의 관계와 Point

无论/不论/不管 A 都 B A를 막론하고 모두 B하다	无论刮风还是下雨，他都准时到学校上课。 바람이 불든 비가 내리든, 그는 모두 정시에 학교에 도착해 수업을 받는다. 어떠한 가정의 상황에도 결과/결론은 바뀌지 않음을 나타낸다. Point 바뀌지 않는 결과/결론 부분이 중요한 부분임 → '都' 이하의 내용이 중요함
虽然/尽管 A 但 B (비록) A하지만 B하다	尽管接连几部电影作品的票房收入不佳，但这丝毫不影响他的广告价值。 비록 연이은 몇 편의 영화작품의 흥행수입이 안 좋지만, 이것은 그의 광고가치에 조금도 영향을 주지 않는다. 먼저 어떤 사실을 인정한 후에 그와 상반되거나 전환된 사실을 나타낸다. Point 전환된 사실을 강조 → '但' 이하의 내용이 중요함 (앞에 '虽然/尽管'이 없어도 강조되는 부분은 같다)
A 否则 B A를 해라, 그렇지 않으면 B한다	你必须远离他们，否则他们会在不知不觉中偷走你的梦想。 당신은 반드시 그들을 멀리해라. 그렇지 않으면, 그들은 모르는 사이에 당신의 꿈을 훔쳐 달아날 것이다. 말하고자 하는 내용을 강조하기 위해 그렇지 않았을 때의 가정 상황을 뒤에 나열한다. Point 말하고자 하는 내용이 중요 → '否则' 이전의 내용이 중요함

쓰기

③ 상황이나 심리상태를 자세하게 묘사한 부분은 과감하게 삭제해라!

이야기 흐름에 꼭 필요한 설명이 아니라면 상황을 자세하게 기술하거나 심리상태를 묘사한 부분은 삭제해도 좋다. 내용상 중심인물의 심리상태를 밝혀야 한다면 적당한 어휘 하나면 충분하다.

문장 수식어 확인		수식어 삭제 후
他小时候特别怕水，~~就连洗头发的时候都要用毛巾捂着眼睛~~。 그는 어렸을 때 물을 특히 무서워해서 ~~머리 감을 때 조차도 수건으로 눈을 가렸다~~.	→	他小时候特别怕水。 그는 어렸을 때 물을 특히 무서워했다.

연습 1

热气腾腾的汤饭很快就端上桌后，奶奶把碗推到了孙子面前。	열기가 뜨끈뜨끈한 국밥이 매우 빠르게 테이블에 나온 후, 할머니는 그릇을 손자 앞으로 밀었다.

Point 1. '热气腾腾的(열기 뜨끈뜨끈한)'는 '汤饭(국밥)'의 상태를 묘사한 관형어이다.
2. '很快(매우 빠르다)', '就(바로)'는 '端上(내오다)'을 꾸며주는 부사어이다.
3. 상태묘사를 하는 수식어(관형어/부사어)는 생략하는 것이 좋다.

참고답안 汤饭端上桌后，奶奶把碗推到了孙子面前。 국밥이 테이블에 나온 후 할머니는 그릇을 손자 앞으로 밀었다.

연습 2

两人身上的衣服都很旧了，特别是老奶奶的衣服，是早就不流行的样式，但是却都干干静静的，看上去很整洁。	두 사람이 입은 옷은 모두 오래 되었고, 특히 노부인의 옷은 일찍이 유행이 지난 스타일이었지만, 오히려 모두 매우 깔끔하고, 단정해 보였다.

Point 1. '但是' 이하의 내용이 핵심이다.
2. 매우 깔끔하고(干干静静的) 단정한(很整洁) 것의 주어가 설명되지 않아서 앞의 부분에서 주어만 따로 정리한다.
3. 중첩 형태는 원형으로 쓰는 것이 좋다. '干干静静' → '干静'

참고답안 两人的衣服都很干静，看上去很整洁。 두 사람의 옷은 모두 깔끔하고, 단정해 보였다.

연습 3

他的儿子感到非常震惊，注视着父亲的两只大眼睛里闪烁着泪光，他的嘴唇也开始颤抖。他看着父亲，泪流满面地说："爸爸，我本想明天要自杀，以为你根本不爱我。"	그의 아들은 매우 놀랐고, 아버지를 지켜보고 있는 두 큰 눈에 눈물이 반짝이고, 입술도 떨리기 시작했다. 그는 아버지를 보며 눈물로 얼굴이 범벅이 되어 말했다. "아빠, 나는 원래 내일 자살하려고 했어요. 아빠가 저를 전혀 사랑하지 않는다고 여겼거든요."

Point 1. '注视着父亲的两只大眼睛里闪烁着泪光，他的嘴唇也开始颤抖(아버지를 지켜보고 있는 두 큰 눈에 눈물이 반짝이고, 입술도 떨리기 시작했다)'는 주인공의 상태를 묘사한 부분으로 생략한다.
2. '感到非常震惊(매우 놀랐다)'과 '泪流满面(눈물로 얼굴이 범벅이 되다)'은 아들이 놀라고 감동한 심리를 묘사한 부분으로 생략하는 것이 일반적이지만, 내용의 흐름상 주인공인 아들의 감정선이 꼭 필요하다면 '泪流满面'만으로도 아들이 감동했음을 충분히 나타낼 수 있다.
3. '根本(전혀)'은 부정을 강조하는 부사로 생략한다. 불필요한 부사들은 생략하는 것이 좋다.

참고답안 他的儿子(泪流满面地)说："爸爸，我本想明天要自杀，以为你不爱我。"
그의 아들이 (눈물로 얼굴이 범벅이 되어) 말했다. "아빠, 나는 원래 내일 자살하려고 했어요. 아빠가 저를 사랑하지 않는다고 여겼거든요."

실전 문제

▶ 정답 및 해설 p.131

☺ 관형어/부사어/묘사 표현 등 불필요한 수식어와 중요하지 않은 내용은 과감하게 삭제하는 것이 좋다.

문제 1 一天，张良漫步来到一座桥上，看到桥头坐着一个衣衫破旧的老头儿。

→ ______________________________

문제 2 下午2:30，午餐高峰时间过去了，原本拥挤的小吃店，客人都已慢慢散去了。

→ ______________________________

문제 3 无论多么贫穷，多么卑微，每个人都有尊严，给予一个人尊严，才能让他体面地活。

→ ______________________________

문제 4 很久很久以前，有位贤明而很受百姓爱戴的国王。这位国王的年纪已经很大了。

→ ______________________________

문제 5 副院长对六个同学说："将来无论你们走到哪里，无论从事什么职业，都应该记住一句话——天使能够飞翔，是因为把自己看得很轻。"

→ ______________________________

기초 쌓기 Ⅱ - '표현 교환의 기술' 더 쉽게! 더 간단하게!

① 대명사를 활용해라!

구체적인 대상이나 여러 사람을 설명한 경우는 그에 알맞은 대명사로 바꾸는 것이 좋다.

● **활용도 높은 인물관련 어휘**

同学 tóngxué 같은 반 친구, 같은 학교 친구 | 同事 tóngshì 같이 일하는 동료 | 邻居 línjū 이웃 | 伙伴 huǒbàn 파트너 | 夫妻 fūqī 부부, 남편과 아내 | 领导 lǐngdǎo 보스, 리더 | 总经理 zǒngjīnglǐ 사장 | 上司 shàngsi 상사 | 下属 xiàshǔ 부하 | 救护人员 jiùhù rényuán 구급치료 요원(의사/간호사 등) | 检察人员 jiǎnchá rényuán 검사 요원(검사하는 사람들) | 研究人员 yánjiū rényuán 연구 요원(연구하는 사람들)

② 상용어휘를 습득해라!

간단히 표현할 수 있거나 더 쉽게 바꿀 수 있는 어휘를 습득해 두는 것이 좋다. 어려운 표현은 최대한 간단하고 쉽게 표현하는 것도 실수를 줄이는 방법이다.

● **활용도 높은 바꿔 쓰기 표현**

灵机一动 língjī yídòng / 영감이 탁 떠오르다 **急中生智** jízhōng shēngzhì 다급한 가운데 좋은 생각이 떠오르다	→	机智 jīzhì 기지를 발휘하다
热泪盈眶 rèlèi yíngkuàng / 뜨거운 눈물이 눈에 그렁그렁하다, 감동하다 **眼眶湿润** yǎnkuàng shīrùn 눈가에는 눈물이 비치다	→	哭 kū 울다 / 感动 gǎndòng 감동하다
络绎不绝 luòyì bùjué / 왕래가 빈번해 끊이지 않다 **滔滔不绝** tāotāo bùjué 끊임없이 계속되다	→	不停 bùtíng 끊임없이
咬牙切齿 yǎoyá qièchǐ / 격분하여 이를 부득부득 갈다 **气愤不已** qìfèn bùyǐ 분통이 터지다	→	生气 shēngqì 화 내다
无可奈何 wúkě nàihé 어찌해 볼 도리가 없다, 방법이 없다	→	无奈 wúnài 어쩔 수 없이
迎刃而解 yíngrèn érjiě 핵심적인 문제만 해결하면 다른 것들은 잇따라 풀린다	→	顺利地解决 shùnlì de jiějué 순조롭게 해결되다

需求 xūqiú 수요, 필요	→	想要的(东西) xiǎngyào de (dōngxi) 필요로 하는 (것)

③ 사역문('让'자문)을 활용해라!

감정을 불러일으킨 내용과 어떤 일을 시킨 내용은 사역문을 이용하면 쉽고 간단하게 고쳐서 내용을 요약할 수 있다. 정확한 문장구조를 파악해서 활용하는 것이 좋다.

예

~~看了~~那部电影~~后~~，我们感动~~得热泪盈眶~~。

해석 그 영화를 ~~본 후~~에, 우리는 감동해서 ~~눈물을 흘렸다.~~

Point 1. 영화를 보고 우리가 감동했다는 것은 영화가 우리를 감동하게 만들었다는 사역('让' 사용)의 의미로 바꿀 수 있다.
2. '热泪盈眶(눈물을 흘리다)'은 감동한 것의 세부내용이므로 생략해도 좋다.

요약 那部电影让我们感动。 그 영화는 우리를 감동시켰다.

연습 1

一个乞丐来到我家~~门口~~，向我母亲乞讨。~~这个乞丐~~很可怜，~~他的整条~~右手臂断掉了。	한 거지가 우리집 ~~현관~~에 와서 어머니에게 구걸을 했다. ~~이 거지는~~ 불쌍하게도 그의 오른팔 ~~전체가~~ 잘려 없었다.

Point

1. '我家门口(우리집 현관)'는 '我家(우리집)'라는 말이기 때문에 '门口(현관)'는 삭제해도 된다.
2. 뒷 문장의 '这个乞丐(저 거지는)'는 앞에서 이미 한 번 나왔으므로 대명사 '他'로 정리하자.
3. '右手臂断掉了(오른팔이 잘려 없었다)'는 오른팔이 없다는 말이므로 '没有右手臂' 같은 간단한 표현으로 바꾸어도 좋다.

참고답안 一个乞丐来我家向母亲乞讨。他没有右手臂，很可怜。

한 거지가 우리집에 와서 어머니에게 구걸하였다. 그는 오른팔이 없어 불쌍했다.

연습 2

母亲递给乞丐~~一条雪白的~~毛巾。~~乞丐接过去，用毛巾很仔细地~~把脸和脖子擦一遍，~~雪白的毛巾变成了黑毛巾~~。	어머니는 거지에게 ~~하나의 새하얀~~ 수건을 건넸다. 거지는 ~~받아들고, 수건으로 꼼꼼하게~~ 얼굴과 목을 한 번 닦았고, ~~새하얀~~ 수건이 검은 ~~수건으로 변했다~~.

Point

1. '一条雪白的(하나의 새하얀)'는 수건을 수식한 상태묘사 표현이기 때문에 삭제해도 좋다.
2. '乞丐接过去(거지는 받아들었다)'는 불필요한 설명이기 때문에 삭제해도 된다.
3. 건넨 것이 수건이기 때문에 '用毛巾(수건을 써서)'은 중복되는 부분이라 삭제한다.
4. '雪白的毛巾变成了黑毛巾(새하얀 수건이 검은 수건으로 변했다)'은 '毛巾黑了(수건이 까매졌다)'라는 간단한 표현으로 바꿀 수 있다.

참고답안 母亲递给乞丐毛巾，乞丐把脸和脖子擦一遍，毛巾就黑了。

어머니가 거지에게 수건을 건네자, 거지는 얼굴과 목을 한 번 닦았고 수건은 까매졌다.

연습 3

我们在~~一个叫~~会心书屋~~的地方~~会面，~~书屋的~~摆设~~也~~很雅致，~~在沙发上坐下来，看着窗台上鱼缸里的红色金鱼和几盆兰花~~，心里~~一下子就~~开阔了起来。	우리는 ~~하나의~~ 회심서재~~라 불리는 곳~~에서 만났는데, ~~서재의~~ 장식도 매우 우아했고, ~~소파에 앉아 창턱 위에 있는 어항 속 빨간 금붕어와 몇 개의 난초 화분을 보자~~ 마음 속이 갑자기 탁 트였다.

Point

1. '一个叫会心书屋的地方(하나의 회심서재라 불리는 곳)'은 '会心书屋(회심서재)'로 직접 표현할 수 있다.
2. '在沙发上坐下来，看着窗台上鱼缸里的红色金鱼和几盆兰花(소파에 앉아서 창턱 위에 있는 어항 속 빨간 금붕어와 몇 개의 난초 화분을 보았다)'는 장소의 풍경을 묘사한 것으로 내용상 중요하지 않기 때문에 삭제해도 된다.
3. '心里一下子就开阔了起来(마음 속이 갑자기 탁 트였다)'는 앞의 풍경이 마음 상태를 그렇게 만든 것이므로 사역동사(让)를 써서 간단하게 표현하는 것이 좋다.

참고답안 我们在会心书屋会面，那里的摆设很雅致，让人心里开阔了起来。

우리는 회심서재에서 만났는데, 그곳의 장식은 매우 우아해서 사람 마음 속이 탁 트이게 했다.

실전 문제

▶ 정답 및 해설 p.132

☺ 제시어를 사용하여 문장을 요약해보자. 이때 삭제의 기술도 함께 활용하여 줄여보는 연습을 하는 것이 좋다.

문제 1 事件发生六个月之后，我遇到老赵，问他当抢匪闯入的时候他的心路历程。

▶ 제시어: 当时

____

문제 2 梅子是在一所医学院学习的学生。梅子与跟她生活在同一个宿舍里的四个朋友到了一所省内最高等级的医院实习。

▶ 제시어: 同学

____

문제 3 梅子擦着额头的汗水回答道："车上有那么多医生和护士，缺少我不会影响救护的。"

▶ 제시어: 救护人员

____

문제 4 老赵是一家餐厅的服务员，他换工作的时候，餐厅的另一个服务员小丽和在厨房里工作的小张都愿意跟着他从这家餐厅换到另一家。

▶ 제시어: 同事

____

문제 5 她接到了爸爸的短信。大意是：爸爸、妈妈、哥哥、姐姐，我们这一家人都会支持你，以你为最大的骄傲。她看着这条短信，就感动得热泪盈眶。

▶ 제시어: 让

____

유형별 전략 04

기초 쌓기 Ⅲ - '결합의 기술' 반복되는 것은 합쳐라!

❶ 하나의 주어로 합쳐라!

같은 주어가 반복되거나 술어가 나열되어 있으면 불필요한 부분을 삭제하고 주어를 하나로 두고 정리하는 것이 좋다.

❷ 겹치는 내용이 많으면 통일해라!

중요한 내용이 여러 번에 걸쳐 설명되었다면 하나의 내용으로 간단하게 요약해보자.

❸ 간단하게 줄여라!

자세하게 설명한 부분은 합쳐서 그 내용을 포괄적으로 다 담을 수 있는 내용으로 줄이는 것이 좋다.

● 쓰기에 활용도가 높은 접속사

……了，就…… ~하자마자, 바로 ~	앞 동작이 끝나자마자 뒤의 동작이 진행됨을 나타낸다. 每天他下了班，就回家上网和他的女朋友聊天儿。 매일 그는 퇴근하자마자, 바로 집으로 돌아가 인터넷에서 그의 여자친구와 채팅을 한다.
又……，又…… ~하기도 하고, ~하기도 하다	형용사의 병렬을 나타낸다. 여러 번 언급된 형용사를 한 번에 정리하기 좋다. 商人又失望，又生气。 상인은 실망하기도 하고, 화도 났다.
……，而且…… ~하고, 게다가 ~하다	진행된 동사구의 나열을 병렬해 정리하기 좋다. 他认为三兄弟骗了他，而且偷走了骆驼。 그는 삼형제가 그를 속이고, 게다가 낙타를 훔쳐 갔다고 여겼다.
……，但…… ~하지만, ~하다	진행된 동사구의 역접/전환을 이어 정리하기 좋다. 他用心培育花种。但过了好几个月，他的种子也没有发芽。 그는 정성스럽게 꽃의 씨앗을 길렀지만, 몇 개월이 지나도 그의 씨앗은 발아하지 않았다.
因为…… ~때문에	줄여 쓰기에서는 '所以'와 함께 쓰는 경우가 적다. 원인 문장을 명확하게 나타내고자 할 때만 쓴다. 他看着一匹马正在拉盐车。因为盐多，马看起来非常累。 그는 한 필의 말이 소금 수레를 끄는 것을 보았다. 소금이 많았기 때문에, 말은 매우 피곤해 보였다.
所以…… 그래서 ~	줄여 쓰기에서는 '因为'와 함께 쓰는 경우가 적다. 앞의 이유로 인한 결과라는 것을 표현하고자 할 때만 쓴다. 他尊敬长辈，所以才成就了一番大事业。 그는 연장자를 존중했고, 그래서 비로소 한 번의 큰 사업을 이뤄냈다.
然后…… 그런 후에 ~	사건의 선후관계를 나타낼 때 쓴다. 老人在街上卖苹果时，一个小孩子买了一个又红又大又甜的苹果，然后一大群小孩儿都来买。 노인이 길에서 사과를 팔 때, 한 아이가 하나의 붉고 크고 단 사과를 하나 샀다. 그런 후에 한 무리의 아이들이 모두 사러 왔다.

쓰기

연습 1

国王从一个个孩子面前走过，看着他们捧着的一盆盆鲜花时，他的脸上却没有一丝高兴的表情。	국왕이 한 명 한 명 아이들 앞으로 지나면서, 그들이 받쳐들고 있는 화분 한 개 한 개의 생화를 보았을 때, 그의 얼굴에는 오히려 조금의 기쁜 표정도 없었다.

Point
1. 핵심내용은 꽃을 보고 있는 국왕의 표정이다.
2. 내용상 어떤 꽃인지를 설명해야 하기 때문에 앞에 국왕이 지나친 대상인 '孩子们(아이들)'과 '他们(그들)'을 동일시하여 한 번에 '孩子们捧着的(아이들이 들고 있는)'로 정리하는 것이 좋다.
3. 국왕의 표정이 기쁘지 않은 것이 핵심이기 때문에 정도를 나타낸 '一丝(조금)'는 생략한다.

참고답안 国王看着每个孩子捧着的鲜花时，他的脸上没有高兴的表情。
국왕이 모든 아이들이 받쳐들고 있는 생화를 보았을 때, 그의 얼굴에는 기쁨의 표정이 없었다.

연습 2

诚实是做人最起码的道德，是做人的根本。治理国家更需要道德和良知。豆豆有一颗诚实的心，这为他赢得了美好的未来。	정직함은 인간됨의 가장 기본적인 도덕이고, 인간됨의 근본이다. 국가를 다스리는 데에는 도덕과 양심이 필요하다. 또우또우는 정직한 마음을 가지고 있었고, 이것은 그에게 행복한 미래를 가져다 주었다.

Point
1. 핵심은 '诚实(정직함)'의 정의와 '豆豆诚实的心(또우또우의 정직한 마음)'이다.
2. 수식어인 '最起码(가장 기본적인)'를 삭제하고, 중복되는 '做人(인간됨)'은 한 번으로 합쳐 작성해보자.
3. '治理国家更需要道德和良知(국가를 다스리는 데에는 도덕과 양심이 필요하다)'는 인간됨의 도덕, 근본과 겹치므로 삭제한다.

참고답안 诚实是做人的道德和根本，豆豆诚实的心，为他赢得了美好的未来。
정직함은 인간됨의 도덕과 근본이고, 또우또우의 정직한 마음은 그에게 행복한 미래를 가져다 주었다.

연습 3

一天，有个商人丢了一头骆驼，他急得到处去找。但是他从早上找到晚上，问了许多人，还是没找到他的骆驼。	하루는 어떤 상인이 한 마리의 낙타를 잃어버렸고, 그는 초조해져 곳곳을 찾으러 다녔다. 그러나 그는 아침부터 저녁까지 찾고 많은 사람에게 물어봤지만, 여전히 그의 낙타를 찾지 못했다.

Point
1. 핵심은 상인이 낙타를 잃어버렸는데 찾지 못한 것이다.
2. '他急得到处去找。但是他从早上找到晚上，问了许多人(그는 초조해져 곳곳을 찾으러 다녔다. 그러나 그는 아침부터 저녁까지 찾고, 많은 사람에게 물어봤다)'은 하루 종일 찾아 다녔다는 말이기 때문에 이 말을 포괄하는 '找了一整天(하루 종일 찾았다)'으로 간단하게 줄이면 된다.
3. '找了一整天(하루 종일 찾았다)'과 '还是没找到他的骆驼(여전히 그의 낙타를 찾지 못했다)'를 '找了一整天也没找到(하루 종일 찾았지만 찾지 못했다)'로 합쳐서 줄여보자.
4. 마지막 문장의 목적어인 '骆驼(낙타)'는 앞에서 언급했기 때문에 불필요하므로 삭제하는 것이 좋다.

참고답안 一天，有个商人丢了一头骆驼。他找了一整天也没找到。
하루는 어떤 상인이 한 마리의 낙타를 잃어버렸다. 그는 하루 종일 찾았지만 찾지 못했다.

실전 문제

▶ 정답 및 해설 p.134

☺ 불필요한 내용을 삭제하고 중복된 내용은 합쳐서 요약해보자. 가장 중요한 것은 핵심적인 내용만을 남기는 것이다.

문제 1 第一个被称做伯乐的人叫孙阳，他是春秋时代的人。由于他对马很有研究，人们都称他为伯乐。

문제 2 她对我说："刘先生，我们每一层的当班小姐都要记住每一个房间客人的名字。"

문제 3 现在，我已经写了很多作品，出版、发行了一部部小说、戏剧和电影剧本。我越来越体会到我当初是多么幸运。

문제 4 现在，"东郭先生"已经成为汉语中的固定词语，专指那些不辨是非而滥施同情心、对坏人讲仁慈的人。

문제 5 那个驾车的人认为伯乐是个十足的大傻瓜，他觉得自己的这匹马实在太普通了，拉车没什么气力，吃得又多，还骨瘦如柴的，于是，毫不犹豫地把马以低价卖给了伯乐。

유형별 전략 05

기본기 다지기 I
- 단계별 요약 기술을 쌓아라!

❶ 요약하기는 암기가 아니다!

흔하게 하는 실수가 글 요약하기를 암기로 착각하고 무작정 내용을 기억하려는 경우가 있다. 암기를 통해 요약하려면 시간이 턱없이 부족할 뿐만 아니라 오히려 양이 많아져 '요약하기'라는 주제에서 벗어나게 된다. 문장이 아닌 내용을 파악하려고 애써야 한다.

❷ 요약하기도 단계가 있다!

'원문 내용 속독 → 핵심내용 파악 → 주요 어휘 기억 → 요약하기'가 기본적인 단계이다. 짧은 글부터 꾸준히 연습해서 실전의 1,000자 정도 되는 전체 글을 요약할 수 있는 실력의 기반을 만들어 두어야 한다.

❸ 문장 요약과 전체 글 요약은 다르다!

문장을 요약하는 것은 말 그대로 문장에서 불필요한 수식어만 삭제해도 충분하다. 하지만 글 요약은 문장 요약을 활용해 불필요한 수식어만 뺄 수도 있고, 내용에 따라 불필요한 내용의 문장 전체를 빼야 할 수도 있다. 그렇기 때문에 이번 '기본기 다지기Ⅰ,Ⅱ,Ⅲ' 편에서는 앞서 배운 문장의 요약을 복습하면서 글을 단계별로 요약하는 기술을 쌓도록 하자!

❹ 표현 바꾸는 연습을 꾸준히 해라!

단순히 문장만 줄이는 것은 한계가 있다. 다양한 표현으로 바꾸는 연습을 꾸준히 해야 한다.

● 표현 바꾸기 ①

원문의 표현		바꾼 표현
毛巾、牙膏和牙刷等一次性用品 수건, 치약 그리고 칫솔 등의 일회용품	→	一次性用品 일회용품
这些东西 이런 것들 (= 이런 물건들)	→	这一切 이 모든 것
很少用 잘 사용하지 않는다	→	不太喜欢用 사용을 그다지 좋아하지 않는다 / 不愿意用 사용하는 것을 원하지 않는다
一说话脸就红，声音也小 말하자마자 얼굴이 빨개지고, 목소리도 작다	→	很内向 내성적이다 / 很害羞 부끄러움이 많다

……让A吃惊 ~한 것이 A를 놀라게 했다 예 他成了一名优秀的医生让我吃惊。 그가 한 명의 우수한 의사가 된 것이 나를 놀라게 했다.	→	没想到A(竟然)…… A가 (뜻밖에) ~하는 것을 생각지 못했다 예 我没想到他(竟然)成为一名优秀的医生。 나는 그가 (뜻밖에) 한 명의 우수한 의사가 될 것을 생각지 못했다.
遗传了聪明的头脑，坚韧的性格 총명한 두뇌와 강인한 성격을 물려받았다	→	又聪明又坚韧 총명하고 강인하다
刻苦 노고를 아끼지 않다	→	努力 노력하다

연습 단계별 요약하기

虽然还有一部分宾馆会向客人提供免费的毛巾、牙膏和牙刷等一次性用品，但是，每次出差，她都会自己带这些东西，所以很少用宾馆里的一次性用品。

1 문장을 줄여 핵심만 파악하기

STEP 1 앞부분 요약

~~虽然还有一~~部分宾馆会向客人提供免费的~~毛巾、牙膏和牙刷等~~一次性用品。 ~~비록 아직~~ 일부 호텔은 고객에게 무료로 ~~수건과 치약, 칫솔~~ 등 일회성 용품을 제공한다.	→	部分宾馆会向客人免费提供一次性用品。 일부 호텔은 고객에게 무료로 일회성 용품을 제공한다.

핵심내용 호텔에서 일회용품 무료제공

Point
1. '毛巾、牙膏和牙刷(수건과 치약, 칫솔)'는 '一次性用品(일회성 용품)'과 겹치므로 둘 중에 하나를 쓰는 것이 적합하고 좀 더 간단한 '一次性用品'만 쓰는 것이 더 좋다.
2. '虽然(비록)' 같은 접속사는 내용상 꼭 필요하지 않으면 쓸 필요가 없다.
3. '还有一部分宾馆(일부 ~한 호텔도 있다)'는 '部分宾馆……(일부 호텔이 ~하다)'으로 고치는 것이 더 깔끔하다.

STEP 2 뒷부분 요약

每次出差，她都会自己带这些东西~~，所以~~很少用宾馆里的~~一次性用品~~。 매번 출장 갈 때마다 그녀는 이런 것들을 직접 가져간다. ~~그래서~~ 호텔 안의 ~~일회성 용품은~~ 잘 사용하지 않는다.	→	每次出差，她都会自己带这一切，很少用宾馆里的。 매번 출장 갈 때마다 그녀는 이 모든 것을 직접 가져가 호텔 안의 것을 잘 사용하지 않는다.

핵심내용 매번 출장 갈 때마다 그녀가 직접 용품 가져감 → 호텔용품 잘 쓰지 않음

Point
1. '这些东西(이것들)'는 굳이 고칠 필요는 없으나 한 글자라도 줄인다면 '这一切(이 모든 것)'로 바꿀 수 있다.
2. '一次性用品'은 이미 앞에서 언급했으므로 다시 언급할 필요가 없다.

쓰기

2 핵심내용 정리를 통한 요약하기

虽然还有一部分宾馆会向客人提供免费的毛巾、牙膏和牙刷等一次性用品，但是，每次出差，她都会自己带这些东西，所以很少用宾馆里的一次性用品。	→ 비록 아직 일부 호텔에서는 고객에게 무료로 수건과 치약, 칫솔 등 일회성 용품을 제공하지만, 매번 출장 갈 때마다, 그녀는 이런 것들을 직접 가져간다. 그래서 호텔 안의 일회성 용품은 잘 사용하지 않는다.

핵심내용 호텔에서 일회용품 무료제공 → 매번 출장 갈 때마다 그녀가 직접 용품 가져감 → 호텔용품 잘 쓰지 않음

최종요약 그녀는 매번 출장 갈 때마다 호텔용품을 사용하는 것을 원하지 않는다(꺼린다)

Point

1. '虽然A，但是B(비록 A하지만, B하다)' 구문은 '但是' 후의 내용이 핵심이다. 이 때문에 중요한 것은 호텔이 무료 제품을 제공한다는 것이 아니라 그녀가 출장 갈 때마다 이 제품들을 잘 쓰지 않는다는 것을 알 수 있다.
2. '그녀가 출장 갈 때마다'는 하나의 전제 조건이기 때문에 내용상 남겨야 한다.
3. 내용의 핵심은 그녀가 직접 용품을 가져간다는 내용이 아니라 호텔용품을 잘 쓰지 않는다는 결과이다.
4. '很少用(잘 쓰지 않는다)'은 잘 안 쓰는 여러 가지 이유가 있을 수 있지만, 내용상 쓰는 것을 원하지 않는다는 의미이므로 '不愿意(~하려 하지 않는다)'로 바꾸어 표현할 수 있다.

핵심어휘 宾馆用品 호텔용품 | 出差 출장 가다 | 不太使用 잘 사용하지 않는다

모범요약 每次出差她都不愿意用宾馆用品。 매번 출장 갈 때마다 그녀는 호텔용품을 사용하는 것을 원하지 않는다(꺼린다).

실전 문제

▶ 정답 및 해설 p.136

☺ 다음 글을 해석 후 핵심내용 정리를 통해 요약하되, 연습을 하기 전에 전략을 다시 한번 확인해보자.

문제 1 儿子小时候一说话就脸红，回答老师问题的时候声音也很小，我当时很替他担心。但随着年龄的增长，他逐渐成熟了，大学毕业后成了一名优秀的律师，真让人吃惊。

▶ 해석 ______

______

______

▶ 핵심내용 정리 ______

______

▶ 요약하기 ______

______

문제 2 儿子遗传了父亲聪明的头脑和坚韧的性格，再加上自己的刻苦，他在公司工作干得非常出色，职位也一步步提升。

▶ 해석 ______

______

______

▶ 핵심내용 정리 ______

______

▶ 요약하기 ______

______

유형별 전략 06

기본기 다지기 Ⅱ - 단계별 요약 기술을 쌓아라!

① 생각은 간접화법으로 바꾸어라!

글 요약에서는 생각을 나타내는 부분은 보통 삭제해도 크게 문제가 되지 않지만 그 부분이 전체 내용에 중요한 역할을 할 경우에는 간접화법으로 간단히 바꾸는 것이 좋다. 이때 반드시 왜 그런 생각을 했는지에 주목해서 정리해야 한다.

② 묘사는 생략해라!

글의 흐름상 꼭 필요한 중심소재의 묘사가 아니라면 일반적으로 인물이나 장소, 사물에 대한 자세한 묘사는 모두 생략해도 좋다.

③ 핵심어휘를 기억해라!

내용을 쉽게 기억하는 가장 좋은 방법은 핵심어휘들을 기억하는 것이다. 핵심어휘를 기억하면 그 어휘를 중심으로 사건을 구성하기가 쉽기 때문에 내용을 파악하고 나면 전반적인 내용의 주가 되었던 어휘들을 기억해 두어야 한다.

● 표현 바꾸기 ②

원문의 표현		바꾼 표현
怎么会…… 어떻게 ~하게 되겠는가? 예 怎么会破产? 어떻게 파산하겠는가?	→	不会…… 할 리가 없다 = 不相信会…… ~하는 것을 믿지 않는다 예 不会破产 파산할 리 없다 = 不相信会破产 파산하는 것을 믿지 않는다
从来没有当回事 지금껏 진지하게 여기지 않았다	→	没想过 생각해본 적 없다
一大笔钱 큰 돈	→	很多钱 많은 돈
死后留下的一大笔钱 죽은 후 남긴 큰 돈	→	遗产 유산
拉小提琴 바이올린을 켜다 / 练小提琴 바이올린을 연습하다	→	练琴 바이올린을 연습하다
不几年的功夫 몇 년 되지 않은 시간 동안	→	没过几年 몇 년 되지도 않아
娶了一个贤惠的妻子，家变得美满 지혜로운 아내를 얻어, 가정이 화목하고 행복하게 변했다	→	建立了幸福的家庭 행복한 가정을 꾸렸다

연습 단계별 요약하기

儿子从来没有当回事，如此能干的父亲怎么会破产呢？他心想：就算他死了，也会给我留下一大笔钱。

1 문장을 줄여 핵심만 파악하기

STEP 1 앞부분 요약

儿子~~从来没有当回事，如此能干的~~父亲~~怎么~~会破产~~呢？~~ 아들은 ~~지금껏 진지하게 생각하지 않았다. 이렇게나 능력 있~~는 아버지가 어떻게 파산을 해?	→ 儿子不相信父亲会破产。 아들은 아버지가 파산할 것이라는 것을 믿지 않았다.

Point 1. '从来没有当回事(지금껏 진지하게 생각하지 않았다)'에서 '진지하게 생각하지 않았다'는 것이 중요한 것이 아니라 어떤 것에 대해 진지하게 생각하지 않았는지 혹은 왜 진지하게 생각하지 않았는지가 중요하다. 그래서 이 부분은 삭제하는 것이 좋다.
2. '如此能干的父亲(이렇게나 능력 있는 아버지)'에서 아버지를 수식한 '如此能干(이렇게나 능력 있는)'은 삭제해도 된다.
3. '父亲怎么会破产呢？(아버지가 어떻게 파산을 해?)'라는 말은 '아버지가 파산할 리 없다'는 것이고, 결국 이 문장은 '아들은 아버지가 파산할 것이라 믿지 않는다'로 바꿔 표현할 수 있다.

핵심내용 아들은 아버지가 파산할 것이라 믿지 않음

STEP 2 뒷부분 요약

他心想~~：就算他死了，也会~~给我留下~~一大笔~~钱。 그는 ~~마음속으로 '설령 아버지가 돌아가신다고 해도,~~ 큰 돈을 나에게 남겨주실 거야'라고 생각했다.	→ 他相信父亲会给他留下遗产。 그는 아버지가 그에게 유산을 남겨줄 것이라고 믿었다.

Point 1. '就算(설령)'은 '即使'와 같은 어휘로 '也'와 호응해 '설령 ~라도~하다'라는 뜻으로 해석된다.
2. '아버지가 돌아가셔도 큰 돈을 남겨주실 거야'라고 생각한 것은 그가 그렇게 믿고 있다는 것이다.
3. '一大笔钱'은 '큰 돈'이라는 뜻으로 '很多钱(많은 돈)'으로 바꿔도 되지만, 가설이 '아버지가 돌아가셔도'이기 때문에 '遗产(유산)'으로 바꾸는 것이 더 적절하다.

핵심내용 아들은 아버지가 유산을 남겨줄 것이라 믿음

2 핵심내용 정리를 통한 요약하기

儿子~~从来没有当回事，~~如此能干的父亲怎么会破产呢？~~他心想：就算他死了，也会给我留下一大笔钱。~~	→ 아들은 ~~지금껏 진지하게 생각하지 않았다.~~ 이렇게나 능력 있는 아버지가 어떻게 파산을 해? ~~그는 마음속으로 '설령 돌아가신다고 해도, 큰 돈을 나에게 남겨주실 거야.'라고 생각했다.~~

핵심내용 아들은 아버지가 파산할 것이라고 믿지 않음 → 그는 아버지가 그에게 유산을 남겨줄 것이라고 믿음

최종요약 아들은 아버지가 파산할 것이라고 믿지 않는다.

Point
1. 요약할 때 보통 마음속 생각은 삭제해도 상관이 없지만 내용상 중요하다면 간접화법으로 돌려서 핵심내용만 간단히 정리하는 것이 좋다.
2. 주인공인 아들과 아버지는 반드시 들어가야 할 요소이다.
3. 핵심요약은 '아들이 아버지가 파산할 것이라고 믿지 않는 것'과 '유산을 남겨줄 것을 믿는다'는 것인데, 파산할 것이라는 것을 부정하며 부가적으로 유산을 남겨줄 것이라는 바람을 담았으므로 간단하게 요약한다면 전자를 남기는 것이 적절하다.

핵심어휘 儿子 아들 | 想 생각하다 | 父亲 아버지 | 会破产 파산할 것이다

모범요약 儿子不相信父亲会破产。 아들은 아버지가 파산할 것이라는 것을 믿지 않았다.

실전 문제

▶ 정답 및 해설 p.137

다음 글을 '해석 → 핵심내용 정리 → 요약하기' 순서로 완성하되, 연습을 하기 전에 전략을 다시 확인하여 내용을 충분히 숙지 후 풀어보자.

문제 1 在爸爸和妈妈看来，我拉小提琴简直就像在锯木头，很难听。他们的看法让我沮丧，也让我不敢在家里练小提琴了。后来，我无意中发现了一个练小提琴的好地方，那儿环境十分安静。于是我到那儿拉小提琴。

▶ 해석 ______________________________

▶ 핵심내용 정리 ______________________________

▶ 요약하기 ______________________________

문제 2 不几年的功夫，他就当上了公司的总经理，并且娶了一个贤惠的妻子。看着自己的家因为自己的努力变得越来越美满，他感到前所未有的充实。

▶ 해석 ______________________________

▶ 핵심내용 정리 ______________________________

▶ 요약하기 ______________________________

유형별 전략 07

기본기 다지기 Ⅲ - 단계별 요약 기술을 쌓아라!

❶ 시간을 기억해라!

시간은 요약에 필수로 들어가야 하는 내용이다. 언제 일이 발생했는지, 얼마나 흘렀는지 등의 시간과 관련된 표현은 꼭 기억해서 써야 한다. 단, 사건이 반복적으로 일어날 경우에는 '总是(늘)', '每次(매번)' 등의 어휘로 대체하고, 시간의 변화를 굳이 기억할 필요가 없는 경우에는 생략해도 좋다.

❷ 원문을 고집하지 마라!

원문의 어법이나 어휘를 고집하면 암기해야 할 내용이 많아져 다 기억하지 못하거나 쓸데없는 내용이 많이 들어가게 되어 요약하기의 취지와는 멀어지는 경우가 많다. 내용을 이해했다면 본인이 자신 있는 표현이나 간단한 어휘 또는 문장으로 바꾸어도 좋다.

❸ '让'을 활용해라!

부탁하거나 시키는 내용, 혹은 어떤 일로 인한 감정의 발생은 모두 '사역동사(让)'로 표현하는 것이 간단하다. 평소에 '让'을 사용하여 문장 만드는 연습을 많이 해두어야 한다.

他叮嘱我好好照顾自己。 그는 나에게 자신을 잘 보살피라고 당부했다.
→ 他让我照顾自己。 그는 내가 자신을 돌보라고 했다.

● 표현 바꾸기 ③

원문의 표현		바꾼 표현
一起租房的人 함께 집을 빌린 사람	→	同屋 룸메이트
等到天亮 날이 밝아지자	→	天亮了 날이 밝아지자
捧着《A》日夜攻读，勤奋钻研 《A》를 들고 주야로 공부하고 부지런히 연구하다	→	努力学习《A》 《A》를 열심히 공부하다
某次 (언제) 한 번은	→	有一次 (언제) 한 번은
功课还有一半没看过 과목을 아직 반도 보지 않았다	→	功课很多没复习 과목을 대부분 복습하지 않았다
一天的时间已经过去一半了 하루의 시간이 이미 절반이 지나갔다	→	时间已经过去半天了 시간이 이미 반나절이 지나갔다

不能破坏每天一个午觉的习惯 매일 낮잠을 자는 습관을 어길 수가 없다	→	不想放弃午睡 낮잠을 포기하고 싶지 않다
叮嘱他把我…… 그에게 나를 ~하라고 당부했다 예 叮嘱他下午两点务必把我叫起来。 그에게 오후 2시에 반드시 나를 깨워달라고 당부했다.	→	让他……我 그에게 나를 해달라고 했다 예 让他下午两点叫我。 그에게 오후 2시에 나를 깨워달라고 했다.

연습 단계별 요약하기

晚上，我刚刚躺下，就响起了敲门声。一猜就知道是和我一起租房的那个人又没带钥匙。他好像特别马虎，虽然每次都红着脸向我说抱歉、打扰了，可过不了几天，就又能听到他的敲门声了。

1 문장을 줄여 핵심만 파악하기

STEP 1 앞부분 요약

晚上，~~我刚刚躺下，就响起了敲门声。一猜就知道是~~和我一起租房的~~那个人又~~没带钥匙。 저녁에, ~~내가 막 눕자 문을 두드리는 소리가 울렸다.~~ 나와 함께 방을 빌린 사람이 ~~그 사람이~~ 또 열쇠를 가지고 가지 않았음을 ~~단번에 알 수 있었다.~~	→	晚上，我的同屋又没带钥匙所以敲门了。 저녁에, 내 룸메이트가 또 열쇠를 가져가지 않아서 문을 두드렸다.

핵심내용 저녁에 룸메이트가 열쇠를 가져가지 않아 문을 두드림.

Point

1. '晚上(저녁)'은 사건 발생의 시간을 나타내므로 쓰는 것이 좋다.
2. '我刚刚躺下，就响起了敲门声(내가 막 눕자 문을 두드리는 소리가 울렸다)'에서 '누웠다'는 것은 내용상 중요하지 않은 내용이고, 문 두드리는 소리가 울렸다는 것은 결국 누군가가 문을 두드렸다는 것이므로 누군가가 '敲门(문을 두드리다)'했다는 것으로 줄이는 것이 적절하다.
3. '和我一起租房的那个人(나와 함께 집을 빌린 그 사람)'이라는 것은 집을 함께 쓰는 사람, 즉, '同屋(룸메이트)'로 요약하면 된다.
4. 내용이 룸메이트가 열쇠를 가져가지 않아서라고 추측한 것이 실제로도 맞으므로 '룸메이트가 열쇠를 가져가지 않아 문을 두드렸다'로 요약하는 것이 적절하다.

STEP 2 〉 뒷부분 요약

他好像特别马虎，~~虽然每次都红着脸向我说抱歉、~~打扰了，~~可过不了几天，就又能听到他的敲门声了。~~ 그는 정말 덤벙대는 것 같다. 매번 ~~얼굴을 붉히면서 나에게~~ 귀찮게 해서 미안하다고 하지만, ~~며칠이 지나면 또 그의 문 두드리는 소리를 들을 수 있게 된다.~~	→ 他马虎，总是不带钥匙，每次叫我开门。 그는 덤벙대서, 늘 열쇠를 가져가지 않아서, 매번 나에게 문을 열어달라고 한다.

핵심내용 그는 덤벙대고, 늘 열쇠를 가져가지 않아, 매번 나에게 문을 열게 함.

Point
1. 그가 얼굴을 붉히고 나에게 미안해 하는 이유는 매번 열쇠를 가져가지 않고 나에게 문을 열어 달라고 하기 때문이다.
2. '马虎(덤벙대다)'는 주인공인 룸메이트의 성격을 잘 나타낸 어휘이므로 남겨두는 것이 좋다.
3. 핵심은 그가 덤벙댄다는 것이고, 매번 귀찮게 해서 미안하다고 하는 것은 '**不带钥匙**(열쇠 안 가져가다)'해서 '**叫我开门**(나에게 문을 열어달라고 한다)'하는 일이 '**总是**(늘)' 있는 일임을 알 수 있다.
4. 며칠 지나서 문 두드리는 소리를 들을 수 있었다는 것은 또 같은 일, 즉 룸메이트가 또 열쇠를 가져가지 않고 문을 열어달라고 했다는 것을 알 수 있고, '늘 열쇠를 가져가지 않는다'에 내용이 포함되므로 빼도 괜찮다.

2 핵심내용 정리를 통한 요약하기

~~晚上，我刚刚躺下，就响起了敲门声。一猜~~就知道是和我一起租房的那个人又没带钥匙。他好像特别马虎，~~虽然每次都红着脸向我说抱歉、~~打扰了，~~可过不了几天，就又能听到他的敲门声了。~~	→ 저녁에, ~~내가 막 눕자~~ 문을 두드리는 소리가 ~~울렸다.~~ 나와 함께 방을 빌린 그 사람이 또 열쇠를 가지고 가지 않았음을 ~~단번에 알 수 있었다.~~ 그는 정말 덤벙대는 ~~것 같다.~~ 매번 ~~얼굴을 붉히면서 나에게 귀찮게~~ 해서 미안하다 ~~고 하지만, 며칠이 지나면 또 그의 문 두드리는 소리를 들을 수 있게 된다.~~

핵심내용 저녁에 룸메이트가 열쇠를 가져가지 않아 문을 두드림 → 그는 덤벙댐 → 늘 열쇠를 가져가지 않아 매번 나에게 문을 열게 함

최종요약 내 룸메이트는 덤벙거려서 늘 열쇠를 가져가지 않아 매번 나에게 문을 열게 한다.

Point
1. 문장을 나눠 봤을 때는 사건의 때를 나타내는 '**晚上**(저녁)'이 중요하지만, 전체 글은 저녁의 사건이 핵심이 아니라, 늘 열쇠를 가져가지 않는 룸메이트의 덤벙거리는 행태이므로 전체요약에서는 빼는 것이 적절하다. 그리고 항상 매번 그렇다는 것을 알리기 위해 '**总是**(늘)'와 '**每次**(매번)'를 넣어야 한다.
2. 룸메이트의 행동은 '**不带钥匙**(열쇠를 가져가지 않다)'와 '**叫我开门**(나에게 문을 열어달라고 한다)'의 두 가지로 요약할 수 있다.

핵심어휘 敲门 문 두드리다 | 不带钥匙 열쇠를 가져가지 않다 | 开门 문 열다 | 马虎 덤벙대다 | 每次 매번 | 打扰 귀찮게 하다

모범요약 我的同屋马虎，总是不带钥匙，每次叫我开门。
내 룸메이트는 덤벙대서, 늘 열쇠를 가져가지 않아서 매번 나에게 문을 열어달라고 한다.

실전 문제

▶ 정답 및 해설 p.138

☺ 다음 글을 '해석 → 핵심내용 정리 → 요약하기' 순서로 완성하되, 연습을 하기 전에 전략을 다시 확인하고 내용을 숙지한 후 풀어보자.

문제 1 等到天亮，他打开手中的书，他惊奇地发现自己得到的是《太公兵法》，这可是天下早已失传的极其珍贵的书呀，他惊异不已。从此后，他捧着《太公兵法》日夜攻读，勤奋钻研。后来真的成了大军事家，做了刘邦的得力助手，为汉王朝的建立立下了卓著功勋，名噪一时。

▶ 해석 ______________________________

____

____

▶ 핵심내용 정리 ______________________________

____

▶ 요약하기 ______________________________

____

문제 2 某次期末考试的前一天，她的功课还有一半没看过，而这一天的时间也已经过去一半了。如此紧迫的形势都不能破坏她每天一个午觉的习惯，但临睡前，她叮嘱我下午两点务必把她叫起来。

▶ 해석 ______________________________

____

____

▶ 핵심내용 정리 ______________________________

____

▶ 요약하기 ______________________________

____

유형별 전략 08

문장부호와 원고지 사용법 - 글쓰기의 기본 중의 기본

1. 문장부호

① 문장부호의 특징을 파악해라!

문장부호의 정확한 사용도 점수에 반영되는 사항이다. 특징을 파악해서 정확하게 사용하는 연습을 해두는 것이 좋다.

② 모든 부호를 다 쓰지 마라!

원문에 나오는 모든 부호를 쓸 필요는 없다. 글을 요약해서 쓰는 데 필요한 것만 사용하는 것이 좋다.

● 글 요약쓰기에 사용되는 문장부호

부호	명칭	용법
。	**마침표**	평서문에 끝에 사용한다.
，	**쉼표**	글쓴이가 말하고자 하는 내용을 구나 절 단위로 끊을 때 사용한다.
、	**모점**	단어나 구를 병렬로 나열할 때 사용한다.
“ ”	**큰 따옴표**	대화 내용을 나타낼 때 사용한다.
……	**말 줄임표**	대화에서 말을 흐리거나 마무리 짓지 않았을 때 사용한다.
《 》	**큰 괄호**	문학이나 예술 작품의 제목을 쓸 때 사용한다.
：	**쌍점(콜론)**	대화 내용을 제시할 때와 특정어휘의 정의나 부연설명을 붙일 때 사용한다.
；	**쌍반점(세미콜론)**	예를 두 개 이상 들어 설명할 경우 그 구분을 나타낼 때 사용한다.

TIP 말 줄임표/쌍반점은 글 요약쓰기의 원문에서는 볼 수 있으나, 수험생이 사용할 필요가 없음을 알아둔다.

2. 원고지 사용법

❶ 글쓰기의 기본이다!

채점자가 가장 먼저 보게 되는 것은 내용이 아니라 격식이다. 격식도 점수에 반영되는 요소이기 때문에 정확한 격식을 알아두어야 한다.

❷ 연습이 최선이다!

격식은 알고 있으니까 '시험 때 잘 해야지'라고 생각만 하고 연습을 미루면 시험 때 실수하기 쉽다. 눈으로만 보지 말고, 원고지에 직접 써보는 연습을 게을리 하지 않는 것이 좋다.

● 원고지 사용법

제목	첫 줄의 가운데 쓴다. (제목이 길면 네 칸을 띄우고 쓴다.)
단락	단락이 바뀌면 처음 두 칸은 비워놓아야 한다.
글자	한자는 한 칸에 한 자만 써야 한다.
부호	한 칸에 한 개만 쓰는 것이 기본이다. * 예외 사항이 있으니 주의한다. (하단 TIP 참고)
숫자	앞에서부터 한 칸에 두 자씩 써야 한다.

							①聪	明	的	三	兄	弟							
		到	了	法	官	那	里	，	法	官	也	觉	得	很	奇	怪	。	他	②问：
③“	你	们	怎	么	知	道	骆	驼	的	样	子	?”④	老	大	、	老	二	、	老
三	分	别	解	释	⑤：“	草	只	被	吃	了	一	半	，	所	以	它	的	一	只
眼	睛	瞎	了	。”															

① 제목은 첫 줄 가운데 쓰는 것이 일반적이다. 다소 긴 경우 네 칸을 띄우고 쓰지만 최근 경향은 짧고 함축된 의미의 제목으로 간결하게 쓰므로 가운데에 맞추는 것이 좋다.

② 부호는 한자와 함께 쓰지 않는 것이 일반적이나 줄의 마지막 칸일 경우에는 한자와 부호를 함께 써야 한다.

③ 줄의 첫 칸은 。, ，, 、, ”(오른쪽 쌍따옴표), ：, ；를 쓸 수 없다. 즉, “(왼쪽 쌍따옴표)만 가능하다.

④ 부호는 일반적으로 한 칸에 한 개의 부호만 쓰는 것이 일반적이지만, ”(오른쪽 쌍따옴표)는 다른 부호와 함께 쓰고(예 。”, ?”), “(왼쪽 쌍따옴표)는 쌍점과는 함께 써야 한다(예 ：“).

⑤ 대화의 시작을 나타내는 ：(콜론)과 “(왼쪽 쌍따옴표)는 한 칸에 함께 써야 한다.(예 ：“)

연습 1

很久以前，有位贤明而受百姓爱戴的国王。	아주 오래 전에, 어떤 현명하고 백성들의 사랑을 받는 국왕이 있었다.

Point 1. 시간의 표현을 집중해서 보여주기 위해 '很久以前'이라는 구를 쓴 뒤에 ，를 사용하였다.
2. 문장을 마쳤다는 것을 보여주기 위해 '国王' 뒤에 。를 사용하였다.

연습 2

阿来是一个务实的作家，他因《尘埃落定》蜚声文坛。	아라이는 실무능력이 뛰어난 작가이고, 그는 《尘埃落定》으로 인해 문학계에서 유명하다.

Point 아라이가 문학계에서 유명해진 작품 제목을 언급했기 때문에 관련 문장 부호인 《 》를 사용하였다.

연습 3

女儿回答说："还能有什么，当然是胡萝卜、鸡蛋和咖啡了。"	딸이 대답하였다. "또 뭐가 있겠어요? 당연히 당근, 달걀 그리고 커피죠."

Point 1. 대화 부분이라는 것을 설명하기 위해 '说' 뒤에 ：를 사용하였다.
2. 대화 부분은 " "를 사용하였다.
3. 당근과 달걀이 내용상 성질이 같은 명사로 나열되어 '胡萝卜'와 '鸡蛋' 사이에 、를 사용하였다.

연습 4

他就有个宏伟的志向：长大以后，一定要成为一名"神箭手"。	그는 바로 웅대한 포부, 즉 자라서 반드시 한 명의 '명궁수'가 되겠다는 것이 있었다.

Point 1. 포부를 다시 부연 설명하기 위해 '志向' 뒤에 ：를 사용하였다.
2. 되고 싶은 꿈인 '명궁수'라는 명사를 강조하기 위해 '神箭手'에 " "를 사용하였다.

실전 문제

▶ 정답 및 해설 p.139

☺ 다음 글을 원고지 격식에 맞추어 그대로 써보자! 이 연습은 한자와 부호를 격식에 제대로 맞추어 써보는 것이 핵심이다.

문제

张良的故事

五天后早上，张良来到桥上。但老头儿已经先到了等他。老头儿生气地说："五天后再见！"五天后，张良很早就来到桥上。过了一会儿，老头儿来了。他很满意地说："年轻人就应该这样！"然后交给张良一本书。这本书就是失传已久的《太公兵法》。

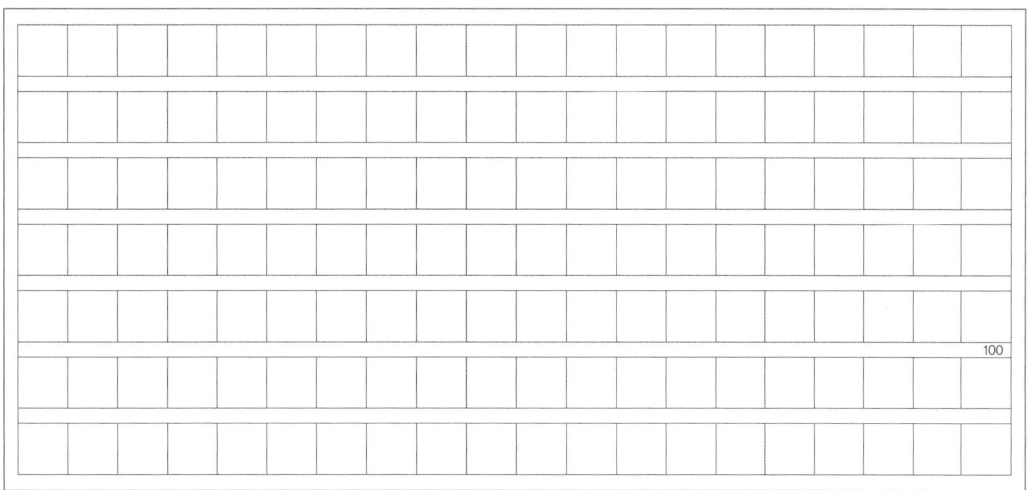

쓰기

유형별 전략 09

요약 연습 I
- 짧은 글 연습 (400자→ 200자 줄이기)

❶ 짧은 글로 먼저 연습해라! (400자 → 200자)

처음부터 실제 시험의 원문 길이로 요약연습을 하면 부담만 커진다. 앞서 배운 내용을 토대로 이제는 문장이 아닌 주제를 가지고 있는 짧은 글로 요약하는 감각을 늘려야 한다.

❷ 바꾼 표현을 암기해라!

한 문장이라도 정확하게 바꾸거나 줄이는 연습을 했다면 그것을 정확하게 암기해 두어야만 다음에 비슷한 문장을 만나면 자연스럽게 줄일 수 있다.

❸ 제목은 간단하게 만들어라!

내용을 파악하고 나면 제목을 정해야 한다. 그러나 제목이라 해서 추상적이거나 어렵게 생각하고, 제목을 정하는 데 불필요한 시간을 소비하는 경우가 많은데, 제목은 간단하게 소재, 주인공 이름, 또는 핵심사건으로 만들면 충분하다.

● 제목 정하기 팁

주인공의 이름에 이야기(故事)를 붙인 제목	예 张良的故事 장량의 이야기 → 주인공이 '张良(장량)'이고 그와 관련된 일화에 관한 이야기
주인공의 성격, 성품 등을 수식어로 붙인 제목	예 诚实的豆豆 진실한 또우또우 → '诚实(진실된)' 성품을 가진 주인공 '豆豆(또우또우)'에 관한 이야기
성어를 그대로 쓴 제목	예 笨鸟先飞 멍청한 새가 먼저 난다 → 보통 마지막에 관련된 성어를 말하므로 그대로 옮겨 쓰면 된다. 성어는 밝히지 않고 유래에 관한 이야기만 나온다면 주요 소재나 주인공만 쓰면 된다. '笨鸟(멍청한 새)'
소재만 쓴 제목	예 阿里巴巴与马云 알리바바와 마윈 → 웹사이트 '阿里巴巴(알리바바)'와 알리바바의 CEO인 '马云(마윈)'에 관한 이야기 → 현대 이야기는 주인공의 성공담이나 일화를 이야기하는 경우가 많은데 이때 성공한 분야나 소재, 그리고 주인공 이름만 써도 충분하다.

● 표현 바꾸기 기술 ④

원문의 표현		바꾼 표현
到 A 去 + 走路去 A에 가다 + 걸어가다	→	走路去 A A에 걸어가다

A，不然就得…… A하거나, 그렇지 않으면 ~해야 한다	→	要A或者…… A 또는 ~해야 한다
把大树砍倒，且将树干砍凿成小船 나무를 베어 쓰러뜨리고 나뭇가지를 작은 배로 자르고 다듬었다	→	砍倒了树并做了小船 (并 = 且) 나무를 베어 작은 배를 만들었다
累得满头大汗 얼굴이 땀 범벅이 될 정도로 피곤했다	→	出了很多汗 땀이 많이 났다
没有再遇到河流 다시는 강을 만나지 못했다	→	再没有河 더 이상 강은 없었다

연습 200자 내외로 요약하기

古时候，有一个农民要到另外一个村庄去办事。由于当时交通不便，他只能走路去。不久他发现，要到达那个村子必须经过一条河，不然就得爬过一座高山。怎么办呢？是过河还是爬山？他正犹豫的时候，突然看到附近有一棵大树，于是他用随身携带的斧头把大树砍倒，且将树干慢慢地砍凿成一条简易的小船。这个农民很佩服自己的聪明才智，他坐着自造船很轻松地就到达了对岸。

上岸后，农民觉得这条船实在很管用，假如丢弃在岸边太可惜了。而且万一前面再遇到河的话，他还得再砍树，辛苦地做成船。所以，他决定把船背在身上以备不时之需。走啊走，背着船的农民累得满头大汗，步伐也愈走愈慢，因为船实在是太重了。他一直汗流浃背地走，却发现一路上都很平坦，在抵达那个村庄前没有再遇到河流，可他却多花了三倍的时间才到达目的地。

人生不就是一场旅程吗？我们无法预测自己人生的道路会是什么样的，各种困难总是会突然出现，令我们始料不及，束手无策。但没有什么"船"能够始终让我们走得自在，轻松，它对我们而言，只能满足一时之需。

요약

STEP 1 첫 번째 단락 요약

古时候，有一个农民要到另外一个村庄去办事。~~由于当时交通不便，他只能走路去。~~ 옛날에, 한 농민이 볼일을 보러 다른 마을에 가야 했다. ~~당시에는 교통이 불편했기 때문에 그는 걸어서 갈 수밖에 없었다.~~	→	古时候，有一个农民要走路去另外一个村庄办事。 옛날에, 한 농민이 걸어서 다른 마을에 볼일을 보러 가려고 했다.
~~不久~~他发现，要到达那个村子必须经过一条河，不然就得爬过一座高山。~~怎么办呢？是过河还是爬山？~~ ~~얼마 되지 않아~~ 그는 그 마을에 가려면 반드시 강을 건너야 하고 그렇지 않으면 높은 산 하나를 넘어야 한다는 것을 알게 되었다. ~~어떻게 해야 하지? 강을 건너야 할까 아니면 산을 넘어야 할까?~~	→	他发现要到那儿必须经过一条河，或者爬过一座山。 그는 반드시 강 하나를 건너야 하거나, 산 하나를 넘어야 한다는 것을 알게 되었다.

他正犹豫的时候，突然看到附近有一棵大树，于是他用随身携带的斧头把大树砍倒，且将树干慢慢地砍凿成一条简易的小船。 그가 머뭇거리고 있을 때, 문득 부근에 큰 나무 한 그루가 있는 것을 보았다. 그리하여 그는 지니고 있던 도끼로 나무를 베어 쓰러뜨리고 나뭇가지를 천천히 작은 간이 배로 자르고 다듬었다.	→ 他看到了一棵大树，于是他砍倒了那棵树并做了一条小船。 그는 큰 나무 하나를 보았고, 그리하여 그는 그 나무를 베어 작은 배를 만들었다.
这个农民很佩服自己的聪明才智，他坐着自造船很轻松地就到达了对岸。 이 농민은 자신의 총명함과 거지에 감탄했고, 그는 직접 만든 배를 타고 수월하게 맞은편 기슭에 도달했다.	→ 他佩服自己聪明，坐着船到达了对岸。 그는 자신의 총명함에 감탄했고, 배를 타고 맞은편 기슭에 도달했다.

STEP 2 **두 번째 단락 요약**

上岸后，农民觉得这条船实在很管用，假如丢弃在岸边太可惜了。而且万一前面再遇到河的话，他还得再砍树，辛苦地做成船。 육지에 오른 후에, 그는 이 배가 매우 쓸모 있다고 생각해, 물가에 버리기가 아깝다고 여겼다. 게다가 만일 앞에 다시 강을 만나게 되면 그는 또 나무를 베고 고생스럽게 배를 만들어야 했다.	→ 上岸后，他又觉得把船丢了太可惜，万一前面再有河，还得做船。 육지에 오른 후에, 그는 배를 버리기 너무 아까웠고, 만약에 앞에 또 강이 있으면 배를 또 만들어야 한다고 생각했다.
所以，他决定把船背在身上以备不时之需。走啊走，背着船的农民累得满头大汗，步伐也愈走愈慢，因为船实在是太重了。 그래서 그는 불시의 수요를 대비하기 위해 배를 짊어지고 가기로 결정했다. 배가 너무 무거운 탓에, 걷고 또 걸으니 배를 짊어진 농민은 온 얼굴이 땀투성이가 될 정도로 피곤했고 걸음도 갈수록 느려졌다.	→ 所以他决定背着船走。船特别重，他出了很多汗。 그래서 배를 짊어지고 가기로 결정했다. 배는 매우 무거웠고 그는 땀이 많이 났다.
他一直汗流浃背地走，却发现一路上都很平坦，在抵达那个村庄前没有再遇到河流，可他却多花了三倍的时间才到达目的地。 그는 줄곧 땀이 흘러 등이 젖은 채 걸었지만, 오히려 길은 매우 평탄하다는 것을 알게 되었다. 그 마을에 도착하기 전까지 다시 강은 만나지 못했지만, 그는 오히려 세 배의 시간을 쓰고 나서야 목적지에 도착했다.	→ 但是路上再没有河，他花了三倍时间才到。 그러나 가는 길에 더 이상 강은 없었고, 그는 세 배의 시간을 쓰고 나서야 도착했다.

STEP 3 세 번째 단락 요약

人生不就是一场旅程吗？~~我们无法预测自己人生的道路会是什么样的，各种困难总是会突然出现，令我们始料不及，束手无策。~~但没有什么“船”能够始终让我们走得~~自在，~~轻松，它~~对我们而言，~~只能满足一时之需。

인생은 한 번의 여정이 아니던가? ~~우리는 자신의 인생의 길이 어떤지 예측할 방법이 없고, 각종 어려움은 늘 갑자기 나타나 우리가 예상치 못하고 속수무책이게 만든다.~~ 하지만, 우리가 ~~자유롭고~~ 수월하게 가도록 할 수 있는 ~~그 어떤~~ '배'는 존재하지 않는다. 그것은 우리의 입장에서는 단지 일시적인 수요를 만족시킬 뿐이다.

→ 人生就是一场旅程。没有“船”能始终让我们走得轻松，它只能满足一时之需。

인생은 한 번의 여정이다. 우리가 늘 수월하게 가게 만드는 '배'는 없다. 그것은 단지 일시적인 수요를 만족시킬 뿐이다.

STEP 4 제목 정하기

背船 (배를 짊어지다)

Point
1. 제목은 이야기를 끌고 나가는 사건의 소재나 전체적인 주제가 적합하다.
2. 이 이야기의 핵심 소재는 '배'이다.
3. 배를 짊어가는 것이 이야기의 주 사건이므로 그냥 '船(배)'보다는 '背船(배를 짊어지다)'가 더 적합하다.

핵심어휘 **农民** 농민 | **走路** 걸어가다 | **一条河** 강 | **砍倒** 나무를 베다 | **小船** 작은 배 | **上岸** 기슭 | **背船** 배를 짊어지다 | **重** 무겁다 | **满头大汗** 온 얼굴이 땀투성이다 | **人生** 인생 | **旅程** 여정 | **满足** 만족시키다 | **一时之需** 일시적인 수요, 비상시

요약개요
처음 – 옛날, 농민이 볼일을 보러 다른 마을에 감 / 가는 길에 강 하나, 산 하나 거쳐야 함 / 나무로 배를 만들어 강을 건넘
가운데 – 한 번 쓰고 버리기 아까워 짊어지고 감 / 매우 무거워 땀이 나고 힘듦 / 세 배의 시간을 써서 목적지 도착
마지막 – 수월하게 가도록 만드는 배는 없음 / 단지 일시적인 수요를 만족시킴

모범요약

背船

古时候，有一个农民要走路去另外一个村庄办事。他发现要到那儿必须经过一条河，或者爬过一座山。他看到了一棵大树，于是他砍倒了那棵树并做了一条小船。他佩服自己聪明，坐着船到达了对岸。

上岸后，他又觉得把船丢了太可惜，万一前面再有河，还得做船。所以他决定背着船走。船特别重，他出了很多汗。但是路上再没有河，他花了三倍时间才到。

人生就是一场旅程。没有“船”能始终让我们走得轻松，它只能满足一时之需。

배를 짊어지다

옛날에, 한 농민이 걸어서 다른 마을에 볼일을 보러 가려고 했다. 그는 반드시 강 하나를 건너야 하거나, 산 하나를 넘어야 한다는 것을 알게 되었다. 그는 큰 나무 하나를 보았고, 그리하여 그는 그 나무를 베어 작은 배를 만들었다. 그는 자신의 총명함에 감탄했고, 배를 타고 맞은편 기슭에 도달했다.

육지에 오른 후에, 그는 배를 버리기 너무 아까웠고, 만약에 앞에 또 강이 있으면 배를 또 만들어야 한다고 생각했다. 그래서 배를 짊어지고 가기로 결정했다. 배는 매우 무거웠고 그는 땀이 많이 났다. 그러나 가는 길에 더 이상 강은 없었고, 세 배의 시간을 쓰고 나서야 도착했다.

인생은 한 번의 여정이다. 우리가 늘 수월하게 가도록 만드는 '배'는 없다. 그것은 단지 일시적인 수요를 만족시킬 뿐이다.

실전 문제

☺ 아래 글을 200자 내외로 요약하여 원고지에 써보자. 암기가 아니라 속독으로 내용의 줄거리를 기억하는 연습을 해야 한다.

문제

一条船在海上遇到大风，船翻了，有一个人幸亏抓住了木头漂游到无人岛上。他并没有失去信心，而是很努力地把能吃的东西都找了来，并用木头建了一个小屋子来保存捡来的食物。这段时间，如果有船从这里经过，他就可以得救了。

他每天都登上高处远望，看海上有没有船，可一个星期过去了。连一只船的影子也没看见，他有些着急。第10天，他又登上高处去看，天阴了下来，又是打雷又打闪，忽然，他看见小木屋的方向升起了浓烟。他急忙跑过去，原来是雷电点燃了木屋，他希望下起雨来，一场大雨把火浇灭，因为木屋里有他所有的食物，可是一滴雨也没下，大火把他的食物和木屋一起烧成灰。他心灰意冷地在一棵树上结束了自己的生命。

就在他停止呼吸不久，一只船开了过来，船长看见了岛上的小屋和树上的这个人，然后明白了一切。其实是浓烟把他们引到这里来的，他只要再坚持一会就可以得救了。

机会常常在意想不到的时刻到来，对于我们来说，不仅要有创造机会的能力，还要有等待机会的勇气，就像在漫漫长夜等待黎明，太阳总是在最黑暗的时刻之后升起。

▶ 정답 및 해설 p.139

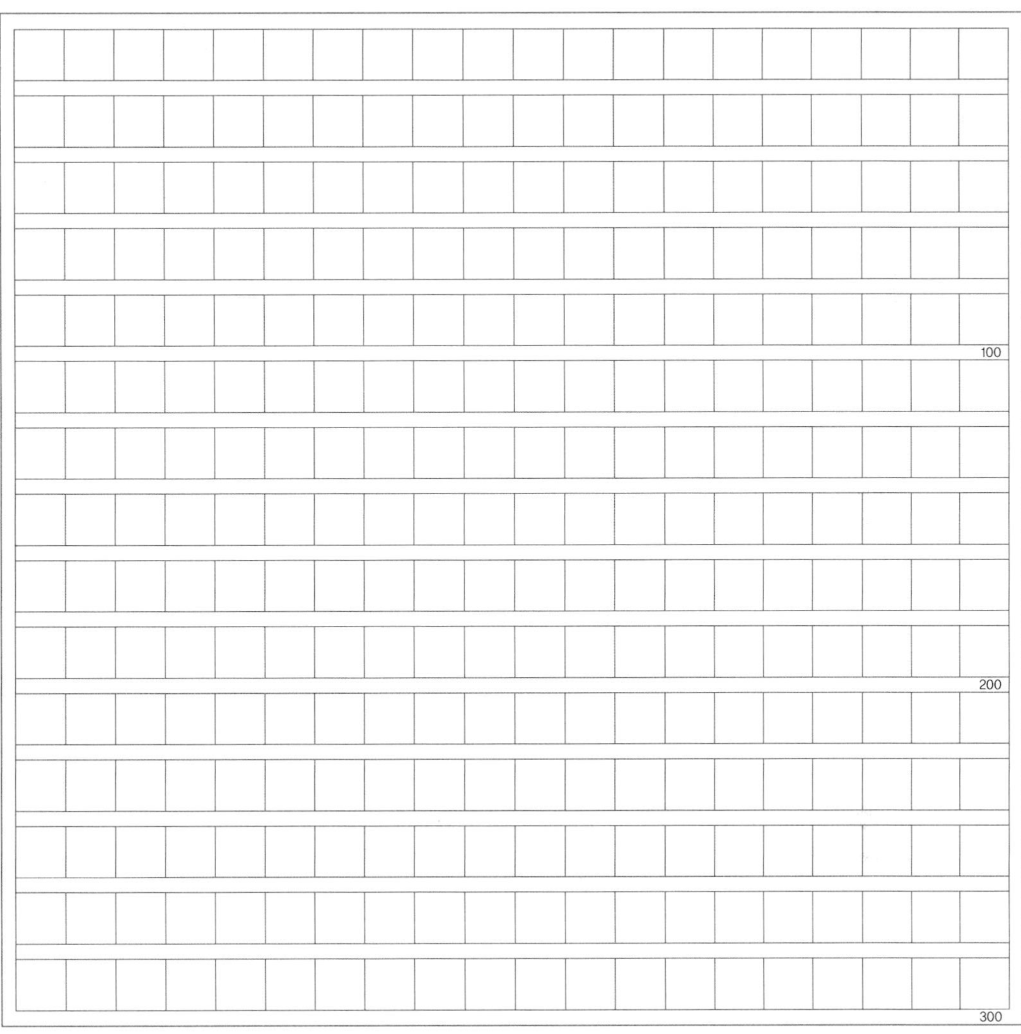

유형별 전략 10

요약 연습 Ⅱ - 짧은 글 연습 (500자 → 250자 줄이기)

❶ 쉬운 것으로 기억해라!

뜻은 알지만 기억하기 어렵거나 쓰기 힘든 어휘는 비슷한 뜻의 어휘 중에 자신이 확실히 아는 어휘로 바꾸어 써도 무관하다. 틀리지 않기 위해서는 평소에 비슷한 어휘로 바꿔보는 연습을 많이 해두어야 한다.

❷ 감정표현은 대표적인 어휘로 표현해라!

감정 상태의 설명이 길 경우 그것을 다 기억하려 하지 말고 대표할 수 있는 감정어휘로 간단하게 정리해라. 내용상 꼭 필요하지 않은 것들은 과감하게 생략해도 좋다.

❸ 간접화법을 사용해라!

직접화법을 쓰려다 보면 대화 내용을 다 기억해야 하기 때문에 내용상 설명은 필요하지만 꼭 직접화법을 쓸 필요가 없는 경우는 내용을 간추려서 간접화법을 사용하는 것이 좋다. 이때 간접화법에 들어가는 주어에 유의해야 한다.

예

母亲指着一堆砖对乞丐说：“你帮我把这堆砖搬到屋后去吧。”

해석 어머니는 한 더미의 벽돌을 가리키며 거지에게 말했다. “당신 저를 도와 이 벽돌더미를 집 뒤로 옮겨주세요.”

Point 직접화법의 '你'는 거지이고 '我'는 어머니이므로, 각각 '他'와 '她'로 바꿀 수 있다.
→ 母亲对乞丐说，让他帮她把砖搬到屋后。
어머니는 거지에게 그가 그녀를 도와 벽돌을 집 뒤로 옮기라고 말했다.

● 표현 바꾸기 기술 ⑤

원문의 표현		바꾼 표현
都很满意 모두 만족했다	→	都很喜欢 모두 좋았다
没翻几下 몇 페이지 뒤적이지 않았다	→	没看几页 몇 페이지 보지 않았다
理查德郁闷了，心想：这杂志可真糟糕，等我看清糊纸下面的字，一定找他们退换。 리차드는 답답했다. '이 잡지는 정말 엉망이네. 종이 밑에 글자를 보고 나서 꼭 환불해야겠군.'하고 속으로 생각했다.	→	他很生气 그는 화가 났다
上面竟印着几行大字 위에 몇 줄의 큰 글자가 인쇄되어 있었다	→	看见几行字 몇 줄의 글자를 보았다.

奖金 상금	→	钱 돈
信：“……” 편지에 다음과 같이 쓰여 있었다. “~” (→ 직접화법)	→	信上说，…… 편지에는 ~라고 쓰여 있었다 (→ 간접화법)
中奖机会 당첨의 기회	→	得奖机会 상 받을 기회
想告诉人们 사람들에게 알리고 싶었다	→	想说 말하고 싶었다
会收获更多 더 많이 얻을 것이다	→	会有收获 수확이 있을 것이다

연습 250자 내외로 요약하기

19世纪末，美国人理查德订了一本叫《智者》的杂志。他接连看了几期，对杂志的内容、设计、印刷等都很满意。

这天，新的杂志到了，理查德拿起来翻看。可没翻几下就发现有几个页面没裁开，他抱怨道：“这么畅销的杂志竟然犯这种低级错误！”随后，把杂志丢在了一边。

晚上，理查德实在无事可做，忍不住又拿起杂志：“何必计较这点小小的失误呢？干脆自己动手裁开得了。”当他裁开连页时，发现中间一节又被纸糊住了。理查德郁闷了，心想：这杂志可真糟糕，等我看清糊纸下面的字，一定找他们退换。谁知，当他掀开糊纸，上面竟印着几行大字：“感谢您帮我们更正错误，请把这本杂志寄给我们，您将获得1000元奖金和全新的杂志！”

理查德半信半疑地把杂志寄了回去。不久，他真的收到了奖金和新杂志，里面还夹着一封信：“感谢您的参与！在这次活动中，我们故意印错了5000本杂志，却只有18人幸运得到了奖金，绝大多数人在发现连页后便直接要求更换，因此错失了中奖机会。”

原来，杂志社是想通过这次活动告诉人们，要学会包容和善意地去对待他人的错误，这样也许会收获更多。

요약

STEP 1 > 첫 번째 단락 요약

19世纪末，美国人理查德订了一本叫《智者》的杂志。他接连看了几期，对杂志的内容、设计、印刷等都很满意。 19세기 말, 미국인 리차드는 한 권의 《지혜로운 사람》이라는 잡지를 주문했다. 그는 연이어 몇 호를 봤는데 잡지의 내용, 디자인, 인쇄 등 모든 것이 만족스러웠다.	→ 19世纪末，美国人理查德订了一本杂志，他连续看了几期，都很喜欢。 19세기 말, 미국인 리차드는 한 권의 잡지를 주문했고, 연이어 몇 호를 봤는데 모두 마음에 들었다.

STEP 2 > 두 번째 단락 요약

这天，新的杂志到了，理查德拿起来翻看。可没翻几下就发现有几个页面没裁开，他抱怨道："这么畅销的杂志竟然犯这种低级错误！"随后，把杂志丢在了一边。 어느 날, 새로운 잡지가 도착했고, 리차드는 펼쳐 보았다. 그러나 몇 번 뒤적이지도 않았는데 몇 개의 페이지가 붙어있는 것을 발견했고, 그는 '이렇게 잘 팔리는 잡지가 이런 저급한 실수를 하다니!'라고 말하며 원망했다. 그런 후에, 잡지를 한 쪽에 내버려 두었다.	→ 这天，杂志到了。他没看几页就发现有几页没有裁开。他抱怨："这么畅销的杂志居然会犯这种低级的错误！" 어느 날, 잡지가 도착했다. 그는 몇 페이지 보지 않았는데 몇 개의 페이지가 붙어 있는 것을 발견했다. 그는 '이렇게 잘 팔리는 잡지가 이런 저급한 실수를 하다니!'라며 원망했다.

STEP 3 > 세 번째 단락 요약

晚上，理查德实在无事可做，忍不住又拿起杂志："何必计较这点小小的失误呢？干脆自己动手裁开得了。"当他裁开连页时，发现中间一节又被纸糊住了。理查德郁闷了，心想：这杂志可真糟糕，等我看清糊纸下面的字，一定找他们退换。 저녁에, 리차드는 정말 할 일이 없어서, 어쩔 수 없이 다시 잡지를 들었다. '굳이 이런 작은 실수를 문제 삼을 필요가 있을까? 그냥 내가 떼면 되지.' 그가 페이지를 떼어낼 때, 중간의 한 마디에 종이가 또 붙어 있는 것을 발견했다. 리차드는 답답했다. '이 잡지는 정말 엉망이군. 종이 밑에 글자를 보고 나서 꼭 환불해야겠어.'하고 속으로 생각했다.	→ 晚上，他决定自己动手裁开。裁开时，他又发现中间一节被纸糊住了，很生气。 저녁에, 그는 자신이 직접 떼어내기로 결정했다. 떼어낸 후, 그는 중간의 한 마디에 종이가 또 붙여진 것을 보았고, 화가 났다.
谁知，当他掀开糊纸，上面竟印着几行大字："感谢您帮我们更正错误，请把这本杂志寄给我们，您将获得1000元奖金和全新的杂志！" 누가 알았겠는가? 그가 붙어 있는 종이를 젖혀 올리자, 위에는 뜻밖에도 몇 행의 큰 글자가 인쇄되어 있었다. '우리의 실수를 고쳐주셔서 감사합니다. 이 잡지를 저희에게 부쳐주시면 당신은 1,000위안의 상금과 새 잡지를 받게 될 것입니다!'	→ 他掀开糊纸后，看见两行字：感谢更正错误，把杂志寄给我们，可以获得1000元和一本新杂志。 그는 붙어있는 그 종이를 젖혀 올린 후에 몇 줄의 글– 실수를 고쳐주어 감사하고, 잡지를 우리에게 부쳐주면 1,000위안과 새 잡지를 받을 수 있다는 글을 보았다.

STEP 4 네 번째 단락 요약

理查德半信半疑地把杂志寄了回去。不久，他真的收到了奖金和新杂志，里面还夹着一封信："感谢您的参与！在这次活动中，我们故意印错了5000本杂志，却只有18人幸运得到了奖金，绝大多数人在发现连页后便直接要求更换，因此错失了中奖机会。"

리차드는 반신반의하며 잡지를 부쳤다. 얼마 되지 않아, 그는 정말 상금과 새 잡지를 받았는데, 안에 한 통의 편지가 끼워져 있었다. '당신의 참여에 감사 드립니다! 이 행사를 진행하는 동안 우리는 고의로 5,000권의 잡지를 잘못 인쇄했지만, 단지 18명만이 운 좋게 상금을 얻고, 대다수의 사람은 붙여진 페이지를 발견한 후에 바로 교환을 원했고, 당첨의 기회를 잃게 되었습니다.'

→ 他寄了回去，真的收到了钱和杂志，还有一封信。信上说，杂志社故意印错5000本书，却只有18人得奖。大多数人直接要求更换，错失得奖机会。

그는 부쳤고, 정말 돈과 잡지를 받았고, 또한 한 통의 편지도 있었다. 편지에는 잡지사가 고의로 5,000권을 잘못 인쇄했고, 단지 18명만이 상을 얻었으며 대다수의 사람들이 바로 교환을 원해 당첨될 기회를 잃었다고 쓰여 있었다.

STEP 5 다섯 번째 단락 요약

原来，杂志社是想通过这次活动告诉人们，要学会包容和善意地去对待他人的错误，这样也许会收获更多。

알고 보니, 잡지사는 이번 행사를 통해서, 포용과 선의로 타인의 잘못을 대할 줄 알아야 하고, 이렇게 하는 것이 어쩌면 더 많이 얻을 것이라는 것을 사람들에게 알리고자 했던 것이었다.

→ 原来，杂志社想说，包容他人的错误，会有收获。

알고 보니, 잡지사는 타인의 잘못을 포용해야 얻는 것이 있을 것이라는 것을 말하고자 했던 것이었다.

STEP 6 제목 정하기

印错杂志 잡지를 잘못 인쇄하다

Point
1. 소재는 '잡지'이다.
2. 잡지사가 시사하고자 한 내용은 잘못 인쇄한 잡지를 통해 나타났다.
3. '印错杂志(잡지를 잘못 인쇄하다)' 혹은 '印错的杂志(잘못 인쇄한 잡지)'가 제목으로 적합하다.

핵심어휘 **19世纪末** 19세기 말 | **理查德** 리차드 | **订杂志** 잡지를 주문하다 | **很满意** 만족하다 | **没裁开** 뜯어지지 않다 | **发现** 발견하다 | **糊住** 붙어있다 | **字** 글자 | **奖金** 상금 | **更换** 교체하다 | **错失** 잘못 | **机会** 기회 | **包容** 포용하다 | **收获** 수확

요약개요 처음 – 19세기 말, 미국인 리차드는 잡지를 주문했는데 만족스러웠음
가운데 – 어느 날, 잡지의 몇 페이지가 붙어있는 것을 발견하고 화가 남 / 저녁에 직접 뜯어냈는데 종이가 붙어있고 아래에 글이 적혀 있음 / 글은 잡지를 보내면 상금 1,000위안과 새 잡지 보내준다는 내용 / 잡지를 부치고 진짜 상금과 잡지를 받음
끝 – 잡지사는 타인의 잘못을 포용할 줄 알면 얻는 것이 많다는 것을 알려줌

쓰기

모범요약

印错杂志

　　19世纪末，美国人理查德订了一本杂志，他连续看了几期，都很喜欢。

　　这天，杂志到了。他没看几页就发现有几页没裁开。他抱怨："这么畅销的杂志居然会犯这种低级的错误！"

　　晚上，他决定自己动手裁开。裁开时，他又发现中间一节被纸糊住了，很生气。他掀开糊纸后，看见几行字：感谢更正错误，把杂志寄给我们，可以获得1000元和一本新杂志。

　　他寄了回去，真的收到了钱和杂志，还有一封信。信上说，杂志社故意印错5000本书，却只有18人得奖。大多数人直接要求更换，错失得奖机会。

　　原来，杂志社想说，包容他人的错误，会有收获。

잡지를 잘못 인쇄하다

19세기 말, 미국인 리차드는 한 권의 잡지를 주문했고, 연이어 몇 호를 봤는데 모두 마음에 들었다.

어느 날, 잡지가 도착했다. 그는 몇 페이지 보지 않았는데 몇 개의 페이지가 붙어있다는 것을 발견했다. 그는 '이렇게 잘 팔리는 잡지가 이런 저급한 실수를 하다니!'라며 원망했다.

저녁에, 그는 자신이 직접 떼어내기로 결정했다. 떼어낸 후, 그는 중간의 한 마디에 종이가 또 붙여진 것을 보았고, 화가 났다. 그는 붙어있는 그 종이를 젖혀 올린 후에 몇 줄의 글-실수를 고쳐주어 감사하고, 잡지를 우리에게 부쳐주면 1,000위안과 새 잡지를 받을 수 있다는 글을 보았다.

그는 부쳤고, 정말 돈과 잡지를 받았고, 또 한 한 통의 편지도 있었다. 편지에는 잡지사가 고의로 5,000권을 잘못 인쇄했고, 단지 18명만이 상을 얻었으며 대다수의 사람들이 바로 교환을 원해 당첨될 기회를 잃었다고 쓰여 있었다.

알고 보니, 잡지사는 타인의 잘못을 포용해야 얻는 것이 있을 것이라는 것을 말하고자 했던 것이었다.

실전 문제

▶ 정답 및 해설 p.142

☺ 아래 글을 250자로 요약하여 원고지에 써보자! 암기가 아니라 속독으로 내용의 줄거리를 기억하는 연습을 충분히 한 후 원고지에 요약하자.

문제

飞机即将起飞时，一位乘客请求空姐给他倒一杯水吃药。空姐面带微笑地说："先生，为了您的安全，请稍等片刻，等飞机进入平稳飞行状态后，我会立刻给您送水。"

15分钟后，飞机早已进入了平稳飞行状态，这时，空姐突然意识到：糟了，忘记给那位客人送水了！她来到客舱，小心翼翼地把水送到那位乘客跟前，面带微笑地说："先生，实在对不起，由于我的疏忽，耽误了您吃药的时间。"乘客生气地指着手表说："你看看，这都过了多久了？"

在接下来的飞行中，为了表示歉意，每次去客舱时，空姐都会特意走到那位乘客跟前，面带微笑地询问他是否需要帮助。但是，那位乘客不理会她。快到目的地时，那位乘客向空姐要留言本，很显然，他要投诉这名空姐，这时空姐虽然很委屈，但仍然面带笑地说道："先生，请允许我再次向您表示真诚的歉意，无论您提什么意见，我都欣然接受！"那位乘客脸色一紧，好像想说什么，却没有开口，他接过留言本就写了起来。

等飞机降落，所有的乘客陆续离开后，空姐紧张地翻开那本留言本，没想到，那位乘客写的并不是投诉信，而是一封表扬信。信中写到："在整个飞行过程中，您表现出的真诚，特别是你的十二次微笑，深深地打动了我，使我最终决定将投诉信改成表扬信。你的服务质量很高，下次如果有机会，我还将乘坐你的这趟航班！"

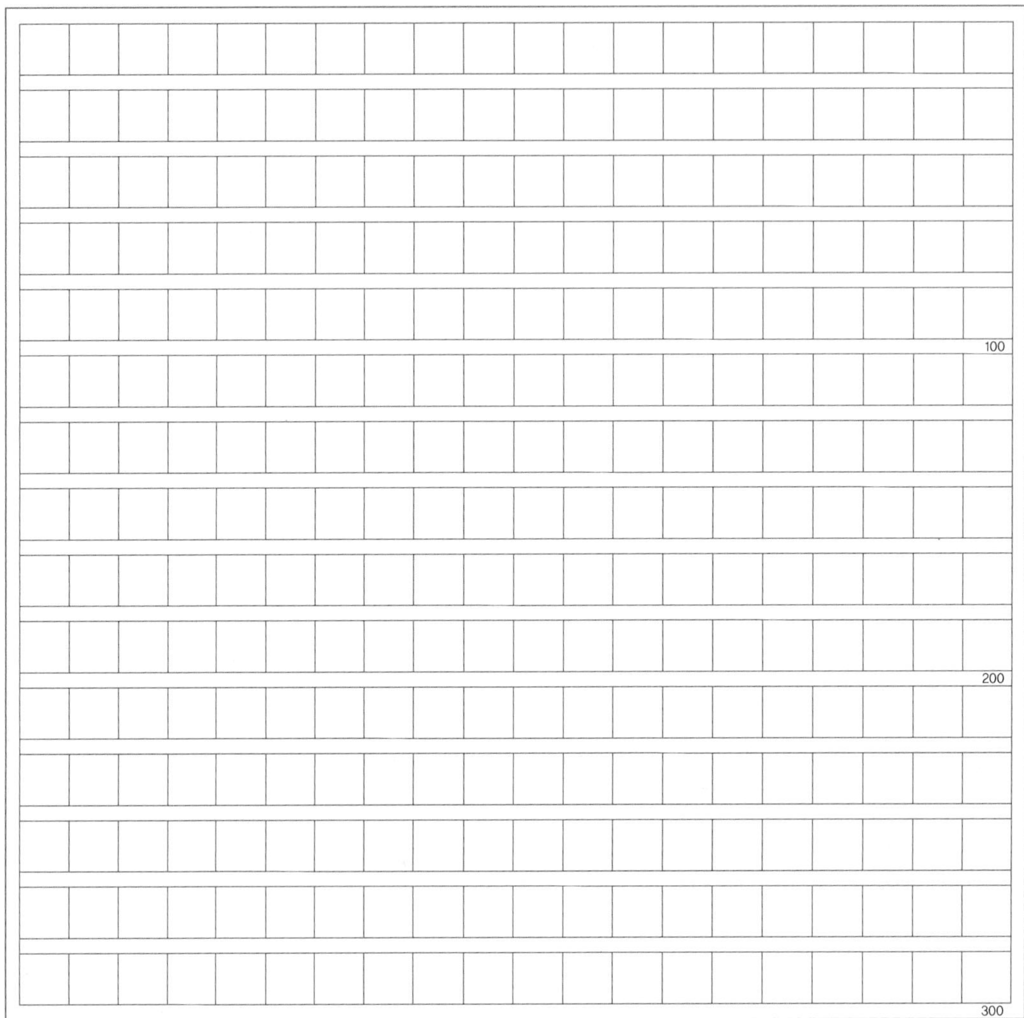

요약 연습Ⅲ - 짧은 글 연습 (550자 → 250자 줄이기)

❶ '让(사역)'을 사용해라!

'~하게 만드는' 내용, 또는 '~하게 시키는' 내용이나 감정을 조성하는 내용은 사역구문으로 정리하면 훨씬 더 간단하게 글을 요약할 수 있다.

예

看了他给我留下的纸条后，我感动得热泪盈眶。

해석 그가 나에게 남긴 메모를 보고, 나는 눈물 흘릴 정도로 감동했다.

Point → 他的纸条让我感动。 그의 메모는 나를 감동시켰다.

❷ 능동태로 표현해라!

그렇지만 수동태 표현은 한국어에서는 잘 쓰지 않기 때문에 중국어 수동태를 한국어로 암기하는 것은 번거로울 수 있으므로 수동태는 바로 능동태로 바꾸어 기억하면 써낼 때 훨씬 쉽게 요약할 수 있다.

예

他被这些恶意中伤的话激怒了。

해석 그는 이런 악의적인 중상하는 말에 의해 분노를 불러일으키게 되었다.

Point 1. → 这些恶意中伤的话激怒了他。 이런 악의적인 중상하는 말은 그를 분노하게 만들었다.
2. → 恶意中伤的话让他生气。 중상하는 말은 그를 화나게 만들었다.
3. 감정은 직설적인 간단한 표현이나 사역으로 요약하는 것이 좋다.

❸ 시간의 흐름을 기억해라!

단락은 꼭 지키지 않아도 되기 때문에 단락의 개수보다 시간의 흐름을 나타내는 어휘를 기억해서 시간별로 핵심내용을 기억하는 것이 효율적이다.

● 표현 바꾸기 기술 ⑥

원문의 표현		바꾼 표현
老板微笑着随口吩咐：“你能不能帮我订一份盒饭，或者让王主任回来时帮我带一份？” 사장은 미소를 띠며 “도시락 하나만 주문해 주거나, 왕 주임에게 돌아올 때 사 들고 돌아오라고 전해줄 수 있겠어요?” 라고 아무렇게나 지시했다.	→	老板让他替自己订一份盒饭，或让王主任带来一份。 사장은 그가 자신을 대신해 도시락을 주문하거나, 왕 주임에게 사오라고 시켰다.
不知道怎么办，红着脸告诉老板。 어찌할 바를 몰라 얼굴을 붉힌 채, 사장에게 알렸다.	→	只好红着脸告诉老板。 어쩔 수 없이 얼굴을 붉힌 채 사장에게 알렸다.

没有受到老板的责备。(→ 수동태) 사장의 질책을 받지 않았다.	→	老板没责备他。(→ 능동태) 사장은 그를 질책하지 않았다.
给了他深刻的教训，…… 그에게 ~라는 깊은 교훈을 주었다	→	他明白了…… 그는 ~을 깨달았다
他回答老板说："……。"(→ 직접화법) 그는 사장에게 대답했다. "……"	→	他告诉老板，……(→ 간접화법) 그는 ~라고 사장에게 알렸다
这里有小张、小王还有我。 여기 샤오짱과 샤오왕 그리고 제가 있습니다.	→	还有自己和其他人在。 자신과 다른 사람이 있다.
他工作三年 그가 일한 지 3년(째 되던 해)	→	三年后 3년 후
有一天老板找他谈话，希望他出任客服部主管。 하루는 사장이 그를 찾아 고객센터의 팀장을 맡아 주었으면 좋겠다고 말했다.	→	一天，老板让他出任客服部主管。 하루는 사장이 그가 고객센터 팀장을 맡아달라고 했다.

연습 250자로 요약하기

他初入职场，对一切都感到新鲜、陌生。一天中午，他刚吃完饭，就迎头撞上老板。老板微笑着随口吩咐："你能不能帮我订一份盒饭，或者让王主任回来时帮我带一份？"这是老板给他的第一个任务，尽管有几分随意。他既紧张又兴奋，他给快餐店打电话，盒饭已经卖完了。王主任出去吃饭，没有带手机，他也一直联系不上。

他紧张极了，不知道怎么办，红着脸告诉老板没有订到盒饭也没有联系到王主任。虽然没有受到老板的责备，但是他心里很失落。这件事给了他深刻的教训。如果他灵活一点，帮老板买到一份盒饭并不是什么难事。

不久，他又遇到一件事。老板打电话来找李助理。他回答老板说："李助理还没有回来。"但他意识到自己不应该这样随口就推掉老板的问题，于是接着说："我马上让她联系您。"老板说："我有急事，别人也可以。"他立即问道："这里有小张、小王还有我，您需要哪一位？"这样，老板的问题解决了。

他工作三年，渐渐变得和别人不同。因为他接电话和别的同事是不同的。"没有""不清楚""不知道"不再是他的常用语，他会给对方提供更多的选择和更多的信息，而不是把所有的时间浪费在一个无法解决的困境中。

他就这样一点一点变得不同。他总是比别人多做一点，哪怕只是多说几句话，但是他总能够及时地解决问题。有一天老板找他谈话，希望他出任客服部主管，因为他接电话的方式让老板相信他可以领导好一个客服部。他成功升职。

요약

STEP 1 **첫 번째 단락 요약**

他初入职场，对一切都感到新鲜、陌生。一天中午，他刚吃完饭，就迎头撞上老板。老板微笑着随口吩咐："你能不能帮我订一份盒饭，或者让王主任回来时帮我带一份？"这是老板给他的第一个任务，尽管有几分随意。他既紧张又兴奋，他给快餐店打电话，盒饭已经卖完了。王主任出去吃饭，没有带手机，他也一直联系不上。

그는 처음에 직장에 들어가서는 모든 것이 신선하고, 낯설었다. 어느 날 점심에, 그는 막 밥을 다 먹고는 사장과 정면으로 마주쳤다. 사장은 미소를 띠며 "도시락 하나만 주문해주거나, 왕 주임에게 돌아올 때 사 들고 돌아오라고 할 수 있겠어요?"라고 아무렇게나 지시했다. 이것은 비록 좀 정식적이지는 않았지만 사장이 그에게 준 첫 번째 임무였다. 그는 긴장되고 흥분되었다. 그가 패스트푸드점에 전화를 걸었는데, 도시락은 이미 다 팔렸고, 왕 주임은 밥 먹으러 나갔는데 휴대전화를 들고 가지 않아서 그 역시 계속 연락이 되지 않았다.

→ 他初入职场，对一切感到新鲜、陌生。一天中午，他遇到老板。老板让他替自己订一份盒饭，或让王主任带来一份。因为这是老板给他的第一个任务，他又紧张又兴奋。但快餐店却说盒饭卖完了，而且他联系不上王主任。

그는 처음에 직장에 들어가서는 모든 것이 신선하고, 낯설었다. 어느 날 점심에, 그는 사장과 마주쳤다. 사장은 그가 자신을 대신해 도시락을 주문하거나, 왕 주임에게 사오라고 시켰다. 이것이 사장이 그에게 처음 준 임무였기 때문에 그는 긴장되고 흥분되었지만, 패스트푸드점은 도시락이 다 팔렸다고 말했고, 게다가 그는 왕 주임과도 연락이 되지 않았다.

STEP 2 **두 번째 단락 요약**

他紧张极了，不知道怎么办，红着脸告诉老板没有订到盒饭也没有联系到王主任。虽然没有受到老板的责备，但是他心里很失落。这件事给了他深刻的教训。如果他灵活一点，帮老板买到一份盒饭并不是什么难事。

그는 매우 긴장되었고, 어찌할 바를 몰라 얼굴을 붉힌 채, 사장에게 도시락을 주문해주지도 못했고, 왕 주임과도 연락이 되지 않았다라고 알렸다. 비록 사장의 질책을 받지는 않았지만, 그는 마음이 의기소침해졌다. 이 일은 그에게 깊은 교훈을 주었다. 만약에 그가 조금만 더 융통성이 있었다면 사장을 도와 도시락을 사오는 일은 그렇게 어려운 일이 아니었을 것이다.

→ 他只好红着脸告诉了老板。老板没责备他，但他很失落，明白了自己要灵活一点。

그는 어쩔 수 없이 얼굴을 붉히며 사장에게 알렸다. 사장은 그를 꾸짖지 않았지만, 그는 의기소침해졌고, 자신이 좀 더 융통성이 있어야 했다는 것을 깨달았다.

STEP 3 세 번째 단락 요약

不久，他又遇到一件事。老板打电话来找李助理。他回答老板说："李助理还没有回来。"但他意识到自己不应该这样随口就推掉老板的问题，于是接着说："我马上让她联系您。"老板说："我有急事，别人也可以。"他立即问道："这里有小张、小王还有我，您需要哪一位？"这样，老板的问题解决了。

얼마 되지 않아서, 그는 또 하나의 일을 맞닥뜨렸다. 사장이 전화를 걸어 리 비서를 찾았다. 그는 사장에게 "리 비서는 돌아오지 않았습니다."라고 말했다. 하지만 그는 자신이 이렇게 사장의 문제를 아무렇게나 넘겨버려서는 안 된다는 것을 인식했고, 이어서 말했다. "제가 바로 그녀에게 연락을 드리라고 하겠습니다." 사장은 "급한 일이 있어서 그러는데, 다른 사람도 됩니다."라고 말했고, 그는 즉시 "여기 샤오짱과 샤오왕, 그리고 제가 있는데 누가 필요하십니까?"라고 물었다. 이렇게 해서 사장의 문제는 해결되었다.

→ 不久，老板打电话来找李助理。他告诉老板，李助理没回来，但还有自己和其他人在。这样，老板的问题解决了。

얼마 되지 않아서 사장은 전화를 걸어 리 비서를 찾았다. 그는 사장에게 리 비서는 돌아오지 않았지만, 자신과 다른 사람이 있다고 알렸다. 이렇게 해서 사장의 문제는 해결되었다.

STEP 4 네 번째 단락 요약

他工作三年，渐渐变得和别人不同。因为他接电话和别的同事是不同的。"没有""不清楚""不知道"不再是他的常用语，他会给对方提供更多的选择和更多的信息，而不是把所有的时间浪费在一个无法解决的困境中。

그가 일한 지 3년이 되었고, 점점 다른 사람과는 달라졌다. 그는 전화를 받는 것이 다른 동료와 달랐다. '없습니다', '잘 모르겠습니다', '모릅니다'는 더 이상 그가 자주하는 말이 아니었기 때문에 그는 상대방에게 더 많은 선택과 더 많은 정보를 주게 되었고, 모든 시간을 해결할 수 없는 곤경에 허비하지 않았다.

→ 三年后，他变得和别人不同。接电话时，也给对方更多的选择和信息，不把时间浪费在困境中。

3년 후에 그는 다른 사람과 달라졌다. 전화를 받을 때, 상대방에게 더 많은 선택과 정보를 주었고, 시간을 곤경에 허비하지 않았다.

STEP 5 다섯 번째 단락 요약

他就这样一点一点变得不同。他总是比别人多做一点，哪怕只是多说几句话，但是他总能够及时地解决问题。有一天老板找他谈话，希望他出任客服部主管，因为他接电话的方式让老板相信他可以领导好一个客服部。他成功升职。

그는 이렇게 조금씩 조금씩 달라졌다. 그는 늘 다른 사람보다 조금 더 행동했고, 설령 겨우 몇 마디 더 말을 한 것일 뿐이더라도, 그는 늘 제때에 문제를 해결했다. 어느 날 사장은 그를 찾아 고객센터의 팀장을 맡아주면 좋겠다고 말했다. 그가 전화를 받는 방식이 사장이 그가 고객센터를 잘 이끌 것이라고 믿게 만들었기 때문이었다. 그는 성공적으로 승진했다.

→ 他总能多做一点，及时解决问题。一天，老板让他出任客服部主管，因为他的接电话方式。他成功升职了。

그는 늘 좀 더 행동했고, 제때에 문제를 해결했다. 하루는 사장이 그에게 고객센터 팀장을 맡아달라고 했는데, 그의 전화받는 방식 때문이었다. 그는 성공적으로 승진했다.

STEP 6 제목 정하기

多做一点 좀 더 행동해라

Point
1. 주인공이 어떻게 성공적으로 승진했는지에 집중해야 한다.
2. 내용상 언급된 어휘 중에 가장 핵심어휘는 '灵活(융통성 발휘하다)'와 '多做(더하다)'이다.
3. '灵活一点(융통성을 좀 발휘해라)' 또는 '多做一点(좀 더 행동해라)'이 적합하다.

핵심어휘 **初入职场** 처음에 직장에 들어가다 | **陌生** 낯설다 | **一天** 어느 날 | **老板** 사장 | **吩咐** 분부하다 | **失落** 의기소침해지다 | **教训** 교훈 | **灵活** 융통성을 보이다 | **打电话** 전화 걸다 | **解决** 해결하다 | **三年** 3년 | **不同** 다르다 | **选择** 선택 | **信息** 정보 | **多做** 더 행동하다 | **出任** 관직을 맡다 | **升职** 승진하다

요약개요
처음 – 그는 직장에 처음 들어가서 모든 것이 낯섬 / 어느 날 사장과 마주침 / 사장이 도시락을 주문해주거나 왕 주임에게 사오라고 하라고 분부함 / 도시락은 다 팔리고 왕 주임은 연락이 안 됨
가운데 – 그는 의기소침해지고 융통성이 있어야 한다는 것을 깨달음 / 얼마 되지 않아, 사장이 리 비서를 전화로 찾음 / 리 비서는 없으나 자신과 다른 사람이 있다고 전해 문제를 해결함 / 3년 후에, 그는 다른 사람들과 다르게 전화를 받으면 상대의 시간을 낭비하지 않게 함
끝 – 그는 늘 다른 사람보다 더 행동함 / 사장은 그에게 고객센터 팀장을 맡게 함 / 그는 성공적으로 승진함

모범요약

多做一点

他初入职场，对一切感到新鲜、陌生。一天中午，他遇到老板。老板让他替自己订一份盒饭，或让王主任带来一份。因为这是老板给他的第一个任务，他又紧张又兴奋。但快餐店却说盒饭卖完了，而且他联系不上王主任。

他只好红着脸告诉了老板。老板没责备他，但他很失落，明白了自己要灵活一点。

不久，老板打电话来找李助理。他告诉老板，李助理没回来，但还有自己和其他人在。这样，老板的问题解决了。

三年后，他变得和别人不同。接电话时，也给对方更多的选择和信息，不把时间浪费在困境中。

他总能多做一点，及时解决问题。一天，老板让他出任客服部主管，因为他的接电话方式。他成功升职了。

좀 더 행동해라

그는 처음에 직장에 들어가서는 모든 것이 신선하고, 낯설었다. 어느 날 점심에, 그는 사장과 마주쳤다. 사장은 그가 자신을 대신해 도시락을 주문하거나, 왕 주임에게 사오라고 시켰다. 이것이 사장이 그에게 처음 준 임무였기 때문에 그는 긴장되고 흥분되었지만, 패스트푸드점은 도시락이 다 팔렸다고 말했고, 게다가 그는 왕 주임과도 연락이 되지 않았다.

그는 어쩔 수 없이 얼굴을 붉히며 사장에게 알렸다. 사장은 그를 꾸짖지 않았지만, 그는 의기소침해졌고, 자신이 좀 더 융통성이 있어야 했다는 것을 깨달았다.

얼마 되지 않아서 사장은 전화를 걸어 리 비서를 찾았다. 그는 사장에게 리 비서는 돌아오지 않았지만, 자신과 다른 사람이 있다고 알렸다. 이렇게 해서 사장의 문제는 해결되었다.

3년 후에 그는 다른 사람과 달라졌다. 전화를 받을 때, 상대방에게 더 많은 선택과 정보를 주었고, 시간을 곤경에 허비하지 않았다.

그는 늘 좀 더 행동했고, 제때에 문제를 해결했다. 하루는 사장이 그에게 고객센터 팀장을 맡아달라고 했는데, 그의 전화받는 방식 때문이었다. 그는 성공적으로 승진했다.

실전 문제

☺ 아래 글을 250자로 요약하여 원고지에 써보자! 암기가 아니라 속독으로 내용의 줄거리를 기억하는 연습을 충분히 한 후 원고지에 요약하자.

문제

一年秋天，有位商人来到一个村庄看望亲戚。他意外地发现，当地的玉米秸秆柔韧性很强，特别适合编织一种遮阳帽。这种帽子看上去很时髦，在市场上很受欢迎。

这个好消息立刻在村里传播开来。原本不值钱的秸秆突然成了宝贝，大家都有些不敢相信。不久，商人请来技术人员向大家传授了遮阳帽的编制方法，并承诺高价购买所有成品。于是，从这年秋天一直到第二年夏天，几乎全村的人都忙着编帽子，家家都赚到了钱。然而，有一户人家却没有加入到编织遮阳帽的队伍中，他们每天跑去山里干活儿。有人劝他们不要错过发财的机会，他们总是摇头拒绝。

转眼间，秋天又来了。村里人突然发现了一个严重的问题：因为只顾着编帽子，没人去种玉米，不少地都荒了，原来存的秸秆也用完了，没法再继续编织遮阳帽了。

就在大家急得团团转时，有人发现那一家人不知从什么时候开始已经在远处的荒山上种满了玉米。村里人只好争相去买他们的秸秆。就这样，那家人没费多大劲儿，就赚了很多钱。

当他人追求眼前的利益时，有智慧和远见的人却把目光放到了将来。

▶ 정답 및 해설 p.145

100

200

300

유형별 전략 12

요약 연습Ⅳ - 짧은 글 연습 (550자 → 250자 줄이기)

① 핵심어휘를 기억해라!

핵심어휘라는 것은 사건의 흐름에 있어 중요한 어휘들을 말한다. 읽기를 제 시간에 끝낸다 하더라도 머릿속에 내용을 정리해서 남기기는 쉽지가 않은데 핵심어휘를 기억해 두면 관련 사건을 이끌어내기 쉽고, 한결 정리된 내용이라 쓰기에도 수월하다.

② 어휘력을 높여라!

어려운 어휘를 쓰라는 것이 아니다. 평소에 같은 표현을 다양한 어휘로 바꾸어 연습해보아 실제 시험 시 어휘가 생각나지 않을 때에는 언제든지 연습했던 다른 어휘로 대체할 수 있는 힘을 키워야 한다는 것이다.

③ 연습은 직접 써봐야 한다!

보통 쓰기 공부는 눈으로만 보고 이해했으니 안 써봐도 된다고 생각하는 경우가 있다. 하지만 눈으로 보는 것과 써보는 것은 상당한 차이가 있다. 설령 IBT 시험에 참가하는 학생이라 할지라도 문장을 구성하는 능력과 써내는 능력은 직접 해보지 않으면 실전에서 실력 발휘하기 쉽지 않다. 그러므로 실전 문제를 미루거나 생략하지 말고 꼭 풀어보도록 한다.

● 표현 바꾸기 ⑦

원문의 표현		바꾼 표현
在生活中遇到了很多麻烦，事业总是不顺利。 생활 속에서 많은 번거로운 일을 만나고 일은 늘 순조롭지 않았다.	→	생활 속에서 번거로운 일이 많았다는 표현도 순조롭지 못하다고 묶어서 표현할 수 있으므로 다음과 같이 바꾼다. 生活和事业都很不顺利。 생활과 일이 모두 순조롭지 않았다.
发脾气 성질을 부리다 气不打一处来 몹시 화가 나다	→	어려운 어휘는 쉬운 어휘로 암기해 둔다. 生气 화 내다
抱怨工作环境不好，生活中邻居不互相关心，缺少温暖等等。 업무 환경이 안 좋고, 생활에서도 이웃이 서로 관심을 가지지 않으며, 온정이 부족한 것 등을 원망했다.	→	일과 생활 속에서 겪는 일체의 모든 것(= 一切)을 원망한다는 내용으로 아래와 같이 간단히 바꿀 수 있다. 抱怨一切 모든 (일체의) 것을 원망했다

就在他发牢骚的时候，敲门声又响了起来。 그가 투덜거릴 때, 노크 소리가 또 울렸다.	→	감정 표현은 내용상 필요하지 않으면 생략이 가능하다. 또한 시간이 얼마 지나지 않았음은 '不到一会儿(얼마 되지 않아서)'로 표현하면 된다. 不到一会儿，敲门声又响了。 얼마 지나지 않아 노크 소리가 또 울렸다.
后悔没有提前准备些蜡烛。 미리 초를 준비하지 않은 것을 후회했다.	→	일용품을 미리 준비하지 못했다는 것은 사두지 않았다는 것이다. 后悔没买蜡烛。 초를 사지 않은 것을 후회했다.
她说："奶奶叫我送给你们。" 그녀는 "할머니께서 저에게 당신들에게 주라고 하셨어요." 라고 말했다.	→	내용상 중요하지 않은 대화 부분은 간접화법으로 바꾸는 것이 좋다. 단, 인칭에 주의해야 한다. 她说，奶奶让她送来。 할머니께서 그녀에게 주라고 했다고 말했다.
他说："谢谢你和你的奶奶，你们真是热心人。" 그는 "너(어린 소녀)와 너의 할머니께 정말 감사하단다. 정말 친절하구나." 라고 말했다.	→	내용상 중요하지 않은 대화 부분은 상황으로 간단하게 묘사할 수 있다. 단, 인칭에 주의해야 한다. 他向小姑娘道了谢。 그는 어린 소녀에게 고마워했다.
明白了 이해했다	→	바꿔 쓸 수 있는 동의어를 많이 알아두는 것이 좋다. 知道了 알았다 = 发现了 발견했다

연습 250자로 요약하기

老王是一个工程师，在生活中遇到了很多麻烦，事业也总是不顺利。因此，他常常发脾气，抱怨工作环境不好，生活中邻居不互相关心，缺少温暖等等。终于有一天，他决定搬家，换个环境。

他和妻子来到了一个新的城市，搬进新居，这是一栋普通的楼房。老王忙于工作，早出晚归，也没有注意过周围的邻居。

一天晚上，老王正在赶一份第二天开会要用的图纸。楼里突然停电了，屋子里一片漆黑。老王很后悔没有提前准备些蜡烛，看来工作是没法完成了，老王又抱怨起来。

这时，门口传来了敲门声。老王不情愿地开了门。门口站着一个小女孩，"您家有蜡烛吗？"小女孩问。"没有。"老王气不打一处来，"砰"的一声把门关上了。"真是麻烦，"老王对妻子抱怨道，"什么邻居，我们刚搬来就来借东西，这么下去怎么得了！"就在他发牢骚的时候，敲门声又响了起来。打开门，门口站着的还是那个小姑娘，只是她的手里多了两根蜡烛。"刚才我没说清楚，真是不好意思。我奶奶说，你们刚刚搬来，估计没有蜡烛，就叫我给你们送两根来。"老王顿时愣住了，一时不知说什么好，好不容易才缓过神来，接过蜡烛，他说："谢谢你和你的奶奶，你们真是热心人。"

在接过蜡烛的那一瞬间，老王突然明白了自己失败的原因，他缺少的就是这份热心啊。屋子亮了，心也亮了。

요약

STEP 1 > 첫 번째 단락 요약

老王是一个工程师，在生活中遇到了很多麻烦，事业也总是不顺利。因此，他常常发脾气，抱怨工作环境不好，生活中邻居不互相关心，缺少温暖等等。终于有一天，他决定搬家，换个环境。 라오왕은 한 명의 엔지니어인데, 생활 속에서 많은 귀찮은 일이 생기고, 일도 줄곧 순조롭지 않았다. 이 때문에 그는 자주 화를 냈고, 일 환경이 안 좋다, 생활 속에서 이웃들이 서로 관심을 안 가진다, 따스함이 부족하다 등의 불만을 터뜨렸다. 결국 어느 날, 그는 이사를 해 환경을 바꾸기로 결정했다.	→ 老王是一个工程师，生活和事业都很不顺利。因此，他常常生气，抱怨一切。终于，他决定换个环境。 라오왕은 한 명의 엔지니어로, 생활과 일이 모두 순조롭지 않았다. 이 때문에 그는 자주 화를 냈고, 모든 것에 불만을 터뜨렸다. 마침내, 그는 환경을 바꾸기로 결정했다.

STEP 2 > 두 번째 단락 요약

他和妻子来到了一个新的城市，搬进新居，这是一栋普通的楼房。老王忙于工作，早出晚归，也没有注意过周围的邻居。 그와 아내는 하나의 새로운 도시로 와서 새 집에 이사했는데 이곳은 하나의 평범한 아파트였다. 라오왕은 일이 바빠 아침에 나가 늦게 돌아왔고, 주위의 이웃은 신경 쓰지도 못했다.	→ 老王和妻子来到了新的城市，搬进新居。他每天忙于工作，没有注意过邻居。 라오왕과 아내는 새로운 도시로 와서 새 집에 이사했다. 그는 매일 일이 바빠 이웃은 신경 쓰지 못했다.

STEP 3 > 세 번째 단락 요약

一天晚上，老王正在赶一份第二天开会要用的图纸。楼里突然停电了，屋子里一片漆黑。老王很后悔没有提前准备些蜡烛，看来工作是没法完成了，老王又抱怨起来。 어느 날 밤, 라오왕은 이튿날 회의에서 써야 하는 도면 하나를 서둘러 만들고 있었다. 아파트 안에 갑자기 정전이 되었고, 방안은 온통 어두웠다. 라오왕은 미리 초를 준비해두지 않은 것을 후회했고, 보아하니 일은 완성할 방법이 없었다. 라오왕은 또 불만을 터뜨리기 시작했다.	→ 一天晚上，老王正在赶图纸。突然停电了，老王后悔没买蜡烛，又抱怨起来。 어느 날 밤, 라오왕은 서둘러 도면을 만들고 있었는데 갑자기 정전이 되었다. 라오왕은 초를 사지 않은 것을 후회했고, 또 불만을 터뜨리기 시작했다.

STEP 4 네 번째 단락 요약

这时，~~门口传来了~~敲门声~~。~~老王不情愿地开了门。门口站着~~一~~个小女孩，"您家有蜡烛吗？~~"小女孩~~问。"没有。"老王气不打一处来，~~"砰"的一声~~把门关上~~了。"真是麻烦，"老王对妻子抱怨道，"什么邻居，~~我们刚搬来就来借东西，这么下去怎么得了~~！"~~

이때, ~~문에서~~ 노크 ~~소리가 들려왔다~~. 라오왕은 마지 못해 문을 열었다. 문 입구에는 ~~한 명의~~ 여자아이가 ~~서 있었는데,~~ "집에 초가 있나요?" 라고 ~~여자아이는~~ 물었다. "없다." 라오왕은 화가 나 ~~'쾅' 소리가 나게~~ 문을 닫았다. ~~"정말 귀찮아." 라오왕은 아내에게~~ 불만을 터뜨렸다. "~~이웃이라는 사람이,~~ 막 이사왔는데 물건을 빌리러 오면 어쩌자는 거야!"

➜ 这时，有人敲门。老王不情愿地开门，门口的小女孩问老王家里有没有蜡烛。老王说没有，生气地关上了门。老王抱怨道，刚搬来就借东西，以后怎么得了。

이때, 어떤 이가 문을 두드렸다. 라오왕은 마지못해 문을 열었는데 문 입구의 여자아이가 라오왕에게 집에 초가 없느냐고 물었다. 라오왕은 없다고 말하고 화가 나 문을 닫았다. 라오왕은 막 이사왔는데 물건을 빌리면 어쩌자는 거냐며 불만을 토로했다.

~~就在他发牢骚的时候，~~敲门声又响了~~起来。打开门，门口站着的~~还是那个小姑娘，~~只是她的~~手里~~多了两根~~蜡烛。~~"~~刚才我没说清楚，~~真是不好意思。~~我奶奶说，~~你们刚刚搬来，估计没有蜡烛，就~~叫我给你们送~~两根来。"~~老王顿时愣住了，~~一时不知说什么好，好不容易才缓过神来，接过蜡烛，他说："~~谢谢你和你的奶奶，~~你们真是热心人。"~~

~~그가 불평을 늘어놓고 있을 때,~~ 노크 소리가 다시 들려왔다. ~~문을 열어보니 문 입구에 서 있는 것은~~ 여전히 그 어린 소녀였는데, ~~다만,~~ 그녀의 손에는 ~~두~~ 개의 초가 더 들려 있었다. "조금 전에는 제가 제대로 말을 하지 못했어요. ~~정말 죄송해요.~~ 우리 할머니가 ~~막 이사 와서 초가 없을 거라고~~ 저에게 ~~두 개의~~ 초를 가져다 주라고 했어요." 라오왕은 갑자기 멍해졌고, ~~순간 어떤 말을 해야 좋을지 몰랐다. 가까스로 정신을 차려, 초를 받아 들고 그는 말했다. "~~정말 너와 할머니께 감사 드린단다. ~~정말 친절하구나."~~

➜ 不到一会儿，敲门声又响了。还是那位小姑娘，手里拿着蜡烛。她说道，刚才没有说清楚，奶奶让她来送蜡烛。老王愣住了，向小姑娘道了谢。

얼마 되지 않아서 문 두드리는 소리가 또 울렸다. 여전히 그 어린 여자아이였고, 손에는 초를 들고 있었다. 그녀는 조금 전에 할머니가 그녀에게 초를 가져다 주라고 했다는 것을 제대로 말하지 못했다고 말했다. 라오왕은 멍해졌고, 어린 소녀에게 감사함을 전했다.

STEP 5 다섯 번째 단락 요약

在接过蜡烛的那一瞬间，老王~~突然~~明白了~~自己失败的原因，他~~缺少的~~就~~是~~这份~~热心~~啊。~~屋子亮了，心也亮了。

초를 받아든 그 순간, 라오왕은 ~~갑자기 자신이 실패한 원인을~~ 알았다. 그가 부족한 것은 ~~바로~~ 따뜻한 마음이었다. 방이 밝아지자, 마음도 환해졌다.

➜ 在接过蜡烛的瞬间，老王发现自己缺少的是热心。屋子亮了，心也亮了。

초를 받아든 순간, 라오왕은 자신이 부족한 것이 따스한 마음이라는 것을 발견했다. 방이 밝아지자, 마음도 환해졌다.

STEP 6 제목 정하기

点亮心中的蜡烛 마음 속의 초를 밝히다 / 热心的邻居 친절한 이웃

Point
1. 제목으로는 이야기를 끌고 나가는 사건의 소재나 전체적인 주제가 적합하다.
2. 이 이야기의 핵심 소재는 '초', '따스함'이므로, '蜡烛', '热心'만으로도 제목이 가능하다.
3. 주인공인 라오왕이 결국 부족하다고 느낀 것이 '친절함(따스함)'이다.

4. 이웃집의 초로 인해 따스함을 느낀 주인공의 마음에도 불이 켜졌다는 내용이므로 '마음 속의 초를 밝히다'가 가장 적절하다.

5. 좀 더 간단하게 제목을 만들고자 한다면 주인공인 소녀와 할머니를 '邻居(이웃)'로 정리하고 친절함을 붙여 '热心的邻居(친절한 이웃)'이라고만 해도 좋다.

핵심어휘 **老王** 라오왕 | **不顺利** 순조롭지 않다 | **换个环境** 환경을 바꾸다 | **邻居** 이웃 | **停电** 정전되다 | **小女孩** 여자아이 | **蜡烛** 초 | **生气** 화 내다 | **奶奶** 할머니 | **送** 보내다 | **愣住** 멍해지다 | **热心** 친절하다 | **亮了** 밝아지다

요약개요 처음 – 라오왕은 엔지니어로 생활과 일이 순조롭지 못함/ 자주 화를 내고 불만스러워 함/ 환경을 바꾸기로 결정

가운데 – 새 도시로 이사하고 일이 바빠 이웃은 신경 안 씀/ 어느 날 밤, 일하는데 정전이 됨/ 이웃집 여자아이가 와서 초 있냐고 물어봄/ 막 이사 온 자신에게 초를 빌리는 것에 화가 남/ 다시 여자아이가 와서 사실은 할머니가 초를 가져다 드리라고 했다고 말하고 사과함/ 고마움을 전함

끝 – 이웃의 따스함에 라오왕의 마음도 환해짐

모범요약

点亮心中的蜡烛

老王是一个工程师，生活和事业都很不顺利。因此，他常常发脾气，抱怨一切。终于，他决定换个环境。

老王和妻子来到了新的城市，搬进新居。他每天忙于工作，没有注意过邻居。

一天晚上，老王正在赶图纸。突然停电了，老王后悔没买蜡烛，又抱怨起来。

这时，有人敲门。老王不情愿地开门，门口的小女孩问老王家里有没有蜡烛。老王说没有，生气地关上了门。老王抱怨道，刚搬来就借东西，以后怎么得了。不到一会儿，敲门声又响了。还是那位小姑娘，手里拿着蜡烛。她说道，刚才没有说清楚，奶奶让她来送蜡烛。老王愣住了，向小姑娘道了谢。

在接过蜡烛的瞬间，老王发现自己缺少的是热心。屋子亮了，心也亮了。

마음 속의 초를 밝히다

라오왕은 한 명의 엔지니어로, 생활과 일이 모두 순조롭지 않았다. 이 때문에 그는 자주 화를 냈고, 모든 것에 불만을 터뜨렸다. 마침내, 그는 환경을 바꾸기로 결정했다.

라오왕과 아내는 새로운 도시로 와서 새 집에 이사했다. 그는 매일 일이 바빠 이웃은 신경 쓰지 못했다.

어느 날 밤, 라오왕은 서둘러 도면을 만들고 있었는데 갑자기 정전이 되었다. 라오왕은 초를 사지 않은 것을 후회했고, 또 불만을 터뜨리기 시작했다.

이때, 어떤 이가 문을 두드렸다. 라오왕은 마지 못해 문을 열었는데 문 입구의 여자아이가 라오왕에게 집에 초가 없느냐고 물었다. 라오왕은 없다고 말하고 화가 나 문을 닫았다. 라오왕은 막 이사 왔는데 물건을 빌리면 어쩌자는 거냐며 불만을 토로했다. 얼마 되지 않아서 문 두드리는 소리가 또 울렸다. 여전히 그 어린 여자아이였고, 손에는 초를 들고 있었다. 그녀는 조금 전에 할머니가 그녀에게 초를 가져다 주라고 했다는 것을 제대로 말하지 못했다고 말했다. 라오왕은 멍해졌고, 어린 소녀에게 감사함을 전했다.

초를 받아든 순간, 라오왕은 자신이 부족한 것이 따스한 마음이라는 것을 발견했다. 방이 밝아지자, 마음도 환해졌다.

실전 문제

▶ 정답 및 해설 p.147

☺ 아래 글을 250자로 요약하여 원고지에 써보자! 암기가 아니라 속독으로 내용의 줄거리를 기억하는 연습을 충분히 한 후 원고지에 요약하자.

문제

从前，有一户人家的菜园里有一块石头，大约宽40厘米，高20厘米，也不知从什么时候开始就搁置在那里了。到菜园里的人，一不小心就会碰到那块大石头，不是跌倒就是擦伤。这户人家的基本上都有过这种痛苦的经历。儿子问："爸爸，那块大石头这么讨厌，为什么我们不把它挖走呢？"爸爸回答说："从我记事起，它就放在那儿了，要是能挖走，你爷爷或者你太爷爷早就把它运走了，可见埋在地下的部分一定很深，与其花时间挖石头，还不如走路小心点。"

几年过去了，当年的儿子娶了媳妇，当了爸爸，那块石头还是在那里。有一天，儿媳妇对公公说："爸爸，因为那块石头我都摔了好几次，我们还是把它搬走好了。"爸爸回答说："那块大石头很重的，如果能轻而易举地搬走的话，你们爷爷或太爷爷那一辈早就把它运走了，可想而知，它不是那么好对付的，你以后小心点就是了。"儿媳妇听了非常不是滋味，决定试着把那块让她跌倒许多次的大石头搬走。

一天早上，儿媳妇来到菜园，她将一桶水倒到石头的四周，十几分钟后，儿媳妇用锤头把大石头四周的泥土搅松。出乎意料的是，几分钟之后石头开始松动了，不一会儿石头就被挖出来了，看看大小，石头并没有父亲所说的那么大。父亲知道这件事情后，很不好意思地说："这块石头竟然蒙骗了我们家几代人！"

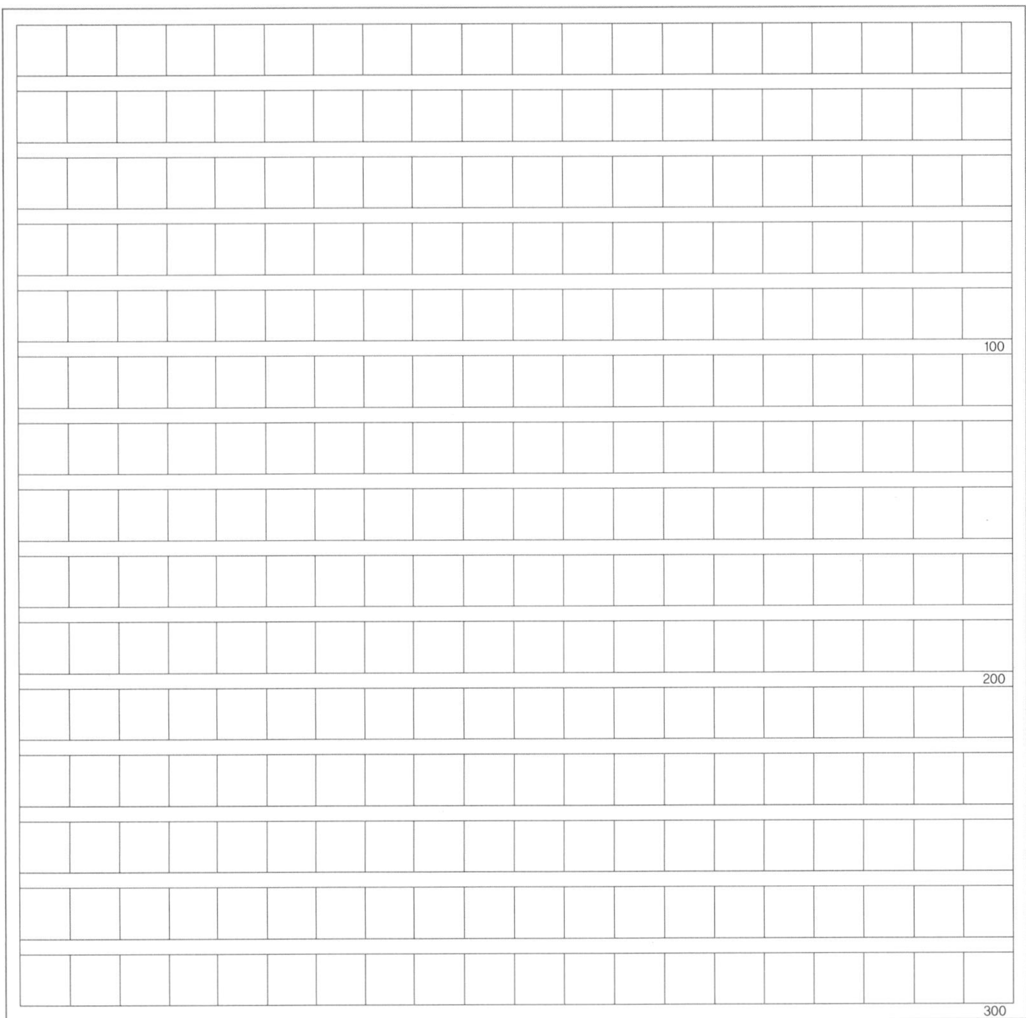

부분별 전략 01

시간 흐름으로 요약하기 I - 실전 분량(1,000자) 훈련하기!

❶ 시간의 흐름에 따라 글을 파악해라!

요약하기에서 반드시 들어가야 하는 내용 중 하나가 사건의 시간 설명이다. 큼지막한 사건을 기준으로 암기하는 방법도 좋지만, 시간의 흐름에 따라 사건이 정확하게 구분되는 내용인 경우에는 시간 변화를 파악해 그 시간마다 발생된 사건을 기억하는 것이 훨씬 쉽다. 어떤 방법으로 정리하는지 오늘의 예문을 통해 연습해 두자.

❷ 과감하게 삭제해라!

맥락과 상관없이 기억나는 내용을 다 쓰다 보면 흐름이 없어져서 마무리 짓기 어려운 경우가 많다. 기본 줄거리를 잡으면 상관없는 에피소드는 과감하게 삭제해야 한다.

❸ 기본적인 어법패턴을 습득해라!

자주 쓰이는 어법패턴은 확실하게 암기해서 언제든지 응용할 수 있게 습득해놓아야 기본 줄거리만 가지고도 내용을 채울 수 있다. 매번 연습 때마다 모범적인 문장과 패턴은 확실하게 암기해야 한다.

연습 문제

▶ 정답 및 해설 p.150

☺ 앞에서 배웠던 것을 기억하여 시험과 동일하게 연습을 해보자. 특히 시간 흐름을 잡아 요약하는 능력을 키우기 위해 시간 어휘에 주목하여 읽어본다. 아래 원문을 10분 동안 시간을 재서 읽은 후, 원고지에 옮겨 써보자.

☺ 요약 학습을 할 때에는 앞에서 배운 요약의 기술을 참고하여 직접 요약해보자.

文静是一所希望小学的学生，她所在的学校每年都会收到来自社会的大量捐助。由于爱心人士的捐助，文静所在的学校各方面的条件反倒比较好。

一开始，文静和同学们对爱心人士捐助的东西都感到很新奇，而且收到捐助的物品后还会给爱心人士写信表示感谢。然而，时间一长，他们渐渐地对接受捐助这件事习以为常了，也不再写感谢信了。在他们看来，接受捐助成了理所当然的事。

一天，文静所在的班级来了一位新班主任，也就是刚从师范大学毕业的李老师。李老师刚来不久，这所希望小学又收到了大量捐助的物品。文静还是像往常一样，从学校教务处领回图书和文具就分发给了大家。李老师看到这些东西后，就随口问道：“这些都是别人捐助的吗？”同学们回答道：“是的。”李老师接着又问：“每年都会有捐助吗？”同学们说：“是的，而且还很多呢！”

“那你们是怎么处理这些捐助物品的呢？”李老师随手拿起一本捐来的书问同学们。“很简单，统计一下，然后就分给大家。”文静回答。文静是班上的学习委员，负责做这件事。“那你们有没有对捐助这些东西的爱心人士表示感谢呢？”李老师问道，“以前写过感谢信。”“那现在呢？”听到这句话，同学们都低头不语。

看到同学们的反应，李老师就知道了答案。他想了想，说：“今天下午，我们去做一件事：给帮助过我们的爱心人士寄一些礼物。”

当天下午，李老师就带着同学们出发了。他们先到了一家粉条店，买了很多粉条。然后，李老师又领着同学们到邮局，把这些粉条分成几份分别寄给了爱心人士，而且还都附上了感谢信。文静和同学们都没有想到寄东西会这么麻烦。等他们忙完这些回到学校，天已经黑了。

第二天上课时，李老师问同学们：“昨天我们只是给爱心人士寄了份礼物就用了一下午的时间，那么大家想一想，他们给我们寄图书和文具会花多长时间呢？”有的同学说也要一下午，有的说得一天，因为还要去选购图书和文具……

李老师说道：“是的，从决定捐助我们到捐助完成至少也要一天的时间，可是我们连给人家写感谢信的时间都没有吗？别人捐助我们是因为他们有爱心，并不是出于责任和义务！而我们接受别人的帮助就应该心存感激。”说完这番话，李老师才开始上课。

这件事给了文静和同学们很大的触动，从那以后，他们都会定期给这些捐助自己的爱心人士写信表示感谢，因为他们都明白了一个道理：接受别人的帮助却不表示感谢，甚至还心安理得，是非常不可取的。

요약

● 시간의 흐름에 맞춰 대략적인 내용 기억하기

	시간의 흐름	대강의 내용
1	시작 [첫 문단]	– 원찡의 학교가 후원을 받는 이야기
2	一开始 처음에는	– 원찡과 친구들이 처음에는 감사함을 느끼고 감사편지를 씀 – 얼마 되지 않아 익숙해져서 더 이상 감사편지를 쓰지 않음
3	一天 하루는	– 새로운 담임선생님으로 리 선생님이 오심 – 얼마 되지 않아 학교에 후원물품이 와서 원찡이 학생들에게 나누어 줌
4	李老师看到这些东西后 선생님이 이 물건들을 보고	– 선생님이 후원자에게 감사를 표하냐고 물어봤으나 학생들은 고개를 들지 못함
5	当天下午 그날 오후에	– 학생들을 데리고 당면을 사서 감사의 편지와 함께 후원자들에게 부침
6	第二天上课时 이튿날 수업 때	– 리 선생님은 학생들에게 도움을 받으면 고마움을 지녀야 한다고 말함
7	从那以后 그 이후부터	– 학생들은 정기적으로 후원자들에게 감사편지를 보냄 – 도움을 받으면 감사를 표해야 함을 깨달음

STEP 1 요약의 기술– 첫 번째 단락 요약

文静是一所希望小学的学生，她所在的学校每年都会收到来自社会的大量捐助。~~由于爱心人士的捐助，文静所在的~~学校各方面的条件~~反倒~~比较好。

원찡은 한 희망초등학교의 학생이고, 그녀가 있는 학교는 매년 사회에서 보낸 대량의 후원물품을 받는다. ~~후원자들의 후원물품 때문에 원찡이 있는~~ 학교의 각 방면의 조건은 ~~오히려 비교적~~ 좋다.

→

원찡은 한 희망초등학교의 학생이고, 그녀가 있는 학교는 매년 사회에서 보낸 대량의 후원물품을 받는다. 그래서 원찡의 학교 각 방면의 조건은 모두 좋다.

Point
1. 첫 번째 단락은 도입부로, 되도록 원문에 가깝게 쓰는 것이 뒤에서 설명을 줄이기 좋다.
2. '捐助(후원물품)'라는 단어가 중복된 부분은 빼도 좋다.
3. 내용상 필요하지 않은 수식어들은 빼는 것이 좋다.

STEP 2 요약의 기술– 두 번째 단락 요약

一开始，文静和同学们对~~爱心人士捐助的东西都~~感到很新奇，而且~~收到捐助的物品后还会给爱心人士~~写信表示感谢。然而，时间一长，他们~~渐渐地对接受捐助这件事~~习以为常了，也不再写感谢信了。~~在他们看来，接受捐助成了理所当然的事。~~

처음에는 원찡과 친구들은 ~~후원자들이 보내는 물건들이~~ 신기했고, ~~후원물품을 받고 나면 후원자들에게~~ 편지를 써 감사를 표했다. 그러나, 시간이 지나자, 그들은 점점 ~~후원 받는 이런 일이~~ 예사로운 일이 되면서 ~~더 이상~~ 감사편지도 쓰지 않게 되었다. ~~그들이 보기에는 후원물품을 받는 것이 당연한 일이 되었다.~~

처음에는 원찡과 친구들이 모두 신기해했고, 게다가 감사편지를 썼다. 그런데, 시간이 지나자, 그들은 후원에 대해 익숙해졌고, 감사편지도 쓰지 않았다.

쓰기

Point 1. 앞에서 언급된 후원자들의 물품은 언급하지 않아도 된다.
2. '写信表示感谢(편지를 써 감사를 표했다)'라는 것은 '감사의 편지를 썼다'로 바꾸는 것이 간단하다.
3. '후원받는다'는 내용이 첫 단락에서 중요한 사건으로 언급되었으므로 화제 전환이 없다면 계속해서 주요 사건으로 중복해서 쓸 필요 없다.
4. '후원이 예사로운 일이 되었다'가 있기 때문에 후원물품을 받는 것이 당연한 일이 되었다는 말을 뒤에서 다시 언급할 필요가 없다.

STEP 3 요약의 기술– 세 번째, 네 번째 단락 요약

一天，文静所在的班级来了一位新班主任，也就是刚从师范大学毕业的李老师。李老师刚来不久，这所希望小学又收到了大量捐助的物品。文静还是像往常一样，从学校教务处领回图书和文具就分发给了大家。李老师看到这些东西后，就随口问道："这些都是别人捐助的吗？"同学们回答道："是的。"李老师接着又问："每年都会有捐助吗？"同学们说："是的，而且还很多呢！"

"那你们是怎么处理这些捐助物品的呢？"李老师随手拿起一本捐来的书问同学们。"很简单，统计一下，然后就分给大家。"文静回答。文静是班上的学习委员，负责做这件事。"那你们有没有对捐助这些东西的爱心人士表示感谢呢？"李老师问道，"以前写过感谢信。""那现在呢？"听到这句话，同学们都低头不语。

看到同学们的反应，李老师就知道了答案。他想了想，说："今天下午，我们去做一件事：给帮助过我们的爱心人士寄一些礼物。"

하루는 원찡이 있는 반에 새로운 담임선생님이 오셨는데, 막 사범대학을 졸업한 리 선생님이었다. 리 선생님이 온 지 얼마 되지 않아서 이 희망초등학교는 또 대량의 후원물품들을 받았다. 원찡은 예전처럼 학교 교무처에서 도서와 문구를 수령해 와 모두에게 나누어 주었다. 리 선생님이 이것들을 보고, 아무렇게나 물었다. "이것들은 모두 다른 사람들이 후원한 건가요?" 학생들은 "예."라고 대답했고, 리 선생님은 다시 물었다. "매년마다 후원을 받나요?" 학생들은 "네, 게다가 아주 많아요!"라고 대답했다.

"그러면 여러분은 이 후원물품들을 어떻게 처리하나요?" 리 선생님은 기부로 온 책을 하나 집어 들고 학생들에게 물었다. "간단해요. 통계를 내고 나서 모두에게 나누어줘요." 원찡이 대답했다. 원찡은 반 학습위원이라 이 일을 도맡고 있었다. "그러면 여러분은 이 물건들을 후원해주신 분들께 감사의 편지를 쓰진 않나요?"라고 리 선생님이 물었다. "예전에는 감사 편지를 썼어요." "그러면 지금은요? 이 말을 듣고 학생들은 고개를 떨구고 아무 말도 하지 않았다.

학생들의 반응을 보고 리 선생님은 해답을 알았다. 그는 생각을 좀 하더니 "오늘 오후에 우리는 우리를 후원해주시는 분들께 약간의 선물을 부쳐 드리는 일을 하러 갈 거예요."라고 말했다.

→

하루는 원찡의 반에 새로운 담임선생님이 왔는데, 리 선생님이었다. 리 선생님이 온 지 얼마 되지 않아서, 초등학교는 또 후원물품을 받았다. 원찡은 도서와 문구를 모두에게 나누어주었다. 리 선생님은 보고 나서, 학생들에게 물었다. "여러분은 이 물건들을 후원해주신 분들께 감사의 편지를 쓰진 않나요?" "예전에는 썼습니다." "그러면 지금은요?" 리 선생님이 다시 물었다. 학생들은 모두 고개를 떨구고 아무 말도 하지 않았다. 리 선생님은 "그러면 우리 후원자분들께 선물을 부치러 가요."라고 말했다.

Point 1. 리 선생님은 이야기의 핵심인물이지만 사범대학의 경력은 맥락상 중요하지 않다.
2. 후원물품의 종류는 내용상 중요하지 않기 때문에 물품으로 대체해도 좋다.
3. 선생님의 질문 중 감사의 편지를 쓰지 않는다는 사건과 관련 있는 부분을 빼고는 제거해도 좋다.
4. 원찡이 학습위원이라는 직책 설명은 중요하지 않다.

STEP 4 > 요약의 기술– 다섯 번째 단락 요약

当天下午，李老师就带着同学们出发了。他们先到了一家粉条店，买了很多粉条。然后，李老师又领着同学们到邮局，把这些粉条分成几份分别寄给了爱心人士，而且还都附上了感谢信。文静和同学们都没有想到寄东西会这么麻烦。等他们忙完这些回到学校，天已经黑了。

그날 오후에 리 선생님은 학생들을 데리고 출발했다. 그들은 먼저 당면 가게에 가서 많은 당면을 샀다. 그런 후에, 리 선생님은 다시 학생들을 데리고 우체국으로 가서, 이 당면들을 몇 개로 나누어 각각 후원자들에게 부쳤다. 게다가 감사편지도 동봉했다. 원찡과 학생들은 물건 부치는 일이 이렇게나 번거로운 일인지 몰랐었다. 그들은 분주하게 이 일들을 끝내고 학교로 돌아왔고, 날은 이미 어두워져 있었다.

→

그날 오후에 리 선생님은 학생들을 데리고 당면을 샀고, 우체국에 가서 당면과 감사편지를 후원자에게 부쳤다. 이때, 날은 이미 어두워져 있었다.

Point
1. 선생님이 학생들을 데리고 다닌 동선은 한번에 정리하는 것이 좋다.
2. 가장 중요한 당면과 감사편지를 부친 것 외의 내용은 생략해도 좋다.
3. 시간의 변화를 나타내는 어휘는 다 쓸 필요는 없으나 내용상 시간이 오래 걸렸음을 설명하기 위해 날이 어두워진 내용은 꼭 필요하다.

STEP 5 > 요약의 기술– 여섯 번째, 일곱 번째 단락 요약

第二天上课时，李老师问同学们："昨天我们只是给爱心人士寄了份礼物就用了一下午的时间，那么大家想一想，他们给我们寄图书和文具会花多长时间呢？"有的同学说也要一下午，有的说得一天，因为还要去选购图书和文具……

李老师说道："是的，从决定捐助我们到捐助完成至少也要一天的时间，可是我们连给人家写感谢信的时间都没有吗？别人捐助我们是因为他们有爱心，并不是出于责任和义务！而我们接受别人的帮助就应该心存感激。"说完这番话，李老师才开始上课。

이튿날 수업 때, 리 선생님은 학생들에게 "어제 우리는 단지 후원자분들께 이 선물들을 보내는 데 오후 반나절을 썼어요. 그러면 모두 생각해 봐요. 그분들이 우리에게 도서와 문구를 보내는 데 얼마의 시간을 쓸까요?"라고 물었다. 어떤 학생은 반나절이 걸린다고 했고, 어떤 학생은 도서와 문구를 사야 하니까 한나절이 걸린다고 했다……

리 선생님은 "그래요. 우리에게 후원을 하기로 결정하고 후원을 완성하는 것은 적어도 하루의 시간이 필요해요. 그러나 우리는 그분들에게 감사편지 쓸 시간조차도 없을까요? 다른 사람이 우리를 후원하는 것은 그들이 사랑하는 마음이 있어서이지 결코 책임과 의무에서 나온 것이 아니에요! 그래서, 우리는 다른 사람의 도움을 얻으면 바로 감사하는 마음을 가져야 해요."라고 말했다. 이 말이 끝나자 리 선생님은 그제서야 수업을 시작했다.

→

이튿날 수업 때, 리 선생님은 "어제 우리는 선물을 부치는 데 오후 반 나절을 썼어요. 후원자 분들이 우리를 돕는 것은 더 많은 시간을 썼을 거예요. 우리는 편지 쓸 시간도 없을까요? 우리는 다른 사람의 도움을 받으면 감사하는 마음을 가져야 해요."라고 말했다.

Point
1. 후원자가 후원하기 위해 시간이 많이 걸린다는 내용을 도출하기 위한 리 선생님의 질문과 학생들의 대답은 생략해도 좋다.
2. 리 선생님의 말은 도움을 받으면 감사하는 마음을 가져야 한다는 것이 핵심이다.
3. 내용상 편지를 쓰는 것은 중요한 사건이기 때문에 편지 쓸 시간이 없는지 묻는 부분은 넣는 것이 좋다.
4. 수업을 시작한 부분은 내용의 전환이나 중요하지 않은 부분이다.

STEP 6 요약의 기술– 여덟 번째 단락 요약

这件事给了文静和同学们很大的触动，从那以后，他们都会定期给这些捐助自己的爱心人士写信表示感谢，因为他们都明白了一个道理：接受别人的帮助却不表示感谢，甚至还心安理得，是非常不可取的。

이 일은 원찡과 학생들에게 큰 울림을 주었고, 그 때 이후부터, 그들은 정기적으로 자신을 후원하는 분들에게 편지를 써서 감사함을 전했다. 왜냐하면 그들은 모두 다른 사람의 도움을 받는 데 감사함을 표하지 않고, 심지어 당연시 여기고 편해지는 것은 매우 옳지 않은 것이라는 도리를 깨달았기 때문이다.

이 일이 있은 후에, 원찡과 학생들은 정기적으로 후원자분들께 감사의 편지를 썼다. 그들은 다른 사람의 도움을 받으면 감사함을 표해야 한다는 도리를 깨달았다.

Point

1. 시간의 변화를 중심으로 내용을 요약하는 것이 좋다.
2. '~하지 않는 것은 옳지 않다'는 것은 '~해야 한다'는 것으로 짧게 바꿔 쓸 수 있다.

STEP 7 제목 정하기

感谢的力量 감사의 힘 / 爱心援助 사랑의 후원

해설

1. 원찡과 원찡의 친구들이 후원받는 것에 대해 감사해야 함을 깨닫는 내용이므로 '感谢(감사)'나 사건의 핵심소재인 '援助(후원, 기부)'가 들어가는 것이 좋다.
2. 제목은 '感谢的力量(감사의 힘)'이나 '爱心援助(사랑의 후원)' 정도가 가장 좋다.

100
200
300
400
500

부분별 전략 02

시간 흐름으로 요약하기 Ⅱ - 실전 분량(1,000자) 훈련하기!

❶ 첫 단락과 마지막 단락은 그대로 써도 좋다!

첫 단락은 주로 이야기의 발단과 등장인물에 관한 이야기이고, 마지막 단락은 교훈이나 이야기의 결말을 정리하는 것이 일반적이기 때문에 원문 자체도 긴 경우가 많지 않다. 불필요한 수식어나 중복되는 내용을 제외하고는 첫 단락과 마지막 단락은 줄이지 않고 그대로 써도 괜찮다.

❷ 고유명사에 집착하지 마라!

옛날이야기가 나오면 등장인물의 이름이나 언급되는 고유명사가 어려운 경우가 종종 있는데, 이때 이 어휘를 외우려고 신경을 쓰면 정작 내용이 머릿속에 남지 않는다. 발음과 뜻을 알고 있다면 상관이 없지만 어려운 어휘는 최대한 그 장소나 사람을 자신이 아는 쉬운 어휘로 대체해서 속독을 하는 것이 좋다.

❸ 상세한 묘사는 삭제해라!

내용상 꼭 필요한 부분이 아니라면 길게 설명되어 있는 묘사들은 삭제해야 한다. 꼭 필요한 부분이라 하더라도 긴 내용을 담을 수 있는 간단한 어휘로 바꾸는 것이 좋다. 요약하기의 핵심은 전체적인 이야기의 줄거리 진행이지 내용의 상세한 묘사가 아니다.

연습 문제

▶ 정답 및 해설 p.151

☺ 앞에서 배웠던 것을 기억하여 시험과 동일하게 훈련해보는 연습을 해보자. 특히 시간 흐름을 잡아 요약하는 능력을 키우기 위해 시간 어휘에 주목하여 읽어본다. 아래 원문을 10분 동안 시간을 재서 읽은 후, 원고지에 옮겨 써보자.

☺ 요약 학습을 할 때에는 앞에서 배워온 요약의 기술을 참고하여 직접 요약해보자.

西周时，有个叫熊渠子的人。他小时候个子不高，瘦瘦的，经常拿着大人的弓箭玩儿。那时，他就有个宏伟的志向：长大以后，一定要成为一名“神箭手”。

渐渐地，熊渠子长大了，他开始学着大人的样子练习射箭。有一次，他拿着一张弓，用尽全身力气想把它拉开，可脸都涨得发紫了，也没能将弓拉满。一个亲戚看到他这副吃力的样子，忍不住嘲笑道：“就你这样还想学射箭呢，我看还是算了吧。”甚至还有人断言他一辈子都不可能成为一名好的弓箭手。性格倔强的熊渠子知道后，心里特别不服气，他坚信只要足够努力，就没有做不成的事情。

后来，熊渠子坚持每天用举大石锁的方式练习臂力。5年后，他已变得非常强壮。这时，他再拉弓射箭就感到轻松多了。可是，他常常不能准确地射中目标，这令他十分苦恼。但是他毫不泄气，又开始坚持不懈地练眼力。

经过长时间刻苦的训练，熊渠子的眼力变得十分敏锐。只要他抬弓搭箭，对准目标，就能百发百中。不论是空中的飞禽，还是地上的走兽，一旦被熊渠子的弓箭瞄准，便都活路难逃。人们都夸熊渠子是个射箭能手。可是，熊渠子依然对自己不满意。一天，他去拜访一位智者，智者对他说道：“在我看来，你现在射箭的功夫并不算高明，因为你靠的是技巧。只有用心去射每一支箭，才称得上是真功夫啊！”熊渠子听后，若有所思，回去便开始琢磨应该怎么用心去射箭。

一天夜里，熊渠子独自一人在山路上行走，猛然看见前面不远处伏卧着一只老虎。熊渠子不由得吓出了一身冷汗，不过，他很快就镇静了下来，心想：“我有弓箭在手，没什么可怕的！”于是，他迅速取弓搭箭，对准老虎，拉满弓奋力射去。只听“嗖”的一声，箭就射了出去，但奇怪的是，熊渠子却没听到老虎的叫声。他心中暗想：这一箭射过去，老虎一定会被射伤，可是，草丛中的老虎却一点儿反应都没有。这究竟是怎么回事呢？熊渠子定了定神，放大胆子走过去一看，才发现根本没有什么老虎，他射中的只不过是“卧”在路边的一块儿大石头，而且那支箭居然深深地插进了石头里！

这件事很快便传开了，大家都夸熊渠子箭术高明。原来那位教导熊渠子用心射箭的智者知道这件事后，不禁感慨道：“这不仅是因为熊渠子力气大、箭法好，更重要的是他精神集中，拥有必胜的信念，所以，箭才能射进石头里去。这真是精诚所至，金石为开呀！”

后来，人们就借用“精诚所至，金石为开”来比喻一个人如果能够意志坚定、专心致志地去做一件事，无论什么难题都能迎刃而解。

요약

● 시간의 흐름에 맞춰 대략적인 내용 기억하기

시간의 흐름		대강의 내용
1	西周时 서주 때	– 웅거자는 어려서부터 활을 가지고 놀았음 – 체격조건이 좋지 않았지만 '명궁수'가 되겠다는 포부가 있음
2	熊渠子长大了 웅거자는 커서	– 활 연습을 시작했지만 활시위도 완전하게 당기지 못함 – 사람들은 궁수가 될 수 없을 것이라고 함
3	后来 후에	– 고생스러운 훈련 끝에 팔 힘과 안력을 키움 – 활만 쏘면 백발백중으로 사람들은 칭찬함 – 지자의 조언을 듣고 어떻게 마음을 다해 화살을 쏠 것인지를 고민함
4	一天夜里 어느 날 밤에	– 혼자 산길을 가다가 호랑이를 봄 – 활을 쏴 맞추지만 반응이 없어 가서 확인 – 호랑이가 아니라 바위였고 화살이 그 속에 박힘
5	智者知道这件事后 지자가 이 일을 알고는	– 웅거자가 정신을 집중하고 신념이 있었기에 화살이 돌 속에 박힐 수 있었다고 함 – 이것이 바로 '精诚所至，金石为开'라고 칭찬함
6	后来 후에	– 사람들은 '精诚所至，金石为开'로 정성을 다하면 어떤 어려운 문제도 해결할 수 있다는 것을 비유함

STEP 1 **요약의 기술– 첫 번째 단락 요약**

西周时，有个叫熊渠子的人。他小时候个子不高，瘦瘦的，经常拿着~~大人~~的弓箭玩儿。~~那时，~~他就有个~~宏伟的~~志向：长大以后，~~一定~~要成为一名"神箭手"。

서주 때, 웅거자라고 불리는 사람이 있었다. 그는 어렸을 때 키가 작고 말랐었는데, 자주 ~~어른의~~ 활과 화살을 가지고 놀았다. ~~그때,~~ 그는 '커서 ~~반드시~~ '명궁수'가 되겠다'는 웅대한 포부가 있었다.

➜

서주 때, 웅거자라 불리는 사람이 있었다. 그는 어렸을 때 키가 작고 말랐는데, 항상 활과 화살을 가지고 놀았다. 그는 커서 한 명의 '명궁수'가 되겠다는 포부가 있었다.

Point 1. 도입부에 웅거자라는 주인공에 대한 설명은 필요하므로 요약할 부분이 많지 않다.
2. '반드시' 같은 술어를 강조하는 부사들은 생략해도 좋다.

STEP 2 **요약의 기술– 두 번째 단락 요약**

~~渐渐地，~~熊渠子长大了，他开始学着~~大人的样子~~练习射箭。有一次，他拿着一张弓，用尽全身力气想把它拉开，~~可脸都涨得发紫了，~~也没能将弓拉满。~~一个亲戚看到他这副吃力的样子，忍不住嘲笑道："就你这样还想学射箭呢，我看还是算了吧。"甚至~~还有人断言他一辈子都不可能成为一名好的弓箭手。~~性格倔强的熊渠子知道后，心里特别不服气，~~他坚信只要足够努力，就没有做不成的事情。

➜

웅거자는 점점 자랐고, 그는 ~~어른들의 모습을 따라~~ 활 쏘는 연습을 시작했다. 한 번은 그가 활을 하나 들고 온 힘을 다해 그것을 잡아 당겼지만, ~~얼굴이 모두 새파랗게 질릴 정도가 되었는데도,~~ 활시위를 완전히 잡아 당길 수가 없었다. ~~한 명의 친척은 그가 이렇게 고생하는 모습을 보고 참지 못하고 "자네가 이런데도 궁술을 배우려 하다니, 그만 두는 게 낫지 않겠나?"라고 비웃었고, 심지어~~ 어떤 사람은 그는 한 평생 좋은 궁수는 될 수 없다고 단언했다. ~~성격이 강하고 고집스러운 웅거자는 이런 얘기를 듣고도, 속으로는 굴하지 않았다.~~ 그는 노력만 충분히 한다면, 이루지 못할 일이 없다고 굳게 믿었다.

웅거자는 자랐고, 그는 활 쏘기는 연습을 시작했다. 하지만, 한 번은 그가 온 힘을 다해 활시위를 당겼는데도 완전히 당길 수가 없었다. 어떤 이는 웅거자가 평생 좋은 궁수가 될 수 없을 것이라고 말했다. 웅거자는 오히려 충분히 노력만 하면 이루지 못할 일은 없을 것이라 굳게 믿었다.

Point

1. 어른들의 모습을 배운 것은 중요하지 않다.
2. '얼굴이 새파랗게 질렸다'는 등의 인물의 묘사는 내용상 꼭 필요하지 않으면 다 제거해도 좋다.
3. 친척이 비웃은 내용은 뒤에 이어진 어떤 사람이 궁수가 될 수 없을 것이라고 단언한 것과 비슷하므로 생략하는 것이 낫다.
4. 웅거자의 성격은 노력만 한다면 이루지 못할 일이 없다고 굳게 믿었다는 내용을 통해 설명이 가능하므로 따로 묘사할 필요가 없다.

STEP 3 요약의 기술– 세 번째, 네 번째 단락 요약

后来，熊渠子坚持每天用举大石锁的方式练习臂力。5年后，他已变得非常强壮。~~这时，他再拉弓射箭就感到轻松多了。可是，他常常不能准确地射中目标，这令他十分苦恼。但是他毫不泄气，~~又开始坚持不懈地练眼力。

经过~~长时间~~刻苦的训练~~，熊渠子的~~眼力变得~~十分~~敏锐。只要他抬弓搭箭，~~对准目标，~~就能百发百中。~~不论是空中的飞禽，还是地上的走兽，一旦被熊渠子的弓箭瞄准，便都活路难逃。~~人们都夸熊渠子是个射箭能手。~~可是，熊渠子依然对自己不满意。~~一天，他去拜访一位智者，智者~~对~~他说道~~：“在我看来，你现在射箭的功夫并不算高明，因为~~你靠的是技巧。只有用心去射每一支箭，~~才称得上是真功夫啊！”熊渠子听后，若有所思，~~回去便开始琢磨应该怎么用心去射箭。

후에, 웅거자는 꾸준히 매일 큰 돌포환을 드는 방식으로 팔 힘을 단련시켰다. 5년 후에 그는 어버 매우 건장하게 변해 있었다. ~~이때 그가 다시 활시위를 당겨보자 매우 수월함을 느꼈다. 그러나, 그는 자주 목표물을 정확하게 맞추지 못했고, 이것은 그를 매우 고민스럽게 만들었다. 그러나 그는 조금도 기죽지 않고,~~ 게으르지 않게 꾸준히 안력을 단련하기 시작했다.

긴 고생스러운 훈련 끝에, 웅거자의 안력은 매우 예리해졌다. 그가 활을 ~~들어 화살을 끼워 목표물을~~ 겨냥하기만 하면 백발백중이었다. ~~하늘의 조류든, 지상의 길짐승이든 일단 웅거자의 활에 조준되면, 모두 살아남기 어려웠다.~~ 사람들은 모두 웅거자가 활쏘기의 달인이라고 칭찬했지만, ~~웅거자는 여전히 자신에 대해 만족스럽지 못했다.~~ 하루는 그가 한 명의 지자를 찾아 뵈었다. 지자는 ~~그에게 "제가 보기엔, 당신의 활 쏘는 솜씨는 결코 뛰어난 편이 아닙니다.~~ 기교에 너무 기대기 ~~때문이죠.~~ 마음을 다해 매 화살을 쏴야만 ~~진정한 실력이라 할 수 있습니다!~~"라고 말했다. 웅거자는 ~~듣고 난 후에 생각에 잠긴 듯하더니,~~ 돌아가자마자 바로 어떻게 마음을 다해 활을 쏠 것인지를 고민하기 시작했다.

후에, 그는 매일 큰 돌포환을 드는 방식으로 팔 힘을 단련시켰다. 5년 후에, 그는 건장하게 변했다. 그는 또 안력을 단련하기 시작했는데, 고생스러운 훈련 끝에, 그의 안력은 매우 예리해졌다. 그가 활을 쏘면 백발백중이었다. 사람들은 모두 그가 활 쏘기의 달인이라고 칭찬했다. 하루는 그가 한 명의 지자를 찾아 뵀는데, 지자는 "당신은 기교에만 기대어서는 안 됩니다. 마음을 다해 매 화살을 쏴야 합니다!"라고 말했다. 웅거자는 돌아가자마자 어떻게 마음을 다해 활을 쏠 것인지를 고민했다.

Point 1. 훈련의 핵심은 팔 힘을 키운 것과 안력을 예리하게 만든 것이다. 이것만 언급된다면 구체적인 훈련 내용과 감정은 고생스럽게 훈련했다는 것으로만 줄여도 충분하다.
2. 화살을 쏘기만 하면 조류와 길짐승이 달아날 방법이 없었다는 것은 백발백중이라는 말로 간단하게 설명이 가능하다. 지자를 찾아 간 것은 부족함을 느껴 조언을 들으러 간 것이므로 지자의 조언 중에 핵심만 정리하는 것이 좋다.

STEP 4 요약의 기술– 다섯 번째 단락 요약

一天夜里，熊渠子独自一人在山路上行走，猛然看见前面不远处伏卧着一只老虎。熊渠子不由得吓出了一身冷汗，不过，他很快就镇静了下来，心想："我有弓箭在手，没什么可怕的！"于是，他迅速取弓搭箭，对准老虎，拉满弓奋力射去。只听"嗖"的一声，箭就射了出去，但奇怪的是，熊渠子却没听到老虎的叫声。他心中暗想：这一箭射过去，老虎一定会被射伤，可是，草丛中的老虎却一点儿反应都没有。这究竟是怎么回事呢？熊渠子定了定神，放大胆子走过去一看，才发现根本没有什么老虎，他射中的只不过是"卧"在路边的一块儿大石头，而且那支箭居然深深地插进了石头里！

어느 날 밤, 웅거자는 혼자서 산길을 걷다가 갑자기 앞에서 멀지 않은 곳에 호랑이 한 마리가 엎드려 있는 것을 보았다. 웅거자는 놀라 온몸에 식은땀이 흘렀지만, 빨리 침착해졌고 마음속으로 생각했다. '나에겐 활과 화살이 있는데 두려울 게 뭐가 있겠는가!' 그리하여 그는 빠르게 활을 쥐고, 화살을 끼워 호랑이를 조준하고, 활시위를 최대한 당겨 힘껏 화살을 쏘았다. '슝'하는 소리만 남긴 채, 화살은 활시위를 떠났다. 하지만 이상했던 것은 웅거자는 오히려 호랑이가 울부짖는 소리는 듣지 못했다는 것이다. 그는 마음 속으로 생각했다. '화살을 맞았으니 호랑이는 틀림없이 상처를 입었을 텐데, 숲속의 호랑이는 오히려 조금도 반응이 없다니. 도대체 어찌된 일인가?' 웅거자는 마음을 가다듬고, 용기를 내어 가보았더니 그제서야 호랑이 따위는 아예 없었고, 그가 맞춘 것이 길가에 '누워있는' 하나의 큰 바위였을 뿐이라는 것을 알게 되었다. 게다가 화살은 뜻밖에도 바위 속에 깊이 박혀 있는 것이 아닌가!

어느 날 밤에, 웅거자는 혼자 산길을 걸었고, 갑자기 앞에 한 마리의 호랑이가 있는 것을 보았다. 그는 바로 활을 써서 호랑이를 맞추었는데, 오히려 호랑이의 울부짖음을 듣지 못했다. 그가 가서 보고 나서야 그가 맞춘 것은 뜻밖에도 하나의 큰 바위였고, 게다가 화살이 바위 속에 박혔다는 것을 알게 되었다.

Point 1. 인물의 속마음은 이야기의 진행에 영향을 끼치지 않으면 다 생략해도 좋다.
2. 화살을 맞고도 울부짖지 않은 호랑이는 알고보니 바위였고 화살이 그 속에 박혔다는 것이 주요 내용이므로 이 외의 불필요한 내용은 생략해도 된다.

STEP 5 요약의 기술– 여섯 번째 단락 요약

这件事很快便传开了，大家都夸熊渠子箭术高明。原来那位教导熊渠子用心射箭的智者知道这件事后，不禁感慨道："这不仅是因为熊渠子力气大、箭法好，更重要的是他精神集中，拥有必胜的信念，所以，箭才能射进石头里去。这真是精诚所至，金石为开呀！"

→

이 일은 이주 빨리 퍼져 나갔고, 모두 웅거자의 기술이 뛰어나다고 칭찬했다. 웅거자에게 마음을 다해 화살을 쏘라고 가르쳤던 그 지자는 이 일을 듣고, 감격해 하며 말했다. "이것은 웅거자가 힘이 세고, 궁술이 좋았을 뿐만 아니라, 더욱 중요한 것은 그가 정신을 집중하여 필승의 신념을 가졌던 것입니다. 그래서 화살은 바위 속에 박힐 수 있었던 것이죠. 이것이야말로 정성이 지극하면, 금석도 쪼개질 수 있다(지성이면 감천이다)는 것입니다!"

그 지자는 이 일을 안 후에 "그가 정신을 집중하고, 신념이 있어 화살이 돌 속에 박힌 것입니다. 이것이야말로 정성이 지극하면 금석도 쪼개질 수 있다(지성이면 감천이다)는 것입니다!"라고 말했다.

Point 1. 앞의 줄거리에서 웅거자는 사람들로부터 칭찬을 듣고도 마음을 다 하지 못해 부족함을 느꼈으므로, 다시 언급된 사람들이 칭찬했다는 부분은 내용에 크게 영향을 끼치지 않는다. 중요한 것은 지자의 반응이다.

2. '精诚所至，金石为开'는 이야기를 정리할 수 있는 핵심이므로 반드시 기억해야 한다.

STEP 6 요약의 기술- 일곱 번째 단락 요약

后来，人们就借用"精诚所至，金石为开"来比喻一个人如果能够意志坚定、专心致志地去做一件事，无论什么难题都能迎刃而解。

후에 사람들은 '精诚所至，金石为开(지성이면 감천이다)'를 차용하여 사람이 만약에 의지를 확고히 하여 온 마음을 다해 일을 한다면, 어떤 어려운 문제도 모두 순리적으로 해결할 수 있다는 것을 비유했다.

후에, 사람들은 '精诚所至，金石为开(지성이면 감천이다)'로 한 사람이 정성을 다해 일을 하면 어떤 어려운 문제도 모두 해결할 수 있다는 것을 비유했다.

Point 마지막 부분 역시 처음과 같이 불필요한 수식어가 많은 경우를 제외하고는 원문을 그대로 사용하는 것이 좋다.

STEP 7 제목 정하기

熊渠子的故事 웅거자의 이야기 / 精诚所至，金石为开 지성이면 감천이다

해설 1. '熊渠子'가 주인공이므로 '熊渠子的故事(웅거자의 이야기)'를 제목으로 해도 좋다.

2. 마지막 부분에 '精诚所至，金石为开(지성이면 감천이다. 정성이 지극하면 어떠한 어려움도 극복할 수 있다)'라는 속담은 이 글을 설명하는 속담이므로 그대로 제목으로 사용해도 좋다.

쓰기

기출상식

跨栏定律 kuàlán dìnglǜ 허들법칙

마주하게 되는 허들(栏 lán)이 높을수록 높이 뛰어야 하고, 그로 인해 얻는 성과는 크다. 즉, 한 사람의 성과(成就 chéngjiù)의 크기는 그가 마주하는 어려움(困难 kùnnán)의 크기에 따라 결정된다는 법칙이다.

蘑菇效应 mógū xiàoyìng 버섯효과

'눈에 잘 띄지 않던 버섯이 알아서 잘 자란 후 사람들의 눈에 띈다(被人关注 bèi rén guānzhù)'는 것을 빗댄 현상. 막 입사한 사람은 눈에 띄지 않는 일을 하지만 성실하게 일을 해 점차 뛰어남을 보이면 모두가 주목하고 중책을 맡게 된다(得到重用 dédào zhòngyòng)는 것을 설명한다. 그러므로 버섯 같은 경험은 한 사람이 발전하기 전의 일종의 단련으로 여겨진다.

从众效应 cóngzhòng xiàoyìng 군중심리효과

'대세를 따르다(随大流 suí dàliú)'라고도 한다. 개체가 무리 즉, 군중의 영향을 받아 자신의 관점, 판단, 행위를 바꾸는 것으로 주로 충분한 정보가 없거나 정확한 정보를 수집하지 못해(搜集不到 sōují búdào) 생겨난다.

诱饵效应 yòu'ěr xiàoyìng 미끼효과

새로운 상품이 나타나면 구입을 고민하던 두 가지 상품 중에서 한 상품의 선호도가 증가하는 현상이다. 미끼효과가 일어나기 위해서는 새로운 상품 즉, 제3의 상품이 기존의 두 상품 중 하나에서는 모든 면에서 뛰어나고 다른 하나에서는 특정 조건에서만 우위를 가져야 한다.

부분별 전략 03

큰 사건으로 요약하기 I - 실전 분량(1,000자) 훈련하기!

1 큰 사건을 기억해라!

시간의 흐름에 따라 이야기가 진행되는 경우가 많지만 그렇지 않은 경우도 있음을 주의해야 한다. 이런 경우에는 몇 가지 큰 사건으로 내용을 정리하면 기억하기가 좋다.

2 대화는 핵심만 써라!

중요하지 않은 대화는 제거하거나 간접화법으로 고치면 되지만 중요한 대화는 직접화법 그대로 쓰는 것이 좋다. 다만, 대화가 긴 경우에는 화자가 말하고자 하는 핵심을 파악해 중점만 써야 한다.

3 핵심인물은 기억해라!

등장인물이 많으면 내용이 어려워질 수밖에 없다. 발음을 모르는 이름일 경우 더 어렵기 때문에 한 글자만 기억하거나 임시로 다른 어휘로 대체하여 내용을 파악한 뒤 쓰기 시작 전 등장인물의 이름을 다시 확인해야 헷갈리거나 틀리지 않는다.

연습 문제

▶ 정답 및 해설 p.152

☺ 앞에서 배웠던 것을 기억하여 시험과 동일하게 훈련해보는 연습을 해보자. 특히 큰 사건을 잡아 요약하는 능력을 키우기 위해 사건의 발생에 주목하여 읽어본다. 아래 원문을 10분 동안 시간을 재서 읽은 후, 원고지에 옮겨 써보자.

☺ 요약 학습을 할 때에는 앞에서 배워온 요약의 기술을 참고하여 직접 요약해보자.

秦朝末年，楚国有一个叫季布的人，他性情耿直、乐于助人。而且只要是他答应过的事情，无论遇到多大的困难，他都会设法办到，从不会让求助于他的人失望。所以，季布一直都很受大家的尊敬。

秦朝灭亡后，刘邦与项羽展开了争夺天下的大战。季布作为项羽的部下，很受项羽的器重。他为项羽进献良策，并主动带兵出击，多次使刘邦的军队陷入困境。

不过，最终刘邦打赢了这场战争，建立了汉朝，并当上了汉朝的开国皇帝。他每次想起季布帮助项羽让自己的军队多次陷入困境的事就气愤不已，于是下令捉拿季布。他专门让人贴出告示：如有举报季布行踪者，赏黄金一千斤，而如果有人敢窝藏季布，则予以重罚。

季布平时非常讲信用，帮助过很多人，大家都感念他的恩情。因此，当刘邦的告示公布于天下之后，有许多知道季布行踪的人不但不受金钱的诱惑上报他的行踪，甚至还冒着生命危险，尽心尽力地保护季布。当时，还流传着这样一句话“得黄金千斤，不如得季布一诺”。后来，季布藏到了一个叫朱家的人家里。朱家也很欣赏季布，他不仅努力保护季布，还专门找到刘邦的亲信滕公，准备说服他，让他为季布求情。

其实，滕公也认为季布是一个不可多得的人才，再加上朱家的一番劝说，他就答应了下来。滕公对刘邦说：“我知道您之所以捉拿季布，是因为他当初曾帮助项羽，使您的军队陷入困境。但那时候，季布是项羽的部下，他为项羽打仗，这是他应尽的责任啊。同时，这不也表明季布是一个有才干、有责任心的人吗？何况，现在您刚刚赢得天下，就因为从前的仇恨捉拿季布，作为一个皇帝来说，会显得您太没有气量了。”

滕公见刘邦并没有反驳他的意思，于是就接着说道：“您现在这么恨季布，到处捉拿他，假如他因为害怕，再去为别的国家效力，与汉朝作对，这不是给您增添了不必要的麻烦吗？依我说，您还不如现在就把他召进宫来，给他一个合适的官职，让他为您做事。这样他不仅不会投奔他国，给您带来威胁，说不定还会对您十分感激，从而发挥自己的才智为汉朝做出贡献。另外，您这么做的话，老百姓也会赞扬您爱惜人才，大家一定都会很敬重您，愿意归顺您。”

刘邦听后，点了点头，觉得滕公说得有一定的道理，便接受了他的建议，并立即派人撤去了告示，将季布召进宫来，任命他为郎中。后来，季布果然对刘邦十分感激，而且不负众望，竭尽所能为汉朝做出了很大的贡献。

요약

- 큰 사건으로 대략적인 내용 기억하기

	지문의 핵심 내용	대강의 내용
1	秦朝末年，楚国有一个叫季布的人。 진 왕조 말년에 초나라에 계포라는 사람이 있었다.	주인공 계포에 대한 설명으로 계포의 상황이나 정보를 습득해야 한다. – 계포는 성격이 강직하고 남을 잘 도움 – 약속한 일은 행동으로 옮겨서 사람들의 존경을 받음
2	秦朝灭亡后，刘邦与项羽展开了争夺天下的大战。 진나라가 멸망한 후에 유방과 항우는 천하를 다투는 큰 전쟁을 벌였다.	유방과 항우의 전쟁 중에 계포가 어떤 역할을 했는지를 확인해야 한다. – 계포는 항우의 부하로 여러 번 유방의 군대를 곤경에 빠트림 – 유방이 전쟁에서 이겨 한 왕조를 세우고 황제가 됨 – 상금을 걸어 항우를 잡으라는 명령을 내림 – 신용을 중시하고 많은 사람을 도왔던 계포를 사람들이 신고하지 않고 보호함
3	后来，季布藏到了一个叫朱家的人家里。 후에, 계포는 주가라는 사람의 집에 몸을 숨겼다.	계포가 주가라는 사람의 집에 몸을 숨긴 후에 전개된 사건을 정리해야 한다. – 주가는 계포를 좋아해서 유방의 측근 등공을 찾아감 – 등공에게 계포를 위해 인정에 호소해 달라고 부탁함 – 등공 역시 계포를 인재라 여겨 그러겠다고 응낙함 – 등공은 계포에게 관직을 주고 한나라를 위해 공헌을 세울 것을 청함
4	刘邦听后，点了点头。 유방은 듣고 난 후, 고개를 끄덕였다.	유방이 등공의 청을 들어 준 것을 의미하므로 그 후에 계포에 관한 일이 어떻게 처리되었는지를 확인해야 한다. – 계포를 궁으로 불러들여 낭중에 임명함 – 계포는 감격하여 한나라를 위해 큰 공을 세움

STEP 1 요약의 기술– 첫 번째 단락 요약

秦朝末年，楚国有一个叫季布的人，他~~性情耿直、~~乐于助人。~~而且~~只要是~~他答~~应过的事~~情，无论遇到多大的困难，~~他都会~~设法~~办到，~~从不会让求助于他的人失望。~~所以，季布~~一直~~都很受大家的尊敬。

진 왕조 말년에 초나라에는 계포라고 불리는 사람이 있었는데, 그는 ~~천성이 강직하고~~ 남을 돕는 것을 좋아했다. ~~게다가 그는~~ 약속한 일은 ~~얼마나 큰 일이든 방법을 생각해~~ 행동으로 옮겨 ~~도움 요청한 사람들을 실망시킨 적 없었다.~~ 그래서 계포는 ~~줄곧~~ 모두의 존경을 받았다.

→

진 왕조 말년에 초나라에는 계포라는 사람이 있었다. 그는 남을 잘 도왔고, 약속했던 일이라면 모두 행동으로 옮겼다. 그래서 그는 모두의 존경을 받았다.

Point
1. 약속을 한 것은 다 행동으로 옮겨 존경을 받는다는 내용이 이미 있으므로 도움을 요청한 사람들을 실망시키지 않았다는 내용은 생략하는 것이 좋다.
2. '无论(~를 막론하고)'이 이끄는 부분은 생략해도 된다.

秦朝灭亡后，刘邦与项羽展开了~~争夺天下的~~大战。季布作为项羽的部下，~~很受项羽的器重。他为项羽进献良策，并主动带兵出击，~~多次使刘邦的军队陷入困境。

~~不过，~~最终刘邦打赢了这场战争，建立了汉朝，并当上了汉朝的开国皇帝。~~他每次想起季布帮助项羽让自己的军队多次陷入困境的事就气愤不已，~~于是下令捉拿季布。~~他专门让人贴出告示：~~如有举报季布行踪者，赏黄金一千斤，~~而如果有人敢窝藏季布，则予以重罚。~~

季布平时非常讲信用，帮助过很多人，~~大家都感念他的恩情。因此，当刘邦的告示公布于天下之后，有许多知道季布行踪的~~人不但不~~受金钱的诱惑~~上报他的行踪，~~甚至还冒着生命危险，尽心尽力地~~保护季布。~~当时，还流传着这样一句话"得黄金千斤，不如得季布一诺"。~~

진나라가 멸망한 후에 유방과 항우는 천하를 가지기 위해 큰 전쟁을 벌였다. 계포는 항우의 부하로 ~~항우의 신임을 얻었다. 그는 항우를 위해 좋은 계책을 바쳤고, 주동적으로 군사를 이끌고 전장에 나가서,~~ 유방의 군대를 여러 번 곤경에 빠트렸다.

하지만, 최종적으로 유방이 이 전쟁에서 승리해, 한 왕조를 세우고, 한 왕조의 개국황제가 되었다. ~~그는 매번 계포가 항우를 도와 자신의 군대를 여러 번 곤경에 빠트린 일이 떠오를 때마다 분개했고,~~ 그리하여 계포를 체포할 것을 명령했다. ~~그는 사람을 시켜~~ '만약에 계포의 행방을 신고하는 자에겐 황금 천 근을 상으로 내리고, ~~감히 계포를 숨기는 사람이 있을 시에는 엄중한 벌을 내리겠다'라고 공고문을 냈다.~~

계포는 평소에 신용을 중시하고, 많은 사람을 도와, ~~모두가 그의 은혜를 가슴 깊이 새기고 있었다. 이 때문에, 유방의 공고문이 천하에 게시된 이후에, 계포의 행방을 아는~~ 많은 사람들은 ~~천금에 유혹되어~~ 그를 상부에 보고하는 것을 하지 않았을 뿐만 아니라, ~~심지어 목숨의~~ 위험을 ~~무릅쓰고, 최선을 다해~~ 계포를 보호했다. ~~당시에는, "황금 천 근을 얻는 것은 계포의 약속 하나 얻는 것만 못하다"는 말이 전해졌다.~~

→

진나라가 멸망한 후에, 유방과 항우는 큰 전쟁을 벌였는데, 계포는 항우의 부하로, 그는 여러 번 유방의 군대가 곤경에 빠지게 하였다. 이 때문에 유방이 전쟁에서 이기고 한 왕조를 세워 황제가 된 후에, 그는 계포의 행방을 신고하는 자에게 황금 천 근을 상으로 걸어 계포를 잡아들이라고 명령을 내렸다. 계포는 평소에 신용을 중시해 많은 사람을 도왔기 때문에 많은 사람들은 그의 행방을 신고하지 않았을 뿐만 아니라 위험을 무릅쓰고 그를 보호했다.

Point

1. 내용이 유방과 계포의 이야기를 다룬 것이기 때문에 항우의 신임을 받은 것은 중요하지 않다.
2. 행방을 신고하면 황금으로 포상한다는 내용과 신고하지 않으면 중벌을 내린다는 것은 둘 중에 하나의 내용만 써도 된다. 이어지는 내용에 황금의 유혹에도 불구하고 사람들이 계포를 보호한 내용이 언급되므로 신고하면 포상한다는 내용으로 줄이는 것이 좋다.
3. '황금 천 근을 얻는 것은 계포의 약속 하나 얻는 것만 못하다'는 내용은 계포가 그만큼 사람들의 신임을 얻었다는 것을 부연 설명한 부분이므로 제거해도 좋다.

后来，季布藏到了一个叫朱家的人家里。朱家也很欣赏季布，他不仅努力保护季布，还专门找到刘邦的亲信滕公，准备说服他，让他为季布求情。

其实，滕公也认为季布是一个不可多得的人才，再加上朱家的一番劝说，他就答应了下来。滕公对刘邦说："我知道您之所以捉拿季布，是因为他当初曾帮助项羽，使您的军队陷入困境。但那时候，季布是项羽的部下，他为项羽打仗，这是他应尽的责任啊。同时，这不也表明季布是一个有才干、有责任心的人吗？何况，现在您刚刚赢得天下，就因为从前的仇恨捉拿季布，作为一个皇帝来说，会显得您太没有气量了。"

滕公见刘邦并没有反驳他的意思，于是就接着说道："您现在这么恨季布，到处捉拿他，假如他因为害怕，再去为别的国家效力，与汉朝作对，这不是给您增添了不必要的麻烦吗？依我说，您还不如现在就把他召进宫来，给他一个合适的官职，让他为您做事。这样他不仅不会投奔他国，给您带来威胁，说不定还会对您十分感激，从而发挥自己的才智为汉朝做出贡献。另外，您这么做的话，老百姓也会赞扬您爱惜人才，大家一定都会很敬重您，愿意归顺您。"

후에, 계포는 주가라는 사람의 집으로 피하게 되었다. 주가 역시 계포를 매우 좋아하여 그는 계포를 보호하는 데 힘썼을 뿐만 아니라, 유방의 측근인 등공을 찾아내, 그에게 계포를 위해 인정에 호소해줄 것을 설득할 준비를 했다.

사실, 등공 역시 계포가 얻기 힘든 인재라고 여겼고, 주가의 설득까지 더해져 그는 그러겠다 하였다. 등공이 유방에게 "제가 알기로는 계포를 잡으려고 하는 것은 애초에 그가 항우를 도와 폐하의 군대를 곤경에 빠트려서입니다. 그러나 그때, 계포는 항우의 부하였기에, 항우를 위해 전쟁을 했고, 이것은 그가 마땅히 다해야 하는 책임이었습니다. 동시에 이것은 계포가 능력 있고 책임감 있는 사람이라 할 수 있지 않겠습니까? 더군다나, 지금 폐하는 막 천하를 얻었는데, 이전의 증오심 때문에 계포를 잡아들이는 것은 황제로서 보기에는 도량이 매우 없어 보이는 것이 될 것입니다."라고 말했다.

등공은 유방이 그의 의견에 반박하지 않는 것을 보고 이어서 "폐하가 지금 이렇게 계포를 싫어해 도처에서 그를 잡아들이려 하는데, 만약에 그가 두려워 다시 다른 나라에 가서 충성을 다하고 한나라와 맞선다면, 이것은 폐하께 불필요한 번거로움을 가져다 주는 것이 아니겠습니까? 제가 보기에는 폐하가 그를 궁으로 불러들여 그에게 적합한 관직을 주고 폐하를 위해 일하게 하는 것이 낫습니다. 이렇게 하면 그는 다른 나라로 의지할 곳을 찾아가 폐하에게 위협을 주려고 하지 않을 뿐만 아니라, 아마 폐하께 감격해 자신의 재능과 지혜를 발휘해 한나라를 위해 공을 세울지도 모릅니다. 이 외에도, 폐하가 이렇게 하신다면, 백성들도 폐하가 인재를 아끼는 것을 찬양할 것이고, 모두 폐하를 존중하고 순종하려 할 것입니다."라고 말했다.

→

후에, 계포는 주가라는 사람 집에 숨었다. 주가는 계포를 매우 좋아했기 때문에 그는 유방의 측근인 등공을 찾아가 등공이 계포를 위해 인정에 호소해줄 것을 부탁했다. 사실, 등공 역시 계포를 얻기 힘든 인재라 여겼기에 바로 응낙하였다. 그는 유방에게 "계포는 책임감이 있기 때문에 최선을 다해 항우를 위해 싸운 것입니다. 지금처럼 그를 도처에서 잡아들이려고 해서, 만약에 그가 두려워 다시 다른 나라로 가서 큰 공을 세운다면 더욱 귀찮아집니다. 폐하께서 그에게 관직을 주시고 폐하를 위해 일을 하게 하여, 한 왕조를 위해 공을 세우게 하는 것이 낫습니다. 이렇게 한다면 백성들도 폐하가 인재를 소중히 여긴 것을 찬양하며 폐하를 따르려 할 것입니다."라고 말했다.

Point 1. 등공의 말은 핵심만 남겨야 한다. 등공의 말의 핵심은 계포가 항우를 위해 전쟁을 한 것은 책임감이 있는 행동이라는 것이고, 지금처럼 붙잡으려고 하다가 계포가 이것이 두려워 다른 나라로 가면 더욱 번거로워지니 차라리 그에게 관직을 주고 유방과 한나라를 위해 공을 세우게 하라는 것이다.
2. 나머지의 내용은 뒷받침하거나 부가적인 설명이므로 다 제거해도 좋다.
3. '不仅……还……(~할 뿐만 아니라 또한 ~)'는 점층관계의 접속사로 내용상 꼭 필요한 것이 아니라면 '还' 이하의 강조된 이 부분만 정리해도 좋다.

STEP 4 요약의 기술– 여덟 번째 단락 요약

刘邦听后，~~点了点头，觉得滕公说得有一定的道理，~~便接受了他的建议，~~并立即派人撤去了告示，~~将季布召进宫来，任命他为郎中。后来，~~季布~~果然对刘邦十分感激，~~而且不负众望，~~竭尽所能为汉朝做出了很大的贡献。

유방은 듣고 나서, ~~고개를 끄덕이며 등공이 말한 것이 어느 정도 일리가 있다고 여겨,~~ 그의 의견을 받아들였다. 게다가 ~~사람을 보내어 공고문을 치우고~~ 계포를 궁으로 불러 들여 그에게 낭중을 임명했다. 후에, 계포는 과연 유방에게 감격했고, ~~대중의 기대를 저버리지 않고,~~ 할 수 있는 바를 다 해 한나라를 위해 큰 공헌을 세웠다.

유방은 듣고 난 후 그의 의견을 받아들였고, 사람을 보내어 계포를 불러들여 그를 낭중에 임명했다. 후에 계포는 과연 유방에게 감격해 최선을 다해 한 왕조를 위해 큰 공을 세웠다.

Point 일리가 있어 고개를 끄덕였다는 것은 긍정을 표한 것이므로 건의를 받아들였다는 내용에 포함이 되므로 빼도 괜찮다.

STEP 5 제목 정하기

季布的故事 (계포의 이야기) / 爱惜人才 (인재를 아끼다) / 一诺千金 (일낙천금)

해설 1. '季布(계포)'가 주인공이므로 '季布的故事(계포의 이야기)'를 제목으로 해도 좋다.
2. 등공이 '인재를 아끼는' 마음을 가지고 유방을 설득했으므로 '爱惜人才(인재를 아끼다)'를 제목으로 하는 것도 좋다.
3. 이 글의 핵심은 계포의 성품인데 한 번 약속한 것, 즉 한 마디 내뱉은 것을 반드시 지켜 사람들의 신뢰를 얻었으므로 그러한 뜻을 담고 있는 성어 '一诺千金(일낙천금: 일언 중천금과 같은 말로 내뱉은 약속은 반드시 지키는 것을 의미)'을 제목으로 하는 것도 좋다.

쓰기

부분별 전략 04

큰 사건으로 요약하기 Ⅱ - 실전 분량(1,000자) 훈련하기!

❶ 숫자에 주의해라!

이야기 속 주인공의 직업에 따라 연도별 수치나 기록 등이 나오는 경우가 있는데, 내용의 흐름상 크게 영향을 끼치지 않으면 간단하게 정리만 하고 내용상 필요하다면 정확하게 기억을 해야 한다.
이야기 전체가 시간의 흐름을 따른다면 시간과 사건을 연결시켜 내용을 기억하는 것이 좋다.

❷ 감정과 속마음은 크게 중요하지 않다!

감정을 자세하게 설명하거나 혼잣말을 표현한 경우는 따로 요약하지 않아도 좋다. 단, 사건의 흐름에 따른 감정 출현이나 변화를 설명하는 경우는 예외이다.

❸ 줄거리는 큰 덩어리로 나누어 기억해라!

전체내용을 암기하는 것은 비효율적이기도 하고 암기가 되지도 않는다. 원문의 단락 개수를 그대로 따를 필요가 없기 때문에 앞에서 배웠듯이 시간의 흐름, 또는 큰 사건의 출현 등을 근거로 큰 덩어리(네 단락~다섯 단락)로 나누어 핵심내용을 기억한 뒤에 자세한 내용으로 보충하는 방법으로 요약해야 한다.

연습 문제

▶ 정답 및 해설 p.154

☺ 앞에서 배웠던 것을 기억하여 시험과 동일하게 훈련해보는 연습을 해보자. 특히 큰 사건을 잡아 요약하는 능력을 키우기 위해 사건의 발생에 주목하여 읽어본다. 아래 원문을 10분 동안 시간을 재어 읽은 후, 원고지에 옮겨 써보자.

☺ 요약 학습을 할 때에는 앞에서 배워온 요약의 기술을 참고하여 직접 요약해보자.

据宁泽涛的父亲回忆，宁泽涛小时候特别怕水，就连洗头发的时候都要用毛巾捂着眼睛。2000年，已经7岁的宁泽涛对水的恐惧依然没有减弱。这可把宁泽涛的母亲急坏了："他是个男孩子，怎么能这么怕水？"于是，母亲立即给宁泽涛报了个游泳培训班。

出人意料的是，宁泽涛一开始就表现出了游泳天赋。也就是在那时，宁泽涛遇到了自己游泳生涯的启蒙老师——郭红岩。宁泽涛的表现让郭红岩眼前一亮，她说："宁泽涛悟性特别好，动作一教就会，才两堂课就掌握了蛙泳的基本要领。"

说起宁泽涛，郭红岩总是赞不绝口。她说："我讲技术动作的时候，宁泽涛听得特别专心，学得很快。游泳看起来简单，其实技术动作很复杂，宁泽涛善于调动身体的每一块肌肉，动作非常到位。"

在郭红岩的悉心指导下，宁泽涛进步很快。4年后，她把宁泽涛送到了省队。令人惊讶的是，短短三个月，宁泽涛就已从同批队员中脱颖而出。

2007年，刚满14岁的宁泽涛又被省队送到了海军游泳队。在那里他遇到了现在的教练叶瑾。在叶瑾看来，刚进队时，宁泽涛的优点和缺点同样明显：一方面，他比较聪明，其他人很难领会的技术动作，他一点就通；另一方面，他的蝶泳和仰泳水平太差。那时，宁泽涛主攻的是蛙泳，可经过一段时间的观察后，叶瑾觉得自由泳才应该是他重点努力的方向。

曾培养出不少游泳名将的叶瑾，偏好运用大运动量的训练方式。通常，100米自由泳运动员一天的训练量为6000米左右，但叶瑾一开始对宁泽涛的要求就是8000米到9000米，最多的一次甚至达到了15000米，而且还不包括各种冲刺训练。在专业游泳训练中有一个指标叫做即刻脉搏，正常情况下，一般人每分钟的脉搏在70至80次，而宁泽涛有时训练完能达到180次。

除了日复一日、年复一年的艰苦训练，训练之余的枯燥生活也考验着宁泽涛。当被问到有什么休闲方式时，宁泽涛笑道："我平时有空就看看书，很少看电视，也基本不玩儿电脑。"

和很多青春期的孩子一样，宁泽涛也曾叛逆过。遇到困难或者各种突发情况时，他也向教练抱怨过，但叶瑾向来严格，只会告诉他："当职业运动员不是普通的事业，如果承受不了常人难以忍受的挑战，你不如不干。"

在叶瑾的精心栽培下，宁泽涛成长得很快，也慢慢体会到了教练的良苦用心。在不断的进步中，他更加坚定了自己的目标——打破亚洲记录！梦想照进了现实。在2013年全运会上，宁泽涛接连打破男子100米和50米自由泳亚洲纪录。在2014年亚运会男子100米自由泳决赛中，宁泽涛又刷新了亚运会记录。在2015年游泳世锦赛上，宁泽涛又获得男子100米自由泳项目的金牌，创造了新的历史。

요약

STEP 1 큰 사건으로 대략적인 내용 기억하기

	지문의 핵심어	대강의 내용
1	据宁泽涛的父亲回忆， 닝저타오 아버지의 기억에 따르면,	닝저타오의 아버지가 기억하는 닝저타오의 정보를 기억해야 한다. – 어렸을 때 물을 무서워 함 – 7세 때도 물을 무서워해서 어머니가 수영 강습반을 등록함 – 생각지 않게 재능을 보임 – 일깨움을 준 궈훙옌 선생님을 만남 – 궈훙옌은 닝저타오가 가르치면 바로 할 줄 알고 집중력이 뛰어나다고 평가 – 닝저타오는 빠르게 성장함
2	4年后，她把宁泽涛送到了省队。 4년 후, 그녀는 닝저타오를 성 대표팀에 보냈다.	성 대표팀에 간 후의 닝저타오의 행보를 기억해야 한다. – 3개월 만에 뛰어난 실력을 보임 – 2007년 14세에 해군 수영팀에 다시 보내짐 – 코치 예진을 만남 – 예진은 닝저타오가 총명하지만 접영과 배영이 약하다고 판단해 자유형으로 방향 잡음
3	叶瑾偏好运用大运动量的训练方式。 예진은 운동량이 엄청난 훈련방식을 선호했다.	예진의 훈련방식 설명 및 예진이 닝저타오에게 끼친 영향을 정리해야 한다. – 100m 자유형 선수의 통상적인 훈련량 6,000m, 닝저타오는 심지어 15,000m에 달함 – 즉각 맥박이 180회에 달하기도 함 – 평소 책 보는 것을 좋아하고, TV는 잘 보지 않고 컴퓨터도 잘 하지 않음 – 힘들다고 원망하니 예진이 힘든 도전을 버텨야 한다고 일러줌
4	打破亚洲记录。 아시아 기록을 깼다.	기록에 대한 설명이 필요하다. – 2013 전국체전 100m, 50m 자유형 아시아기록 깸 – 2014년 아시안게임 100m 기록 경신함 – 2015년 세계선수권대회 100m 금메달 따고 새로운 역사를 씀

STEP 2 요약의 기술1– 첫 번째, 두 번째, 세 번째 단락 요약

据宁泽涛的父亲回忆，宁泽涛小时候特别怕水，就连洗头发的时候都要用毛巾捂着眼睛。2000年，已经7岁的宁泽涛对水的恐惧依然没有减弱。这可把宁泽涛的母亲急坏了："他是个男孩子，怎么能这么怕水？"于是，母亲立即给宁泽涛报了个游泳培训班。

出人意料的是，宁泽涛一开始就表现出了游泳天赋。也就是在那时，宁泽涛遇到了自己游泳生涯的启蒙老师——郭红岩。宁泽涛的表现让郭红岩眼前一亮，她说："宁泽涛悟性特别好，动作一教就会，才两堂课就掌握了蛙泳的基本要领。"

说起宁泽涛，郭红岩总是赞不绝口。她说："我讲技术动作的时候，宁泽涛听得特别专心，学得很快。游泳看起来简单，其实技术动作很复杂，宁泽涛善于调动身体的每一块肌肉，动作非常到位。"

→

쓰기

닝저타오 아버지의 기억에 따르면, 닝저타오는 어렸을 때 물을 몹시 무서워했고, 머리 감을 때 조차도 수건으로 눈을 가려야 했다. 2000년, 이미 일곱 살이었던 닝저타오는 물에 대한 공포가 여전히 줄어들지 않았다. 이는 닝저타오의 어머니를 몹시 조급하게 만들었다. "남자아이인데 어째서 물을 무서워할까?" 그리하여, 어머니는 즉시 닝저타오에게 수영 강습반을 등록해 주었다.

예상치 못했던 것은 닝저타오가 처음부터 수영에 천부적인 소질을 보여준 것이다. 또한 그 때, 닝저타오는 자신의 수영 생애의 가장 큰 깨우침을 줬던 선생님, 궈홍옌을 만나게 됐다. 닝저타오의 실력은 궈홍옌의 눈이 번쩍 뜨이게 하였고, 그녀는 "닝저타오의 이해력은 매우 뛰어납니다. 동작은 한 번 가르치면 바로 할 줄 알고, 겨우 두 번의 수업으로 평영의 기본요령을 습득했습니다."라고 말했다.

닝저타오만 언급하면, 궈홍옌은 늘 칭찬을 멈추지 않았다. 그녀는 "제가 기술동작을 설명하면, 닝저타오는 매우 집중해서 듣고, 습득력이 빨랐습니다. 수영은 보기에는 간단하지만, 사실 기술동작은 매우 복잡하거든요. 닝저타오는 신체의 모든 근육을 사용할 줄 알고, 동작이 매우 정확합니다."라고 말했다.

닝저타오의 아버지 기억에 따르면, 닝저타오는 어렸을 때 물을 무서워했다. 2000년, 7세의 닝저타오는 여전히 물을 무서워했다. 닝저타오의 어머니는 조급해져서, 닝저타오에게 수영 강습반을 등록해 주었다. 생각지도 못하게, 닝저타오는 처음부터 바로 수영의 재능을 보여주었다. 게다가 일깨움을 줬던 궈홍옌 선생님을 만났다. 궈 선생님은 "닝저타오는 한 번 가르치면 바로 할 줄 알았고, 집중력이 뛰어났으며, 그의 동작은 정확했습니다."라고 말했다. 닝저타오는 빠르게 성장했다.

Point

1. 머리 감을 때 수건으로 눈을 가린 것은 물을 무서워했다는 앞문장과 중복되므로 제거해도 좋다.
2. 2000년 일곱 살에도 여전히 물을 무서워한 것은 어머니가 수영 강습반을 등록하게 한 계기이므로 생략해서는 안 된다.
3. 내용과 상관없는 생각이나 감정표현은 제거하는 것이 좋다.
4. 궈홍옌 선생님의 평가는 중복되는 내용을 줄여 핵심만 설명하면 된다.
5. 궈홍옌 선생님의 평가의 핵심은 한 번 가르친 것을 바로 할 줄 알고 집중력이 좋으며 동작이 정확하다는 것이다.

STEP 3 요약의 기술2– 네 번째, 다섯 번째 단락 요약

在郭红岩的悉心指导下，宁泽涛进步很快。4年后，她把宁泽涛送到了省队。令人惊讶的是，短短三个月，宁泽涛就已从同批队员中脱颖而出。

2007年，刚满14岁的宁泽涛又被省队送到了海军游泳队。在那里他遇到了现在的教练叶瑾。在叶瑾看来，刚进队时，宁泽涛的优点和缺点同样明显：一方面，他比较聪明，其他人很难领会的技术动作，他一点就通；另一方面，他的蝶泳和仰泳水平太差。那时，宁泽涛主攻的是蛙泳，可经过一段时间的观察后，叶瑾觉得自由泳才应该是他重点努力的方向。

→

궈홍옌의 세심한 지도 아래, 닝저타오는 성장이 빨랐다. 4년 후에 그녀는 닝저타오를 성(省) 대표팀으로 보냈다. 놀랄 만한 것은, 아주 짧디 짧은 3개월 만에 닝저타오는 이미 팀 내에서 두드러진 실력을 보여주었다는 것이다.

2007년 막 14세가 된 닝저타오는 성 대표팀에서 해군 수영팀으로 보내졌다. 그곳에서 그는 현재의 코치 예진을 만났다. 예진이 보기에, 막 팀에 들어갔을 때, 닝저타오의 장점과 단점은 똑같이 명확했다. 한 방면으로 그는 비교적 똑똑해서, 다른 사람이 이해하기 어려워했던 기술 동작을 단번에 통달했고, 다른 한 방면으로 그의 접영과 배영의 수준이 매우 떨어졌다는 것이다. 그 때, 닝저타오의 주 종목은 평영이었지만, 한 동안의 관찰 후에, 예진은 자유형이야말로 그가 중점적으로 노력해야 하는 방향이라고 생각했다.

4년 후에, 궈 선생님은 그를 성 대표팀에 보냈다. 3개월 후에 그는 또 뛰어난 실력을 보였다. 2007년 14세의 닝저타오는 해군 수영팀에 보내졌다. 그곳에서 현재의 코치인 예진을 만났다. 예진은 닝저타오가 총명하지만, 접영과 배영 실력이 높지 않아 자유형이야 말로 그가 노력해야 하는 방향이라고 여겼다.

Point 1. 예진이 평가한 닝저타오의 장점인 '똑똑하다'와 '기술을 한 번에 통달했다'는 말은 같은 뜻이므로 중복해서 적을 필요가 없다.
2. 이후의 내용에서 닝저타오가 자유형에서 성과를 거두기 때문에 평영과 배영 수준이 떨어져 자유형으로 방향을 잡은 내용은 꼭 필요하다.

STEP 4 요약의 기술3– 여섯 번째, 일곱 번째, 여덟 번째 단락 요약

~~曾培养出不少游泳名将的~~叶瑾，偏好运用大运动量的训练方式。通常，100米自由泳运动员一天的训练量为6000米左右，~~但叶瑾一开始对宇泽涛的要求就是8000米到9000米，最多的一~~次甚至达到了15000米，~~而且还不包括各种冲刺训练。在专业游泳训练中有一个指标叫做~~即刻脉搏，~~正常情况下，一般人每分钟的脉搏在70至80次，而~~宇泽涛有时训练完能达到180次。

~~除了日复一日、年复一年的艰苦训练，训练之余的枯燥生活也考验着宇泽涛。当被问到有什么休闲方式时，宇泽涛笑道：~~“我平时有空就看看书，很少看电视，也~~基本~~不玩儿电脑。”

~~和很多青春期的孩子一样，宇泽涛也曾叛逆过。遇到困难或者各种突发情况时，~~他也向教练抱怨过，但叶瑾~~向来严格，~~只会告诉~~他：“当职业运动员不是普通的事业，如果~~承受不了常人难以忍受的挑战，你不如不干。”

~~일찍이 적지 않은 수영명장을 양성해낸~~ 예진은 엄청난 운동량의 훈련방식을 운용하는 것을 선호했다. 통상적으로 100m 자유형 선수의 하루 훈련량이 6,000m 정도였지만, ~~예진이 처음부터 닝저타오에게 요구한 것은 8,000m에서 9,000m였고, 많게는 한 번에~~ 심지어 15,000m에 달했을 뿐만 아니라, ~~각종 스퍼트(spurt) 훈련은 포함하지 않은 것이었다. 전문적인 수영 훈련에는 즉각맥박이라는 지표가 있는데, 정상적인 상황에서라면 일반인들은 분당 맥박이 70번에서 80번에 이르는데~~, 닝저타오는 어떤 때 훈련이 끝났을 때에는 180회에 달하기도 했다.

~~하루하루, 해마다 반복되는 고생스러운 훈련을 제외하고도, 훈련 외 나머지 무미건조한 생활 역시 닝저타오에게 시련을 주었다. 어떻게 여가를 보내는지 질문을 받으면 닝저타오는~~ “저는 평소에 시간이 생기면 책을 좀 보고, TV는 잘 보지 않고, 컴퓨터는 ~~아예~~ 잘 하지 않아요.”~~라고 웃으며 말했다.~~

~~많은 청소년기의 아이들과 같이, 닝저타오 역시 반항을 했던 적이 있다. 어려움이나 각종 돌발상황이 생기면,~~ 그는 코치를 원망했지만 예진은 ~~줄곧 엄격하게 굴며, 그에게 단지 “프로선수가 되는 것은 보통의 일이 아니야. 만약에~~ 보통 사람들이 참아내기 힘든 도전을 버틸 수 없다면 너는 안 하는 것만 못해.”라고 일러주었다.

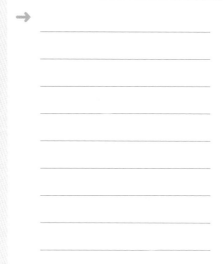

예진은 엄청난 운동량의 훈련방식을 선호했다. 통상적으로 100m 자유형 선수의 하루 훈련량이 6,000m 정도인데, 닝저타오는 심지어 15,000m에 달했다. 닝저타오의 즉각맥박은 어떤 때 훈련이 끝났을 때에는 180회에 달하기도 했다. 훈련을 제외하고 닝저타오는 평소에 책 보는 것을 좋아하고, TV를 잘 보지 않고, 컴퓨터도 잘 하지 않았다. 그가 코치에게 힘들다고 원망했을 때, 예진은 보통 사람이 참아내기 힘든 도전을 버텨야 한다고 알려주었다.

Point 1. 예진의 훈련방식은 수치가 중요하므로 정리해서 기억해야 한다.
2. 훈련량에서 보통 사람과 비교한 내용이 있으므로 즉각맥박은 어느 정도에 달했는지만 설명해도 된다.
3. 무미건조한 생활과 힘든 훈련 등 구체적인 이유를 설명하여 코치를 원망했다는 내용은 힘들어서 원망했다는 것으로 간단히 줄이면 된다.
4. 주인공의 세세한 정보는 생략해도 되지만 별다른 취미가 없어 생활이 무미건조했다는 것을 표현하기 위해 책과 TV를 언급한 부분은 간단히 정리하는 것이 좋다.
5. 예진의 충고는 닝저타오가 힘듦을 이기고 성과를 얻은 큰 이유로 볼 수 있으므로 기억해야 한다.

쓰기

STEP 5 요약의 기술4– 아홉 번째 단락 요약

~~在叶瑾的精心栽培下，宁泽涛成长得很快，也慢慢体会到了教练的良苦用心。在不断的进步中，他更加坚定了自己的目标——打破亚洲记录！~~梦想照进了现实。在2013年全运会上，宁泽涛~~接连~~打破~~男子~~100米和50米自由泳亚洲纪录。在2014年亚运会~~男子~~100米~~自由泳决赛中，宁泽涛又~~刷新了亚运会记录。在2015年游泳世锦赛上，宁泽涛~~又~~获得~~男子~~100米自由泳~~项目~~的金牌，创造了新的历史。

~~예진의 정성스러운 보살핌 아래, 닝저타오는 빠르게 성장했고, 천천히 코치의 고심하는 마음을 깨닫게 되었다. 끊임없는 발전 속에서 그는 더욱 자신의 목표인 아시아 신기록 깨는 것을 확고히 하였다!~~ 꿈은 현실이 되었다. 2013년 전국체전에서 닝저타오는 ~~연이어 남자~~ 100m와 50m 자유형에서 아시아 기록을 깼다. 2014년에는 아시안게임에서 ~~남자~~ 100m ~~자유형 결승에서 닝저타오가~~ 아시안 기록을 경신했다. 2015년 수영세계선수권 대회에서, 닝저타오는 ~~또 남자~~ 100m 자유형 ~~종목~~의 금메달을 따면서, 새로운 역사를 만들었다.

→

마침내 꿈이 현실이 되었다. 2013년 전국체전에서 그는 100m, 50m 자유형에서 아시아 기록을 깼다. 2014년 아시안게임에서 100m 기록을 경신했다. 2015년 세계선수권대회에서 그는 100m 자유형에서 또 금메달을 땄고, 새로운 역사를 만들었다!

Point

1. 예진의 충고만으로도 예진의 닝저타오에 대한 마음을 읽을 수 있으므로 보살핌이라는 말과 깨달음의 내용은 다시 정리할 필요 없다.
2. 구체적인 기록들은 보통 생략할 수 있으나 이 이야기에서는 중요한 성과로서 결과에 해당하므로 연도별이나 대회별로 요약해야 한다.

STEP 6 제목 정하기

游泳名将宁泽涛 (수영명장 닝저타오) / 宁泽涛的成长史 (닝저타오의 성장사)

해설

1. 현 중국의 수영국가 대표선수 '**宁泽涛**(닝저타오)'에 관한 이야기이므로 제목에 '**宁泽涛**'가 들어가는 것이 좋다.
2. 운동 분야에서 승률이 높아 유명해진 사람을 '**名将**(명장)'이라고 한다. 닝저타오가 현재 새로운 역사를 만들 정도로 많은 기록을 세웠으므로 '**游泳名将宁泽涛**(수영명장 닝저타오)'를 제목으로 하는 것도 좋다.
3. 전체적인 내용이 어떤 한 시기의 이야기가 아닌 닝저타오의 수영선수로서의 성장 역사를 서술하고 있으므로 '**宁泽涛的成长史**(닝저타오의 성장사)'도 제목으로 적합하다.

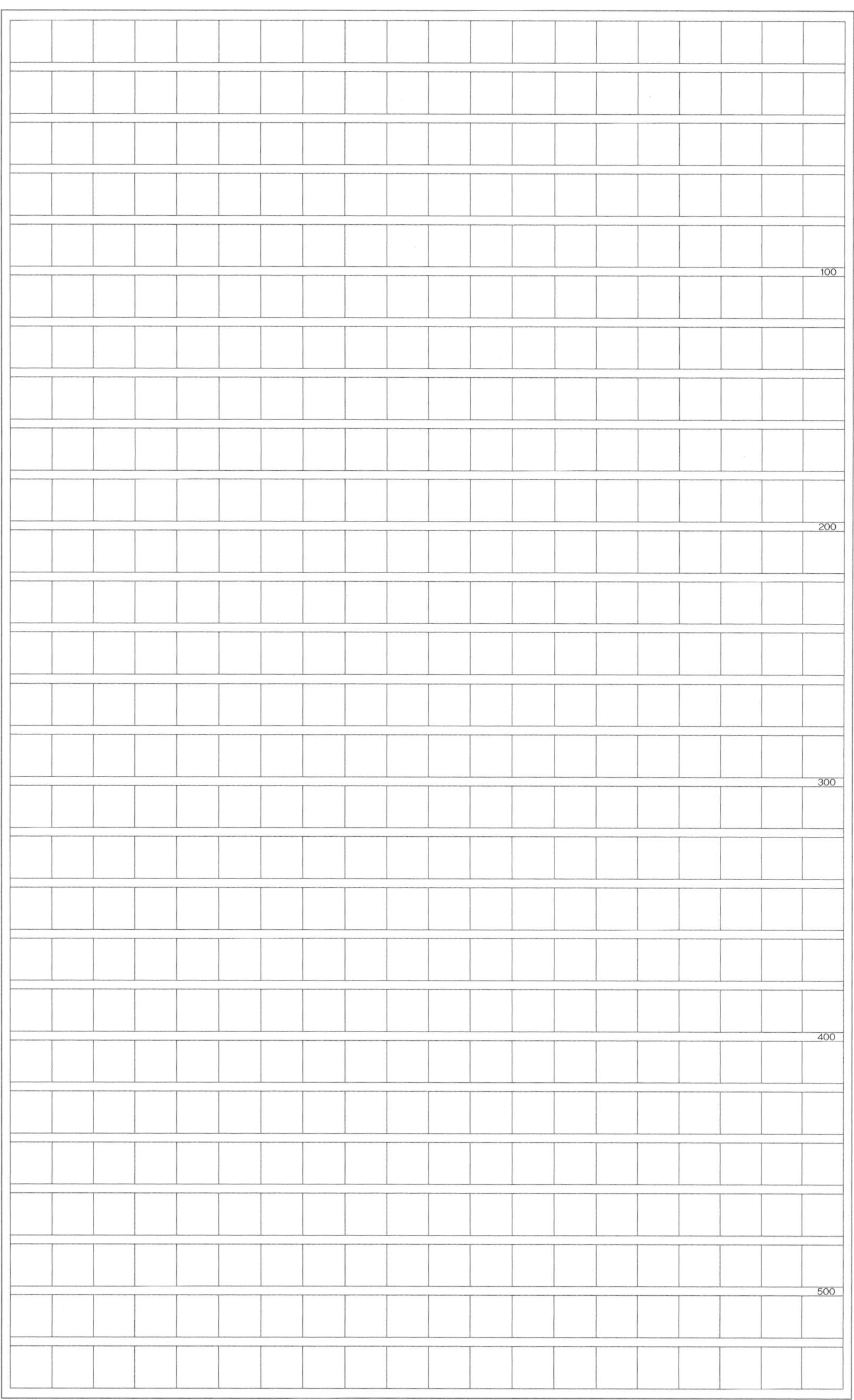
100
200
300
400
500

Final 전략 & Test

1. 기출지문과 전략을 통한 실전 요약 방법 습득하기
2. 실제시험이 요구하는 조건 아래 요약하기를 연습하여 실전감각 갖추기
3. 쓰기 부분만을 학습하여 효율적으로 집중해서 공부하기

1 쓰기 요구 조건에 따른 주의사항

쓰기는 시험 시 요구사항이 정확히 기재되어 있는 만큼 그에 따르는 것이 중요하다. 제시한 요구를 정확하게 알아두어야 실수를 하거나 불이익을 받는 경우가 생기지 않는다는 것을 명심해야 한다.

(1) 仔细阅读下面这篇文章，时间为10分钟，阅读时不能抄写、记录。

아래의 글을 자세히 읽으시오. 시간은 10분. 읽을 때 베끼거나 기록해서는 안 됨.

- 10분이라는 시간이 짧기 때문에 암기를 하려고 해서는 안 된다. 속독으로 두 번 이상 읽어야 한다.
- 감독관에 따라 베끼거나 기록하는 것을 방지하기 위해 읽기 시간 동안 펜을 못 들게 하는 경우가 있으니 평소에 손으로 짚어가며 읽거나 그냥 글만 보고 읽는 연습을 해둘 필요가 있다.

(2) 10分钟后，监考会收回阅读材料。请将这篇文章缩写成一篇短文，字数为400字左右，时间为35分钟。

10분 후, 감독관이 문제지를 회수하면 이 글을 한 편의 짧은 글로 요약하시오. 글자 수는 400자 내외이고, 시간은 35분.

- 10분 동안의 읽기 시간이 끝나면 문제지를 회수하기 때문에 반드시 시간 내에 원문을 다 읽어야 한다.
- 문제지에 메모나 필기를 해서는 안 된다.
- 최소 380자는 초과해야 하고, 최대 450자를 초과하지 않는 것이 좋다.
- 원고지는 한 줄에 20칸이므로 19줄 이상을 쓰는 것이 좋다. (원고지에는 100자 단위의 글자 수 표시가 있으니 참고)
- 30분 안에 쓰는 것으로 안배하고, 나머지 5분은 글을 점검하는 시간으로 안배하는 것이 좋다.

(3) 标题自拟。只需复述文章内容，不需加入自己的观点。

제목은 스스로 만드시오. 글의 내용대로 쓰고, 자신의 관점은 넣지 마시오.

- 제목은 앞서 연습한 대로 간단한 수식어 정도만 사용해서 주인공이나 소재가 들어가게 하는 것이 좋다.
- 원문에 없는 내용을 추측해서 만들어내서는 절대 안 된다.
- 자신의 주관을 넣어서는 안 된다.

(4) 请把短文直接写在答题卡上。

글을 직접 답안지 위에 쓰시오.

- 원고지 격식에 맞게 써라.
- 한자가 틀리지 않도록 조심해야 한다.
- 최대한 또박또박 바르게 써라.

2 성어나 어려운 어휘 쉽게 바꾸기

쓰기 지문의 내용을 파악하기 위해 원문을 읽을 때, 가장 어려운 부분이 성어이다. 이해했다 하더라도 그대로 쓰려면 암기까지 해야 하기 때문에 이런 경우에는 자신이 아는 어휘나 쉽고 간단한 어휘로 바꾸는 것이 좋다.

어휘와 뜻		바꿀 수 있는 어휘
气愤不已 qìfèn bùyǐ 분개해 마지않다, 분통이 터지다	→	生气 화내다
尽心尽力 jìnxīn jìnlì 몸과 마음을 다하다	→	努力 노력하다
坚持不懈 jiānchí búxiè 조금도 느슨해지지 않고 끝까지 견지하다	→	坚持到底 끝까지 견지하다
迎刃而解 yíngrèn érjiě 순리적으로 문제가 해결되다	→	解决 해결하다
心安理得 xīn'ān lǐdé 그럴 듯하다고 스스로 만족하다	→	坦然 (마음이) 편하다
慷慨施舍 kāngkǎi shīshě 후하게 시주하다	→	大方地给 후하게 주다
气喘如牛 qìchuǎn rúniú 힘든 소처럼 헐떡이다	→	很累 매우 힘들다
莫名其妙 mòmíng qímiào 영문을 알 수 없다	→	奇怪 이상하다
扬长而去 yángcháng érqù 거들먹거리며 떠나가다	→	离开了/走了 떠났다
声色俱厉 shēngsè jùlì 목소리와 표정이 매우 사납다	→	狠狠地 사납게 严厉地 엄하게
惊异不已 jīngyì bùyǐ 놀라며 의아해하다	→	惊讶 의아스럽다
勤奋钻研 qínfèn zuānyán 몰두하여 연구하다	→	努力研究 열심히 연구하다
名噪一时 míngzào yìshí 한때 명성을 떨치다	→	一时名声很大 한때 명성이 대단하다
如愿以偿 rúyuàn yǐcháng 소원성취하다	→	如意 뜻대로 되다
不惑之年 búhuò zhīnián 불혹(의 나이)	→	40岁 40세
侃侃而谈 kǎnkǎn értán 조용하고 차분하게 말하다	→	从容地说 차분하게 말하다
忍俊不禁 rěnjùn bùjīn 웃음을 금치 못하다	→	忍不住笑 참지 못하고 웃다
深入浅出 shēnrù qiǎnchū 어려운 내용을 쉽게 끌어내다	→	易懂 쉽게 이해하다
通俗易懂 tōngsú yìdǒng 통속적이어서 알기 쉽다	→	大家都能懂得 모두가 다 이해할 수 있다
津津有味 jīnjīn yǒuwèi 흥미진진하다	→	有趣 재미있다

③ 실전에 유용한 패턴정리

쓰기에 자주 쓰이는 문장패턴을 암기해 두면 요약을 좀 더 간단하고 쉽게 할 수 있으므로 다음 유용한 패턴들을 암기해 두자.

A가 B에게 말했다. "~." = A가 B에게 ~라고 말했다. **A对B说："……。"** **= A对B说……。**	小红对我说："我就不带你去玩。" 샤오홍이 나에게 "내가 너를 데리고 놀러 갈게."라고 말했다. 小红对我说，她就不带我去玩。 샤오홍이 나에게 그녀가 나를 데리고 놀러 간다고 말했다. → 간접화법으로 표현 시에는 인칭에 주의해야 한다.
몇 번 A하고 나서야 비로소 ~하다 **A 了 + 숫자 + 次/遍，才……**	修改了37遍才通过。 37번이나 고치고 나서야 통과했다. → 순조롭지 못하고 오래 걸렸음을 의미
몇 번 A하고 나서, 바로 ~했다 **A 了 + 숫자 + 次/遍，就……了**	修改了一遍就通过了。 한 번 고치고 바로 통과했다. → 순조롭고 오래 걸리지 않았음을 의미
A는 B를 ~하게 (동사)하다 **A 把 B + 동사 + 得……**	他把《A》讲得通俗易懂。 그는 《A》를 이해하기 쉽게 강의했다.
A는 B가 ~하게 하다(시키다) **A 让 B……**	他让种子发芽了。 그는 씨앗을 싹 틔웠다(발아시켰다).
~하는 한 가지 방법을 생각했다 **想了一个办法：……**	想了一个办法：如果他们听得迷糊，就重写。 만약에 그들이 잘 이해하지 못하면, 바로 새로 쓰겠다는 한 가지 방법을 생각했다. → 부호사용에 주의해야 한다.
~하는 꿈이 있다 **有一个梦想——……**	他有一个梦想——成为《A》节目的主持人。 그는 《A》프로그램의 진행자가 되겠다는 꿈이 있다. → 부호사용에 주의해야 한다.
~해서 A에게 보내주다/나누어주다 **……发给/分给 A**	录视频发给导演。 동영상을 녹화해서 감독에게 보냈다.
~해서 A에게 들려주다/보여주다 **……给 A 讲/看**	写稿子给孩子们讲。 원고를 써서 아이들에게 들려준다.
A를 ~(동사)할 수 없다 **동사 不了 A = 不能 동사 A**	区分不了A和B = 不能区分A和B A와 B를 구분할 수 없다
A를 통해(A한 끝에), 마침내 ~하다 **经过……，终于……**	经过努力，他终于获得了很大的成功。 노력을 통해(= 노력한 끝에), 그는 마침내 큰 성공을 얻었다.
A때문에, 비로소 B를 가질 수 있었다 **因为 A，才可以拥有 B**	因为诚实，他才可以拥有美好的未来。 정직함 때문에, 그는 비로소 행복한 미래를 가질 수 있었다.

연습 문제

▶ 정답 및 해설 p.155

第1题：缩写。

(1) 仔细阅读下面这篇文章，时间为10分钟，阅读时不能抄写、记录。

(2) 10分钟后，监考会收回阅读材料。请将这篇文章缩写成一篇短文，字数为400字左右，时间为35分钟。

(3) 标题自拟。只需复述文章内容，不需加入自己的观点。

(4) 请把短文直接写在答题卡上。

张良是汉高祖刘邦的重要谋臣，在他年轻时，曾有过这么一段故事。

那时的张良还只是一名很普通的青年。一天，他漫步来到一座桥上，看到桥头坐着一个衣衫破旧的老头。老头走到张良身边时，忽然脱下脚上的破鞋子丢到桥下，还对张良说："去，把鞋给我捡回来！"张良觉得很奇怪，也很生气，觉得老头是在侮辱自己，真想上去揍他几下。可是他又看到老头年岁已高，便只好忍着气走到桥下，给老头捡回了鞋子。谁知这老头得寸进尺，竟然把脚一伸，吩咐说："给我穿上！"这更让张良觉得奇怪，简直是莫名其妙。尽管张良已经很生气，但他想了想，还是决定干脆帮忙就帮到底。于是，他还是跪下身来，帮老头将鞋子穿上了。

老头穿好鞋，跺跺脚，哈哈大笑着扬长而去。张良看着头也不回，连一声道谢都没有的老头的背影，正在纳闷，老头忽然转身又回来了。他对张良说："小伙子，我看你是块好材料，值得培养。这样吧，5天后的早上，你到这儿来等我。"张良深感玄妙，就诚恳地跪拜说："谢谢老先生，愿听先生指教。"

第5天一大早，张良就来到桥头，只见老头已经先在桥头等候。他见到张良，很生气地责备张良说："同老年人约会还迟到，这像什么话呢？"说完他就起身走出几步，又回头对张良说："过5天早上再会吧！"

张良有些懊悔，可也只有等5天后再来。

到了第5天，天刚蒙蒙亮，张良就来到了桥上，可没料到，老人又先他而到。看见张良，老头这回声色俱厉地责骂道："为什么又迟到呢？实在是太不像话了！"说完，十分生气地一甩手就走了。临了依然丢下一句话，"还是再过5天，你早早就来吧。"

张良惭愧不已。又过了5天，张良刚刚躺下睡了一会，还不到半夜，就摸黑赶到桥头，他不能再让老头生气了。过了一会儿，老头来了，见张良早已在桥头等候，他满脸高兴地说："年轻人就应该这样啊！"然后，老头从怀中掏出一本书来，交给张良说："读了这部书，就可以帮助君王治国平天下了。"说完，老头飘然而去，还没等张良回过神来，老头已没了踪影。

等到天亮，张良打开手中的书，他惊奇地发现自己得到的是《太公兵法》，这可是天下早已失传的极其珍贵的书呀，张良惊异不已。

从此以后，张良捧着《太公兵法》日夜攻读，勤奋钻研。后来真的成了大军事家，做了刘邦的得力助手，为汉王朝的建立，立下了卓著功勋，名噪一时。

张良能尊敬长者，宽容待人，至诚守信，做事勤勉，所以才能成就一番大事业。

요약

STEP 1 큰 사건으로 대략적인 내용 기억하기

	큰 사건	대강의 내용
1	**张良是谋臣。** 장량은 책략가이다.	장량의 기본 정보는 숙지해야 한다. – 한 고조 유방의 책략가 – 젊었을 때의 일화가 있음
2	**一天，他看到一个老头。** 하루는 그가 한 명의 노인을 보았다.	사건의 발단으로 노인과 어떤 일이 있었는지 정리되어야 한다. – 다리 밑으로 신고 있던 신발을 던져 주워오라고 함 – 장량은 자신을 모욕한다 생각했지만 연장자라 시키는 대로 함 – 주워온 신발을 신겨달라고도 함 – 화가 났지만 신겨줌
3	**老头离开的时候，说：……** 노인은 떠날 때 ~라고 말했다	어떤 말을 남겼고 그로 인해 어떤 일이 진행되는지 정리해야 한다. – 노인이 장량을 가르치고 싶다고 5일째 아침에 보자고 함 – 장량은 응낙함 – 5일째 아침에 장량은 지각해서 노인에게 혼남 – 다시 5일 뒤에 보자고 함 – 장량은 후회함
4	**到了第5天，** 5일째가 되어	두 번째 5일째 날에 일어난 일을 정리해야 한다. – 노인이 또 먼저 와 있음 – 노인은 또 장량을 꾸짖었고 5일 뒤에 다시 오라고 함 – 장량은 부끄러워 또 5일이 지났을 때는 한밤중에 나감 – 노인보다 일찍 도착함 – 노인은 장량을 칭찬하고 책을 한 권 줌
5	**张良发现得到的书是《太公兵法》** 장량은 얻은 책이 《태공병법》인 것을 발견함	장량이 어떤 책을 얻었고 이로 인해 사건이 어떻게 전개되었는지가 중요하다. –《태공병법》은 이미 전해지지 않는 귀한 책이라 놀람 – 열심히 공부해서 대군사가가 됨 – 한 왕조를 설립하는 데 공을 세움 – 노인을 공경해 큰 일을 이루어낼 수 있었음

핵심어휘 **张良** 장량 | **老人** 노인 | **鞋子** 신발 | **捡回来** 주워오다 | **帮他穿鞋** 그를 도와 신을 신기다 | **生气** 화 나다 | **值得培养** 양성할 가치가 있다 | **5天后** 5일 후 | **迟到** 지각하다 | **责备** 꾸짖다 | **帮助君王治国** 국왕이 나라를 다스리는 것을 돕다 | **《太公兵法》**《태공병법》| **日夜攻读** 밤낮으로 공부하다 | **汉王朝** 한 왕조 | **尊敬老人** 노인을 공경하다 | **成就大事业** 큰 일을 이루어내다

STEP 2 요약의 기술1– 처음

张良是汉高祖刘邦的~~重要~~谋臣，在他年轻时，曾有过~~这么~~一段故事。

장량은 한 고조 유방의 ~~중요한~~ 책략가이고, 그가 젊었을 때, ~~이러한~~ 이야기가 있었다.

→

张良是汉高祖刘邦的谋臣，在他年轻时，曾有过一段故事。

장량은 한 고조 유방의 책략가이고, 그가 젊을 때, 이야기가 하나 있었다.

단어 **谋臣** móuchén 명 모사(謀士), 지혜가 뛰어난 신하

Point 1. 처음에 등장하는 주인공의 신분 설명을 위한 수식어는 기억하는 것이 좋다. '**重要**(중요한)'라는 강조 어휘만 제거했다.
2. 곧 나올 이야기이기 때문에 '这么(이러한)'는 제거해야 한다.

STEP 3 요약의 기술2– 중간 단락 1

~~那时的张良还只是一名很普通的青年。~~一天，他~~漫步来到一座桥上，~~看到桥头坐着一个~~衣衫破旧的~~老头。老头~~走到张良身边时，忽然~~脱下~~脚上的破~~鞋子丢到桥下，还对张良说~~：“去，~~把鞋给我捡回来~~！”~~张良觉得~~很奇怪，也很生气，觉得~~老头是在侮辱自己，~~真想上去揍他几下。~~可是他~~又~~看到老头年岁已高，只好忍着气~~走到桥下，~~给老头捡回了鞋子。谁知这老头~~得寸进尺，竟然~~把脚一伸，吩咐说~~：“给我穿上！”这更让张良觉得奇怪，简直是莫名其妙。~~尽管张良已经很生气，但他~~想了想，~~还是~~决定干脆帮忙就帮到底。于是，他还是跪下身来，~~帮老头将鞋子穿上了。

~~그때의 장량은 단지 한 명의 보통 청년이었다.~~ 하루는, 그가 ~~다리 위를 한가롭게 거닐다가,~~ 다리 앞쪽에 앉아있는 ~~허름한 옷을 입은~~ 노인을 보았다. 노인은 ~~장량 곁으로 와서, 갑자기 신고 있던 낡은~~ 신발을 벗어서 다리 아래로 던지고 장량에게 말했다. ~~"가서 신발을 주워오게나!"~~ 장량은 ~~의아하기도 했고, 화도 났다.~~ 노인이 자신을 모욕하고 있다고 느껴져 ~~정말 그를 몇 대 때리고 싶었으나,~~ 그는 노인이 연세가 많다는 것을 보고는 화를 참고 ~~다리 밑으로 가~~ 노인에게 신발을 주워 돌려드렸다. 노인이 ~~여기서 그치지 않을 줄~~ 누가 알았겠는가? 그는 ~~뜻밖에 발을 내밀고는 명령하며 말했다. "신기게나!" 이것은 장량을 더욱 의아해하게 만들었고, 그야말로 영문을 알 수 없었다.~~ 비록 장량은 이미 화가 났지만, 그는 ~~잠시 생각하더니 그래도 이왕 도운 거 아예 끝까지 돕기로 결정했다. 그리하여, 그는 무릎을 꿇고,~~ 노인에게 신발을 신겨주었다.

→

一天，他看到桥头坐着一个老头。老头脱下鞋子丢到桥下，让张良去捡回来。张良觉得老头侮辱自己，可是他看到老头年纪很大了，只好忍着气给老头捡回了鞋子。谁知老头让张良帮他穿鞋。尽管张良很生气，但他还是帮老头将鞋子穿上了。

하루는 그가 다리 앞쪽에 앉아 있는 한 노인을 보았다. 노인은 신발을 벗어 다리 아래로 던지고는, 장량에게 주워오라고 시켰다. 장량은 노인이 자신을 모욕한다고 여겼지만, 그는 노인이 연세가 많은 것을 보고는 어쩔 수 없이 화를 참고 노인에게 신발을 주워 돌려드렸다. 노인이 장량에게 신발을 신기라고 할 줄 누가 알았겠는가? 장량은 화가 났지만, 그래도 노인에게 신발을 신겨주었다.

단어 **漫步** mànbù 동 한가롭게 거닐다 | **衣衫** yīshān 명 의복, 옷 | **破旧** pòjiù 형 허름하다 | **侮辱** wǔrǔ 동 모욕하다 | **捡** jiǎn 동 줍다 | **揍** zòu 동 때리다 | **得寸进尺** décùn jìnchǐ 성 욕심이 한도 끝도 없다, 과하다 | **伸** shēn 동 (신체 일부를) 내밀다, 펴다 | **吩咐** fēnfù 동 분부하다, 명령하다 | **莫名其妙** mòmíng qímiào 성 영문을 알 수 없다 | **干脆** gàncuì 부 아예, 차라리 | **跪** guì 동 무릎을 꿇다

Point 1. 첫 문장의 장량이 보통 청년이라는 사실은 중요하지 않다.
2. 사건과 관련 없는 '漫步来到……(~를 한가롭게 거닐다)'라는 내용은 삭제해야 한다.
3. 노인이 허름한 옷을 입은 것은 내용에 영향을 끼치지 않기 때문에 삭제해도 좋다.
4. 주요 사건은 노인이 신발을 던져 장량에게 주워오라고 한 것과 주워 온 신발을 장량에게 신겨 달라고 한 것이다.
5. 불필요한 감정은 빼는 것이 맞지만, 노인이 황당한 일을 시켰다는 것을 설명하기 위해 이때 장량의 전체적인 기분인 '生气(화 났다)'는 들어가는 것이 좋다.

쓰기

老头~~穿好鞋，跺跺脚，哈哈大~~笑着~~扬长而~~去。~~张良看着头也不回，连一声道谢都没有的老头的背影，正在纳闷，老头~~忽然转身又回来了。他对张良说："~~小伙子，~~我看你是块好材料，值得培养。~~这样吧，~~5天后的早上，你到这儿来等我。"~~张良深感玄妙，就诚恳地跪拜说："谢谢老先生，~~愿听先生指教~~。"~~

第5天一大早，~~张良就来到桥头，只见~~老头已经先在桥头等候。他见到张良，~~很生气地~~责备张良~~说："同老年人约会还迟到，这像什么话呢？"~~说完他就~~起身走出几步，又回头~~对张良说："过5天早上再会吧！"

张良有些懊悔，~~可也只有等5天后再来。~~

노인은 ~~신발을 신고, 발을 구르더니 '하하' 큰 소리로~~ 웃으며 ~~거들먹거리며~~ 떠났다. ~~장량은 고개조차 돌리지 않고 한 마디의 고마움조차 말하지 않은 노인의 뒷모습을 바라보며 궁금해서 답답해 하고 있을 때, 노인은~~ 갑자기 몸을 돌려 돌아왔다. 그는 장량에게 말했다. "~~젊은이,~~ 내가 보기에 자네는 좋은 재목일세. 가르칠 필요가 있네. ~~이렇게 하세.~~ 5일 후 아침에 여기서 나를 기다리게나." ~~장량은 알 수 없는 오묘함을 깊이 느껴 진심으로 무릎을 꿇고 간곡하게 말했다. "선생님 감사합니다.~~ 선생님의 가르침을 꼭 듣고 싶습니다."

5일째 되던 아침에, ~~장량이 다리 앞에 오자~~ 노인이 이미 먼저 다리 앞에서 기다리는 것이 ~~보였다.~~ 그는 장량을 보자, ~~화가 나~~ 장량을 꾸짖으며 ~~말했다. "노인과 약속을 했는데~~ 지각을 하다니, ~~이게 말이 되는가?"~~ 말이 끝나자 ~~그는 몸을 일으켜 몇 걸음 걷더니, 고개를 돌려~~ 장량에게 말했다. "5일 후에 다시 만나세!"

장량은 조금 후회가 되었지만 5일 ~~후에 다시 오는 수밖에 없었다.~~

→

老头笑着离开了，又转身回来了。他对张良说："我看你是个人才，值得培养。5天后的早上，到这儿来等我。"张良答应了。第5天一大早，老头已经先在桥头等候。他见到张良，责备张良为什么迟到。说完，他对张良说："5天后再会吧！"张良有些懊悔。

노인은 웃으며 떠났다가, 다시 몸을 돌려 왔다. 그는 장량에게 말했다. "내가 보기에 자네는 인재라서 가르칠 필요가 있네. 5일 후 아침에 여기 와서 나를 기다리게나." 장량은 동의했다. 5일째 아침에, 노인은 이미 먼저 다리 앞에서 기다리고 있었다. 그는 장량을 보고, 왜 늦었냐며 꾸짖었다. 말이 끝나자, 그는 장량에게 말했다. "5일 후에 다시 만나세!" 장량은 조금 후회가 되었다.

단어 **跺脚** duòjiǎo 동 (흥분 · 후회 · 분노 때문에) 발을 동동 구르다 | **扬长而去** yángcháng érqù 성 거들먹거리며 떠나다 | **纳闷** nàmèn 동 (궁금해서) 답답하다 | **玄妙** xuánmiào 명 오묘함 (* **深感玄妙** shēngǎn xuánmiào 오묘함을 깊이 느끼다) | **诚恳** chéngkěn 형 진실하다, 간절하다 | **跪拜** guìbài 동 무릎을 꿇고 엎드려 절하다 | **责备** zébèi 동 꾸짖다 | **懊悔** àohuǐ 동 후회하다

Point

1. 노인의 행동이 주가 되기 때문에 장량이 궁금해한 것은 중요하지 않으니 삭제해도 좋다.
2. 장량이 알 수 없는 오묘함을 느껴 노인에게 가르침을 꼭 듣고 싶다라고 말한 내용은 결국 노인의 제안에 동의한 것이므로 간단하게 '答应(동의했다)'으로 정리하는 것이 좋다.
3. '5일째 아침'이라는 시간은 사건의 주요 시간 표현이므로 넣어야 한다.
4. 이 날의 주요 사건은 장량이 늦었다는 것과 노인이 꾸짖으며 다시 5일 뒤에 보자고 한 내용이다.
5. 이 날 장량이 '후회'라는 감정을 느낀 것은 뒤의 행동으로 자연스럽게 연결될 수 있게 남겨두는 것이 좋다.

STEP 5 요약의 기술4– 중간 단락 3

到了第5天，~~天刚蒙蒙亮，张良就来到了桥上，可没料到，~~老人又先他而到。看见张良，~~老头这回声色俱厉地~~责骂道~~：~~“为什么又迟到呢？~~实在是太不像话了！”说完，十分生气地一甩手就走了。临了依然丢下一句话，~~“还是再过5天，你早早就来吧~~。”~~张良惭愧不已。又过了5天，~~张良刚刚躺下睡了一会，~~还不到半夜，就摸黑赶到桥头，~~他不能再让老头生气了。~~过了一会儿，老头~~来了，~~见张良早已在桥头等候，~~他满脸高兴地说：“年轻人就应该这样啊！”~~然后，老头~~从怀中掏出~~一本书来，交给张良说：“读了这部书，就可以帮助君王治国~~平天下~~了。”说完，老头飘然而去，~~还没等张良回过神来，老头已没了踪影。~~

5일째가 되어 ~~날이 막 밝아지려고 할 때, 장량은 바로 다리로 왔다. 하지만 생각지도 못하게~~ 노인은 또 먼저 와 있었다. ~~장량을 보고 노인은 이번에는 무서운 표정으로~~ 꾸짖으며 말했다. “왜 또 늦었는가? ~~정말 말이 안 되는 군!” 말이 끝나자, 매우 화를 내며 손을 앞뒤로 내저으며 떠나 버렸다. 마지막에는 여전히 한 마디를 남겼다.~~ “다시 5일 지나서는 일찍 오게나.” 장량은 몹시 부끄러웠다. 또 5일이 지났다. 장량은 ~~막 누워서 잠깐 자고~~ 한밤중이 되기도 전에 어둠을 뚫고 다리 앞으로 갔다. ~~그는 더 이상 노인을 화 나게 할 수 없었다.~~ 조금 지나자, 노인이 와서 장량이 이미 다리 앞에 와서 기다리는 것을 보고 ~~기쁨으로 가득 찬 얼굴로 말했다. “젊은이라면 마땅히 이래야지!”~~ 그리고 나서, 노인은 ~~품 속에서~~ 책 한 권을 ~~꺼내~~ 장량에게 건네주며 말했다. “이 책을 읽으면 국왕이 나라를 평안하게 다스리는 것을 도울 수 있을 걸세.” 말이 끝나자 노인은 ~~유유히~~ 떠났고, ~~장량이 정신을 차리기도 전에 노인은 이미 종적을 감추었다.~~

→

到了第5天，老人又早到了。老头责骂张良为什么又迟到了，让他5天后早点过来。张良感到很惭愧。又过了5天，还不到半夜，张良就赶到桥头。过了一会儿，老头见张良早到了，就称赞了他，然后，老头交给张良一本书，说：“读了这部书，就可以帮助君王治国家了。”说完，老头离开了。

5일째가 되었는데, 노인은 또 일찍 도착했다. 노인은 장량이 어째서 또 늦었냐고 꾸짖었고, 그에게 5일 후에는 일찍 오라고 했다. 장량은 몹시 부끄러웠다. 또 5일이 지나, 한밤중이 되지도 않았는데, 장량은 다리 앞에 갔다. 조금 후에, 노인은 장량이 일찍 도착한 것을 보고, 그를 칭찬했다. 그런 후에, 노인은 장량에게 책 한 권을 주며 말했다. “이 책을 읽으면, 왕이 나라를 다스리는 것을 도울 수 있을 걸세.” 말이 끝나자, 노인은 떠났다.

단어 **蒙蒙亮** mēngmēngliàng 형 날이 밝아오다 | **不像话** búxiànghuà 형 말이 안 되다, 이치에 맞지 않다 | **料** liào 동 예상하다 (* **没料** méi liào 예상치 못했다) | **声色俱厉** shēngsè jùlì 성 목소리와 표정이 매우 엄하다 | **甩手** shuǎishǒu 동 손을 앞뒤로 내젓다 | **临了** línliǎo 부 마지막에 | **惭愧不已** cánkuì bùyǐ 매우 부끄러워하다 | **摸黑** mōhēi 동 어둠 속을 더듬다, 어둠을 뚫다 | **掏出** tāochū (주머니나 가방에서) 꺼내다 | **治国平天下** zhìguó píngtiānxià 성 나라를 잘 다스리고 온 세상을 편안하게 함 | **飘然而去** piāorán érqù 표연하게 떠나다, 훌쩍 떠나다 | **回神** huíshén 동 정신 차리다 | **踪影** zōngyǐng 명 행적, 종적

Point

1. 두 번째 5일 후의 주요 사건 역시 노인이 먼저 와 있었다는 것과 그를 꾸짖고 5일 후에 다시 보자고 한 내용이다.
2. 이때의 감정 역시 잘 정리해야 장량이 그 뒤에 한 행동이 이해되기 때문에 ‘惭愧(부끄럽다)’는 넣는 것이 좋다.
3. 세 번째 5일 후의 주요 사건은 후회하고 미안해 했던 장량이 더 이상 늦지 않기 위해 한밤중이 되기도 전에 먼저 나가서 노인보다 일찍 도착했고, 노인이 그를 칭찬했다는 내용이다.
4. 노인의 기쁨으로 가득 찬 얼굴은 결국 칭찬으로 이어지므로 중요하지 않다.
5. 책을 건네준 것과 국왕이 나라를 다스리는 것을 도우라는 내용은 중요한 사건이므로 반드시 정리해야 한다.
6. 노인이 ‘离开了(떠났다)’와 ‘没了踪影(종적을 감추었다)’은 같은 내용이므로 하나로 정리해야 한다.

STEP 6 요약의 기술5- 끝

~~等到天亮，~~张良~~打开手中的书，他惊奇地~~发现自己得到的是《太公兵法》，~~这可是天下早已失传的极其珍贵的书呀，~~张良惊异不已。

从此以后，张良捧着《太公兵法》日夜攻读，~~勤奋钻研。~~后来真的成了大军事家，~~做了刘邦的得力助手，~~为汉王朝的建立，立下了卓著功勋，~~名噪一时。~~

张良能尊敬长者，~~宽容待人，至诚守信，做事勤勉，~~所以才能成就~~一番~~大事业。

~~날이 밝자, 장량은 수중의 책을 펼쳐 보았다. 그는 놀랍게도 자신이~~ 얻은 것이 《태공병법》이라는 것을 알게 되었다. ~~이것은 세상에는~~ 이미 전해지지 않는 ~~아주 진귀한 책이어서,~~ 장량은 놀라움을 금치 못했다.

이때 이후부터 장량은 《태공병법》을 들고 밤낮으로 공부하고 ~~몰두해서 연구했다.~~ 후에 정말 대군사가가 되었고, ~~유방의 오른팔이 되어~~ 한 왕조의 건립을 위해 큰 공을 세워, ~~이름을 세상에 떨쳤다.~~

장량은 연장자를 공경하고, ~~관용을 베풀며, 진심으로 신용을 지킬~~ 줄 알았기 때문에 큰 일을 이루어낼 수 있었다.

→

张良发现得到的书是早已失传的《太公兵法》，他感到很惊讶。从此以后，张良日夜学习这部书，后来真的成了大军事家，为汉王朝的建立，做出了很大的贡献。张良能尊敬老人，所以才能成就大事业。

장량은 얻은 책이 이미 전해지지 않는 《태공병법》이라는 것을 알게 되었고, 그는 놀랐다. 이때 이후부터, 장량은 밤낮으로 이 책을 공부했고, 후에 정말 대군사가가 되어, 한 왕조 건립을 위해 큰 공을 세웠다. 장량은 노인을 공경할 줄 알았기 때문에 큰 일을 이루어낼 수 있었다.

단어 **惊奇** jīngqí 형 놀라고 의아해 하다 (* **惊奇不已** jīngqí bùyǐ 놀라움을 금치 못하다) | **失传** shīchuán 동 실전하다, 전해져 내려오지 않다 | **日夜攻读** rìyè gōngdú 밤낮으로 공부하다 | **勤奋钻研** qínfèn zuānyán 꾸준히 파고들어 연구하다 | **得力助手** délì zhùshǒu 명 유능한 조수, 오른팔 [가장 중요한 역할을 맡아 돕는 이] | **卓著** zhuózhù 형 탁월하다, 뛰어나다 (* **卓著功勋** zhuózhù gōngxūn 뛰어난 공훈) | **名噪一时** míngzào yìshí 성 이름이 한때 세상에 널리 알려지다 | **至诚** zhìchéng 형 정성이 지극하다 | **守信** shǒuxìn 동 신의를 지키다 | **勤勉** qínmiǎn 형 근면하다, 열심히 하다

Point
1. 끝부분의 첫 단락은 '장량이 얻은 것이 《태공병법》이라 놀랐다'가 핵심이다.
2. 《태공병법》이 이미 실전되어 진귀한 책이라는 것을 설명하기 위해 '이미 실전되었다'는 설명은 해야 한다.
3. '日夜攻读(밤낮으로 공부했다)'와 '勤奋钻研(몰두해서 연구했다)'은 같은 의미이므로 하나로 줄여야 한다.
4. 한 고조 유방의 오른팔이 되어 그를 도운 것은 한 왕조를 세우는 데 공을 세웠다는 내용에 포함되므로 삭제해도 좋다.
5. 장량이 큰 일을 이루어낼 수 있었던 성품 중에서 이 이야기에 부합되는 것은 노인을 공경한 것이기 때문에 나머지는 생략해도 괜찮다.

STEP 7 제목 정하기

张良的故事 (장량의 이야기) / 尊敬老人的张良 (노인을 공경하는 장량)

Point
1. 장량이 주인공임을 파악해야 한다.
2. 제목은 주로 소재나 주인공을 활용하는 것이 좋다.
3. 글 전체가 장량의 젊었을 때의 일화이므로 '장량의 이야기'가 가장 간단하고 적절하다.
4. 장량의 성품을 나타내는 '尊敬老人(노인을 공경하다)'을 수식어로 써서 '尊敬老人的张良(노인을 공경하는 장량)'을 제목으로 해도 좋다.

第1题：缩写。

（1）仔细阅读下面这篇文章，时间为10分钟，阅读时不能抄写、记录。

（2）10分钟后，监考会收回阅读材料。请将这篇文章缩写成一篇短文，字数为400字左右，时间为35分钟。

（3）标题自拟。只需复述文章内容，不需加入自己的观点。

（4）请把短文直接写在答题卡上。

钱斌做事总比别人费力。尽管他学习努力，但一直到初三，也没有弄清化学变化和物理变化的区别。整个高中期间，他都十分刻苦，成绩还算过得去，最后勉勉强强考进了一所师范大学。

后来，钱斌辛辛苦苦考取了硕士研究生。尽管他比任何一位同学都要勤奋，可别人读了三年就拿到了硕士学位，他却读了4年。之后，他又打算考博，连考三次才如愿以偿。在他就读的大学里，几乎所有的同学都认识他，不过并不是什么好名声。因为，他的博士开题报告做了23遍才通过！这真是“前无古人，后无来者”的记录。最后，他折腾了7年多才拿到博士毕业证书。

此时，钱斌已到了不惑之年。他曾经的同学大多已经事业有成，而他除了一纸文凭，什么也没有。可就是这样一个看似愚拙的人，却有一个惊人的梦想——上中央电视台的《百家讲坛》栏目，为全国观众讲授他最喜爱的科学巨著《梦溪笔谈》。

一次偶然的机会，钱斌认识了《百家讲坛》的一位编导马晓燕。马导告诉他：“要想上《百家讲坛》，你得像主持人那样，在镜头前侃侃而谈。”这其实是委婉地拒绝了他。但是钱斌却当真了，此后，他开始练习演讲，还让妻子帮他录制演讲视频，他从中挑了几段比较满意的发给马导，马导看后忍俊不禁，连连摇头，可他还是没有放弃……

有一天，当马导看到它发来的第73份视频时，忽觉眼前一亮，那个曾经笨拙、滑稽的演讲者，如今已发生了脱胎换骨的变化。她对钱斌说：“第一关你过了，但第二关难度要大得多，你必须得把《梦溪笔谈》讲得深入浅出，能让十二三岁的初中生听懂，并且乐意听。”对于一部科学巨著而言，讲深可能比较容易，但要讲得通俗易懂、生动有趣绝非易事。他想了一个办法：每写一段就读给同事的孩子听，如果他们听得津津有味，稿子就留下；如果他们听得迷迷糊糊，就重写。就这样，10讲的讲稿他总共修改了300多次。

▶ 정답 및 해설 p.157

终于有一天，钱斌收到了去北京试讲的邀请。站在令人眩晕的镁光灯下，面对黑乎乎的摄像机镜头时，他突然感觉有点儿紧张。不过，他很快就平静了下来，心想："我付出了那么多努力，做了那么充分的准备，还有什么可紧张的呢？"他一下子找回了之前练习时的感觉，开始滔滔不绝地演讲。观众们也听得异常入神。

下了讲坛，马导微笑着对他说："钱老师，麻烦您回去继续准备后面的演讲吧。"那一刻，钱斌知道，自己终于成功了。曾经被人认为愚拙的钱斌，如今成了中央电视台《百家讲坛》栏目的一位主讲人。钱斌这样评价自己："我是一只笨鸟，飞得不快，但如果不停地飞、拼命地飞，总有一天能找到属于自己的一片蓝天。"

100

200

300

400

500

시작에서
합격까지
한번에
오케이!

오케이

HSK

저자 고강민

실전
모의고사

급

시사중국어사

新汉语水平考试
HSK（六级）
模拟试题

注意

一、　HSK（六级）分三部分：

1. 听力（50题，约35分钟）

2. 阅读（50题，50分钟）

3. 书写（1题，45分钟）

二、　听力结束后，有5分钟填写答题卡。

三、　全部考试约140分钟（含考生填写个人信息时间5分钟）。

一、听力

第一部分

第 1-15 题：请选出与所听内容一致的一项。

1. A 记者很尴尬
   B 年轻人对评奖结果不满
   C 余光中是颁奖嘉宾
   D 余光中言语幽默

2. A 供求影响价格
   B 不能浪费粮食
   C 付出越多收获越大
   D 价值不能用金钱衡量

3. A 小孩子摔伤了
   B 摩托车出了故障
   C 交警拦住了出租车
   D 摩托车速度非常快

4. A 魔术师撒谎了
   B 交警认出魔术师了
   C 魔术师遇到堵车了
   D 魔术师开车时喝酒了

5. A 堂屋一般不住人
   B 古代房屋普遍较高
   C “高堂”是对父母的尊称
   D “一拜高堂”指夫妻对拜

6. A 眼光要长远
   B 不能急于求成
   C 做事要精益求精
   D 人的潜力是无限的

7. A 做事要有分寸
   B 度量大的人更敏感
   C 脾气好的人更受欢迎
   D 有抱负的人往往度量大

8. A 交友要慎重
   B 人的潜力是无限的
   C 成功需要别人的帮助
   D 不要忽略眼前的幸福

9. A 有得必有失
   B 立志要趁早
   C 莲花花期较短
   D 莲花象征纯洁

10. A 要学会放松
    B 旅行能开阔眼界
    C 工作让人充满活力
    D 过度运动会损害健康

11. A 西安人口众多
    B 西安古城墙建于清代
    C 西安古城墙保存完整
    D 西安自然风景优美

12. A 坐姿体现人的修养
    B 长时间端坐有害健康
    C 坐姿影响人的情绪
    D 运动可以释放压力

13. A 企业内部要保持良性竞争
B 企业应提高员工薪酬
C 员工最好接受职业化培训
D 员工要有业余爱好

14. A 要主动帮助别人
B 饮食营养要均衡
C 做事情要量力而行
D 自己的人生自己做主

15. A 儿子十分调皮
B 修理工疲惫极了
C 小张对修理工不满
D 小张把水管修好了

第二部分

第 16-30 题：请选出正确答案。

16. A 阻碍产品更新
B 加速企业转型
C 降低销售利润
D 有损企业形象

17. A 机械制造业
B 电子信息产业
C 食品加工业
D 文化与旅游产业

18. A 执行力强
B 获得了政府支持
C 重视企业文化
D 勇于创新

19. A 工作压力小
B 升职空间大
C 假期非常多
D 团队氛围好

20. A 万达员工待遇不高
B 万达投资了度假区
C 万达涉足慈善事业
D 万达前景不容乐观

21. A 表示怀疑
B 有所期待
C 有些反感
D 毫不关心

22. A 打折销售
B 检验产品是否好卖
C 参加产品展览会
D 以旧换新

23. A 比较新奇的
B 国外进口的
C 贴近百姓的
D 专门定制的

24. A 会谋求跨界合作
B 会成立电视购物平台联盟
C 应寻求政府的支持
D 消费市场不断紧缩

25. A 电视购物产品品质没保障
B 电视购物频道要改善服务
C 电视购物相当成熟
D 高端产品利润大

26. A 借鉴了他人的经验
B 不完全符合自己的意愿
C 来征得领导同意
D 担心泄露公司机密

27. A 构思
B 与客户沟通
C 软件操作
D 实际制图

28. A 参考往届参赛作品
B 请专家指点
C 了解评委的喜好
D 多积累素材

29. A 丰富的想象力
B 较强的抗压能力
C 扎实的绘图功底
D 卓越的审美能力

30. A 多次获奖
B 经营了一家手机店
C 博士还未毕业
D 想当设计大赛的评委

第三部分

第 31-50 题：请选出正确答案。

31. A 利于提神
B 使驱蚊效果更佳
C 延长保质期
D 使其味道更好闻

32. A 不能涂抹伤口
B 不宜过量
C 先清洁皮肤
D 远离明火

33. A 儿童易对花露水过敏
B 花露水可以稀释
C 花露水的成本很低
D 花露水驱蚊效果一般

34. A 有剧毒
B 比赛禁用
C 能吸收水分
D 易使皮肤过敏

35. A 腐蚀器材
B 抓不牢器械
C 加剧紧张感
D 增加身体负担

36. A 体操比赛规则
B 碳酸镁的作用
C 比赛注意事项
D 运动器械的保养

37. A 无法收缩
B 非常坚韧
C 构造简单
D 体积很大

38. A 使皮肤更有光泽
B 杀灭细菌
C 存储氧气
D 增强免疫力

39. A 降低心率
B 调节体温
C 屏住呼吸
D 暂不进食

40. A 扰乱了周围的秩序
B 营业额没增加
C 遭到了环保组织的抵制
D 印刷费用太高

41. A 单次消费超过750元
B 满足公告中的所有条件
C 成为高级会员
D 通过网络订餐

42. A 张贴于各大商场门口
B 内容每周更新一次
C 引起了顾客的关注
D 侵犯了人们的肖像权

43. A 要不断改进产品工艺
B 要把握顾客的心理
C 要了解市场最新动态
D 要有较强的服务意识

44. A 品质没有保障
B 打击员工积极性
C 降低生产效率
D 赔偿一定违约金

45. A 70%
B 60%
C 90%
D 80%

46. A 广泛交友
B 培养自身兴趣
C 增加知识储备
D 要有个性

47. A 一寸光阴一寸金
B 温故而知新
C 学无止境
D 坚持就是胜利

48. A 更省力
B 雪橇会被损坏
C 人不易摔倒
D 方向难控制

49. A 融化
B 更透明
C 更坚硬
D 裂开

50. A 滑冰鞋与冰的接触面越大越好
B 温度越低冰面越不平
C 滑冰能锻炼平衡力
D 凹凸的冰面更滑

二、阅读

第一部分

第 51-60 题：请选出有语病的一项。

51. A 宋代城市经济的繁荣，有力地促进了年画艺术的发展。
    B 许多水生植物都有吸收水中重金属元素的能力，可用来净化污水。
    C 符合条件的考生请于5月10号以前办理报名手续。
    D 船身在狭窄的河流中特别显得很庞大。

52. A 就算不快乐也不要皱眉，因为你永远不知道谁会爱上你的笑容。
    B 这时，全场所有人的目光都集中到了他身上。
    C 蝉声在朦胧的晨光中显得特别分外轻逸，似远似近，又似有似无。
    D 志在巅峰的攀登者，不会陶醉在沿途的某个脚印之中。

53. A 作为一种新兴的旅游休闲形式，让农家乐取得了较好的经济效益。
    B 创造人的是自然，而启迪和教育人的却是社会。
    C 国家大剧院的“蛋壳”形屋顶最大跨度为212米。
    D 这部作品结构严谨、语言优美，达到了古典小说的高峰。

54. A 在他转身的那一刻，他看到母亲眼里泛起了泪花。
    B 打败我们的不是往往挫折，而是面对挫折时的消极心态。
    C 长时间穿高跟鞋走路容易引发脚部疾病
    D 卢沟桥两旁有281根汉白玉栏杆，柱头上雕刻着神态各异的石狮子。

55. A 新政策对抑制农产品价格过快上涨起到了很好的作用。
    B 往刚盛过冰水的玻璃杯里倒开水，玻璃杯很容易炸裂。
    C 影楼的楼梯间内贴满了客人们的照片。
    D 新疆关于我是一个美丽而神秘的地方，令我心驰神往。

56. A 与1900年前相比，全球75%的农作物品种已经消失。
    B 他埋头写起作业来，屋里静悄悄的，只听到钢笔在纸上写字的沙沙声。
    C 酒后适量喝蜂蜜水有解酒的效果起作用。
    D 人类的渔业历史可追溯到旧石器时代，那时人们就以渔猎为生。

57. A 屋子里飘出一股淡淡的薄荷清香。
B 交通拥堵的很大一部分是一些司机不遵守交通规则。
C 大家敬重她，不只因为她拥有丰富的学识，更因为她有强大的人格魅力。
D 此次调研覆盖1200多家企业，涉及15个行业。

58. A 张家界天门山植被丰富，森林覆盖率高达约90%左右，山顶保存着较为完整的原始次生林。
B 为减少汽车尾气对城市空气的污染，不少城市都开展了“无车日”的相关活动，以鼓励更多市民乘坐公共交通工具出行。
C 茂腔是一种流行于山东东部的地方戏曲剧种，因独特的艺术魅力和浓郁的地方特色而深受当地群众喜爱。
D 常做自我反省不仅可以振奋精神、活跃思维，还能增强自信心，从而更好地调整自己的整体状态。

59. A 一个设计者应该完全了解与其设计有关的特殊生产过程，否则只会事倍功半。
B 他非常喜欢鲁迅的小说，对鲁迅的《呐喊》曾反复阅读，一直被翻得破烂不堪，只好重新装订。
C 书法学习要经过入贴、出贴两个阶段。入贴需要勤奋，达到忘我的程度；出贴则要在手熟的基础上，创出自己的风格。
D 四羊方尊是商朝晚期的青铜礼器、祭祀用品，也是中国现存的商代青铜方尊中最大的一件。

60. A “天河一号”的问世表明，中国已经具备了研制运算速度为每秒千万亿次的超级计算机。
B 这里毗邻多个大型居民住宅区，并有多条公交线路经过，地理位置十分优越。
C 漱口水有抑菌、杀菌的功效，但若不先把牙齿刷干净就使用漱口水，其效果很难保证。
D 攀登过峰峦雄伟的泰山，游览过红叶似火的香山，但我依然对故乡的山情有独钟。

第二部分

第 61-70 题：选词填空。

61. 在投资的过程中，你 ____ 会遇到一些问题。你最好提前做好心理准备， ____ 清楚，并有自己的理解。这 ____ 比技巧或者知识更能决定你投资的广度和深度。

A 迟早　琢磨　或许　　B 未免　反思　倘若
C 将近　辨认　难怪　　D 近来　设想　宁可

62. 如今，与文化关联最 ____ 的技术当属平板电脑和手机，这些 ____ 正在成为最重要的阅读载体。质疑的声音已不再新鲜，在无法逆转的情况下，人们应早日 ____ 这种转变，而不是等待自己的阅读习惯被改变。

A 紧迫　装备　对抗　　B 周密　设施　对应
C 紧密　设备　适应　　D 紧急　配备　对付

63. 有人推测，地图的 ____ 比文字还早。远在史前时期，人类就已会用符号来记录自己生活的环境、走过的 ____ 。据学者考证，早在一万年前就出现了在地上用简单符号来标识地物的 ____ 地图。

A 根源　方位　最初　　B 来源　轨道　原装
C 来历　途径　初步　　D 起源　路线　原始

64. 鸡首壶是西晋时出现的一种瓷壶，因壶嘴为鸡首状而得名，鸡首起初只起 ____ 作用。至东晋，鸡首与壶腹 ____ ，成为可以出水的流部，才具有了实用性。唐代以后，鸡首壶逐渐淡出了历史 ____ 。“鸡”与“吉”谐音，鸡首壶表达了古代人们追求 ____ 生活的美好愿望。

A 修复　接连　平台　慈祥　　B 装饰　想通　舞台　吉祥
C 装修　衔接　平面　光明　　D 掩饰　相应　台阶　如意

65. 所谓暴走就是沿着一定的路线徒步行走，时间由一日到数日不等。 ____ 一种极限运动，暴走 ____ 着人们的心理素质和身体素质。不过，暴走不同于其他野外 ____ 等极限运动，因为它不需要付出较大的经济 ____ 去购买设备，只需要一双好鞋和一瓶水，外加几片面包就可以了。

A 作为　挑战　探险　代价　　B 对于　挑衅　勘探　价值
C 按照　考验　冒险　资本　　D 依据　检验　保险　物资

66. 从第一届奥运会开始，奥运与营销的缘分就已注定。经过100多年的 ____ ，奥运营销之路越走越顺畅，营销方式也 ____ 。奥运所带来的 ____ 逐渐被人们所认知，吸引着世界各国 ____ 申办奥运会，各大企业也为与奥运挂钩而不断努力。

A 检测　与时俱进　丰收　逐年　B 探讨　千方百计　成效　照样
C 探索　日新月异　效益　争相　D 摸索　与日俱增　收益　随即

67. 如今，很多商品都唾手可得，许多人反而觉得喜悦感和 ____ 感越来越少。这就是所谓的 ________ ，也是拒买族出现的原因。拒买族 ____ 理性购物，减少浪费，不让泛滥的物质掩盖生活的 ____ 。

A 知足　乐极生悲　提倡　气质　B 充实　南辕北辙　宣扬　品质
C 满足　物极必反　主张　本质　D 充足　苦尽甘来　倡议　实质

68. 脊兽是中国古建筑檐角、屋脊上所安放的兽件，它经历了 ____ 的发展历程，从功能性的建筑 ____ ，变成了具有多种风格和寓意的 ____ 艺术。梁思成曾这样 ____ 脊兽：本来极无趣笨拙的实际部分成了整个建筑物美丽的冠冕。

A 频繁　硬件　风气　揭露　B 遥远　零件　习俗　确信
C 定期　附件　作风　吹捧　D 漫长　构件　民俗　评价

69. 华罗庚把读书过程总结为“由厚到薄”和“由薄到厚”两个阶段。当你对书的内容有了 ____ 的了解，抓住了全书 ____ 的时，书就由厚变薄了。如果在读书过程中，你还能对各章节做深入 ____ ，在每页上添加注解， ____ 参考资料，书又会愈读愈厚。读书就是由厚到薄，再由薄到厚的双向过程。

A 细致　课题　检讨　补救　B 精致　主题　探测　弥补
C 透彻　要点　探讨　补充　D 彻底　重心　探索　补偿

70. 1960年，世界上第一部水墨动画片《小蝌蚪找妈妈》在中国 ____ 。作为世界动画史上的一大创举，它将中国传统的水墨画融入到动画中 ____ 。片中虚虚实实的意境和轻灵优美的 ____ ，体现了中国画“似与不似之间”的美学 ____ ，使动画片的艺术格调有了重大 ____ 。

A 产生　鉴定　屏幕　专长　改善
B 呈现　操作　侧面　特长　改进
C 降临　制定　镜头　特色　超越
D 诞生　制作　画面　特征　突破

第三部分

第 71-80 题：选句填空。

71-75.

众所周知，缺乏运动有许多害处，（71）______________。其实，缺乏运动可能还会对骨骼造成伤害。也许很多人会对此产生疑问：运动不当会导致骨骼损伤，不运动为什么也会伤害到骨骼呢？

科学研究表明：骨骼是一种具有独特构造的高密度结缔组织，（72）______________。其中，松质骨对维持骨骼形态的作用更大，它虽然仅占人类骨量的20%，但却构成了80%的骨表面。换句话说，松质骨是保护人类骨骼不受伤害的第一道防线。不过，人类的松质骨的密度却不是很理想，这就增加了骨折和骨质疏松的风险。

其实，（73）______________。这主要归功于他们艰苦卓绝的生存方式——狩猎。研究人员发现，原始人的骨骼几乎与猿类动物的同样强壮，然而，进入农业文明后，（74）______________，体力劳动有所减少，人类松质骨的密度也随之减小。研究人员因此得出结论：运动的缺乏导致了人类松质骨密度的减小，也使得骨骼的强健度越来越低。

所以，（75）______________，不妨多运动运动。

A 在结构上主要分为皮质骨和松质骨两类

B 要想让骨骼变得更加强壮

C 随着狩猎活动逐渐消失

D 原始人的松质骨密度远比现代人的大

E 比如会导致肥胖、血压升高等

76-80.

在人类社会中，我们很少能看到像狼那样把个体与团体结合得如此完美的团队。我们总是走到两个极端，要么太过于追求个体的价值实现而忽视了整体的利益，要么注重整体的利益而牺牲了个体的利益，（76）＿＿＿＿＿＿＿＿。

在一个企业或者团队中，每一个成员都要面临这样的问题，走哪个极端都不是好的解决办法。一个优秀的员工一定要在两者之间取得平衡。同时，个体与整体之间并不一定是互相抑制、此消彼长的绝对对立。相反，优秀的员工不仅能在两者之间取得平衡，（77）＿＿＿＿＿＿＿＿。

一个优秀的团队，能把各种人才聚合在一起。大家会在工作中对别人进行了解，（78）＿＿＿＿＿＿＿＿。这时，聪明的员工总能发现自己的不足和别人的长处，取长补短，虚心向周围的人学习。同时，大家也会为了共同的目标而改变自己以前不好的生活和工作习惯，使自己变得更加优秀。

员工是一个团队最为宝贵的财富。（79）＿＿＿＿＿＿＿＿，实现理想的机会。但作为团队的一员，即使再受重视、再有才华，也不能以自我为中心。（80）＿＿＿＿＿＿＿＿，而不是整体。员工所有工作都应该是以实现团队的目标为中心的。

A　很难达到两者的平衡
B　团队为员工提供了施展才华的舞台
C　团队的性质决定了每个员工只是团队的一部分
D　在沟通中发现别人的许多优点
E　还能让两者产生互相促进的作用

第四部分

第 81-100 题：请选出正确答案。

81-84.

水泥发明后，人们在使用过程中发现，这种人造“石头”虽然很硬，却存在不足之处：脆，经不起冲击，抗拉强度低。为解决这些问题，人们绞尽了脑汁。

有一位名叫莫尼埃的法国园艺师，他家有个很大的花园，来赏花的游客络绎不绝。不过，花坛经常被游客不小心踩坏，这让莫尼埃烦恼不已。怎样才能让花坛变得更坚固呢？

一天，莫尼埃在花园里移栽花木时不小心将花盆掉到了地上，花盆被摔得粉碎。然而，花根四周的泥土却紧紧抱成一团，并没有散开。“原来是花的根系纵横交错，把松软的泥土牢牢地连在一起了！”莫尼埃不禁感叹道。

受此启发，莫尼埃仿照花的根，用铁丝织成网架，又把水泥、砂石浇在上面，混在一起，砌成了花坛，用这种方法做成的花坛果然比从前坚固。就这样，一位既不是工程师，也不是建筑材料专家的园艺师发明了一种崭新的建筑材料——钢筋混凝土。直到现在，钢筋混凝土仍然是主要建筑材料之一。

摔破花盆是生活中常见的事情，但是莫尼埃却能从中获得灵感，最终发明了混凝土。正如一位名人所说：“在观察的领域中，机遇只偏爱那种有准备的头脑。”细心观察、抓住机遇，每个人都可以创造出不平凡的业绩。

81. 水泥存在哪方面的不足？
   - A 造价高
   - B 经不住冲击
   - C 不可循环利用
   - D 不够硬

82. 莫尼埃因为什么而烦恼？
   - A 游客越来越少
   - B 花的种类不多
   - C 花坛常被踩坏
   - D 花园面积太小

83. 根据第3段，下列哪项正确？
   - A 移栽的花没有成活
   - B 花盆完好无损
   - C 莫尼埃成了一名工程师
   - D 花的根使泥土更牢固

84. 上文主要想告诉我们：
   - A 做事要果断
   - B 不要害怕挫折
   - C 要善于观察
   - D 要勇于挑战权威

85-88.

内蒙古鄂尔多斯市有一个地处沙漠腹地的小村庄。这里常年干旱，每当刮风时，都会卷起铺天盖地的黄沙，水成了当地人朝思暮想的期盼。为此，先人为这个村子取了一个和水有关的名字，泊江海。然而，期盼并未能变成现实。由于沙漠面积不断扩大，许多人不得不离开家园。

而如今，泊江海却绿树成荫，还成了一个木材生产基地。这个奇迹是如何产生的呢?

原来，为了防风固沙，人们想尽了办法，20世纪90年代初，当地政府号召老百姓种植沙柳，沙柳是极少数可以生长在盐碱地的沙漠植物之一。而且，杨树、柳树等大径木被砍掉以后，很难再存活，而沙柳生长两三年左右，如果把它的枝干全部砍掉，它还能长出通直而粗壮的主干来。

人们发现，除了可以防风固沙，沙柳还是制造纤维板的上好原料。于是，泊江海又建起了人造板厂，工厂高价收购沙柳充分调动了人们种沙柳的积极性，无垠的沙漠开始被成片的沙柳覆盖，卖沙柳也成了当地很多家庭最主要的收入来源。

另外，沙柳还可以用来发电，研究发现，沙柳的发热量很高，甚至超过了许多常规火力发电厂所采用的煤种。2007年，泊江海建起了中国第一个地处沙漠，以沙生灌木为原料的生物质热电厂，离电厂不到两公里的地方是一个甲醇化工厂，电厂的用水全部都来自这个化工厂的工业废水，生物质发电完成以后，残余的草木灰又是制作钾肥的原料。废物从头到尾得到利用，整个过程也没有其他废物产生。

沙柳不仅起到了改造沙漠的作用，还支撑起了沙漠里的两个支柱产业，其实，大自然是不会亏待人类的，只要善于发现，就一定能制造出奇迹。

85. 根据第1段，泊江海:

A 经济发达
B 气候宜人
C 缺乏水资源
D 人口密度大

86. 关于沙柳，可以知道什么?

A 主干很细
B 存活率低
C 能用做药材
D 可生长在盐碱地

87. 人们种植沙柳的积极性是怎样被调动起来的?

A 自身危机意识的增强
B 工厂高价收购
C 公益组织的倡导
D 国家发放补贴

88. 根据第5段，下列哪项正确?

A 甲醇化工厂距电厂20公里
B 生物质发电非常环保
C 沙柳发电停留在研究阶段
D 草木灰不可被再次利用

89-92.

人与人交往时总是希望获得别人的赞同，所以，人们会非常注意自己在他人面前和社交场合中的形象。心理学家把这种现象叫做“印象管理”。印象管理是一个社会的基本事实，每个人有意无意的都在进行印象管理。

无论我们认为从外表衡量人是多么肤浅和愚蠢的观念，但人们每时每刻在根据你的服饰、发型、手势、声调、语言等方式判断着你。当你走进一个房间，即使房间里没有人认识你，但是，他们仅仅凭你的外表就可以对你做出10个方面的判断，包括你的品行、经济水平、文化程度、可信任程度、社会地位、老练程度、家庭教育以及你是不是成功人士等。无论你愿意与否，你都在留给别人一个关于你形象的印象。这个印象在工作时影响你的升迁，在商业上影响着你的交易，在生活中影响着你的人际关系和爱情关系，最终影响着你的幸福感。

鉴于“印象管理”的重要性，考虑到职员的个人形象就是公司的形象，许多公司把形象作为一个职员的最为重要的基本素质。因为他们知道职员的形象不仅通过他们的外表，而且还通过沟通行为、职业礼仪等留给客户一个印象，这种印象反映了公司的信誉、产品及服务的质量、公司管理者的素质及层次等。许多跨国公司不惜重金为自己企业的人员进行形象培训和设计，以提高职员个人素质。有关媒体曾对世界排名前100位公司的执行总裁进行调查，他们普遍认为如果公司职员能展示给客户一个良好的形象，公司可以从中受益，员工的形象等于公司的形象；公司的形象直接影响着公司的利润，因此保持优秀的公司形象是管理者努力的目标之一。

89. 关于“印象管理”，下列哪项正确?

A 是普遍的社会现象　　B 是一种无意识行为

C 人们在熟人面前更自然　　D 第一印象往往是美好的

90. 根据地2段，下列哪项正确?

A 成功人士更注重外表　　B 人们都在以“貌”取人

C 外貌和幸福感没有关系　　D 别轻易对别人做出判断

91. “印象管理”带给企业什么启示?

A 完善企业奖惩机制　　B 创造轻松的企业氛围

C 提高管理者的管理水平　　D 重视员工个人形象的培训

92. 上文主要谈的是:

A 人际交往的技巧　　B 印象管理的重要性

C 怎样给人留下好的印象　　D 怎样保持良好的公司形象

93-96.

扬州本地并不产玉，但从古至今，扬州的便利交通却为玉雕业的发展创造了良好的条件。来自各地的珍贵玉石都汇集于此进行加工，然后又以不菲的价格输向全世界。

扬州玉雕在数千年的传承中逐渐形成了各具特色的艺术品类。其中，山子雕和器皿件技艺独具一格，它们代表了扬州玉雕最高的技术实力和艺术成就。

山子雕的题材多为山水人物，它要求制作者有较高的构思能力和艺术修养。山子雕在构思创作中注意利用玉石的自然形态，把人物山水、亭台楼阁等统一在一个画面上，着力表现作品的情节和寓意。优秀的山子雕作品层次分明、构图严谨、主题突出，给人以十分和谐的视觉感观。而局部刻画更是细腻，并合理利用俏色、皮色，使作品看起来生动逼真。

代表扬州玉雕技艺另一个高峰的器皿件技艺更是历史悠久。器皿件中的一朵奇葩是花卉摆件，代表作品是中国工艺美术大师江春源先生所创作的白玉“螳螂白菜”。这件国家级珍宝根叶茂盛、层次清晰、造型饱满，叶瓣翻卷和菜根的纹理都处理得非常精炼自然，该紧密处紧密，该奔放处奔放，可谓还原了白菜的生活气息。“螳螂白菜”展现了扬州玉雕中花卉摆件创作的最高技艺。

另外，扬州玉雕中对飞禽走兽的创作也颇具韵味，尤其是对动物嘴、舌、爪、毛的刻画极其细致，惟妙惟肖。而扬州玉雕中的人物作品也刻画得栩栩如生，且尝试融入各种背景来衬托人物的感情。

93. 扬州玉雕业的发展有什么便利条件?

A 人才特别集中　　B 经济十分发达
C 交通非常便捷　　D 玉石产量丰富

94. 关于山子雕，可以知道什么?

A 重整体轻局部　　B 淡化主题
C 善于利用玉石的自然形态　　D 题材多为飞禽走兽

95. 根据第4段，螳螂白菜:

A 现藏于国家博物馆中　　B 层次比较清晰
C 色彩艳丽　　D 充满浪漫主义色彩

96. 最适合做上文标题的是:

A 风格多变的人物玉雕　　B 玉雕大师江春源
C 精美绝伦的扬州玉雕　　D 玉雕品鉴小技巧

97-100.

如果你对葡萄酒有所了解，也许会发现：30多年前，葡萄酒的酒精含量多为12%或12.5%，而现在一般都在14%以上。这是为什么呢？原来大多数人都相信酒精含量高的葡萄酒味道更浓烈、醇厚，于是葡萄酒制造商为了迎合人们的口味，便提高了葡萄酒中的酒精含量。不过，品酒专家认为我们的大脑对酒精含量较低的葡萄酒可能更加“情有独钟”。

为验证这一说法，有人专门做了一项研究。不过，由于嗅觉与味觉均难以量化，并且易受其他因素的影响，因此，要想得出一个关于口味偏好的可靠结果并不容易。于是，研究者们决定利用功能性磁共振成像的技术，记录被试者饮用不同酒精含量的葡萄酒后的大脑活动。研究者招募了一批平时有喝葡萄酒习惯的被试者进行实验。在实验中，研究者让被试者一边接受功能性磁共振扫描，一边随机喝下两种酒精含量不同的葡萄酒。为了最大限度地排除其他变量产生的干扰，研究者对实验所用的两种葡萄酒样品进行了严格的控制，比如它们的产地、品种和年份等都是一致的。

功能性磁共振扫描结果显示，与人们对酒精含量高的葡萄酒味道更浓郁的印象相反，酒精含量较低的葡萄酒在右侧脑岛和小脑引起的活动更强，而这两个脑区均与味觉强度的加工有关。

研究者解释道，酒精含量较低时，大脑能更深入地搜索葡萄酒的味道，从而使得神经反应更活跃，这一过程并不受主观意识的控制。这个结果与品酒专家的看法是一致的。

尽管这一结果并不能直接反映人们对酒精含量不同的葡萄酒的实际喜好，但葡萄酒制造商依旧能从中获得一些启示。此外，这项研究还提供了一种新的测量方法，即用功能性磁共振技术来记录大脑对复杂化学感觉刺激的反应。

97. 制造商提高葡萄酒中的酒精含量是为了：

A 延长保质期
B 使其色泽更鲜明
C 迎合大众的口味
D 减少酿造环节

98. 根据第2段，可以知道什么？

A 味觉很难量化
B 葡萄酒制造商参与了实验
C 被试者无饮酒习惯
D 两种葡萄酒的产地不同

99. 酒精含量较低的葡萄酒：

A 会损伤右侧脑岛
B 利润更大
C 没有被试者饮用
D 使神经反应更活跃

100. 根据上文，那项研究：

A 推翻了品酒专家的观点
B 是在密闭的空间进行的
C 改变了葡萄酒的营销模式
D 开创了一种新的测量法

三、书写

第 101 题：缩写

（1）仔细阅读下面这篇文章，时间为10分钟，阅读时不能抄写、记录。

（2） 10分钟后，监考会收回阅读材料，请将这篇文章缩写成一篇短文，字数为400字左右，时间为35分钟。

（3）标题自拟。只需复述文章内容，不需加入自己的观点。

（4）请把短文直接写在答题卡上。

李克是一名普通的酒店职员，他喜欢登山和参加冒险活动。每逢周末或节假日，李克就会约上几位好友去参访世界各地的名山大川。虽然他们攀登了无数的高山，但是最让李克留恋的，还是那座阿尔卑斯山。

一天，李克和朋友们登上了一座海拔约为2000多米的雪山。到达山顶以后，已经是傍晚时分，他们几个人也已经是精疲力尽了。看到天色已晚，也没有力气下山，他们打算在山顶过夜。搭好帐篷以后，他们点起了篝火，几个人做了一些简单的便餐。吃过便餐以后，李克和朋友们便倒头呼呼大睡起来。

突然，几个人在睡梦中听到一声尖叫。几个人慌慌张张爬起身来，以为发生了什么惊天动地的大事。原来，是一位朋友欣赏到了阿尔卑斯山的夜景。月色下的阿尔卑斯山格外动人，实在叫人流连忘返，几个人不知不觉惊叹起来。当时，李克心想："如果以后在山顶建立一座酒店的话，一定会有很多游客前来。"

回去以后，李克便筹划此事。他先做好了商业计划书，然后递交给了自己的上司。上司看到以后，不屑地说："这怎么可能？简直是天方夜谭！"李克的自尊心受到了打击，心情十分失落。他觉得上司无法理解自己，就向上司递交了辞呈。离开公司以后，李克决定依靠自己的力量，完成在山顶建立酒店的梦想。

他的计划是建立一座露天的酒店，屋顶没有天花板，一抬头就可以欣赏到美丽的星空。每个卧室里面只是放上双人床和床头柜，洗手间和浴室建立在距离卧室大概一米远的地方。而且，每个房间都会配备一名管家，可以享受到热心周到的服务。天气恶劣的时候，管家有权力可以随时通知顾客取消入住服务。等到天气恢复正常以后，再安排酒店入住。

虽然这个计划听起来很美好，但是在建设过程中，却遇到了很多想象不到的难题。酒店建立初期，需要雇佣建筑队在山顶用挖掘机开凿岩石。而且，所有的家具是通过人工的方式运送到山顶的。

李克遭到了家人和朋友们的强烈反对，他们认为李克的计划根本不可能实现。尽管如此，酒店还是如此开张了。山顶酒店只接受网络预定，酒店项目一推出，便吸引了无数的登山客，人气变得空前高涨。因为过于火爆，预定服务已经排到第二年的三月份。后来，李克接受记者采访时说道："我的目的根本不是赚钱，而是想让更多的人有机会可以欣赏到美丽的风景。"

*실전 모의고사 정답 및 해설은 해설서 p.163에 있습니다.

汉语水平考试 HSK（六级）答题卡

请填写考生信息

按照考试证件上的姓名填写：

姓名	

如果有中文姓名，请填写：

中文姓名	

考生序号	
	[0] [1] [2] [3] [4] [5] [6] [7] [8] [9]
	[0] [1] [2] [3] [4] [5] [6] [7] [8] [9]
	[0] [1] [2] [3] [4] [5] [6] [7] [8] [9]
	[0] [1] [2] [3] [4] [5] [6] [7] [8] [9]
	[0] [1] [2] [3] [4] [5] [6] [7] [8] [9]

请填写考点信息

考点代码	
	[0] [1] [2] [3] [4] [5] [6] [7] [8] [9]
	[0] [1] [2] [3] [4] [5] [6] [7] [8] [9]
	[0] [1] [2] [3] [4] [5] [6] [7] [8] [9]
	[0] [1] [2] [3] [4] [5] [6] [7] [8] [9]
	[0] [1] [2] [3] [4] [5] [6] [7] [8] [9]
	[0] [1] [2] [3] [4] [5] [6] [7] [8] [9]
	[0] [1] [2] [3] [4] [5] [6] [7] [8] [9]

国籍	
	[0] [1] [2] [3] [4] [5] [6] [7] [8] [9]
	[0] [1] [2] [3] [4] [5] [6] [7] [8] [9]
	[0] [1] [2] [3] [4] [5] [6] [7] [8] [9]

年龄	
	[0] [1] [2] [3] [4] [5] [6] [7] [8] [9]
	[0] [1] [2] [3] [4] [5] [6] [7] [8] [9]

性别	男 [1] 女 [2]

注意 请用2B铅笔这样写：▬

一、听力

1. [A] [B] [C] [D] 6. [A] [B] [C] [D] 11. [A] [B] [C] [D] 16. [A] [B] [C] [D] 21. [A] [B] [C] [D]
2. [A] [B] [C] [D] 7. [A] [B] [C] [D] 12. [A] [B] [C] [D] 17. [A] [B] [C] [D] 22. [A] [B] [C] [D]
3. [A] [B] [C] [D] 8. [A] [B] [C] [D] 13. [A] [B] [C] [D] 18. [A] [B] [C] [D] 23. [A] [B] [C] [D]
4. [A] [B] [C] [D] 9. [A] [B] [C] [D] 14. [A] [B] [C] [D] 19. [A] [B] [C] [D] 24. [A] [B] [C] [D]
5. [A] [B] [C] [D] 10. [A] [B] [C] [D] 15. [A] [B] [C] [D] 20. [A] [B] [C] [D] 25. [A] [B] [C] [D]

26. [A] [B] [C] [D] 31. [A] [B] [C] [D] 36. [A] [B] [C] [D] 41. [A] [B] [C] [D] 46. [A] [B] [C] [D]
27. [A] [B] [C] [D] 32. [A] [B] [C] [D] 37. [A] [B] [C] [D] 42. [A] [B] [C] [D] 47. [A] [B] [C] [D]
28. [A] [B] [C] [D] 33. [A] [B] [C] [D] 38. [A] [B] [C] [D] 43. [A] [B] [C] [D] 48. [A] [B] [C] [D]
29. [A] [B] [C] [D] 34. [A] [B] [C] [D] 39. [A] [B] [C] [D] 44. [A] [B] [C] [D] 49. [A] [B] [C] [D]
30. [A] [B] [C] [D] 35. [A] [B] [C] [D] 40. [A] [B] [C] [D] 45. [A] [B] [C] [D] 50. [A] [B] [C] [D]

二、阅读

51. [A] [B] [C] [D] 56. [A] [B] [C] [D] 61. [A] [B] [C] [D] 66. [A] [B] [C] [D] 71. [A] [B] [C] [D] [E]
52. [A] [B] [C] [D] 57. [A] [B] [C] [D] 62. [A] [B] [C] [D] 67. [A] [B] [C] [D] 72. [A] [B] [C] [D] [E]
53. [A] [B] [C] [D] 58. [A] [B] [C] [D] 63. [A] [B] [C] [D] 68. [A] [B] [C] [D] 73. [A] [B] [C] [D] [E]
54. [A] [B] [C] [D] 59. [A] [B] [C] [D] 64. [A] [B] [C] [D] 69. [A] [B] [C] [D] 74. [A] [B] [C] [D] [E]
55. [A] [B] [C] [D] 60. [A] [B] [C] [D] 65. [A] [B] [C] [D] 70. [A] [B] [C] [D] 75. [A] [B] [C] [D] [E]

76. [A] [B] [C] [D] [E] 81. [A] [B] [C] [D] 86. [A] [B] [C] [D] 91. [A] [B] [C] [D] 96. [A] [B] [C] [D]
77. [A] [B] [C] [D] [E] 82. [A] [B] [C] [D] 87. [A] [B] [C] [D] 92. [A] [B] [C] [D] 97. [A] [B] [C] [D]
78. [A] [B] [C] [D] [E] 83. [A] [B] [C] [D] 88. [A] [B] [C] [D] 93. [A] [B] [C] [D] 98. [A] [B] [C] [D]
79. [A] [B] [C] [D] [E] 84. [A] [B] [C] [D] 89. [A] [B] [C] [D] 94. [A] [B] [C] [D] 99. [A] [B] [C] [D]
80. [A] [B] [C] [D] [E] 85. [A] [B] [C] [D] 90. [A] [B] [C] [D] 95. [A] [B] [C] [D] 100. [A] [B] [C] [D]

三、书写

101.

100

接背面

절취선

汉语水平考试 HSK（六级）答题卡

200

300

400

500

不要写到框线以外!

절취선

孔子学院总部/国家汉办
Confucius Institute Headquarters(Hanban)

汉 语 水 平 考 试
Chinese Proficiency Test

HSK（六级）成绩报告
HSK (Level 6) Examination Score Report

姓名：
Name ______________________

性别：__________ 国籍：______________
Gender Nationality

考试时间：__________ 年 __________ 月 __________ 日
Examination Date Year Month Day

编号：
No. ______________________

准考证号：
Admission Ticket Number ______________________

	满分 Full Score	你的分数 Your Score
听力 Listening	100	
阅读 Reading	100	
书写 Writing	100	
总分 Total Score	300	

听力 Listening	阅读 Reading	书写 Writing	总分 Total Score	百分等级 Percentile Rank
100	98	90	279	99%
93	87	77	252	90%
88	80	71	234	80%
83	74	66	220	70%
79	69	63	208	60%
74	65	60	197	50%
70	60	56	187	40%
65	56	53	175	30%
60	50	49	162	20%
52	42	40	144	10%

主任
Director ______________

国家汉办
Hanban

中国 · 北京
Beijing · China

成绩自考试日起2年内有效

절취선

OK 오케이 HSK